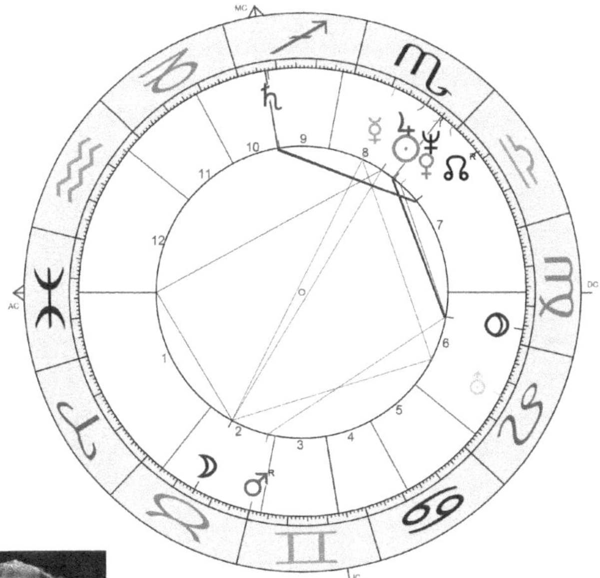

Michael Allgeier gehört zu den renommiertesten Astrologen im deutschsprachigen Raum. Er ist Leiter des ASTRO-KOLLEGS Allgeier, einer Astrologie-Schule, die 1995 gegründet wurde und über ein Fernstudium sowie Wochenendseminare zum Astrologen ausbildet.

Im Weiteren ist er der Herausgeber des astrologischen Monatsmagazins STERNBILD und von „Allgeiers Astrologisches Jahresbuch", das seit über 25 Jahren über eine große Leserschaft verfügt.

Einem größeren Publikum ist er nicht zuletzt aus verschiedenen Fernsehsendungen, als Chef-Astrologe der AstroWoche und durch seine monatlich erscheinenden YouTube-Videos bekannt, in denen er über die Zeitqualität aus astrologischer Sicht berichtet.

Bevor er den Weg des Berufsastrologen einschlug, studierte er Grafik und Malerei an der Kunstakademie in München.

Im Jahr 2022 wurde Michael Allgeier vom Deutschen Astrologen-Verband (DAV) der „Goldene Jupiter" verliehen, die höchste Auszeichnung für herausragende Verdienste an der Astrologie.

Michael Allgeier

Schwierige Transite

Prüfungen und Wegweiser

Ein astrologischer Ratgeber für turbulente Zeiten

Allgeier Verlag GbR
Dießen am Ammersee

Schwierige Transite

Prüfungen und Wegweiser
Ein astrologischer Ratgeber für turbulente Zeiten

Michael Allgeier

4. Auflage April 2025

Herausgeber:
Allgeier Verlag GbR
Michael und Sigrid Allgeier
Waffenschmiedweg 39
86911 Dießen am Ammersee

Lektorat: Siri Allgeier
Korrektorat: Conny Nagel
Satz & Coverdesign: Viktor Prade
Horoskopgrafik: Astroplus, © by Astrocontact Software, Linz

Printed in Germany
ISBN 978-3-9821333-0-0

Inhalt

Vorwort

Wir alle streben nach Glück, das viele unterschiedliche Gesichter hat. Für jeden von uns bedeutet Glück etwas anderes. Für den einen ist es eine gute Gesundheit, Erfolg, möglichst viel Geld und Besitz, für andere bedeutet es eine gute Liebesbeziehung, gesunde Kinder usw. Und natürlich kann das, was wir gerade als Glück empfinden, je nach Lebenslage variieren. Das Füllhorn des Glücks ist unerschöpflich.

Die Frage, die uns alle bewegt, ist nur, wie wir das Glück, nein, unser ganz persönliches Glück finden können, das noch etwas viel Spezielleres zu sein scheint. Diesem Glück kommen wir auf die Spur, wenn wir uns die Analogien Jupiters, das astrologische Synonym für Glück, vor Augen halten. Demnach hat Jupiter nicht nur mit äußerer Fülle, sondern auch mit innerer Erfüllung und Reichtum, Erweiterung, Glaube, Überzeugungen, Bildung und Weisheit zu tun. Die Selbstverwirklichung, die persönliche Freiheit, zu entscheiden und sein Leben nach seinen eigenen Vorstellungen zu gestalten, gehören ebenfalls zu diesem Glück.

Wir sind letztlich, um es kurz zu sagen, nur dann wirklich glücklich, wenn wir einen Sinn im Leben finden und unserer Bestimmung folgen dürfen. Ein hoher Anspruch, der keineswegs leicht zu erfüllen ist. Denn das Leben ist ein Drama, in dem uns nur wenig geschenkt wird. Und auch das Glück müssen wir, wie so viele Dinge im Leben, mühsam erwerben. „Jeder ist seines Glückes Schmied", heißt eine alte Volksweisheit, die uns damit indirekt sagen will, dass wir auch für unser Unglück verantwortlich sind. Die erste Priorität eines Menschen, der geistig erwacht, muss daher sein, die Eigenverantwortung für sein Leben zu übernehmen, es selbst zu gestalten und nicht andere für sein Glück bzw. Unglück heranzuziehen und verantwortlich zu machen.

Gestalten können wir unser Leben auf der Grundlage unseres Horoskops, in dem alle unsere Schwächen und Stärken beschrieben sind. Wir sind mit Handicaps geboren, die uns Niederlagen bescheren, und mit Vorschusslorbeeren, die uns manches Glück, da wir es uns bereits in vorigen Leben erworben haben, schenken.

Auf diesem Lebensweg haben die herausfordernden Transite der langsam laufenden Planeten Saturn, Uranus, Neptun und Pluto nun eine ganz besondere Bedeutung, da sie es vor allem sind, die uns in die Auseinandersetzung mit unserem Horoskop und seinen Anlagen drängen. Sie belagern einzelne Stellen des Horoskops über Jahre hinweg und sind mit den ganz großen einschneidenden Krisen in unserem Leben verknüpft.

Würden sie nicht in Form von spannungsgeladenen Transiten auftauchen, würden sie auch nicht die notwendigen Reibungen in uns und unserem Leben schaffen, die die Voraussetzung dafür sind, dass wir uns überhaupt bewegen und nötige Veränderungen angehen. Ohne Bewegung könnten wir nichts erreichen, würden den Sinn unseres Lebens verfehlen und unser Glück nicht finden.

Das Leben ist, wie gesagt, ein Drama, in dem es immer wieder zu tragischen Konflikten und Verwicklungen kommt, die uns, sofern wir sie lösen, immer wieder ein Stück weiterbringen. Dafür leben wir. Die heile Welt, die wir alle ersehnen, die gibt es so nicht, nicht in diesem Erdenleben, in dem wir Karma abtragen und die unterschiedlichen Entwicklungsphasen durchgehen müssen.

Die schwierigen Transite sind letztlich ein Segen, da sie uns keineswegs immer nur als schwere Krisenzeiten in Erinnerung bleiben, sondern sich sehr oft auch als die Zeiten der Befreiung und des inneren Wachstums in unserem Gedächtnis verankern. Für alles, was wir im Leben bewältigen, bekommen wir himmlische Geschenke.

Der Titel eines bekannten Romans lautet: „Das Leben ist nichts für Feiglinge“. Auch die Astrologie, die sehr lebensnah ist, ist nichts für Feiglinge und ängstliche Menschen ohne Vertrauen in das Leben, die stets mit bangem Blick auf die kommenden Sterneneinflüsse, sprich Transite, schielen, die Unheil bringen könnten.

Dieses Buch mit der Beschreibung der herausfordernden Transite der kosmischen Schwergewichte Saturn, Uranus, Neptun und Pluto will einerseits auf ihre Risiken, anderseits aber auch auf ihre Aufgaben und Chancen hinweisen, die dahinterstecken. Die schwierigen Transite der Langsamläufer und ihre Bewältigung sind so etwas wie der Türöffner zu unserem Glück.

Unser Lebensweg, unser Karma und die Transite der Langsamläufer

Je älter wir werden und je dichter die „Einschläge" in unserem Leben werden, desto dringender wird die Frage nach dem Lebenssinn und unserer persönlichen Lebensaufgabe. Menschen, die sich eingehender mit der Astrologie beschäftigen, kommen eigentlich nicht umhin, daran zu glauben, dass der höchste Sinn des Lebens in einer seelisch-geistigen Entwicklung liegen muss. Eine Entwicklung, die bereits vor unserem Leben stattgefunden haben muss und auch über den irdischen Tod hinausgeht. Wie sonst ließe sich der Umstand erklären, dass Menschen mit völlig unterschiedlichen Horoskopen und Vorgaben für ihr Leben geboren werden?

Wenn es keine Wiedergeburt gäbe, wären ein Horoskop und sein Eigner einfach nur eine zufällige Laune des Lebens. Dafür aber erscheint der Sternenhimmel zu gewaltig und das Horoskop, das Anlagen, Talente, Stärken wie Schwächen und Aufgaben widerspiegelt, zu präzise. Das alles kann nicht wahllos und rein zufällig sein, es sei denn, man betrachtet das Wort „Zufall" in seinem ursprünglichen Sinne, dass etwas „zu-fällt", was genau so sein muss.

Für Menschen, die etwas von Astrologie verstanden haben, ist es zweifellos sehr viel schwerer bis unmöglich, nicht an die Reinkarnation zu glauben. Wenn dem so ist, ist es nur konsequent, das Geburtshoroskop nicht nur als Startvorgabe für das jetzige Leben zu betrachten, sondern es auch gleichzeitig als das Zeugnis des zurückliegenden Lebens zu sehen.

Wenn nun das Leben dazu da ist, dass wir die Chance bekommen, altes Karma aufzulösen und uns persönlich weiterzuentwickeln, dann müsste sich logischerweise auch unser Horoskop wandeln können. Auch diese Vorstellung ist richtig.

In diesem Leben haben wir jedoch nur das eine Horoskop, unser Geburtshoroskop, das sich partout nicht verändern lässt. Es ist einfach fix, was einige Kritiker zum Anlass nehmen, um zu behaupten, dass die Astrologie ihrer Natur nach deterministisch sei und dass alles, unser gesamtes Schicksal, von Geburt an festgelegt ist. Und tatsächlich gibt es diese scheinbar gnadenlos anmutende

Formel der eher klassisch orientierten Astrologie, die behauptet: „Charakter ist gleich Schicksal. Das heißt, das Schicksal ist nichts anderes als der Charakter in seinem zeitlichen Ablauf".

Dazu ist Folgendes zu sagen: Wir können unseren Charakter nicht verändern. Das ist richtig. Aber, wir können an ihm arbeiten, wir können durch Erfahrungen, Wertvorstellungen und Einsichten schwierige Anlagen zumindest so in den Griff bekommen, dass sie nicht mehr nur destruktiv sind. Wir können uns durch Bewusstheit und Selbstreflektion letztlich über unsere Schwächen erheben, wir können starke innere Spannungen als Antrieb nutzen, und wir können sogar vermeintliche Schwächen in Stärken umwandeln. Es heißt: „Der Weise regiert seine Sterne", womit das bewusste Umgehen mit sich selbst und seinen Anlagen, positiv wie negativ, gemeint ist.

Bereits der heilige Thomas von Aquin (geboren um 1225 auf Schloss Roccasecca bei Aquino in Italien; gestorben am 7. März 1274 in Fossanova), einer der einflussreichsten Philosophen und Theologen der Geschichte, gab den legendären Ausspruch von sich: „Die Sterne machen geneigt, doch sie zwingen nicht". Thomas von Aquin weiter: „Der weise Mensch ist Herr über die Sterne, insofern er es nämlich über seine Leidenschaften ist". Und der berühmte Paracelsus (geboren vermutlich 10. November 1493 in Egg bei Einsiedeln; gestorben 24. September 1541 in Salzburg), der mit seinem umfassenden zeitlosen Wissen in der Heilkunst und der Astrologie auch heute noch große Bedeutung besitzt, sprach: „Ein weiser Mann regiert jedoch das Gestirn, einen viehischen Menschen aber regiert, zwingt, meistert, nötigt das Gestirn, also dass er dem Gestirn muss nachgeben zu gleicher Weis', wie der Dieb dem Galgen, der Mörder dem Rad, der Fischer den Fischen, der Vogler den Vögeln, der Waldmann dem Gewild". Thomas von Aquin und Paracelsus decken sich also völlig in der Annahme, dass der Mensch einen freien Willen besitzt und sich etwa gegen destruktive Neigungen entscheiden kann, so sehr es ihn auch drängen mag dazu.

Unser Geburtshoroskop ist fix, es ist unsere Welt, unser persönlicher Rahmen, der uns für dieses Leben vorgegeben ist und innerhalb dessen wir leben, uns austoben und weiterentwickeln können. Erfolge motivieren uns, Niederlagen machen uns reich an Erfahrungen und richtig stark, sofern wir bereit sind, wieder aufzustehen, nachdem wir gefallen sind.

Wir sind mittendrin, in diesem Rad der Wiedergeburt, in dem es einmal bergab, dann wieder bergauf geht. Leben ist Bewegung, Dynamik, weshalb wir nur einen Fehler nicht begehen dürfen: uns gegen Veränderungen zur Wehr zu setzen. Denn dann werden wir unter Umständen zum Spielball des Schicksals.

Menschen, die sich nicht reflektieren können, die die Verantwortung und Schuld für ihr Pech und Unglück immer nur im Außen, bei anderen, suchen, kommen keinen Schritt weiter. Das hat viel mit Pech und Verhinderung zu tun. Nicht wenige scheinen gar große Rückschritte in ihrer Entwicklung zu machen, betrachtet man die vielen schlimmen Verbrechen in dieser Welt. Und natürlich beobachten wir auch permanent Schicksale von Menschen, die immer einen guten Weg gingen, die einmal großartige Persönlichkeiten waren und von deren Persönlichkeit durch Krankheit oder Demenz am Lebensende nicht mehr viel übriggeblieben zu sein scheint.

Wieder ein Grund, zu sagen, es ist doch alles vergänglich, das Leben macht keinen Sinn? Hand aufs Herz: Hat nicht jeder von uns in besonders schweren Stunden schon einmal so gedacht? Das Leben, so schwer es manchmal ist, gibt uns viele Gründe und Gelegenheiten, an der Schöpfung, an einer großen göttlichen Idee, zu zweifeln. Ich glaube aber auch, dass wir oft den Fehler begehen, überhaupt beurteilen zu wollen, was Fortschritt oder Rückschritt ist. Und natürlich können wir auch nicht immer den Sinn in allem erkennen, was aber noch lange nicht heißt, dass alles sinnlos ist. Für den Einzelnen kann es unter Umständen sehr wichtig sein, immer noch tiefer zu fallen, damit er erkennen kann, dass er den falschen Weg gegangen ist. Das kann seine eigentliche Chance sein. Und überhaupt, was ist der falsche Weg? Auch Umwege gehören zu uns und unserem Leben und führen uns ans Ziel. Viele sterben, hören auf zu leben, weil es hier für sie vielleicht nicht mehr weitergeht und sie einen neuen Ansatz brauchen. Andere stecken viele Jahre in einem leidvollen Leben fest, weil sie unter Umständen ein bestimmtes Karma abzutragen haben usw. Die Schicksale sind so vielfältig und unterschiedlich wie die einzelnen Menschen. Wir können die Schöpfung niemals durchschauen und schon gar nicht rational erfassen. Dafür sind wir einfach viel zu klein.

Wir denken immer bzw. haben die Forderung an uns und an andere Menschen, das objektiv Richtige im Leben zu tun. Doch was ist das Richtige, was ist das Falsche? Und außerdem: Wir brauchen doch unsere Rückschritte und Fehler, damit wir aus ihnen lernen und uns weiterentwickeln können. Das ist das Rad des Lebens, Fehler gehören zur Dynamik des Lebens, ohne sie gibt es keine Weiterentwicklung.

Wir bauen belastendes Karma auf und wieder ab. Das Helle gehört zum Dunklen wie das Licht zum Schatten und der Tag zur Nacht. Manche Fehler, die wir begehen, sind sogar sehr wichtig und entscheidend für unseren späteren Lebenserfolg, da Niederlagen oftmals die Sicht auf den eigenen Weg freimachen. Alles ist gut, was geschah und geschieht in unserem Leben, da es zu unserem Weg, zu unserer ganz persönlichen Entwicklung gehört.

Unser Geburtshoroskop mit allen seinen Facetten ist ein magischer Kreis, der uns mit der Vergangenheit, der Gegenwart und der Zukunft verbindet. Das Schicksal ist, wie gesagt, frei, und doch entscheiden wir nicht alles allein, es kommen in Form von Sterneneinflüssen, den sogenannten Transiten, Themen und Aufgaben auf uns zu, die von höherer Warte gelenkt scheinen.

Das geistige Gesetz „wie innen, so außen" besagt zunächst, dass wir mit unserem Inneren das Äußere schaffen, dass alles, was wir denken und fühlen und an inneren Vorstellungen entwickeln, sich früher oder später auch im äußerlichen Leben widerspiegelt.

Wir ziehen Menschen und Lebenssituationen an, stoßen andere ab und schaffen uns so in letzter Konsequenz unsere eigene Umgebung und unser eigenes Leben. Dieses hermetische Gesetz der Entsprechung, das die Grundlage für symbolisches Denken und insbesondere für die Astrologie bildet, wird ergänzt durch die Aussage „Wie oben, so unten". Das heißt, dass wir und unser Leben hier unten auf der Erde in ständiger Resonanz mit dem sich permanent wechselnden Sternenhimmel stehen.

Die Transite sind es also, die unser Leben bewegen, anschieben, anstoßen, herausfordern. Sie lösen bzw. sprechen das an, was in unserem Geburtshoroskop angelegt ist, wozu auch unser Karma gehört, und sie stellen eine sehr persönliche Verbindung zu der Zeit, in der wir leben, her. Sie sorgen dafür, dass wir in Bewegung bleiben, nicht einrosten und stehenbleiben.

Transite sind zweifellos die wichtigste und wirklichkeitsnächste Prognosetechnik und gehören zu den ältesten Techniken der Astrologie. Sie sind die Realität, da es sich hier um konkrete Planeteneinflüsse, um starke Kräfte und Energien handelt, die eine nachdrückliche und nachweisbare Wirkung auf das Geburtshoroskop, also auf uns, haben.

Ihre Bedeutung kann, was das konkrete Leben betrifft, nicht hoch genug eingeschätzt werden. Sie lösen gute wie kritische Anlagen aus, sie beeinflussen unsere Stimmung, unsere Form und unser gesundheitliches Befinden. Sie können die Vergangenheit lebendig werden lassen und uns die Notwendigkeit von Umbrüchen im Leben bewusstmachen.

Sie sind die Dynamik des Lebens und tragen dazu bei, dass wir überhaupt erst die Notwendigkeit spüren, uns zu entwickeln. Und das gilt ganz besonders für die kritischen Transite, für die spannungsgeladenen Konjunktionen, Quadrate und Oppositionen. Sie sind die Stürme unseres Lebens, unsere Gegner, die uns in Krisen führen, aber auch unsere Freunde und Helfer, die uns den Spiegel vorhalten und an denen wir wachsen. Sie sind so etwas wie der Motor des Lebens.

Wir brauchen diese schwierigen Transite, deren Kraft querläuft und die Widerstände in uns und unserem Leben schaffen, um unsere Lebenskraft zu spüren und um Kreativität zu entwickeln, um unsere Geburts-Sonne, unseren eigenen Schöpfergeist, zu aktivieren. Das hat viel mit Lebenssinn zu tun.

Ohne diese Transite würden wir stagnieren. Der Mensch ist nun einmal so geartet, dass er nur dann etwas verändert, wenn er Druck hat, wenn er in Not ist oder wenn ihn das Leben zu Kurskorrekturen zwingt. In den guten Zeiten, in denen er sich wohlfühlt, gibt es für ihn keine Notwendigkeit, irgendetwas an seinem aktuellen

Leben infrage zu stellen. Es ist nun einmal eine Tatsache, dass die harmonischen Transite, die förderlichen Konjunktionen, Sextile und Trigone, oft gar nicht besonders wahrgenommen bzw. genutzt werden. Es ist ja auch alles gut. Man kann etwas in seinem Leben neu angehen oder verändern, muss es aber nicht.

Die schwierigen Konjunktionen, Quadrate und Oppositionen zwingen uns jedoch zur Auseinandersetzung mit unserem Leben, und das vor allem dann, wenn es sich um die schwierigen Transite der Langsamläufer Saturn, Uranus, Neptun und Pluto handelt, da diese eine viel größere Bedeutung und Gewichtung als die Schnellläufer Sonne, Mond, Merkur, Venus, Mars und letztlich auch Jupiter haben.

Der Grund liegt allein schon in der großen Verweildauer dieser Planeten. Bei Saturn und Uranus sind es die meisten Tierkreisgrade, die aufgrund ihrer Rückläufigkeit dreimal überlaufen werden, bei Pluto alle Stellen. Neptun und Pluto transitieren manche Stellen sogar fünfmal. Man spricht dann von einem Dreifach- bzw. Fünffachtransit.

Damit kann sich der Zeitraum, in dem ein Transit wirksam ist, über einen beträchtlichen Zeitraum erstrecken. Bei Saturn bis zu einem Jahr und bei Uranus, Neptun und Pluto bis zu zwei oder gar drei Jahren. Das heißt, dass brennende Themen und Aufgaben, die diese Transite anzeigen, eben mehrfach in den Vordergrund rücken oder auch zurückkehren, bis wir sie vollständig bewältigt haben.

Das Schicksal gibt uns hier vor allem bei den schwierigen Transiten der Langsamläufer mehrfach die Chance, einen Konflikt zu lösen. Schaffen wir das nicht bei einem dreifachen bzw. fünffachen Übergang, können sich die negativen Auswirkungen dieser Transite weiter steigern und Krisen immer mehr zuspitzen. Klären wir angezeigte Konflikte unter Umständen schon bei der ersten Überquerung, lösen sich die damit verbundenen Probleme auf, und der Transit erhält entsprechend seiner Analogien eine andere Qualität bzw. ein anderes Thema.

Noch viel länger halten sich die Langsamläufer in den Häusern unseres Geburtshoroskops auf. Uranus braucht immerhin 84 Jahre, um den gesamten Tierkreis zu durchqueren, Neptun fast 164 und

Pluto ganze 248 Jahre. Als Transit in den Häusern, die unser Geburtshoroskop erst individuell machen, deuten sie auf gravierende persönliche Lebensthemen hin, die sich eben meist über viele Jahre hin erstrecken.

Diese großen Themen, die Langsamläufer im Lauf durch ein Haus anzeigen, werden nun in den Zeiten konkretisiert, ausgelöst, dramatisiert und noch einmal in eine andere Richtung gelenkt, in denen dieser Planet zusätzliche Transite zu Planeten unseres Geburtshoroskops bildet.

Die Konjunktion, das Quadrat und die Opposition dieser schwierigen Transite werden im Großen und Ganzen ähnlich gedeutet, da die langsam laufenden Planeten Saturn, Uranus und Pluto gerade in der Konjunktion mit einem Planeten oder einer Achse unseres Geburtshoroskops ebenso wie das Quadrat und die Opposition blockieren (Saturn), schwächen (Neptun), antreiben, aufreiben, beunruhigen (Uranus) oder großen Druck ausüben (Pluto).

Eine Konjunktion der langsam laufenden Planeten zu einem Geburts-Planeten oder einer Achse des Horoskops ist nicht unbedingt harmonischer als ein Quadrat oder eine Opposition. Es gibt allerdings Ausnahmen, weshalb bei einigen Transiten auf die besondere Bedeutung der Konjunktion eingegangen wird, die ja immer den besonders engen Kontakt von zwei Kräften anzeigt, die sich entweder aneinander reiben, abstoßen oder eben zusammen an einem Strang ziehen.

Die Transite der Langsamläufer Saturn, Uranus, Neptun und Pluto sind meist Anzeiger einschneidender Lebensveränderungen, während Schnellläufer, wie Sonne, Mond, Merkur, Venus und Mars oder auch Jupiter, oft zusätzliche Auslöser größerer Veränderungen und Geschehnisse sind.

Die Astrologie und insbesondere unser Geburtshoroskop fordern uns auf, uns selbst zu reflektieren, wovon letztlich unser Lebenserfolg abhängt. Wer zu viele „blinde Stellen“ auf sich selbst bezogen besitzt, wird auch auf diese enorm wichtigen Transite oft keine Antwort finden. Um die herausfordernden Transite von Saturn, Uranus, Neptun und Pluto richtig zu verstehen, müssen wir den Mut aufbringen, genau hinzuschauen, um zu erkennen, was nicht passt in unserem Leben und was uns die Sterne sagen wollen.

Bei der Beschreibung dieser Transite wird deshalb nichts beschönigt, letztlich auch deshalb, um vor den Risiken dieser Transite zu warnen. Nur wenn wir Krisen mit offenem Auge betrachten, wenn wir die Hintergründe schwieriger Transite zu begreifen versuchen, sind wir in der Lage, sie nicht nur gut zu bewältigen, sondern auch großen Profit aus ihnen zu ziehen.

Gefahr erkannt, Gefahr gebannt, das gilt auch für diese Transite. Wenn wir sie verstehen, verlieren wir die Angst vor ihnen und können frei und kreativ auf sie reagieren. Sie haben, wie gesagt, die größte Kraft überhaupt, um uns anzustoßen und zu bewegen, uns zu motivieren, mehr aus unserem Leben zu machen. Sie sind tatsächlich so etwas wie der Schlüssel zu unserem Lebenserfolg.

Ihr Druck und ihre Reibung machen uns kreativ. Sie zeigen uns, wo wir stehen und fordern uns auf, Begrenzungen zu überwinden, den eigenen Schatten zu überspringen. Sie bedeuten persönliches Wachstum. Nehmen wir also den Kampf mit dem Leben auf und nutzen dabei das Wissen der schwierigen Transite.

Die schwierigen Transite der Langsamläufer helfen uns, vorwärtszukommen, uns aus Abhängigkeiten und Verwicklungen zu lösen, um selbstbestimmter und freier leben zu können.

♄ **Saturn**, der weise Lehrer des Lebens, den wir keineswegs nur negativ sehen dürfen, legt als harter Transit den Finger in die Wunde, führt uns immer wieder vor dieselben Probleme und ist so etwas wie eine kosmische Bremse, die uns davor bewahren soll, ungehindert in den Abgrund hinabzusteuern. Es sagt uns: „Vorsicht, das ist die falsche Richtung“. Es gilt, Fehler, die uns möglicherweise in eine falsche Richtung drängen, einzusehen und zu korrigieren. Alles ist gut, alles ist wichtig und richtig, gerade in den Zeiten schwieriger Saturn-Transite.

♅ **Uranus** im harten Transit kann unser gesamtes Leben unter Strom setzen. Er ist der Wind der Veränderung. Uranus im Spannungswinkel ist immer darum bemüht, mächtigen Wirbel in unserem Leben zu verursachen, uns aufzurütteln und den Weg in die Zukunft zu bahnen, indem er alles Alte, Vergangene, Festgefahrene kühl und konsequent, ohne Zaudern und Mitgefühl, radikal abstößt. Er kennt nur das Neue, die Veränderung, den Aufbruch ins Unbekannte. Durch die Kraft der Intuition, die unter schwierigen Uranus-Transiten enorm angeregt ist, können wir plötzliche Eingebungen und Erkenntnisse haben, die unser Leben mit einem Schlag ändern und in eine andere Richtung drängen.

♆ **Neptun** ist wie ein starker geistiger Sog, der uns in Innenwelten hineinzieht. Es ist die Kraft, die uns die Chance gibt, uns seelisch und geistig weiterzuentwickeln. Er belebt unsere Fantasie, sendet uns wichtige Botschaften über Träume, hebt unser Bewusstsein in höhere Sphären, deutet aber auch totale Verblendungen und Illusionen an, denen schmerzhafte Desillusionierungsprozesse folgen können. Gleichzeitig führen seine schwierigen Transite zu einer Schwächung in der Außenwelt. Unter seinen herausfordernden Transiten haben wir immer eine Gratwanderung zwischen Traum und Wirklichkeit, zwischen Wunscherfüllung und totaler Desillusionierung. Manche Menschen kommen gerade unter den harten Neptun-Transiten mit der geistigen Welt in Berührung, andere sinken tief, bis manchmal „unter die Brücke“, verfallen dem Alkohol- und Drogenrausch.

♇ **Pluto** ist das vielleicht heißeste Eisen im kritischen Transit, was die Langsamläufer betrifft. Er ist der Stirb-und-Werde-Planet, er kann unser Leben völlig auf den Kopf stellen und alles radikal transformieren. Er kann alle Schutzmauern unseres Lebens niederreißen und uns vor das Nichts stellen. Mit seiner Kraft können wir aber auch die schlimmsten Krisen, beruflich, privat und gesundheitlich überwinden und wie der Phönix aus der Asche oft völlig unerwartet emporsteigen und neu im Leben geboren werden. Er ist der Tod, dem neues Leben folgt, im tatsächlichen wie übertragenen Sinne.

Uranus, Neptun und Pluto und das höhere Selbst

Um die schwierigen Transite der sogenannten transsaturnischen Planeten Uranus, Neptun und Pluto auf einer tieferen Ebene verstehen zu können, müssen wir ihr Wesen erkennen. Saturn ist der Hüter der Schwelle, der Planet, der die Welt nach innen begrenzt. Sein Wirkungsbereich ist die Erde mit all ihren Notwendigkeiten, harten Realitäten und Konsequenzen. Er symbolisiert die Materie, wozu auch unser Körper gehört, der krank werden kann, alt wird, zerfällt. Saturn ist das unerbittliche Schicksal, der Weg zum irdischen Tod, dem keiner von uns entrinnen kann, wir alle müssen sterben.

Menschen werden nicht nur älter, sie werden mit der zunehmenden Kraft Saturns im Alter oft auch düster und innerlich schwer, im zunehmenden Bewusstsein, dass das Leben eben begrenzt ist. Saturn ist aber nicht nur der Hüter der Schwelle, er ist auch der weise Lehrer des Lebens, der uns erst dann die Schwere nimmt und in die geistige Welt entlässt, wenn wir den Sinn unseres Lebens erkannt haben, wenn wir bereit sind, in die Schöpfung zu vertrauen.

Saturn ist die Auseinandersetzung mit dem Leben und seiner Begrenzung. Wir sind gefangen auf dieser Welt. Nur der Glaube, das Geistige und das Spirituelle deuten einen Ausweg, eine Hoffnung auf Erlösung, auf eine bessere Welt im Jenseits an.

An dieser Stelle kommen Uranus, Neptun und Pluto ins Spiel, die geistigen, überpersönlichen Planeten, die ganze Generationen miteinander verbinden und die stets eine höhere Aufgabe und übergeordnetes Ziel im Sinne haben. Durch diese Planeten stehen wir auf einer tieferen Ebene mit allen Menschen in Verbindung, vergleichbar mit dem von dem Tiefenpsychologen C. G. Jung geprägten Begriff des „kollektiven Unbewussten“, nach seiner Aussage „ein Teil der Psyche, der von einem persönlichen Unbewussten dadurch negativ unterschieden werden kann, dass er seine Existenz nicht persönlicher Erfahrung verdankt und daher keine persönliche Erwerbung ist“. Es handelt sich konkret um ein unbewusstes Wissen, einen Wissensschatz, den letztlich alle Menschen gemeinsam haben und der sie im Inneren verbindet.

Uranus, Neptun und Pluto und ihr Lauf am Himmel stehen für sich alleine betrachtet in Verbindung mit den ganz großen Zeitgeschehnissen. Sie prägen tatsächlich Epochen, stehen mit Kriegen, Katastrophen, Erfindungen, Zeitenwenden und plötzlichem Aufschwung in Verbindung. Ihre Stellung in den Tierkreiszeichen beschreibt die karmischen Aufgaben, die die Generationen gemeinsam haben. Ihre Zeichenstellungen haben für uns eine Leitbildfunktion und damit auch einen Evolutionscharakter.

Durch die Geburtszeit und die jeweilige Häuserstellung von Uranus, Neptun und Pluto in unserem Geburtshoroskop werden diese überpersönlichen Planeten nun persönlich. Sie sind nun unser individueller Leitfaden in die geistige Welt. Ein Weg, der mit vielen Fallen, Irrwegen, Rückschlägen und Täuschungen einhergehen kann. Immer stehen die drei geistigen Planeten aber mit unserem „Höheren Selbst“ in Verbindung, sofern wir diese Kräfte in uns integrieren können und sie nicht aus unserem Leben ausgrenzen.

Gerade in unserer Zeit beginnen wir diese drei neuzeitlichen und geistigen Planeten erst langsam zu verstehen. In der Astrologischen (Symbol-)Aufstellung, einer neuzeitlichen Therapieform, sind Siri Allgeier und andere Therapeuten, die Anhänger dieser neuzeitlichen Methode sind, in Gruppen oder Einzelsitzungen darum bemüht, ausgegrenzte transsaturnische Planeten, die nichts anderes als zersprengte, nicht erkannte oder auch missachtete Seelenanteile sind, zu der Kernseele zurückzuholen. Im tiefenpsychologischen Sinne nach C. G. Jung ist dies auch ein Integrieren der persönlichen Schattenseiten, die durch das Erkennen und die Versöhnung mit ihnen die Chance bekommen, Kontakt zum Höheren Selbst herzustellen.

♅ **Uranus** ist auf der geistigen Ebene die höhere Oktave des Merkurs, unseres Verstandes. Er ist so etwas wie der Intelligenzaspekt unseres Höheren Selbst. Er ist unsere Intuition, der „Heilige Geist“, die Erkenntnis, die plötzlich über uns kommt, unsere innere Stimme, auf die wir wieder lernen müssen zu hören und die uns auch durch die dunkelsten Täler sicher leiten kann.

♆ **Neptun** ist die höhere Oktave der Venus, der irdischen, sinnlichen Liebe. Neptun ist platonische, körperlose Liebe, das höchste Ideal der bedingungslosen, aufopfernden Liebe, die für sich selbst liebt, wie die alles verzeihende mütterliche und väterliche Liebe. Neptun ist das große, weite Herz, die umfassende und grenzenlose Liebe unseres Höheren Selbst, das vor allem Gott dienen will.

♇ **Pluto** ist die höhere Oktave des Mars. Im erlösten Sinne symbolisiert er den geistigen Willen unseres Höheren Selbst. Er stößt die tiefen Wandlungen und Transformationen in unserem Leben ab, damit wir die Ziele unseres Höheren Selbst erreichen können, die mit Ganzwerden und Heilung unserer Seele zu tun haben. Pluto ist auch so etwas wie unser Über-Ich, das sich über alle Begrenzungen hinwegsetzen und nicht für möglich Gehaltenes verwirklichen kann.

Transite von Uranus, Neptun und Pluto zu unseren Geburts-Planeten und -Achsen bringen uns immer auch in Berührung mit der geistigen Welt, was je nach Reife und persönlicher Entwicklung sehr unterschiedlich wahrgenommen wird.

Saturn, Uranus, Neptun und Pluto im Transit speziell zu unserem Geburts-Uranus, Geburts-Neptun und Geburts-Pluto setzen vor allem auch die Auseinandersetzung mit unserem Höheren Selbst in Gang. Gerade auch deshalb können sie so stark, so intensiv, so fundamental und so umfassend in ihrer Auswirkung auf unser Leben sein.

Schwierige Transite in geballter Ladung
Wenn alle Probleme auf einmal kommen

Manchmal ist einfach alles zu viel im Leben. Da gibt's Streit mit dem Partner, oder es steht gar eine Trennung an, gleichzeitig lahmt das Geschäft, es kommt zum Konkurs oder es droht eine Kündigung, die Gesundheit ist angeschlagen, und auch sonst zerplatzt die eine oder andere Hoffnung wie Seifenblasen. Man fühlt sich arg allein, das Gefühl, gescheitert zu sein, macht sich breit.
Jeder von uns, der eine mehr, der andere weniger, kennt diese Tiefpunkte im Leben, in denen alles zusammenzukommen scheint, als wäre ein böser Zauber über einen verhängt worden, als müsste man nun für alle seine Sünden büßen, die je begangen wurden. Waren wir vorher noch Menschen, die vom Glück verwöhnt wurden, sind wir nun auf einmal die Pechvögel, und plötzlich erscheint das Leben wie ein nie enden wollendes Drama und Trauerspiel.
Doch Hand aufs Herz: Das Leben ist nun mal eine Achterbahn, und so dürfen wir damit rechnen, dass es auch einmal wieder nach oben geht, was in solchen Momenten allerdings nur ein schwacher Trost ist. Doch was einmal als ausweglos empfunden wurde, wird in späteren Jahren häufig als notwendige, ganz wichtige Erfahrung gesehen, die uns erst zu der Persönlichkeit gemacht hat, die wir heute sind.

Rein astrologisch gesehen brauen sich in diesen unguten Zeiten, in denen eben vieles auf einmal auf einen einprasselt, immer dann zusammen, wenn wir eine auffallende Häufung schwieriger Transite der Langsamläufer auf unser Geburtshoroskop haben.

Es scheint dann, als würde sich der Himmel gegen einen verschwören. Zwangsläufig wird die Gefahr von Unfällen, Trennungen, Krankheiten etc. größer, wenn innerer und äußerer Druck wachsen und wenn wir für uns keine Lösungsansätze mehr finden. Starke innere Spannungen müssen irgendwann einmal nach außen treten, wenn wir es nicht schaffen, den steigenden Druck und die inneren Spannungen loszuwerden. Das Leben wird in solchen Phasen, in denen das Gefühl der Überforderung und Ausweglosigkeit übermächtig werden kann, zur Gratwanderung, auf der einen Seite der Kampf und die Hoffnung, auf der anderen Seite immer die Gefahr, abzustürzen, aufzugeben, in Frust und Schwermut zu versinken. Man klammert sich an kleine Hoffnungsschimmer, kämpft gegen starke Selbstzweifel an, und dann sagt man sich wieder selbst: „War doch alles umsonst."

Oft genügt jetzt nur ein kleiner Anstoß, der zur Katastrophe führt. In diesem Falle sind es immer wieder die Transite der Schnellläufer Sonne, Mond, Merkur, Venus und Mars, die jetzt die Tropfen sind, die in zusätzlicher Spannung zu den Langsamläufern Saturn, Uranus, Neptun und Pluto das Fass zum Überlaufen bringen. Es ist einfach alles zu viel, nichts geht mehr. Nur ein Knall, ein Unglück, ein Schicksalsschlag scheint jetzt die Situation noch zu entwirren und den Boden für einen Neustart schaffen zu können. Schwere Transite, harte Zeiten, große Dramen!

Wir alle, die solche oder ähnliche Krisen schon einmal durchlebt haben, wünschen uns natürlich, dass wir nie wieder so heftig vom Leben gebeutelt werden. Schicksalsschläge lassen sich jedoch nicht verhindern, sie gehören wie der Tod zum Leben.

Dennoch, viele Krisen sind hausgemacht, und so manches Unglück wäre zu vermeiden gewesen. Manchmal braucht es nur ein wenig Bewusstheit und die Bereitschaft, sich mit seinen Problemen auseinanderzusetzen.

Wir spüren es doch letztlich alle ganz genau, wenn wir in eine falsche Richtung laufen, wenn wir gegen uns leben. Vielleicht aber wollen wir uns in diesen Zeiten auch gegen das Leben auflehnen, ja, provozieren es wie ein trotziges Kind zu einer Reaktion, zu einer Antwort. Im letzteren Fall brauchen wir den Nackenschlag des Schicksals. Und ganz ehrlich: Auch diese Lebensphasen kennt fast jeder von uns. Wer nicht mehr immer nur fallen und die gleichen Rückschläge durch das Leben erhalten will, der versucht, die Lehren aus seinen Niederlagen zu ziehen. Und manchmal kann dabei eben auch die Astrologie behilflich sein. Ein Medium von Hilfen in unserer heutigen Zeit, aber ein doch sehr bedeutendes und realistisches.

Die Chance der Astrologie liegt im Begreifen, warum diese oder jene Transite in derselben Zeit auf einmal auftauchen, was ihr Hintergrund ist, was sie für uns bedeuten und warum sie uns so viele Steine in den Weg legen. Ist das eine Verschwörung des Schicksals, gar ein zynischer Zufall des Lebens, oder steckt da wirklich ein tieferer Sinn dahinter? Letzteres wird zur Gewissheit, je länger und intensiver man sich mit der Astrologie auseinandersetzt.

Transite sind die Wirklichkeit, spiegeln immer Lebenssituationen und große Lebensthemen wider. Wie könnten sie zufällige Erscheinungen sein? So wie Krisen nicht zufällig aus dem Nichts kommen, so kommen auch Transite, förderliche wie schwierige, nicht von ungefähr. Wenn wir eine Krise bewusst wahrnehmen, sind wir meist schon lange mitten drin.

Ausgenommen davon sind die Krisen, die durch Ereignisse, Todesfälle, Trennungen, medizinische Diagnosen usw. plötzlich ausgelöst werden. Die meisten persönlichen Krisen kommen jedoch nicht von einem auf den anderen Tag, sondern spitzen sich langsam zu, sind ein Ergebnis unseres Lebens. Wir sind auf diese Krisen meist direkt zugesteuert, indem wir viele ungelöste Probleme vor uns hergeschoben und verdrängt haben. Kommt ein größeres Problem dann an das Tageslicht, folgen oft auch die anderen. Es ist wie eine Kettenreaktion. Löst sich eine Karte aus einem Kartenhaus, knicken auch die anderen ein. Eine Art Dominoeffekt, eine logische Konsequenz unseres Lebens und der Krise, die nicht mehr aufzuhalten ist.

Wir haben alles versucht, abzublocken, fernzuhalten, nicht zuzulassen und haben sehr viel Energie dafür aufgebracht. Im Augenblick der offensichtlichen Krise brechen wir dann oft regelrecht zusammen. Ein Lebensbereich nimmt Einfluss auf den nächsten, bringt ihn mit zum Einsturz.

Wir Astrologen werden tatsächlich relativ häufig mit Klienten konfrontiert, bei denen es an allen Ecken und Enden brennt, die verzweifelt sind, da alles in ihrem Leben zusammenzubrechen scheint. Hauptthemen sind natürlich die Partnerschaft, die Familie, das Zuhause sowie die Berufs- und Lebensziele und die Gesundheit.

Der allgemeine Horoskopaufbau verrät uns, dass diese Themen innerlich zusammenhängen. Man kann sie nicht isoliert betrachten.

In jedem Horoskop steht der IC (Familie, Herkunft, Identität) dem MC (Berufs- und Lebensziele) und der Aszendent (Ich, Persönlichkeit) dem Deszendenten (Du, Öffentlichkeit) gegenüber. Alles ist miteinander verwoben, letztlich alle Lebensgebiete gehen ineinander über und hängen voneinander ab, und das ist der Grund dafür, warum eben sehr oft alles auf einmal zusammenkommt. Wir schauen nun in die dunklen Seiten unseres Lebens, erkennen Blockaden und Verhinderer, und das ist gut so. Manchmal müssen wir unten ankommen, um wieder realer sehen und neue Ansätze im Leben finden zu können.

Hinter Krisenzeiten steckt kein böses Schicksal und schon gar kein strafender Gott, der uns ermahnen und zurechtweisen will. Diese Krisen, diese als schwer empfundene Zeiten, sind, wie gesagt, nur eine logische Konsequenz unseres eigenen Lebens. Die schwierigen Transite sagen, es ist jetzt an der Zeit, sich mit den Themen zu beschäftigen, die wichtig für uns sind, da wir sonst scheitern. Sie sind eine Aufforderung, aus dem Zug, in dem wir uns befinden, an der nächsten Station auszusteigen, da er in eine verkehrte Richtung fährt oder gar entgleisen wird. Die Zwangsläufigkeit der Krisen und Transite gehört ganz einfach zum Lauf des Lebens und unserer persönlichen Entwicklung.

Es kann nicht oft genug gesagt werden: Die schwierigen Transite sind keine Boten des Unglücks, sie sind vielmehr kosmische Einflüsse und Kräfte, die uns in dringende Auseinandersetzungen mit uns selbst und unserem Leben hineinführen.

Die teils negativen Beschreibungen dieser Transite müssen nicht eintreten! Die Astrologie ist die Lehre der Wahrscheinlichkeit. Nichts ist festgeschrieben, unser Wille ist frei. Wir wissen, es gibt keinen Unfall, dem nicht eine massive innere Spannung vorausgeht. Wenn wir uns allein das beim Autofahren bewusst machen, ist die Gefahr, dass etwas passiert, schon deutlich geringer, wenn nicht gar aufgelöst.

Es kann bei schwierigen Transiten Negatives geschehen, muss aber nicht. Die großen schwierigen Transite machen Druck, fordern heraus. Die Antwort können nur wir geben. Wir können durch unser Inneres, durch unsere persönliche Haltung, unser Leben selbst steuern. Bewusstheit ist alles. Die Astrologie ist nur dann eine wertvolle Hilfe, wenn wir uns von jedem Angstdenken befreien und versuchen, möglichst offen mit ihr umzugehen. Hinter jedem schwierigen Transit der Langsamläufer steckt eine riesige Chance, Entscheidendes im Leben zu bewegen. Das müssen wir uns immer wieder vergegenwärtigen. Diese Transite ebnen erst den Weg zum Erfolg. Ohne sie geht es nicht, weshalb wir sie mit größtem Interesse verfolgen sollten.

Diejenigen, die jedoch von der „Transitis" heimgesucht werden und beim Anblick schwieriger Planeten-Einflüsse in „katastrophisches" Denken verfallen, sollten sich jedoch besser von der Astrologie distanzieren. Sie würde sonst unter Umständen mehr Schaden anrichten als etwas gutmachen.

Richtig mit der Astrologie umzugehen, heißt, den ganzheitlichen Ansatz zu finden. Wer Horoskope lesen kann, erkennt, dass alle Probleme letztlich hausgemacht sind, auch die gesundheitlichen Krisen. Mit unseren inneren Überzeugungen lenken und prägen wir unser eigenes Leben. Eine Wahrheit, die immer mehr in das Bewusstsein vieler Menschen rückt. Und dennoch halten wir zumeist immer weiter an Ängsten und Äußerlichkeiten fest, als ob wir diesem ganzheitlichen Gedanken und uns selbst nicht trauen könnten.

Ähnliches gilt für die schwierigen Transite, die man heutzutage zwar nicht mehr als „bösen Anblick eines Gestirns" bezeichnet, die aber trotzdem weiterhin Angst, ja sogar panische Gefühle bei vielen Menschen hinterlassen. Der Grund: Weil die Realität ganz einfach besagt, dass schwierige Transite häufig mit Niederlagen, Verlusten, Misserfolgen und sogar Schicksalsschlägen einhergehen.

Jeder, der sein Horoskop kennt und diese Transite über einen längeren Zeitraum beobachtet hat, kann diesen Zusammenhang bestätigen. Wobei wir auch hier gewiss nicht behaupten können und dürfen, dass schwierige Transite immer mit unglücklichen Ereignissen einhergehen. Auch das wäre falsch.

Leider gibt es das Böse wie das Gute, den Erfolg wie Misserfolg. Wir können nicht sagen, ein Misserfolg ist gut, weil er meinen

Ehrgeiz angestachelt, meine Anstrengungen verdoppelt, mich reifer gemacht hat, was letztlich zum Erfolg führte. Der Misserfolg führte lediglich zum Guten.

Genauso wenig können wir sagen, um noch ein krasseres Beispiel zu nehmen, dass der 2. Weltkrieg gut war, weil er die Menschen aufgeweckt hat und letztlich dafür verantwortlich war, dass aus einem kriegerischen Deutschland ein relativ hoch entwickeltes demokratisches Land wurde. Er führte nur zum Guten, er war nicht gut, aus der Zerstörung folgte ein Neuaufbau.

Mephistopheles, die Inkarnation des Bösen, gibt sich in Goethes Faust zu erkennen und bringt es auf den Punkt:

Ich bin ein Teil von jener Kraft,
Die stets das Böse will und stets das Gute schafft.
Ich bin der Geist, der stets verneint!
Und das mit Recht; denn alles, was entsteht,
Ist wert, dass es zugrunde geht;
Drum besser wär's, dass nichts entstünde.
So ist denn alles, was ihr Sünde,
Zerstörung, kurz das Böse nennt,
Mein eigentliches Element.

Ein spannungsgeladener Transit ist für sich betrachtet nicht „böse“. Er kann aber „Böses“ anzeigen oder dazu führen. Wir haben dennoch die Chance, ihn in „Gutes“, in Erfolg und Gewinn, umzuwandeln.

Ein schwieriger Saturn-Transit sagt zunächst immer nur: „Stopp, hier geht etwas in eine falsche Richtung“. Etwas, was wir auch ohne Astrologie eigentlich schon längst spüren und was wir nun korrigieren sollten. Saturn sagt: „Hallo, bitte einen anderen Weg einschlagen, dieser führt in eine Sackgasse“. Saturn im schwierigen Transit bremst, belastet und bedrückt, damit wir durch seine Widerstände erkennen, was nicht stimmt. Wollen wir das nicht wahrnehmen und handeln wir weiter gegen jedes Gefühl und jede Einsicht, dann erst wird der Transit zur ernsthaften Belastung.

Innerhalb der astrologischen Szene gibt es sehr unterschiedliche Auffassungen darüber, was die Prognostik, die Deutung von Transiten, betrifft. Psychologisch orientierte Astrologen werfen den eher klassisch gerichteten Determinismus vor.

Und klar, es gibt ja auch kein festgefügtes Schicksal und keine Unabänderlichkeiten. Das ist absolut richtig. Allerdings kann der Spielraum der eigenen Bestimmtheit und Willensfreiheit sehr klein sein, wobei wir wieder bei der Astrologie als Lehre der Wahrscheinlichkeit angelangt sind. Ein Mensch, der seinen Neigungen meist ungehinderten Lauf gibt, ist, wie gesagt, leicht einzuschätzen.

Eine fast schon beängstigend sichere Prognose kann ein einigermaßen geschulter Astrologe abgeben, wenn sich kritische Planeteneinflüsse bei einem uneinsichtigen Menschen häufen. Ein Beispiel dazu: Ein Mann hat Mars im 3. Haus (Kommunikation, Alltag, kleine Reisen, Straßenverkehr usw.). Er hat die Neigung, zu schnell Auto zu fahren, ja zu rasen. Er fährt grundsätzlich dicht auf und hat schon mehrere leichte bis mittelschwere Unfälle in seinem Leben gehabt. An seinem Fahrstil hat sich dennoch nichts geändert.

Angenommen, der Transit-Pluto greift nun in Opposition seinen Mars an, dann vervielfachen sich die bereits angelegten Unfallgefahren für einen längeren Zeitraum, da Pluto diese spezielle Mars-Energie weiter anheizt. Bildet nun auch etwa Uranus ein Quadrat zu seinem Geburts-Merkur, was voreilig, unruhig und nervös macht, dann wächst die Gefahr eines Unfalls weiter an. Ein zusätzlich spannungsvoller Transit eines schnelllaufenden Planeten könnte nun das Fass zum Überlaufen bringen, sprich, einen schweren Unfall auslösen.

Halten wir fest: Das Auftauchen mehrerer schwieriger Transite in unserem Geburtshoroskop zeigt schwierige Zeiten an. Eine große Herausforderung stellen für uns aber gerade auch die Zeiten dar, in denen sich am Himmel (= mundan) eine kritische Konstellation zusammenbraut, die wiederum als spannungsvoller Transit in unserem Geburtshoroskop auftaucht.

Um ein Beispiel zu geben: In den Jahren zwischen 2011 und 2016 hatten wir ein Uranus-Pluto-Quadrat am Himmel, das einen gewaltigen Zeitenumbruch ankündigte. Es war eine enorme Wandlungsenergie, die sogar die Zeit zu beschleunigen schien. Da Uranus im Widder stand, tobten in der Welt folgerichtig viele Freiheitskämpfe. Es fiel in diese Zeit etwa der „Arabische Frühling" sowie die Bankenkrise (Pluto im Steinbock, Macht der Materie), und es begann der allmähliche Untergang der USA als alleinherrschende Weltmacht (im Geburtshoroskop der USA steht Pluto ebenfalls im Steinbock).

Da Uranus und Pluto in den kardinalen Zeichen Widder bzw. Steinbock standen, gerieten viele Widder-, Krebs-, Waage- und Steinbock-Geborene, die in den entsprechenden Graden ihre Geburts-Sonne hatten, unter Druck. Stand der eine Planet in Opposition oder Konjunktion zu der Geburts-Sonne, befand sich der andere gleichzeitig im Quadrat dazu.

Für viele Menschen waren diese „Doppelangriffe" der beiden kosmischen Schwergewichte einfach zu viel. Sie waren überfordert, da ein spannungsvoller Uranus-Transit extrem die Nerven reizt und große Unruhe ins Leben hineinträgt und Pluto das Ganze potenziert, steigert. Große Lebensumbrüche privater wie beruflicher Natur kamen hinzu und führten an den Rand der Belastbarkeit und darüber hinaus. So kam es in diesen Zeiten zu vielen regelrechten Zusammenbrüchen, und besonders häufig traf es eben Widder, Krebs, Waage und Steinbock. Der Begriff „Burnout", das Ausgebranntsein, war Gesprächsthema und rückte in das Bewusstsein der Menschen, ziemlich genau mit dem ersten Erscheinen dieses Uranus-Pluto-Quadrats am Himmel.

Betroffen von diesen schweren Transiten waren unter anderem zwei prominente Menschen des Sports. Sowohl Michael Schumacher als auch Uli Hoeneß hatten in diesen Jahren den Transit von Uranus und Pluto in Spannung zu ihrer Geburts-Sonne. Schumacher wurde nach seinem schrecklichen Unfall ein Pflegefall, und Hoeneß verlor den wohl größten Kampf seines Lebens und musste wegen Steuerhinterziehung ins Gefängnis.

Uli Hoeneß hatte damals den Zeitpunkt verpasst, aus seiner Spielsucht auszusteigen und wurde nun vom Schicksal gezwungen, eine Kehrtwendung seines Lebens zu vollziehen.

Schumacher stand ebenfalls an einem großen Wendepunkt seines Lebens, den er innerlich nicht vollziehen konnte. Er musste aufgrund seines fortgeschrittenen Alters endgültig mit dem Rennfahren abschließen, das sein Lebenssinn, seine Berufung war. Er hatte durchaus neue berufliche Planungen, die jedoch nichts waren im Vergleich zu seiner riesigen Karriere. Er kam aus dieser Krise irgendwie nicht mehr heraus.

Uranus und Pluto forderten damals große Veränderungen, die nicht nur die Welt, sondern auch uns persönlich betrafen. Umso mehr, wenn persönliche Planeten, wie Sonne, Mond, Merkur, Venus, Mars oder auch Saturn, davon betroffen sind.

Grundsätzlich ist zu sagen, dass die Häufung schwieriger Transite von Saturn, Uranus, Neptun und Pluto nahezu immer in eine Krise führen, die je nach Typ und Veranlagung sehr unterschiedlich ausfällt. Allein das Wort „Krise" spricht bereits Bände. Krise ist ein aus dem Griechischen stammendes Substantiv zum altgriechischen Verb krínein, welches „trennen" und „(unter-)scheiden" bedeutet. Auf das gleiche Verb geht auch das Substantiv „Kritik" zurück.

Trennen und scheiden heißt Abschied nehmen von einem Partner, einem Beruf, einem Lebensweg, einer Idee usw. Die Krise hat immer mit entscheidenden Wendepunkten im Leben zu tun, die einer Entscheidung bedürfen. Ist die Krise dauerhaft und kann nicht mehr abgewendet werden, spricht man aber auch von einer Katastrophe, die wörtlich übersetzt „Niedergang" bedeutet.

Die Art der Krise hat natürlich immer mit den Grundthemen der jeweiligen Transit-Planeten und der Planeten und Achsen zu tun, die im Geburtshoroskop angesprochen werden.

Wir alle müssen im Falle einer schweren Krise zunächst durch ein tiefes und dunkles Tal der Tränen gehen, an dessen Ende aber das Licht wieder scheint. Ein Prozess, durch den wir gehen müssen und der nicht immer einfach ist. Denn normal ist es auch, dass Menschen oftmals ihre Krise zunächst nicht wahrhaben wollen. Erst wenn sie gar nicht mehr zu leugnen ist, wird die hilflose Lage entdeckt, brechen Emotionen auf, die sich zwischen Wut und Selbstzweifel bewegen. Negative Folgen, wie der Griff zur Flasche, Isolation, Wut, gesteigerte Hoffnungslosigkeit und Resignation bis hin zu Depression, sind oft nicht zu vermeiden. Nun hat die Krise zweifellos ihren Höhepunkt erreicht.

Für viele Menschen wird der Leidensdruck in dieser Situation so groß, dass sie jetzt erst zur Umkehr bereit sind bzw. den letzten sich bietenden Strohhalm ergreifen, um ein neues Leben zu beginnen. Jetzt beginnt die Phase der Neuorientierung, in der wir nach neuen Möglichkeiten und Lösungen Ausschau halten, jetzt setzen wir wieder unsere kreativen Kräfte ein, was unser Leben völlig neu beseelt.

Diese Kraft des Aufbruchs ist enorm, sie macht uns stark und selbstbewusst. Mit den schweren Erfahrungen im Hintergrund, die nun immer besser verarbeitet werden, beginnt unsere Persönlichkeit zu wachsen.

♄

Schwierige Saturn-Transite
Sie machen uns älter, oft auch weiser

Saturn-Transite fürchten wir zweifellos am meisten, woran die alten Astrologen nicht ganz unschuldig sind. Schließlich wurde Saturn einst als grimmiger, alter, böser Mann dargestellt, der Kinder frisst und mit seiner Sense den Tod heraufbeschwört.

Ja, man hatte und hat schon ganz schön großen Respekt vor diesem Saturn, der, je nachdem, wo er auftaucht, den Finger in die Wunde legt und in einer gewissen Kompromisslosigkeit auf bestehende Missstände hinweist. Wer Saturn gegen sich hat, muss wissen: Jetzt ist die Zeit der Ausflüchte vorbei, jetzt gilt es, Farbe zu bekennen.

Natürlich empfinden wir diese Zeiten als mühsam und unangenehm, und so mancher, der Saturn jetzt als Sündenbock dieser schwierigen Zeiten ausmacht, verfällt in die alte Anklage, dass Saturn doch ein böser Planet ist. Aber er ist es nicht, das ist nur eine Erfindung der Menschen, die ihn nur in seiner Schwere wahrgenommen haben und ihn deshalb fürchten, ohne ihn jemals richtig verstanden zu haben.

Saturn ist das Schicksal, er begleitet als strenger und weiser Lehrer unser Leben, er will, dass wir wirklich wachsen und nicht nur so tun als ob. Er lässt keine Äußerlichkeiten gelten, sondern nur das, was wirklich ist. Saturn ist außerdem der Planet, der über unser Karma wacht, er lässt uns die Fehler der Vergangenheit spüren, damit wir sie im Jetzt ausbügeln und endgültig aus unserem Leben verbannen können.

Er ist der „Hüter der Schwelle", der uns lehrt, die Begrenzung durch die Materie, durch das irdische Leben, zu überwinden, indem er uns gnadenlos prüft, isoliert, in Not versetzt. Saturn will, dass wir mit großem Ernst und Demut unser Leben angehen und jede Leichtfertigkeit und Überheblichkeit verlieren. Er will, dass wir Ausdauer entwickeln und Entbehrungen auf uns nehmen, damit wir für die großen Kämpfe des Lebens gewappnet sind.

Saturn ist hart, aber er meint es gut, er ist wie das irdische Leben selbst eine große Chance, innerlich zu wachsen und weiterzugehen. Saturn ist der Planet, der uns immer wieder über dieselben Fehler und Fallen stolpern lässt, damit wir aus unseren Erfahrungen lernen. Er wird nicht müde, uns zuzurufen: „Kehre um!"

Saturn ist die Kraft, die uns immer wieder auf den Boden der Tatsachen zurückführt, uns die Realität und unsere Begrenzungen vor Augen hält, uns bewusst macht, wo genau wir stehen.

Natürlich prüft Saturn vor allem unsere Liebe, unsere Ziele und Werte, die nichts wert sind, wurden sie nicht im Sturm des Lebens geläutert. Seine Ideale, seine Liebe und Ziele kann jeder aufrechthalten, so lange alles gut geht, so lange „Friede, Freude, Eierkuchen" herrscht und keine missliche Lebenssituation die Liebe auf den Prüfstand stellt. Aber wehe, es kommt Saturn, die Krise, und fragt: „Wie stark sind deine Ideale, deine Liebe und deine Ziele?" Jetzt muss es sich beweisen.

Auf der Erde geboren werden, heißt, in die schwere und anspruchsvolle Schule Saturns zu gehen, die Eliteschule des Lebens, in der uns nichts geschenkt wird und in der es große und schwere Prüfungen zu bestehen gilt. Erst dann dürfen wir über die Schwelle treten und werden in die höhere geistige Welt entlassen. Wer die Prüfungen nicht besteht, muss „Ehrenrunden" drehen und sich weiter auf dem Rad des Lebens, dem Kreislauf von Leben und Tod, abmühen.

Entweder spiegelt sich Saturn im Alter in der Fratze des Scheiterns, in der Angst vor dem Tod, des gnadenlosen körperlichen Verfalls, der geistigen Umnachtung und der Resignation wider, oder wir werden selbst ein wenig weise und können der jüngeren Generation zeigen, was es heißt, mit Würde alt zu werden. Die Lebenserfahrung ist das Geschenk von Saturn, die wir in seinem Auftrag weitergeben sollen. Saturn wacht über das Alter, das gleichsam seine letzte große Prüfung für uns darstellt. Wir sterben so, wie wir gelebt haben. Der letzte Lebensabschnitt ist das Resümee über unser Leben, das Zeugnis, das uns Saturn aushändigt. Es prägt gleichzeitig das Geburtshoroskop unseres neuen, kommenden Lebens. Wenn es zu schlecht ist, müssen wir, wie gesagt, die Klasse wiederholen. Jeder herausfordernde Saturn-Transit will uns Weisheit lehren und durch nicht immer leichte Erfahrungen reifen lassen.

Saturn-Transit in Konjunktion, Quadrat oder Opposition zur Geburts-Sonne

Zwischen Resignation und Durchhalten, Aufgeben und Erfolg

Die Saturn-Transite in Konjunktion, Quadrat oder Opposition zur Geburts-Sonne gehören sicherlich zu den schwierigsten Saturn-Einflüssen überhaupt. Der Grund: Die Sonne, unser Wesenskern, hat mit unserer Vitalität und Entfaltungskraft zu tun. Steht Saturn in Spannung zu ihr, dann ist es, als würde sie von einer großen Wolke verdunkelt. Vieles wird infrage gestellt, man bekommt das Gefühl, als wäre das Leben wie ein steiler, hoher Berg, den man mühsam, unter großem Einsatz und vielen Entbehrungen erklimmen müsste.

Alle drei Winkel, die Konjunktion, das Quadrat und die Opposition des Saturns zu unserer Geburts-Sonne, deuten schwere, man könnte auch sagen bleierne Zeiten an. Alles ist zäher und mühsamer als sonst. Man ist seelisch verschnupft, neigt dazu, über die Mühen des Lebens zu klagen und hat zeitweise nur seine schwierigen und trostlosen Seiten vor Augen. Manche Menschen werden sogar depressiv, vor allem wenn sie eine Anlage dafür besitzen.

Irgendwie fühlen sich diese Transite manchmal wie ein Vorgeschmack auf das hohe Alter an, in dem das eine oder andere Zipperlein immer noch spürbarer wird und in dem unser Knochengerüst, das natürlich Saturn zugeordnet ist, an allen Ecken und Enden ächzt und kracht. Manche überfällt das Gefühl, als würde er jetzt im Zeitraffer altern, da die Sonne für das Leben und Saturn für das Alter steht.

Wir können unter diesen Transiten tatsächlich immer wieder hartnäckige Erkältungen beobachten, die sich über Wochen hinziehen können bzw. die immer wieder aufflammen und nie ganz verschwinden, so lange eben diese Transite wirksam sind, die immerhin bis zu einem Jahr anhalten können. Nur manchmal meint es das Schicksal gut mit uns, dann können sich diese Transite sogar in wenigen Wochen verabschieden. Ein Geschenk des Himmels!

In astrologischen Beratungen konnte ich häufig beobachten, dass es schon eine wertvolle Hilfe sein kann, teilt man seinem Klienten die Zeitdauer mit, in der Saturn noch auf der Sonne lastet. Er weiß dann, wann der „Spuk" vorbei ist, wann ganz einfach vieles wieder leichter und besser wird.

Niemand wünscht sich verständlicherweise diese Transite, die oftmals mit einer Phase von persönlichen und beruflichen Rückschlägen gekoppelt ist. Aber: Rückschläge und Hindernisse bedeuten nicht zwangsläufig, dass diese Transite eine Zeit des Misserfolgs ankündigen.

Saturn kritisch zur Sonne hat genau zwei Möglichkeiten: Entweder wir resignieren, räumen das Feld, geben eine Sache auf, oder wir konzentrieren und fokussieren uns noch mehr als bisher auf unsere Ziele. Letzteres führt in vielen Fällen zu den ganz großen, überragenden Erfolgen. Saturn kann den Ehrgeiz unglaublich anstacheln, gerade im spannungsgeladenen Winkel zur Sonne. Das ist auch der Grund, warum viele Menschen, die Sonne-Saturn-Spannungen im Geburtshoroskop haben, so extrem erfolgreich sind. Sie arbeiten mit sehr viel Ausdauer und Disziplin und können große Entbehrungen in Kauf nehmen. Dennoch bleiben diese Aspekte und Transite letztlich immer eine Gratwanderung zwischen Frust, Entmutigung und Depressionen auf der einen und harter Arbeit an den großen Zielen auf der anderen Seite.

Alle drei Winkel, die Konjunktion, das Quadrat und die Opposition zur Geburts-Sonne, stellen hohe Ansprüche an unser Durchhaltevermögen, wobei es manchmal eben auch viel Sinn macht, eine Sache aufzugeben und einen anderen Weg einzuschlagen. Auch das kann ein Zeichen von Größe und die Erfüllung der saturnischen Aufgabe sein.

Gerade die Konjunktion des Saturn-Transits zu unserer Sonne kann auch einen sehr tiefen und positiven Lebensernst verleihen. Man beginnt, alles knallhart realistisch zu sehen. Nichts kann mehr beschönigt werden, die eine oder andere Lebenslüge wird entlarvt, was aber letztlich unglaublich wohltuend sein kann. Insofern kann die Ernüchterung Saturns auf ihre Art sogar befreiend sein.

Bei der Opposition ist Saturn noch stärker als bei der Konjunktion und dem Quadrat in einer herausfordernden Rolle. Saturn will, dass man ihm direkt in die Augen schaut, wie eine Person, die einem gegenübersteht. Der strenge Lehrer des Lebens will uns sagen, dass das Leben nicht nur Spiel und Spaß ist und dass wir unsere Pflichten und Verantwortungen nicht an andere abschieben oder verdrängen dürfen. Saturn spiegelt uns die Lasten, Probleme und Schwierigkeiten unseres Lebens wider, die wir jetzt ganz genau anschauen müssen. Denn sie sind es, die unseren Lebenserfolg verhindern, so lange wir nicht bereit sind, uns mit ihnen auseinanderzusetzen.

Der schwierigste dieser drei Transite ist sicherlich das Quadrat, da Quadrate ihrer Natur nach eben hart und unversöhnlich sind und immer Situationen anzeigen, für die es scheinbar überhaupt keinen Konsens gibt. Saturn tischt im Quadrat zur Sonne alles auf, was zuletzt in Schieflage geraten ist und einer Korrektur bedarf. Es ist eine gnadenlose Abrechnung mit dem Leben. Trauer und Abschied liegen in der Luft. Große Ängste werden wach, die unbedingt bearbeitet werden müssen, da sie einem sonst den Schlaf rauben und regelrecht lähmen und dadurch unsere Handlungsfreiheit drastisch einschränken.

Größere Ängste, die zur Vorsicht mahnen, werden letztlich bei allen drei Transiten wach. Wir kommen nicht umhin, uns mit ihnen auf einer tieferen Ebene auseinanderzusetzen. Und hier liegt vermutlich auch der Schlüssel, der zur Lösung führt: Wir müssen uns fragen, woher diese Ängste kommen und welche Blockaden wir mit uns herumschleppen. Nein, es sind nicht nur die anderen, die es schwer haben und leiden. Auch wir haben unser Kreuz zu tragen.

Die Widerstände Saturns können durchaus in Form von Menschen, die unser Leben stören und beeinträchtigen, auftauchen. Es kann sich dabei um Autoritätspersonen handeln, es können aber einfach auch nur Menschen sein, die an einem dranhängen und von denen man sich arg eingeschränkt fühlt.

Manchmal deuten diese Transite auf eine intensive Auseinandersetzung oder Aufarbeitung eines unbewältigten Vater-Themas hin. In jedem Fall sollten wir die Person, die stellvertretend für den schwierigen Saturn in unserem Leben auftaucht, als einen Spiegel betrachten, der uns unsere eigenen Fehler und Unzulänglichkeiten vor Augen führt.

Saturn im herausfordernden Winkel zur Geburts-Sonne deutet immer Zeiten an, in denen wir irgendwie gebremst sind und große äußere Widerstände wahrnehmen. Es ist, als hinge eine dunkle Wolke über unserem Leben. Im Grunde genommen aber ist diese Saturn-Zeit eine sehr gute Zeit, da sie uns im besonderen Maße innerlich wachsen und reifen lässt, sofern wir bereit sind, zu lernen. Saturn will, dass wir auf den Lebensweg zurückfinden, der für uns vorgesehen ist. Er will, dass wir uns auf Wesentliches, auf unsere Lebensaufgabe, konzentrieren, wie immer diese auch aussehen mag. Er stärkt und motiviert uns, indem er uns zurückwirft und einschränkt. Saturn ist tatsächlich der Schlüssel zu den ganz großen Lebenserfolgen. Ihm sollten wir Gehör schenken.

Saturn-Transite (Konjunktion, Quadrat oder Opposition) **zur Geburts-Sonne in Bezug auf die Häuser**

Saturn tr. Sonne in Haus 1

Die Selbstentfaltung ist eingeschränkt, man kann sich nicht wie gewohnt ausleben, selbstgefälliges und egoistisches Verhalten stößt auf enorme Widerstände. Im Weiteren ist die sonst starke Lebenskraft geschwächt. Es stellt sich die Frage, wer man ist und was man nun unbedingt an sich ändern muss.

Saturn tr. Sonne in Haus 2

Die Selbstverwirklichung gerät ins Stocken, plötzliche Selbstwertzweifel machen zu schaffen, und es können große Existenzängste auftauchen, auch wenn es keinen wirklichen Grund dafür gibt.

Raffgier rächt sich, das Verhältnis zu Geld und das übermäßige Sicherheitsdenken sollten überdacht werden.

Saturn tr. Sonne in Haus 3
Probleme mit Geschwistern und Nachbarn, intellektuelle Überheblichkeit lässt an Grenzen stoßen, nötiges Überdenken des eigenen Auftretens, zusätzliche Probleme und Verpflichtungen erschweren den Alltag, tiefe Gedanken und Erkenntnisse zwingen zum Umdenken.

Saturn tr. Sonne in Haus 4
Man fühlt sich im eigenen Zuhause eingeschränkt, belastende familiäre Situation, Angst um Menschen, die einem nahestehen, häuslicher Rückzug, Belastendes aus Vergangenheit und Kindheit drängt nach einer inneren Aufarbeitung.

Saturn tr. Sonne in Haus 5
Schöpferische Krise, erhält keinen Beifall mehr, fühlt sich plötzlich alt und schwach, verliert an Selbstbewusstsein und Lebensfreude. Eine bis dahin glückliche Liebesbeziehung kann plötzlich ernüchtert werden.

Saturn tr. Sonne in Haus 6
Versagensangst, fühlt sich müde und arbeitsmäßig überfordert, Angst vor Krankheiten, Probleme mit Angestellten und Haustieren. Hat das Gefühl, dass er keine Anerkennung für seine harte Arbeit und Pflichterfüllung bekommt.

Saturn tr. Sonne in Haus 7
Möglicherweise steckt der Partner in einer tieferen Krise, man neigt jetzt aber auch dazu, Probleme und negative Eigenschaften im Partner zu suchen, die einen selbst angehen. Beziehungsprobleme können vorübergehend die eigene Entfaltung hemmen, Angst vor dem Alleinsein und Verlassenwerden.

Saturn tr. Sonne in Haus 8
Abstieg ins Dunkle und Düstere, belastende Geheimnisse und Tabuverletzungen. Es werden jetzt innere und äußere Wandlungen nötig, um aus Zwängen und Verwicklungen im Leben herauszufinden.

Saturn tr. Sonne in Haus 9
Bedrückende Glaubenssätze blockieren Leben und Entfaltung, Überdenken und Prüfung der bisherigen Weltanschauungen wird dringend nötig, auftauchende Probleme im Ausland, Krise im Studium, Fortbildung muss überdacht werden.

Saturn tr. Sonne in Haus 10
Eingeschränkte Selbstentfaltung, verzögerter beruflicher Erfolg, Machtverlust, Probleme mit Autoritäten, Niederlagen und berufliche Probleme kratzen am öffentlichen Ansehen, Selbstüberschätzung erhält einen empfindlichen Dämpfer.

Saturn tr. Sonne in Haus 11
Krisen in Freundschaften aufgrund zu hoher Erwartungen, auftauchende Probleme in Gruppen und Gemeinschaften, gute neue Ideen, Ideale und Visionen werden einer gründlichen Prüfung unterzogen, soziales Verhalten wird falsch aufgenommen und interpretiert.

Saturn tr. Sonne in Haus 12
Zieht sich noch stärker als sonst zurück, fühlt sich ausgestoßen, alleingelassen und irgendwie in seinem Leben gefangen, Suchtverhalten wird offensichtlich und nicht mehr tragbar, Angst zu leben, Opferhaltung, tiefe Frustration.

Saturn im Transit durch Haus 5
(irdischer Spiegel des Löwen, Zeichenherrscher Sonne)
Was ist die wahre Lebensfreude?

Saturn im Transit durch das 5. Haus hat eine natürliche Verwandtschaft mit den Transiten des Saturns zur Geburts-Sonne. Saturn stellt in diesem Zeitabschnitt ganz besonders die Fragen: „Was ist die wahre Lebensfreude?“ oder „Was freut uns überhaupt?“

Die in dieser Phase getrübte Lebensfreude führt dazu, dass wir nicht mehr an oberflächlichen Vergnügungen teilhaben wollen. Bei vielen entwickelt sich nun tatsächlich ein Hunger nach wahrer Tiefe, echten Gefühlen und Authentizität im Leben. Da die Lebensfreude und das Aufleben untrennbar mit der Liebe verknüpft sind, sehnen wir uns nach großer innerer Verbundenheit und Treue.

Ein starker Wunsch nach unauflösbarer Liebe, nach dem Seelenpartner taucht auf. Endlich etwas Ernstes finden! Ganz besonders gilt dies natürlich für Singles, die sich unter diesem Einfluss möglicherweise auf einen älteren, reifen, erfahrenen Menschen einlassen, der eben alle Kriterien des Saturns erfüllt.

Mehr vom Leben und der Liebe wünschen sich unter diesem Saturn-Transit aber auch alle Menschen, die sich in einer Beziehung befinden. Für einige unter ihnen wird die Sexualität, die ja in Beziehungen immer ein guter Anzeiger dafür ist, ob es zwischen zwei Menschen passt oder nicht, zum großen Frust. Saturn sagt: „Hier muss unbedingt ein neuer Ansatz gefunden werden, da die Liebe ansonsten einzufrieren droht, wenn sie es nicht schon lange ist“. Saturn im 5. Haus weist auf die unbedingte Notwendigkeit hin, dass das Paar nach neuen Möglichkeiten, nach regelmäßigen gemeinsamen Unternehmungen Ausschau hält, die wieder füreinander öffnen und zusammenführen.

Da auch die eigenen Kinder ein Quell der Lebensfreude sind, kann es in diesen Zeiten zu Krisen oder Problemen mit Kindern kommen, die einem größere Sorgen und mehr Kopfzerbrechen als sonst bereiten können. Es ist jetzt wichtig, die eigene Haltung zu seinen Kindern zu überdenken, die symbolisch für das neue, heranwachsende Leben stehen.

Mit übertriebenen Sorgen und Ängsten um sie würden wir ihre Entwicklung hemmen. Ebenso mit einer zu strengen Erziehung, die vielleicht das Wohl der Kinder im Auge hat, aber die innere Beziehung zu ihnen stört, wenn nicht gar zerstört. Eine ernsthafte Pädagogik mit viel Achtung, noch mehr Liebe und Zuwendung werden deren persönliche Entwicklung dagegen fördern.

Manchmal geht es bei diesem Saturn auch um das notwendige Loslassen von Kindern, um die Trauer, die viele Eltern überfällt, wenn diese beginnen, sich abzunabeln. Khalil Gibran bringt das, was Saturn im Transit durch Haus 5 uns sagen will, in seinem berühmten Gedicht „Von den Kindern“ treffend zum Ausdruck:

Eure Kinder sind nicht eure Kinder.
Sie sind die Söhne und Töchter der Sehnsucht des Lebens nach sich selber. Sie kommen durch euch, aber nicht von euch, und obwohl sie mit euch sind, gehören sie euch doch nicht.
Ihr dürft ihnen eure Liebe geben, aber nicht eure Gedanken, denn sie haben ihre eigenen Gedanken.
Ihr dürft ihren Körpern ein Haus geben, aber nicht ihren Seelen, denn ihre Seelen wohnen im Haus von morgen, das ihr nicht besuchen könnt, nicht einmal in euren Träumen.
Ihr dürft euch bemühen, wie sie zu sein, aber versucht nicht, sie euch ähnlich zu machen.
Denn das Leben läuft nicht rückwärts, noch verweilt es im Gestern.
Ihr seid die Bogen, von denen eure Kinder als lebende Pfeile ausgeschickt werden.
Der Schütze sieht das Ziel auf dem Pfad der Unendlichkeit, und er spannt euch mit seiner Macht, damit seine Pfeile schnell und weit fliegen.
Lasst euren Bogen von der Hand des Schützen auf Freude gerichtet sein; denn so wie er den Pfeil liebt, der fliegt, so liebt er auch den Bogen, der fest ist.

Frauen, aber auch Männer, die keine Kinder haben, könnten jetzt möglicherweise der verpassten Chance hinterhertrauern, Kinder zu bekommen. Auch das kommt in dieser Zeit häufig vor. Diejenigen, die noch jung genug sind, beginnen jetzt ernsthaft mit der Planung von Kindern.

Beim Durchgang des Saturns durch Haus 5 geht es nicht zuletzt um unsere schöpferischen Kräfte. Der weise Lehrer des Lebens fragt uns, wie wir gedenken, unsere Kreativität und unsere Talente im Leben einzusetzen und real zu verwirklichen.

Insgesamt ist der Saturn-Transit durch das 5. Haus eine Zeit, in der Schluss mit Spielen ist, in der wir ernster, verantwortungsvoller und erwachsener in einem höheren Sinne werden sollen. Es ist eine Zeit, in der uns Saturn besonders viel über das Leben und die Liebe lehren will.

Saturn-Transit in Konjunktion, Quadrat oder Opposition zum Geburts-Mond

Schwere Transite, die uns traurig machen und Liebe suchen lassen

Saturn in Konjunktion, Quadrat oder Opposition zu unserem Geburts-Mond lastet schwer auf unserer Seele und macht uns oft sehr düster und traurig. Wir müssen jetzt in die Vergangenheit, in unsere Kindheit zurückgehen, um zu erkennen, woher diese Schwere kommt, die immer mit Verletzungen zu tun hat, die wir jetzt aufarbeiten sollten.

Saturn lehrt uns, was es bedeutet, Respekt vor Menschen und der gesamten Schöpfung zu haben. Wenn uns Saturn im Transit zur Ordnung ruft, will er vor allem, dass wir erkennen, was wesentlich im Leben ist. Nach einer Ehekrise besinnen wir uns möglicherweise auf das Wertvolle unserer Partnerschaft, auf die Liebe, die wir in vielen Jahren von unserem Partner geschenkt bekommen haben.

Oder wir besinnen uns nach einer schweren Erkrankung oder einem Unfall auf unsere Gesundheit, das wichtigste Gut, und laufen nicht weiter nur dem äußeren Erfolg hinterher, der uns von den wichtigen Dingen im Leben abgelenkt hat. Ja, so gesehen ist Saturn unser Freund und seine Transite sind nicht mit Gold aufzuwiegen. Die schwierigen Saturn-Transite bringen uns in die Spur zurück, wenn wir nur bereit sind, zu erkennen und umzukehren.

Das Schicksal warnt uns oft mit kleineren und größeren Nackenschlägen, die mit der Aufforderung verknüpft sind, doch bitte endlich aufzuwachen. Saturn macht uns vorsichtig, jagt uns irgendwie auch Angst ein. Saturn ist eine Form von Angst, die für den Menschen im gewissen Sinne lebensnotwendig ist und zu seinem Überlebenstrieb gehört, da er sich sonst permanent in Lebensgefahr bringen würde.

Saturn ist, wie gesagt, die Konzentration auf das, was wichtig ist. Und gerade im kritischen Anblick zu den sogenannten Eckpfeilern der Persönlichkeit, Sonne, Mond und Aszendent, konfrontiert uns der Karma- und Schicksalsplanet mit uns selbst.

Die Aufforderung, nach Hause zu gehen, in seine Mitte, in seine Seele zu finden und dort einzukehren, um Frieden zu finden, ist nun vor allem mit den Transiten Saturns in Konjunktion, Quadrat oder Opposition zum Mond gegeben. Es ist eine Zeit der Selbstfindung, weshalb wir unter diesen Transiten häufig in eine mehr oder weniger heftige Identitätskrise geraten.

Das Leben fühlt sich jetzt zeitweise frostig an, es mangelt vielfach an seelischer Nähe und menschlicher Wärme. Wir fragen uns, wo wir eigentlich hingehören, wo die Menschen und Seelen sind, die wir vielleicht aus vorigen Leben kennen, aber im Jetzt noch nicht gefunden haben. Es ist vielleicht nur ein unbestimmbares Gefühl, eine Ahnung, die aber durchaus eine größere Bedeutung hat.

Alle Saturn-Transite, und vor allem die herausfordernden zum Mond, haben letztlich eine größere karmische Bedeutung. Durch sie brechen manchmal düstere Gefühle und Inhalte aus längst vergangenen Leben hervor, die nur schwer zu verdauen und zu verarbeiten sind, da sie wenig greifbar sind. In diesen Momenten fühlen wir uns sehr einsam, ja isoliert, haben unter Umständen Probleme, den Kontakt zur Außenwelt zu halten, da wir uns am liebsten verkriechen wollen.

Selbst Menschen, die sonst eher fröhlicher Natur sind, werden plötzlich traurig und verstehen dabei sich selbst nicht mehr. Bei entsprechender Veranlagung können diese Einflüsse sogar in eine Depression führen.

Auf jeden Fall werden Ängste lebendig, die unbedingt bearbeitet werden müssen, sei es durch eine Therapie, eine Astrologische (Symbol-)Aufstellung, in der die tieferen Gründe des Leidens offensichtlich gemacht werden können, oder gar durch eine Art von Rückführung.

Wach werden nun aber auch verschüttete Erinnerungen aus diesem Leben. Man erkennt, dass das eine oder andere Kindheitstrauma noch lange nicht bewältigt war und die Seele immer noch bedrückt. Das Verhältnis zur Mutter drängt ins Bewusstsein. Entweder fehlt sie einem jetzt, weil man sie vielleicht durch den Tod schon verloren hat, oder (und) es werden einem Probleme und verdrängte Konflikte mit ihr bewusst, die zu Blockaden auf der Gefühlsebene geführt haben. Es können auch andere Familienprobleme auftauchen, die stark verunsichern, da sie die eigenen Wurzeln infrage stellen.

Fakt ist, dass Frauen diese Transite meist noch intensiver und belastender wahrnehmen als Männer, da sie mit dem Mond, der ja auch der Planet der Weiblichkeit ist, auf ganz natürliche Weise enger verbunden sind.

Nein, das ist kein angenehmer Transit, der schöngeredet werden will. Wenn es einem nicht gut geht, will man nicht hören, dass es nicht so ist, man braucht jetzt vielmehr seelische Unterstützung und viel Verständnis, um diesen Transit zu bewältigen. Es ist eine Zeit der seelischen Schmerzen, die oft weit schlimmer als körperliche empfunden werden.

Vielen, die davon betroffen sind, machen Schuldgefühle zu schaffen, die ebenfalls in tiefste seelische Not führen können. Wir fragen uns, was wir in der Vergangenheit an wichtigen Dingen versäumt haben und wo wir vielleicht nicht die nötige Verantwortung übernommen haben. Das Leben lässt uns jetzt nicht aus. Wir müssen zu unseren einstmals gemachten Fehlern stehen, so schwer das auch zu schlucken ist.

Und dennoch dürfen wir behaupten, dass gerade diese schwierigen Saturn-Transite zum Mond zu den wichtigsten überhaupt gehören. Denn sie holen ganz deutlich hervor, was uns frustet und belastet. Würden wir das nicht bewusst erkennen, könnte sich unsere leidende Seele in größere Krankheiten flüchten.

Diese Transite fordern uns auf, im Inneren aufzuräumen, Ordnung zu schaffen, indem wir schwere Lebenskost verdauen. Das ist die eigentliche Absicht Saturns. Er weist auf innere Blockaden hin, die unbedingt gelöst werden wollen, da sie sonst eben nicht nur seelisch, sondern auch körperlich krank machen. Saturn treibt es mit seiner Schwere auf die Spitze, damit wir nicht mehr länger wegschauen können und so tun, als gäbe es nichts, was wir aufarbeiten müssten.

Oftmals führen gerade diese Transite zu mehr menschlicher und seelischer Nähe, da erkannt wird, dass die innere Verbindung zu Menschen, die wir lieben, tatsächlich das Allerwichtigste im Leben ist. Es gibt nichts, das hier drüberstehen könnte. Wir müssen anschauen, was uns schmerzt, so mühsam und qualvoll das auch sein mag. Denn dann erkennen wir auch das Licht am Ende des Tunnels, das heller ist als jedes andere Licht. Es signalisiert Erlösung.

Es geht nicht um Geld und Absicherung, sondern, wie gesagt, um Liebe und Nähe. Darauf sollten wir uns fokussieren und nicht mit anderen unwichtigen Dingen unsere Lebenszeit vergeuden. Dieser Saturn-Einfluss hinterlässt tiefe Spuren in unserem Gefühlsleben, die unser Verantwortungsbewusstsein steigern, uns innerlich reifen lassen und uns einen positiven Lebensernst verleihen. Danke Saturn, Du bist eine große Hilfe auf unserem Lebensweg!

Saturn-Transite (Konjunktion, Quadrat oder Opposition) **zum Geburts-Mond in Bezug auf die Häuser**

Saturn tr. Mond in Haus 1

Schwermut, Hemmungen, Rückzug, wenig äußere Entfaltungschancen, ist enttäuscht, tief gekränkt, fühlt sich vernachlässigt, verraten und alleingelassen. Es fehlt der Mut, sich selbst zu leben und zu verwirklichen.

Saturn tr. Mond in Haus 2

Finanzielle Einbußen führen zu Existenzängsten, angekratztes Selbstwertgefühl, wird beschämt, enttäuschte Eitelkeit, Projekte und Vorhaben, die in der Schwebe bleiben oder abgebrochen werden, muss Liebgewonnenes loslassen.

Saturn tr. Mond in Haus 3

Schwere Erinnerungen führen zu tiefer seelischer Bedrückung, fühlt sich im Alltag überfordert, stark schwankende Launen und düstere Stimmungen machen zu schaffen, wird in Gesprächen und gedanklichem Austausch ernüchtert und frustriert, anstrengende kleine Reisen.

Saturn tr. Mond in Haus 4

Familiäre Sorgen und Belastungen, fühlt sich alleingelassen, extreme Schwermut, große Sorgen um Nahestehende, schmerzhafte

Erinnerung an die Kindheit, Haus oder Wohnung müssen renoviert werden.

Saturn tr. Mond in Haus 5
Sorgen um Kinder, enttäuschte Hoffnung auf Liebe, verspielt sein Liebesglück, Hemmungen, hat plötzlich kein Selbstvertrauen mehr und leidet unter Unlust und mangelnder Lebensfreude.

Saturn tr. Mond in Haus 6
Neigung zu Magen- und Verdauungsproblemen, überhaupt Erkrankungen aufgrund seelischen Leids, drückende Verantwortung und Verpflichtungen, Störungen und seelische Belastungen am Arbeitsplatz.

Saturn tr. Mond in Haus 7
Gestörte seelische Verbindungen, Ernüchterung in der Partnerschaft, Anfeindung durch weibliche Personen, wird plötzlich abgelehnt und zurückgewiesen und weiß nicht genau, warum.

Saturn tr. Mond in Haus 8
Angst und Sorge vor Tod und Existenzverlust, unterdrückter Hass, tiefliegende seelische Konflikte, die ins Bewusstsein rücken und zu Depressionen führen können, nötige Aufarbeitung von schwierigem Mutterverhältnis und Kindheit.

Saturn tr. Mond in Haus 9
Probleme auf weiten Reisen, Heimweh, Gewissensbisse, seelische Bedrückung durch falsche Religiosität, Schaden durch Engstirnigkeit und Glaubenssätze, Krise in Studium und Fortbildung.

Saturn tr. Mond in Haus 10
Enttäuschung aufgrund von beruflicher Herabsetzung und mangelnder Anerkennung, drückende Verantwortung, die nicht belohnt wird, Probleme mit weiblichen Autoritätspersonen, öffentliche Ablehnung bzw. Anfeindung.

Saturn tr. Mond in Haus 11
Enttäuschung in Freundschaften, Freunde können die hohen Erwartungen nicht erfüllen, zerstörte Hoffnungen, Bedrückung in Gruppen und Gemeinschaften, sich ausgestoßen fühlen.

Saturn tr. Mond in Haus 12
Sich stark zurückziehen, Einsamkeit, Neigung zu seelischen und psychischen Problemen, kann nichts mehr spüren, ist sich selbst rätselhaft, berauscht sich, um drückende Sorgen zu vergessen, ist emotional total gehemmt.

Saturn im Transit durch Haus 4
(irdischer Spiegel des Krebses, Zeichenherrscher Mond)
Wir brauchen Rückhalt, um große Ziele zu erreichen

Saturn im Transit durch unser 4. Haus ist eine sehr wichtige Zeit für uns. Der Grund: Das 4. Haus zählt zu den bedeutenden Eckhäusern unseres Horoskops, das so etwas wie die Basis, das innere wie äußere Zuhause unseres Lebens darstellt. Saturn will in seiner Funktion als großer Lehrmeister des Lebens auch hier prüfen, ob alles stimmt, und wenn nicht, was es zu korrigieren gilt, damit wir unserer Bestimmung folgen können. Ist nämlich unsere Basis, der Boden, auf dem wir uns im Leben befinden, weich und nachgiebig, werden wir uns immer vergeblich nach unseren Zielen strecken. Das ist auch gleichsam das Geheimnis, die verschlüsselte Botschaft dieses Saturn-Transits.

Wir durchlaufen in diesen Jahren eine Identitätskrise, die nötig ist, damit wir uns finden. Erst dann wird der Weg frei, der für uns vorgesehen ist. „Wo komme ich her, wo gehe ich hin?“, ist die grundsätzliche Frage, die uns Saturn im Transit hier stellt.

Zunächst prüft Saturn im 4. Haus, ob der Wohnort und der Platz, an dem wir wohnen, noch das Richtige für uns sind. In vielen Fällen kommt es in dieser Zeit zu Renovierungsarbeiten, da Saturn so etwas wie der Zahn der Zeit ist, der am Haus bzw. der Wohnung nagt. Bauen wir das Zuhause sozusagen neu auf, besteht keine Notwendigkeit, es zu verlassen.

Manchmal haben wir aber auch das Bedürfnis, umzuziehen, da wir uns im aktuellen Zuhause nicht mehr wohlfühlen. Weitere

Gründe für einen Umzug können auch familiärer und finanzieller Natur sein. So oder so kommen wir nicht umhin, die Wohnsituation zu klären. Auch sie gehört zu der Basis, die wir unbedingt brauchen, um unsere Ziele zu verfolgen, die sich im 10. Haus befinden, das dem 4. gegenüberliegt.

Zu welchen Menschen wir gehören, wo unsere innere Heimat ist, ist die nächste große Frage dieses Transits. War die Kindheit schwierig und sind wir mehr oder weniger heimatlos, deutet Saturn Leid an, indem er uns an die Vergangenheit erinnert.

Manche suchen in dieser Situation nach einer Anlehnung, nach einer starken Persönlichkeit, die eine Art Mutter- oder Vaterersatz darstellt. Andere beginnen, ihr Haus, ihre Wohnung herzurichten oder auch eine Immobilie zu erwerben, weil das Bedürfnis nach einem schützenden und seelisch wärmenden Nest immer noch stärker wird. Das ist gut so, da es sehr wichtig ist, sich unter diesem Einfluss tiefer zu verwurzeln. Allerdings dürfen wir darüber hinaus nicht vergessen, die schweren Kindheitserlebnisse zu verarbeiten, die jetzt hochkommen.

Saturn will im Transit durch Haus 4 insgesamt, dass wir unser inneres wie äußeres Zuhause klären, aufräumen und neugestalten. Man könnte auch von einer Entrümpelung der Seele sprechen, die wir unter Umständen auch durch das Entrümpeln des Kellers unterstützen können. Wie gesagt, eine sehr wichtige Zeit!

Saturn-Transit in Konjunktion, Quadrat oder Opposition zum Geburts-Merkur

Viele Zweifel – Was dürfen wir noch glauben?

Wenn Saturn im Transit kritisch zu unserem Geburts-Merkur steht, rücken die irdische Begrenzung und ihre nüchternen, kalten Realitätsgedanken in unser Bewusstsein, was uns doch sehr schwer macht. Saturn will nun, dass wir unsere Hausaufgaben machen und uns auf unserem Lebensweg von wenig hilfreichen Träumereien und Illusionen befreien. Ein wichtiger Prozess, der brutal und ernüchternd sein kann, der uns letztlich frustriert oder einfach nur reifer und klüger macht. Eine schwierige Prüfungszeit von Saturn! Der Zweifel ist ein Kind des Merkur, des Verstandes. Zweifel sind wichtig, da sie uns kritischer und gründlicher denken und sehen lassen. Zweifel können aber auch ungemein destruktiv sein und das Leben und die Entwicklung von Menschen ziemlich blockieren. Sie kennen bestimmt die Menschen, die immer das Glas halb leer anstatt halb voll sehen, die hinter jeder positiven Sache gleich eine Falle vermuten und die nichts glauben können, weil „glauben nicht wissen heißt". Diese Menschen stehen sich oft selbst im Wege, ziehen Negatives an, weil sie stets in Erwartung des schlechten Ausgangs sind und jeden Anflug von Hoffnung, Zuversicht und Optimismus als reines Blendwerk abtun. Sie halten sich selbst für sehr realistisch und vergessen dabei, dass unsere persönliche subjektive Einschätzung von der Wirklichkeit immer nur einen kleinen Teil der Realität widerspiegelt. „Was ist überhaupt die Wahrheit?", könnten wir ihnen entgegnen. Was meinen diese Menschen mit der Wahrheit? Ist es die äußere oder die innere, die ja meist schon grundlegend verschieden sind.

Um einen klaren und beseelten Blick zu haben, brauchen wir den Verstand und den Glauben, die Hinwendung zu Höherem. Zwei Gegensätze, die in dieser Welt nicht immer in Einklang zu bringen sind. Es ist ein Ringen um die Wahrheit, die sich bereits im Tierkreis, dem inneren Aufbau der Welt, widerspiegelt. Dort stehen die beiden Zeichen des Glaubens, Schütze und Fische, die Jupiter und Neptun als Zeichenherrscher haben, den Zwillingen und der Jungfrau gegenüber, die beide von Merkur, der Ratio beherrscht werden. Jetzt ist es sicher besser inhaltlich zu verstehen, warum Merkur im Schützen und in den Fischen ebenso im sogenannten Exil stehen wie umgekehrt Jupiter in den Zwillingen und in der Jungfrau. Exil heißt nach alter astrologischer Lehre von den Würden, dass der Planet in dem entsprechenden Zeichen wenig Entfaltungschancen besitzt.

Wird Merkur nun in unserem Horoskop durch den laufenden Saturn in Konjunktion, Opposition oder Quadrat angegriffen oder durchquert Saturn das 3. Haus, den Spiegel der Zwillinge, das unter anderem mit Austausch, Kommunikation und Selbstdarstellung zu tun hat, dann drohen wir vorübergehend selbst zu diesen unverbesserlichen Pessimisten zu werden, die an nichts glauben können und jede Hoffnung fahren lassen. Saturn überschattet Merkur, unser Denken, macht uns düster, indem er dunkle Vorstellungen in uns erzeugt. Unsere tief schwarzen Gedanken führen unweigerlich zu einer Art Angstdenken, innerer Schwere und in der Folge zu einer gehemmten, erschwerten Kommunikation mit anderen.

Auf der realen Ebene kann es jetzt zu ungewohnten Sprachproblemen, Hörbeschwerden oder sogar Lähmungserscheinungen am Körper kommen. Zudem wächst die Gefahr von Unfällen mit langfristigen gesundheitlichen Folgen.

Ganzheitlich betrachtet ist nun immer wieder unser negatives Denken Auslöser dieser Erscheinungen. Genau genommen hat natürlich nicht Saturn Schuld an diesen düsteren Visionen, sondern er zeigt lediglich eine verstärkte Konfrontation unseres Bewusstseins mit der oft als gnadenlos empfundenen Realität an, die jetzt auch in Form von schwierigen äußeren Lebensumständen in Erscheinung treten kann.

Diese Zeit ist nicht sehr lustig, und manchmal erscheint es, als wäre die unbeschwerte Freude am Leben abhandengekommen, da schwere Sorgen jede Leichtigkeit vertreiben.

Allerdings werden diese schwierigen Saturn-Transite zu Merkur je nach Typ, Anlage und Lebenssituation auch sehr unterschiedlich wahrgenommen. Ein normalerweise sehr positiv denkender Mensch, der nichts Böses im Sinne hat und vielleicht manchmal etwas weltfremd scheint, wird diese Zeit zwar auch als schwer, aber auch als sehr wohltuend und fruchtbar empfinden, da er sich nun unter Umständen intensiver mit größeren Zweifeln und Ängsten auseinandersetzt, die unbedingt einer Klärung bedürfen.

Menschen, die von Geburt aus eher kritisch denken, also vielleicht selbst schon eine Merkur-Saturn-Spannung oder Saturn in Haus 3 im Geburtshoroskop angelegt haben, werden nun besonders hart mit ihrer eigenen Dunkelheit konfrontiert. Das Hineinsteigern und nicht Loslassenkönnen von düsteren Gedanken und Vorstellungen kann im schlimmsten Falle nun geradewegs in Depressionen führen. Gründe für das Grübeln und die dunklen Gedanken finden sich bei den Betroffenen meist viele. Aber, diese Gründe sind letztlich nur Ausdruck dieses inneren Zustandes. Hätte man die Macht, diese Sorgen und Probleme zu beseitigen, würde sich dieselbe dunkle Gedankenkraft einfach neue Probleme schaffen.

Allgemein kann man sagen, dass man in dieser Zeit sehr kritisch denkt und urteilt, über sich und andere, was natürlich auch zu größeren Konflikten mit den Mitmenschen führen kann. Auffällig ist auch eine gewisse geistige Erschöpfung, die relativ schnell eintritt. Auch Grübeleien und die zähe gedankliche Suche nach Problemlösungen in Krisensituationen können sehr viel Energie kosten. Überhaupt erscheinen das ganze Leben und der Alltag sehr viel mühsamer als sonst.

Wie können wir nun auf diese Transite reagieren? Was ist ihre Chance und Botschaft? Zunächst einmal: Sie vertiefen unsere Gedanken, machen uns nüchtern und ernüchtern uns. Und genau das kann für viele Menschen unglaublich wohltuend sein: die Realitäten anzuerkennen, nicht mehr wegzuschauen, in die Tiefe zu gehen, sich von Illusionen zu befreien und die Wahrheit zu akzeptieren.

In dieser Hinsicht sind das Quadrat, die Konjunktion und die Opposition zu Merkur noch sehr viel klarer, kräftiger und gehaltvoller als etwa das harmonische Sextil oder Trigon.

Menschen, die von Geburt an zu pessimistischen Gedanken neigen und nur im Kopf leben, werden von diesen Transiten vor allem auf ihr eigene innere Dunkelheit aufmerksam gemacht, die unbedingt einer Korrektur, einer Wandlung der eigenen persönlichen Einstellung bedarf. Ohne Seele, ohne Geist und Glauben ist die Entwicklung begrenzt, dies gibt Saturn zu erkennen.

Es sind letztlich Transite, die uns sehr ernst machen und Weisheit vermitteln wollen. Sie stellen unsere Wertvorstellungen und Ideale vor eine harte Probe. Bleiben sie uns erhalten oder können wir am Ende nichts mehr glauben? Der Zweifel lässt uns scheitern oder geistig wachsen.

Saturn-Transite (Konjunktion, Quadrat oder Opposition) **zum Geburts-Merkur in Bezug auf die Häuser**

Saturn tr. Merkur in Haus 1
Mutlosigkeit, gebremst in seinen Aktivitäten, falsche unglückliche Entscheidungen, düsteres Auftreten, listiges und egoistisches Vorgehen.

Saturn tr. Merkur in Haus 2
Geldprobleme, Geschäft stagniert, Selbstwertprobleme, Verluste durch Fehleinschätzung, Spekulation und Betrug, zwielichtiger Handel.

Saturn tr. Merkur in Haus 3
Mühsamer Alltag, schlechter Vertrag, Grübelei, Scheitern von Verhandlungen, Neigung zu Schwermut und Depression.

Saturn tr. Merkur in Haus 4
Steht in Konflikt mit familiären Überzeugungen und Meinungen, Sorgen um Familienmitglieder, Depression, Engstirnigkeit, festgefahrenes Denken.

Saturn tr. Merkur in Haus 5
Getrübte Lebensfreude, Ärger mit Kindern, enttäuschte Liebe, gehemmter schöpferischer Ausdruck.

Saturn tr. Merkur in Haus 6
Krank durch Arbeitsüberlastung, Verdauungsprobleme, üble Nachrede und Verdrehung der Tatsachen am Arbeitsplatz.

Saturn tr. Merkur in Haus 7
Kommunikationsstörungen in der Partnerschaft, Verluste durch geschäftliche Teilhaberschaft, berechnender und auf eigene Vorteile ausgerichteter Partner.

Saturn tr. Merkur in Haus 8
Denkt viel an Tod, Krankheit und Gewalt. Wachsende Angst vor Existenzverlust, Probleme mit gemeinsamem Vermögen erfordern dringende Klärung.

Saturn tr. Merkur in Haus 9
Unfallgefahren und erhöhtes Risiko von anderen Unannehmlichkeiten auf Reisen, düstere Weltsicht, wenig Einsicht, festgefahrene Meinung verhindert Erfolg.

Saturn tr. Merkur in Haus 10
Wird bei einer Beförderung übergangen, Ruf leidet unter übler Nachrede, Lebensziele müssen überprüft werden, hat Probleme, sich für den richtigen Beruf zu entscheiden.

Saturn tr. Merkur in Haus 11
Zerbrechen einer Freundschaft, zerstörte Hoffnung, gestörte Verbindungen, negative Stimmung und Klärungsbedarf in Gruppen und Gemeinschaften.

Saturn tr. Merkur in Haus 12
Neigung zu Schwermut, psychische Probleme, Feinde, die schlecht über einen reden, Diebstahl, Betrug, Verurteilung.

Saturn im Transit durch Haus 3
(irdischer Spiegel der Zwillinge, Zeichenherrscher Merkur)

Düstere Gedanken, schwieriger Alltag – Wir müssen umdenken

Überall dort, wo Saturn aufkreuzt, prüft er die Dinge auf Herz und Nieren und stellt die Frage, ob noch alles passt. In den Jahren, in denen er unser 3. Haus durchquert, geraten vor allem der Alltag, unsere Selbstdarstellung und unsere Art zu kommunizieren und Kontakte zu knüpfen in seinen Fokus. Meistens geht sein Auftauchen hier mit einer Überlastung des Alltags einher.

Saturn sagt, dass jetzt ganz neue Strukturen gebaut werden müssen, dass am besten eine Art neuer Zeit- oder auch Terminplan entstehen sollte, um die vielen Herausforderungen des Alltags auch in Zukunft noch gut bewältigen zu können. Man sollte sich jetzt wieder mehr auf die wichtigen Dinge konzentrieren und alles loslassen bzw. abspalten, das einen nur aufhält und unnötig Zeit und

Mühe kostet. Es ist besser, sich wenig vorzunehmen und das dafür ganz zu bewältigen.

Wir haben jetzt also die Aufgabe, uns neu zu sammeln und uns auf das Wesentliche zu konzentrieren. Saturn will ja, dass wir zu etwas kommen und unsere Aufgaben im Leben erledigen können, und das gelingt eben nicht durch eine mangelhafte Alltagsbewältigung. Von ihr hängt es letztlich ab, ob wir unsere Lebens- und Berufsziele gut erreichen können, vor allem, wenn wir eine freiberufliche Tätigkeit ausüben.

Weitere große Themen sind, wie gesagt, die Selbstdarstellung und die Art zu kommunizieren, was ja beides eng zusammenhängt. Saturn deutet im 3. Haus an, dass man sich möglicherweise öfter einmal missverstanden fühlt, was aber nicht unbedingt an denen liegt, die einen falsch interpretieren, sondern an einem selbst. Saturn fordert den Betroffenen auf, sich selbst besser zu reflektieren, das heißt, über sich selbst und seine persönliche Wirkung auf andere gründlicher nachzudenken. Ein Prozess, der unbedingt nötig ist, da sich Missverständnisse und Kommunikationsstörungen ansonsten empfindlich häufen und das Leben überschatten. Größere Probleme drohen insbesondere mit Geschwistern und Nachbarn, die ja dem 3. Haus zugeordnet sind.

Einer weiteren Überprüfung, und das ist nun ganz ähnlich wie bei den schwierigen Transiten des Saturns zu Merkur, unterliegt das persönliche Denken, das jetzt schwarz gefärbt und sehr düster, ja überrealistisch und damit lebensfeindlich sein kann. Der Pessimismus und das angstbesetzte Denken mancher Menschen können geradewegs in eine Depression münden.

Wie sich dieser Transit letztlich auswirkt, hängt aber sehr von der persönlichen Lebenseinstellung ab. Sonst eher positiv und konstruktiv denkende Menschen werden diesen Transit nutzen, um gedanklich noch mehr in die Tiefe zu gehen, um Problemlösungen zu suchen und um innere Vorgänge besser verstehen zu lernen. Das wäre auch gleichzeitig der gewollte und der beste Ansatz dieses Transits, der insgesamt gesehen die große Chance in sich birgt, neue Ansätze der Lebensbewältigung und Kontaktaufnahme mit anderen zu finden.

Saturn im Transit durch Haus 6
(irdischer Spiegel der Jungfrau, Zeichenherrscher Merkur)
Harte Arbeit und angekratzte Gesundheit – Was müssen wir ändern?

Saturn im Transit durch das 6. Haus konzentriert sich vor allem auf die Arbeit in einer Anstellung und auf die Gesundheit. Beides ist ja miteinander verwoben im 6. Haus. Gut arbeiten kann man schließlich nur, wenn man auch gesund ist. Und die Arbeit, das Arbeitsklima sowie das Arbeitsumfeld haben immer auch einen großen Einfluss auf unser Wohlbefinden. Eine Arbeit, die persönlich nicht guttut, kann krank machen. Mit einer guten Gesundheit und dem richtigen Job sind wir dagegen in der Lage, „Bäume auszureißen" und Karriere zu machen.

Wenn Saturn am 6. Haus anklopft, um es zu durchqueren, hält er auch hier Ausschau nach Problemen, die in Zusammenhang mit der Arbeit und der Gesundheit bestehen. Sehr häufig leiden Menschen während dieses Transits unter einer Arbeitsüberlastung. Die Arbeit wird überhaupt als hart und mühsam empfunden, und oftmals gibt es auch zu wenig Lohn für die großen Mühen. Man fragt sich, ob das noch die richtige Arbeit bzw. Anstellung ist, und wenn ja, was geändert werden muss. Neue Strukturen sind nötig, unter Umständen muss Arbeit, von der man sich zu viel aufgehalst hat, abgegeben werden. Und es sollte eine Lohnangleichung stattfinden, die nicht zuletzt durch die Übernahme drückender Verantwortung gerechtfertigt sein kann.

Saturn kann uns jetzt aber auch helfen, weitere Sprünge auf der Karriereleiter zu vollziehen, und das ist gar nicht so selten, wenn er das 6. Haus durchquert. Die Schlüsselrolle dafür hat, wie gesagt, die Gesundheit. Ohne sie ist kein dauerhafter Erfolg und Aufstieg möglich.

Saturn zeigt konkret an, dass wir unbedingt etwas Grundlegendes an unseren Lebensgewohnheiten ändern müssen, um gesund zu bleiben. Es gilt, die Ernährung zu überprüfen und umzustellen, mit Gewohnheiten, wie Rauchen oder zu viel Trinken, abzuschließen, sich wieder mehr zu bewegen und regelmäßig Sport treiben usw. Wer die Zeichen der Zeit nicht erkennt und die schwelende gesundheitliche Krise, die Saturn anzeigt, verdrängt, wird unweigerlich auf einen gesundheitlichen Crash zulaufen. Notwendige gesundheitliche Maßnahmen dürfen nicht länger aufgeschoben werden.

Saturn im 6. Haus macht uns, zusammenfassend gesagt, auf wichtige Korrekturen aufmerksam, die das Arbeitsleben und die Gesundheit betreffen. Wir müssen jetzt die Basis dafür schaffen, dass wir auch in Zukunft noch leistungsfähig sind und unser Leben leben können.

Saturn-Transit in Konjunktion, Quadrat oder Opposition zur Geburts-Venus

Die Liebe auf dem Prüfstand

Saturn im herausfordernden Transit zu unserer Venus kann uns, unserem Gefühlsleben und unserer Beziehung arg zusetzen. Empfindungen, die gerade noch lebendig waren, scheinen urplötzlich abhandengekommen zu sein. Wir fühlen uns ernüchtert, können irgendwie nichts mehr spüren. Doch nicht immer sind Aufgeben und Trennung jetzt die beste Lösung. Unsere Liebe wird nur geprüft, möglicherweise korrigiert und letztlich sogar vertieft und stabilisiert. Überlebt sie diese Transite, darf man fast von echter Liebe sprechen.

Venus ist der Planet, der sehr eng mit unseren Liebesempfindungen, unserer Sinnlichkeit, Lust und Geschmack verknüpft ist. Im Horoskop eines Mannes verraten Venus und ihre Zeichenstellung, welchen Typ von Frau er begehrt. Im Horoskop einer Frau spiegeln Venus und ihre Zeichenstellung vor allem ihre eigene Weiblichkeit und erotische Ausstrahlung wider.

Neben dem Aszendenten färbt die Venus gewiss das Aussehen einer Frau, wenn auch mehr im Sinne einer Gesamtausstrahlung. Venus hat zusammen mit dem Mond großen Einfluss auf das Gefühlsleben, letztlich auch auf das eines Mannes, da jeder Mann ja auch eine weibliche Seite besitzt, wie auch jede Frau eine männliche.

Steht nun Saturn in Konjunktion, Quadrat oder Opposition zu unserer Geburts-Venus, besteht die Tendenz, dass unsere Lebensfreude zumindest zeitweise drastisch sinkt. Wir haben in diesen Zeiten oft weniger Lust auf Sex und können gutes Essen schlechter als sonst genießen, da unsere Venus auch im direkten Zusammenhang mit unseren Geschmacksnerven steht.

Gerade Frauen fühlen sich während dieser Transite weniger attraktiv und bekommen dadurch mitunter sogar starke Selbstwertprobleme. Der geschwächte Selbstwert wiederum kann dafür sorgen, dass einen auch die anderen wenig attraktiv empfinden. Ein Teufelskreis: Schlechte Stimmung, Unbefriedigtsein und Selbstzweifel führen zu Ablehnung, und das zieht noch weiter runter.

Ja, in solchen Phasen könnte man sich selbst leidtun, und viele Menschen entwickeln jetzt auch starkes Selbstmitleid. Es ist ein tiefer und kalter emotionaler Keller, in dem wir uns da schnell wiederfinden. Die Gefühle erkalten, wie gesagt, auch beim Sex mit unserem Partner, den wir vor Kurzem vielleicht noch als äußerst aufregend und intensiv empfanden. Es fühlt sich an, als wäre die Beziehung zu Ende. Es kommt häufig zur Entfremdung und zu Trennungen, vor allem, wenn die Beziehung bisher eher oberflächlich war und keinen besonderen Tiefgang hatte. Man verlässt den Partner oder wird verlassen. Verliebtheit weicht Ernüchterung und Enttäuschung.

Wie wir auf diese Transite reagieren, ist allerdings sehr unterschiedlich. Je nach Temperament und Veranlagung ziehen sich manche frustriert zurück, andere entwickeln plötzlich enorme Neid- und Eifersuchtsgefühle, da sie das Gefühl haben, zu kurz zu kommen und der Liebe ihres Partners hinterherlaufen zu müssen.

Damit aber nicht genug. Unter schwierigen Saturn-Venus-Transiten entstehen gelegentlich zusätzlich finanzielle Ängste und Engpässe, denn Venus korrespondiert in ihren Analogien neben der Liebe mit dem Selbstwert und dem materiellen Wert. Klar, Venus ist Luxus, sie symbolisiert das Schöne, das Geld in dem Sinne, dass wir uns mit ihm Angenehmes leisten können, das unser Leben lebenswerter und genussvoller macht.

Auch ohne finanzielle Not kann Saturn jetzt wie ein nasses Handtuch auf die Freuden des Lebens wirken. Existenzängste, die jetzt auftauchen, sind in den meisten Fällen irreal und unbegründet, wie so viele Ängste, die durch schwierige Saturn-Transite ausgelöst werden. Der Weg zwischen Prüfung und Angst ist eben relativ kurz.

Aber, zurück zur Liebe, die unsere stärkste Kraft ist, die uns aber auch verletzlich und angreifbar macht. Man könnte meinen, Saturn will sie jetzt zerstören. Aber, genau das Gegenteil ist der Fall. Trennen werden sich letztlich unter diesen Transiten nur die Menschen, die nicht wirklich zusammengehören, für die das Schicksal nur eine bestimmte Zeit des Lebens vorgesehen hat. Bei manchen sind sie auch nur der Endpunkt oder der weitere unrühmliche Höhepunkt einer Beziehung, die schon lange nicht mehr funktioniert.

Echte Liebe erfährt durch Saturn dagegen ein Versprechen, das im Laufe des Lebens immer wieder erneuert werden muss. Saturn will die echte Liebe durch diese Transite sogar schützen, indem er daran erinnert, dass die Liebe niemals selbstverständlich ist und dass wir uns immer wieder um sie bemühen müssen.

Saturn kommt jetzt zur rechten Zeit, weist darauf hin, dass es in der Liebe und Beziehung Korrekturen bedarf. Saturn sagt: „Bitte kümmert euch wieder mehr um euere Liebe, um diese zarte Pflanze, die intensiver Pflege und Beachtung bedarf."

Konkret müssen wir uns überlegen, was wir wieder besser machen können, wir müssen neue Räume und Rituale für unsere Liebe schaffen, die ihr helfen, wieder aufzublühen. Zeit nehmen für seine Partnerschaft, Gewohnheiten durchbrechen, muss das Motto lauten, und zwar nicht nur für den Moment, sondern dauerhaft. Unsere Venus, die Liebe, muss jetzt endlich reifen und lernen, Verantwortung zu tragen für die eigenen Gefühle und die Beziehung.

Wir dürfen nicht flüchten und uns innerlich abwenden, wenn es uns aus einer Stimmung heraus danach ist. Wahre Liebe besteht nicht nur aus Spiel und erotischen Reizen. Es geht um mehr, um das „Noch-tiefer-sich-einlassen", um wahre Verbindlichkeit, inneren Zusammenhalt und Treue. Wer das verstanden hat, der hat auch diese Lektion Saturns gelernt.

Konjunktion, Quadrat oder Opposition zur Geburts-Venus wirken auf jeden Fall sehr viel stärker und nachhaltiger als Sextil oder Trigon, das ist klar. Erfahrungen und Krisen, die jetzt bewältigt werden, können regelrecht zusammenschweißen und zu einer nahezu unauflöslichen Liebe führen. Zweifellos sind aber die Konjunktion und die Opposition einen Tick harmonischer als das Quadrat auf diesem Weg, das in aller Regel mit tieferen Konflikten in einer Beziehung einhergeht, die einer Versöhnung, ja einer Heilung bedürfen, soll es nicht zur Trennung kommen.

Diese starke Venus-Saturn-Liebe für immer, die allen Stürmen des Lebens trotzt, empfinden jetzt vor allem oft ältere Paare, die schon viel Erfahrung in Liebe und Partnerschaft gesammelt haben, oder Paare mit größerem Altersunterschied. Sie kommen mit dieser unbedingten Ernsthaftigkeit des Saturns sehr gut zurecht, sind durch den Herrn des Schicksals schon weit gereift und in seinem Sinne bereit, eben diese nötige Verantwortung für ihre Beziehung zu übernehmen. Sie schätzen und lieben nicht nur das fröhliche Gesicht ihres Partners, sondern auch das traurige und leidende und können sein hässliches zumindest (er)tragen.

In vielen Fällen wird einem unter den schwierigen Transiten des Saturns zur Venus erst bewusst oder man fühlt es zumindest, dass man seinen Partner oder den Menschen, mit dem man unter diesen Transiten eine Beziehung eingeht, bereits aus einem vorigen Leben kennt. Saturn in einem herausfordernden Transit zu einem persönlichen Planeten weckt nahezu immer karmische Erinnerungen, die allerdings oft auch sehr schwer und mit Leid verbunden sind. In diesem Falle fragt uns Saturn, der Herr über das Schicksal: „Haben wir unsere Schuldigkeit getan und dürfen wir nun in Frieden auseinandergehen, oder gibt es eine gemeinsame Geschichte, die jetzt und vielleicht sogar für immer weitergeht?“ In jedem Fall geht es auch hier um Heilung, die zur Trennung oder Wiedervereinigung führt.

Zusammenfassend können wir sagen, dass Saturn die Liebe prüfen will. Wer vorhat, zu heiraten, sollte mit seinem Partner allein verreisen oder einen dieser Transite zu seiner Venus abwarten. Wie sagte der berühmte Dichter Friedrich Schiller einst:

Drum prüfe, wer sich ewig bindet,
Ob sich das Herz zum Herzen findet.
Der Wahn ist kurz, die Reu' ist lang.

Unter Saturn zu Venus wird die Liebe geprüft wie nie. Wenn die Beziehung dies übersteht, gewinnt sie an Dauer und Stabilität. Saturn-Venus verkürzt nur die Entscheidung und verschafft uns einen klaren Blick.
Nicht zuletzt wollen uns diese Transite sagen, dass wir erst dann wirklich beziehungsfähig sind, uns öffnen und jemanden von Herzen lieben können, wenn wir uns auch selbst annehmen und wertschätzen.

Saturn-Transite (Konjunktion, Quadrat oder Opposition) **zur Geburts-Venus in Bezug auf die Häuser**

Saturn tr. Venus in Haus 1
Lustlosigkeit, Frustration, fühlt sich eingeengt, Gedanken an Trennung, fühlt sich nicht mehr schön, die sonst so positive Lebenshaltung ist deutlich getrübt.

Saturn tr. Venus in Haus 2
Geldquelle versiegt, plötzliche Zweifel an sich selbst und seiner Beziehung, hat das Gefühl, nichts für die Liebe und das Geld zurückzubekommen, das er in andere investiert.

Saturn tr. Venus in Haus 3
Hohe Alltagsbelastungen senken die Lebensfreude, gestörte Kommunikation mit dem Partner, kommt nicht so gut an wie sonst, plötzlich düstere Gedanken erschweren den Austausch mit anderen.

Saturn tr. Venus in Haus 4
Auftauchende Probleme stören den häuslichen Frieden und familiären Zusammenhalt, starke innere Konflikte, die mit der Vergangenheit zu tun haben, Sorgen um Mutter oder (und) Vater, Gefühl von Einsamkeit.

Saturn tr. Venus in Haus 5
Gebremste sexuelle Lust und Lebensfreude, weniger Ausstrahlung, Sorgen um Kinder, Enttäuschung in Liebesangelegenheiten, Ende einer wild-romantischen Affäre, künstlerische Schaffenskrise.

Saturn tr. Venus in Haus 6
Probleme mit Niere und Blase, erhöhtes Risiko von Nierensteinen, krank durch enttäuschte Liebe oder Gefühlsverhärtung, Arbeit macht keine Freude.

Saturn tr. Venus in Haus 7
Gestörte Harmonie in der Partnerschaft, Ernüchterung, Enttäuschung, Liebesleid, Nachlassen der Anziehungskraft des Partners, erhöhtes Risiko einer Trennung, Eifersucht.

Saturn tr. Venus in Haus 8
Gestörte sexuelle Empfindungen, Angst vor Verarmung, gefährliche Liebschaft, fühlt sich unbefriedigt, Eifersucht, Tabuüberschreitung mit negativen Folgen, erhöhtes Risiko, sein Geld falsch anzulegen.

Saturn tr. Venus in Haus 9
Krise einer Liebe oder Ehe mit einem Ausländer / einer Ausländerin, ungute sexuelle Erlebnisse auf Reisen, ernüchterte Liebesideale, Zweifel an Studium oder Fortbildung.

Saturn Transit Venus in Haus 10
Wenig Anerkennung, Zweifel an den Lebens- und Berufszielen, öffentliches Ansehen wird beschädigt, Scheitern von diplomatischen Bemühungen.

Saturn tr. Venus in Haus 11
Krise einer guten Freundschaft, Hoffnung, die begraben werden muss, Ende einer Freundschaft, die auch erotische Färbung hat, Bedrückung in einer Gruppe bzw. einer Gemeinschaft.

Saturn tr. Venus in Haus 12
Fühlt sich ungeliebt und alleingelassen, Leid, Frust und Enttäuschung durch eine heimliche Liebe, Ernüchterung der Gefühle, unerwiderte Liebe und Sehnsüchte, die nicht erfüllt werden.

Saturn-Transit durch Haus 2
(irdischer Spiegel des Stiers, Herrscher Venus)
Was sind wir uns selbst wert, wo finden wir neue Einnahmequellen?

Viele Menschen fürchten den Saturn-Transit durch das 2. Haus, da dieser Transit früher oft als eine Gefahr für Geld und materiellen Wohlstand gesehen wurde. Die Erfahrung lehrt, dass dies auch heute noch der Fall ist, auch wenn moderne Lehrbücher darum bemüht sind, hier erst gar keine Verunsicherung aufkommen zu lassen und vieles abschwächen, in dem Wissen, dass viele Menschen sowieso schon von Existenzängsten geplagt und ja nicht verunsichert werden dürfen. Aber auch hier gilt: Es ist besser, die Wahrheit zu verstehen und darauf reagieren zu können, als ihr auszuweichen und sie zu verdrängen.

Lässt man alle Existenzängste zumindest für einen kurzen Augenblick bewusst los und versucht, allein die Botschaft Saturns im Lauf durch diesen Finanzbereich zu begreifen, dann wird man noch einmal ein völlig anderes Bild von diesem Transit bekommen.

Es ist, wie gesagt, richtig, dass er mit finanziellen Einbußen einhergehen kann, wobei das auch immer von der Lebenssituation abhängt und relativ gesehen werden muss. Ein Mensch, der regelmäßige Einkünfte durch eine Rente oder einen sicheren Job hat oder der gar sehr reich ist, wird vielleicht die eine oder andere unvorhergesehene Ausgabe bzw. Einbuße haben, die ein bisschen wehtut oder vielleicht eine vorübergehende Geldknappheit bringt. Alles jedoch nicht besonders tragisch.

Schwieriger kann es für einen Freiberufler werden, der jeden Monat schauen muss, dass Geld hereinkommt. Wenn da wichtige Auftraggeber abfallen oder das Geschäft aufgrund mangelnder Nachfrage einbricht, bekommt man schon eher Probleme. Saturn hält in diesem Falle den Selbstständigen dazu an, sich nach neuen Geldquellen umzusehen, sein Marketing zu verbessern und sonstige Korrekturen und Veränderungen einzuleiten, die mit dem Geschäft zu tun haben und es verbessern können. Manchmal zeigt

Saturn hier auch nur an, dass die eine Einnahmequelle versiegt, was ganz automatisch dazu führt, dass nach einer neuen Ausschau gehalten werden muss.

Wie immer auch die persönliche finanzielle Situation vor diesem Transit ist: Saturn hält uns im Lauf durch das 2. Haus dazu an, etwas bewusster auf das Geld zu achten und, wenn nötig, zu sparen. Saturn will hier unter Umständen aber auch, dass wir unser Geld sinnvoll anlegen bzw. investieren. Der Gedanke an eine eigene Immobilie, die eine Art dauerhaften Wert im Sinne Saturns darstellt, kann jetzt Sinn machen.

Letztlich ermahnt uns Saturn, der Herrscher über Karma und Schicksal, das Geld und seinen Wert zu schätzen, es vor allem als ein Mittel zu sehen, das uns bei der Verwirklichung von wichtigen persönlichen Vorhaben im Leben weiterhilft. Das 2. Haus ist ja schließlich auch die Verwirklichungsebene in unserem Horoskop, und Saturn zeigt hier an, dass wir „Nägel mit Köpfen" machen sollen, also gute Ideen und Vorhaben zu Potte bringen, in der materiellen Welt verwirklichen.

Saturn im 2. Haus prüft unser Verhältnis und unsere Einstellung zu Geld, was für die meisten Menschen ein ganz schwieriges Thema ist. Gleichzeitig testet Saturn hier unseren Selbstwert und unsere Selbstliebe, denn das 2. Haus ist ja als irdischer Spiegel des Stiers ein Venus-Bereich, und Venus ist in ihren astrologischen Entsprechungen Liebe und Geld zugeordnet.

Latent schwelende Selbstwertprobleme kommen unter diesem Transit krass zum Vorschein, sind einfach nicht mehr zu leugnen und wegzuschieben. Wir sehen uns gezwungen, darüber nachzudenken, was wir bisher im Leben real geschafft und verwirklicht haben und welche Pläne wir für die Zukunft haben. Denn eines ist klar: Selbst sein Geld zu verdienen und etwas im Leben auf die Beine zu stellen, stärkt ganz automatisch das Selbstwertgefühl, während ausbleibender finanzieller und beruflicher Erfolg es erheblich schwächen. Insofern greifen die Ebenen Geld, Verwirklichung und Selbstwert immer ineinander über.

Der Selbstwert hat nicht zuletzt einen großen Einfluss auf unser Liebesleben. Ist er geschwächt, wirken wir automatisch weniger attraktiv. Es ist eine Tatsache, dass Menschen, die eigentlich gar nicht gut aussehen, trotzdem oft die besten Chancen beim anderen Geschlecht haben, sofern sie ein ausgeprägtes Selbstbewusstsein besitzen. Das zieht einfach an. Mangelnde oder gar keine Selbstliebe ist nicht selten der Grund für Beziehungslosigkeit.

Saturn im Transit durch Haus 2, in dem er ja auch nur ca. alle 30 Jahre erscheint, ist also sehr wichtig für uns und unsere Verwirklichung im Leben. Er hilft uns, große Steine zu erkennen und auf die Seite zu räumen, die unseren Lebensweg blockieren.

Saturn-Transit durch Haus 7
(irdischer Spiegel der Waage, Herrscher Venus)
Beziehungskrise und die Notwendigkeit, sich selbst zu erkennen

Wenn Saturn am Deszendenten, der Spitze des 7. Hauses, angelangt ist, betritt er die Tagesseite unseres Horoskops. Das heißt, dass unsere Aufgaben, Pflichten, Ziele, Mühen und Verbindungen noch mehr in unseren Fokus rücken und weiter an Bedeutung gewinnen.

Da das 7. Haus der Bereich des Du, der Partnerschaft und der Öffentlichkeit ist, stehen zunächst alle festen Beziehungen und Verbindungen, privat wie beruflich, auf dem Prüfstand. Saturn will ja seiner Natur nach immer wieder Ordnung schaffen, und das macht er hier, indem er anspricht, was nicht stimmt und was deshalb geändert werden muss.

In einer Ehe kommt in diesen Jahren alles an Problemen hoch, das zuvor verdrängt und einfach beiseitegeschoben wurde, weil es das gute Einvernehmen gestört hätte. Und es hat ja bisher auch irgendwie funktioniert, bei den einen ein wenig besser, bei den anderen schlechter. Doch Saturn sagt: „Jetzt ist es genug, die Beziehung kann so nicht mehr weitergehen, der Punkt der Unerträglichkeit ist erreicht“. Die latent vorhandenen Probleme können sich nun zu einem schier unüberwindbar scheinenden Berg aufbauen.

Manche sehen hier keine Hoffnung und keinen Ansatz mehr, weshalb tatsächlich viele Ehen unter diesem Transit zu Ende gehen. Aber, Krisen können, wie bekannt, ja auch eine große Chance sein, und deshalb gehen viele Ehen und langjährige Liebesbeziehungen gestärkt aus diesem Transit hervor. Wichtig ist es, sich über seine eigenen Erwartungen in Bezug auf die Beziehung klarzuwerden und diese auch klar und deutlich gegenüber seinem Partner zum Ausdruck zu bringen.

Wer den Saturn-Transit durch das 7. Haus hat, wünscht sich unter Umständen eine noch engere Bindung oder (und) die Bereitschaft des Partners, noch mehr Pflichten und Verantwortung zu übernehmen. Schwierig wird es allerdings, wenn nun alles, was mit Saturn zusammenhängt, allein auf den Partner projiziert wird und keine Eigenverantwortung der Krise gesehen und übernommen wird. In diesem Falle würde man wohl mit Ablehnung und Trennungsgedanken des Partners konfrontiert werden.

Letztlich will dieser Saturn im 7. Haus nämlich, und das ist nun ganz entscheidend, dass man anfängt, sich selbst und seine Verhaltensweisen im Umgang mit dem Partner und anderen Menschen besser zu erkennen und zu reflektieren. Das ist eine sehr wichtige Lernaufgabe dieses Transits. Möglicherweise wurde der Partner stets mit irgendwelchen ungerechtfertigten Kritiken, Schuldzuweisungen und Vorwürfen in der Vergangenheit konfrontiert, die eigentlich mehr mit einem selbst zu tun haben. So manche Selbsterkenntnis tut richtig weh, kann aber in jedem Falle persönlich und beziehungsmäßig weiterbringen.

Eine völlig andere Wirkung in puncto Beziehung hat Saturn im Lauf durch das 7. Haus für Menschen, die ungebunden sind. Bei ihnen tritt Saturn in seiner Funktion als Strukturbauer in Erscheinung. Das heißt, dass die betroffenen Menschen nun unbedingt eine feste, verlässliche Beziehung wollen und anstreben. Nicht wenige heiraten sogar in dieser Zeit, was keineswegs schlecht sein muss. Saturn kann in diesem Venus-Haus nämlich auch Treue, Stabilität, Zusammenhalt, Verlässlichkeit und Vertiefung einer Ehe anzeigen.

Singles lernen in diesen Jahren häufig saturnisch geprägte Menschen kennen. Das können Steinböcke oder etwa Menschen sein, die in irgendeiner Form ein starkes Steinbock- bzw. Saturn-Thema in ihrem Horoskop haben.

Saturn im Lauf durch das 7. Haus hat nicht zuletzt starken karmischen Charakter, und das bedeutet, dass wir nun unter Umständen auch Begegnungen mit Menschen aus weit zurückliegender Vergangenheit haben, mit denen noch etwas gutzumachen ist oder (und) die wir einfach nur wiederfinden, weil sie in irgendeiner Form zu uns gehören.

Saturn im 7. Haus, und das ist ein weiteres großes Thema, kann sehr viel mit Erwartungen in beruflicher Hinsicht zu tun haben, die einem entgegengebracht werden. Schließlich ist Saturn als Herrscher über den Steinbock, dessen irdischer Spiegel wiederum das 10. Haus ist, so etwas wie der natürliche Herrscher über den Beruf.

Wer Freiberufler ist und mit vielen Menschen zu tun hat, rückt stärker in den Blickpunkt der Öffentlichkeit und muss seine Fähigkeiten unter Beweis stellen. Für einige der Lohn einer großartigen beruflichen und persönlichen Entwicklung, die jetzt aber auch mehr Pflichten und Verantwortungen mit sich bringt. Wesentlich mehr Menschen wollen jetzt etwas von einem, was unter Umständen als belastend empfunden wird.

Saturn-Transit in Konjunktion, Quadrat oder Opposition zum Geburts-Mars

Wie bekommen wir nur diese Wut und diesen Ärger los?

Eine Blockade der besonderen Art ergibt sich in unserem Leben vor allem dann, wenn der laufende Saturn eine Konjunktion, ein Quadrat oder eine Opposition zu unserem Geburts-Mars bildet. Es sind Transite, die uns sehr zornig machen können und unter denen wir häufig versuchen, unseren Willen mit der Brechstange durchzusetzen. Wie können wir uns diese Transite vorstellen? Während Mars für die Energie, den Willen, die Tatkraft, die Aggression und den männlichen Trieb steht, symbolisiert Saturn die Mauer, die

Angst, den Widerstand, die Begrenzung. Die Energie von Mars kann hier also nicht so recht fließen, seine Aggressionen können sich nur schwer oder gar nicht Ausdruck verleihen. Mars erhält hier einen gewaltigen Stau, der gefährlich ist und großen Schaden anrichten kann.

Diese Transite sind vergleichbar mit einem großen Dampfkessel, dessen Ventile blockiert sind und dessen Druck sich daher ins Unermessliche zu steigern droht. Platzt der Kessel, ist er wie eine Bombe, die alles im Umkreis zerstört.

Meist werden diese Transite deshalb als eher destruktive Einflüsse wahrgenommen. Während dieser Zeit sind wir immer am Kämpfen und können uns irgendwie doch nicht so richtig durchsetzen und unsere Ziele erreichen. Sind wir selbst friedlich gestimmt, wird dennoch Ärger, Hass und Streit von außen an uns herangetragen. Es gibt einfach keine Möglichkeit, diesen Transiten, unter denen häufig böse Zerwürfnisse, Trennungen, Unfälle und Verletzungen passieren, zu entkommen.

Saturn macht unseren Mars jetzt irgendwie sehr herbe, ja fast brutal, sodass wir immer wieder versucht sind, die Dinge zu erzwingen. Wir sind zeitweise voller Wut und wollen in Konflikten, ob sie nun partnerschaftlich, freundschaftlich oder beruflich sind, die Lösung erzwingen. Wir wollen uns durchsetzen und uns nichts gefallen lassen. Nachgeben ist kein Thema. Doch irgendwie scheitert trotzdem sehr vieles bzw. nimmt einen negativen Verlauf, vor allem, wenn wir es jetzt mit der Brechstange angehen.

Das ist vielleicht auch das Augenscheinlichste an diesem harten und unversöhnlichen Transit: Zwanghaftes Wollen scheitert, wird gebrochen, was unglaublich frustriert und noch stärkere Aggressionen in uns weckt, die so manchen Menschen zu Verzweiflungstaten treibt, mit denen er alles kaputtmachen kann, seine Ehe, seine Familie, sein Geschäft. Das ist die saturnische Realität, die wir bei diesem Transit ansprechen müssen und die wir nicht geschönt darstellen dürfen. Saturn prüft hier unseren Mars „auf Herz und Nieren", und wir dürfen davon ausgehen, dass diese Transite, die sich etwa alle sieben Jahre bilden, zu den größten Herausforderungen im Leben gehören.

Auf gesundheitlicher Ebene müssen wir vor allem die Zeichenstellung von unserem Geburts-Mars und die dazu analogen Körperbereiche und Organe beachten. Im Extremfall kann dieser Transit nämlich autoaggressive Erkrankungen provozieren, da die Energieblockaden, die oft Wut und Ärger anstauen lassen, eben zu Knoten und anderen Schäden im Körper führen können.

Wie aber können wir diesen Transit bewältigen? Zunächst gilt es, Ventile zu schaffen, die für Druckabbau sorgen. Sozusagen als Notfallprogramm. Wir sollten also Sport treiben, möglichst viel und oft, sofern unser Alter und Gesundheitszustand das zulassen. Nicht zufällig finden sich in den Horoskopen vieler Marathonläufer Mars-Saturn-Spannungen als Anlage. Es braucht eben viele Kilometer, bis sich angestaute Energie und Frust allmählich zu lösen beginnen. Sport ist ideal, um diese Energie wieder in den Fluss zu bringen. Treiben wir in der Zeit dieses Transits viel Sport, der uns zum Schwitzen bringt, bei dem wir uns verausgaben können, haben wir schon fast gewonnen. Allerdings sollten allzu verletzungsträchtige und gefährliche Sportarten gemieden werden, wenngleich man jetzt in harten Wettkampfsportarten wie Fußball oder Eishockey durchaus große Durchsetzungskraft entwickeln kann und deshalb auch Erfolgschancen hat.

Auf der psychischen Ebene geht es vor allem um eines: das Loslassen. Das ist der Schlüssel. Loslassen von Ärger, Wut, Streitereien, Ängsten. Genau das aber ist unter diesen Transiten unendlich schwer. Wir werden das nicht immer schaffen. Aber, wir können es üben. Wir sollten vorübergehend „müssen“ und „wollen“ aus unserem Wortschatz streichen. Wir sollten darum bemüht sein, Grenzen und aktuelle Widerstände im Leben, die gerade nicht zu lösen sind, zu akzeptieren. Wir sollten uns ferner um viel Geduld bemühen, denn auf die Schnelle lässt sich jetzt bestimmt nichts lösen.

Ein wichtiges Ventil kann neben dem Sport die Arbeit sein, wobei wir hier aufpassen müssen, dass wir nicht übertreiben, keine Ruhepausen mehr einhalten, da uns diese Transite das Gefühl vermitteln, dass es keine Grenzen gibt, was unsere Leistungsfähigkeit betrifft. Behalten wir uns im Griff, können wir jetzt viel schaffen und erreichen. Aber bitte: Viel Geduld mit sich und anderen zeigen.

Loslassen müssen wir nun unter Umständen nun auch von Aktivitäten, Vorhaben und Zielen, die sich als falsch und sinnlos erwiesen haben. Auch das kann sehr schwer sein, da wir zunächst verzweifelt versuchen, an allem Bisherigen festzuhalten.

Für uns alle bedeuten diese Transite nicht zuletzt, und das ist vielleicht das wichtigste Thema, mit dem sie einhergehen, eine große karmische Prüfung. Sofern wir an vorige Leben glauben, ist die Wahrscheinlichkeit sehr groß, früher in irgendeiner Form Gewalt ausgeübt oder Menschen zu etwas gezwungen zu haben, das diesen geschadet hat. Saturn-Mars kann nun bedeuten, dass wir wieder in eine ähnliche Lebenssituation geraten, in der wir in irgendeiner Form vor die Wahl gestellt werden, Gewalt im tatsächlichen oder übertragenen Sinne anzuwenden oder, im Gegenteil, davon abzuschwören.

Diese Transite, in die die beiden klassischen „Übeltäter" Mars und Saturn involviert sind, können schon sehr extreme Ausschläge haben. Die Lernaufgabe, die hinter diesen Saturn-Transiten zu Mars steckt, ist, seinen Willen in Bahnen zu lenken und gezielt einzusetzen sowie seine Wut, seinen Trieb und seine Aggression zu beherrschen, ohne sie künstlich zu unterdrücken. Es gilt, zu lernen, seinem Willen und seiner Wut nicht erst dann Ausdruck zu verschaffen, wenn Ärgernisse auftreten. Eine gewisse Konsequenz, Linie und Abgrenzung sind auch dann im Leben erforderlich, wenn alles seinen Weg geht und harmonisch läuft. Es gilt ganz einfach, seinen Mars richtig zu leben, ohne ihn zum Planeten der Zerstörung werden zu lassen und ohne ihn zu unterdrücken. Eine wichtige Lektion Saturns!

Saturn-Transite (Konjunktion, Quadrat oder Opposition) **zum Geburts-Mars in Bezug auf die Häuser**

Saturn tr. Mars in Haus 1

Blockierte Entfaltung, stößt plötzlich auf viele Widerstände, es drohen heftige Auseinandersetzungen und Zerwürfnisse, unlautere Absichten und Boshaftigkeit fallen auf einen selbst zurück.

Saturn tr. Mars in Haus 2
Zahlungen bleiben aus, Streit um Geld, Fehlinvestitionen, setzt geschäftlich auf das „falsche Pferd“, der Versuch, andere finanziell zu übervorteilen, führt zu einer Verkettung von unguten Ereignissen.

Saturn tr. Mars in Haus 3
Große Streit- und Unfallgefahr, erhöhtes Risiko von Konflikten vor allem mit Nachbarn und Geschwistern, steigert sich in jeden kleinen Ärger hinein, kann von drückenden Sorgen und Wut nicht loslassen.

Saturn tr. Mars in Haus 4
Auflehnung, Streit und Zerwürfnisse im Elternhaus, der Haussegen hängt jetzt aber auch zeitweise in der Gegenwartsfamilie schief, Gefahr von Hausbrand, muss sein Haus verkaufen, Schäden an Haus und Wohnung.

Saturn tr. Mars in Haus 5
Unfallgefahr beim Sport, Ärger und Verdruss durch Kinder, Frust und Enttäuschung in Liebesbeziehungen, Versuch einer Eroberung schlägt fehl, weil das Wollen zu groß ist.

Saturn tr. Mars in Haus 6
Gefahr gesundheitlicher Störungen, vor allem durch Arbeitsüberlastung, heftiger Ärger mit Kollegen, als Chef Konflikte mit fordernden Angestellten, erhöhtes Risiko, seinen Arbeitsplatz zu verlieren.

Saturn tr. Mars in Haus 7
Streit und Zank mit Ehepartner und geschäftlichen Teilhabern, heftiges Ende einer Beziehung, Prozessverlust, gerät unter öffentlichen Beschuss, erleidet Angriffe von außen, die karmischen Charakter haben.

Saturn tr. Mars in Haus 8
Gefährliche Abenteuer, erhöhtes Risiko, Opfer von Gewalt zu werden, will sich um jeden Preis durchsetzen, was zu herben Niederlagen führt, Erbschaftsverlust, Verluste durch Teilhaber oder Gesellschafter, Ärger mit Versicherungen und Legaten.

Saturn tr. Mars in Haus 9
Ungünstige, gefährliche Reisen, moralische, religiöse Konflikte, weltanschauliche Auseinandersetzungen, Trennung aufgrund unterschiedlicher Anschauungen, schwere Selbstvorwürfe, keinen Lebenssinn erkennen können.

Saturn tr. Mars in Haus 10
Ärger mit Vorgesetzten, Ansehensverlust und beruflicher Schaden durch öffentlichen Skandal, Shitstorm, üble Nachrede, muss von beruflichen Zielen und Vorhaben Abstand nehmen, die sich als falsch erwiesen haben.

Saturn tr. Mars in Haus 11
Zwist und Trennung von Freunden, fordert Freundschaftsbeweise, die so nicht gegeben werden können, aus Freunden werden Feinde, Spaltung und Auflösung einer Gemeinschaft, das Schicksal zwingt einen, das eigene soziale Verhalten zu überdenken.

Saturn tr. Mars in Haus 12
Gefahr einer Anklage und Bestrafung wegen ungesetzlichem oder gar kriminellem Verhalten, heimtückische Angriffe von verdeckten Feinden, psychische Probleme, Gefahr vor allem von Depressionen.

Saturn im Transit durch Haus 1
(irdischer Spiegel des Widders, Zeichenherrscher Mars)

Es ist an der Zeit, neue Verantwortung zu übernehmen

Saturn im Transit durch das 1. Haus kennzeichnet eine sehr wichtige Lebensphase, in der wir sozusagen die Weichen für unsere innere Entwicklung stellen. Der Lebensernst hat uns eingeholt, die Kräfte Saturns drängen auf Verinnerlichung, weil Saturn mit dem Eintreten in das 1. Haus fortan auf der unteren, nach innen gerichteten Nachtseite unseres Horoskops wandelt.

In den zurückliegenden Jahren, in denen Saturn noch unser 12. Haus durchquerte, hat sich einiges an festen Lebensgewohnten und

Strukturen aufgelöst. Vieles blieb im Unklaren, man wusste vielleicht nicht so genau, wo der Weg künftig hingehen soll. Diese Ungewissheit ist nun vorbei.

Sobald Saturn, der strenge Lehrer des Lebens, unseren Aszendenten überquert und sich anschickt, ins 1. Haus vorzudringen, fordert er uns auf, wieder konkret zu werden, dem Trend der Auflösung entgegenzuwirken, indem wir unser Leben wieder selbst in die Hand nehmen. Es geht darum, Verantwortung zu übernehmen, für sich selbst und seine persönliche Entwicklung, aber auch für wichtige zwischenmenschliche Beziehungen und nicht zuletzt für die eigenen Ziele, wozu meist auch der Beruf gehört.

Sich ins Leben konkret einzubringen, ist das Gebot der Stunde. Unabhängig davon, in welchem Alter uns dieser Transit ereilt, wird er uns innerlich reifen und wachsen lassen. Viele Menschen werden jetzt zu dem, was sie sind, erkennen die unbedingte Stärke und die Möglichkeiten ihres Aszendenten, ihrer Persönlichkeit. Seriöses Wachstum geht jedoch nicht, und wieder hebt der Lehrmeister des Lebens den Finger, ohne Mühen und Verpflichtungen.

Wir dürfen nicht weiter damit spekulieren, dass auch der leichte Weg zum Ziel führen kann. Wer das versucht, wird diese Jahre erst recht als sehr zäh und mühevoll erleben, da Saturn einen dann immer wieder in der Entfaltung hemmt und beschränkt. Der große Lebensernst und die Anerkennung von Realitäten, die der Boden sind, auf dem wir uns weiterentwickeln, sollten auch nicht dazu führen, dass wir uns zu sehr von der Umwelt abschotten und nur noch Arbeit und Pflicht sehen.

Saturn schafft hier letztlich die Basis eines Neuaufbaus unserer Persönlichkeit, die durch den Saturn-Transit geschliffen und gestärkt für die künftigen Herausforderungen des Lebens wird. Es ist wichtig, jetzt sehr viel über sich selbst zu erfahren, weshalb die Beschäftigung mit inneren Dingen eine große Bedeutung haben können. In diesen Jahren können wir wacher und klarer werden.

Rein karmisch gesehen prüft uns dieser Saturn insofern, dass er uns persönliche Schwächen und Begrenzungen vor Augen hält, die immer wieder zu denselben oder ähnlichen Niederlagen und Verhinderungen im Leben führen. Er erinnert uns daran, dass es zu den wichtigsten Lebensaufgaben überhaupt gehört, an sich selbst zu arbeiten. Wie gesagt, die Zeit des Spielens und der unbeschwerten Lebensfreude ist jetzt vorbei.

Saturn-Transit in Konjunktion, Quadrat oder Opposition zum Geburts-Jupiter

Das Glück muss neu gesucht werden

Es gibt zwei Horoskopfaktoren, die mit unserer Entfaltungskraft zu tun haben: Die Sonne und Jupiter. Dort, wo sie in unserem Horoskop stehen, wollen wir glänzen bzw. suchen nach einer Erweiterung im Leben. Wenn nun der laufende Saturn unseren Jupiter blockiert, sind unsere Wachstums- und Expansionschancen begrenzt. Auf einmal scheint unser Glück verschwunden, und wir müssen uns tatsächlich auf die erneute Suche nach ihm begeben, so mühsam und schwer das auch scheint.

Wir wissen ja: Saturn legt den Finger in die Wunde, zeigt an, was nicht stimmt, wenn er als Transit in Konjunktion, Quadrat oder Opposition einen Planeten unseres Geburtshoroskops lähmt. Aber, wir wissen heute auch: Saturn ist nicht böse, will uns nicht durch Schicksalsschläge vernichten, wie das in früheren Zeiten noch herumgeisterte. Der strenge Lehrer des Lebens will auch hier wieder einmal nur prüfen und nachsehen, ob noch alles in Ordnung ist. Er will keineswegs, dass wir unser Glück verlieren, er will letztlich nur, dass wir unser eigentliches Glück im Leben wahrnehmen können. Saturn weist darauf hin, was schiefläuft, indem er blockiert, begrenzt und eine Krisensituation heraufbeschwört. Ohne Krise würden wir es oft nicht sehen können oder wollen, wenn etwas in unserem Leben in Schieflage geraten ist.

Der Mensch ist so konzipiert, dass er nicht nach Problemen sucht, wenn es ihm gut geht. Warum auch. Allein die Tatsache, dass Klienten sich immer wieder bei ihrem Astrologen darüber beschweren, dass sie jeden Saturn-Transit extrem stark spüren, während Jupiter-Transite meist spurlos an ihnen vorübergehen, spricht Bände. Vermutlich sind wir zu sehr auf Pech und Unglück fokussiert und empfinden unser persönliches Glück als etwas Selbstverständliches. Und so passiert es, dass gute Jupiter-Transite oft einfach an uns vorüberziehen, während eben die kritischen Saturn-Transite voll reinhauen. Letzteres brauchen wir von Zeit zu Zeit, so tragisch das auch klingen mag. Nur durch das Pech und den Druck beginnen sich viele Menschen erst zu bewegen.

Die Saturn-Transite in Konjunktion, Quadrat oder Opposition zu Jupiter klingen zunächst einmal gar nicht so dramatisch. Transite des Saturns zur Sonne etwa fühlen sich bestimmt unangenehmer an. Aber auch unter diesen Transiten ist unsere Entfaltung nahezu lahmgelegt und unsere Handlungsfreiheit begrenzt. Alle guten Ansätze, ob beruflich oder privat, stoßen irgendwie auf Widerstände, wie wenn wir vor einer unsichtbaren Mauer stehen würden, und entwickeln sich nicht so, wie wir uns das erhofft hatten. Immer wieder werden einem Steine in den Weg gelegt, die beruflich das Fortkommen und privat das Zusammenfinden erschweren. Die Umstände sind alles andere als ideal.

Oftmals äußern sich diese Transite in finanziellen Verlusten und in Problemen mit Behörden und Vorgesetzten. Unter einem sehr ungünstigen Licht stehen auch alle Prozessangelegenheiten, da Jupiter auch den Würdenträger, den Richter, symbolisiert, der einem nun weniger gewogen scheint. Nicht ideal sind im Moment zudem die Voraussetzungen für Studium, Weiterbildung und weite Reisen, weil man deren tieferen Sinn für sich nicht erkennen kann. Hinzu kommt psychisch eine zeitweilig starke Unzufriedenheit und Ruhelosigkeit, da Jupiter nicht nur mit unserem Bedürfnis nach Erfolg und Erweiterung, sondern auch mit unserem Drang nach Freiheit in Verbindung steht. Wenn Jupiter eben etwas gar nicht ertragen kann, dann ist es die Einschränkung.

Zweifel tauchen auf, ob wir noch auf dem richtigen Weg sind, den wir einst eingeschlagen haben. Unsere höheren Ideale scheinen zu verblassen, um großer Nüchternheit Platz zu machen. Und genau darin liegt die große Chance. Das, was wir vorher als unser Glück wahrgenommen haben, funktioniert nicht mehr oder kann noch nicht erfüllt werden. Jupiter will ins Große, wird aber blockiert. Das heißt, wir müssen für unsere ganz großen Ziele, die wir still in uns tragen, eine neue Form, einen neuen Ausdruck finden. Konkret sollten wir uns nach neuen Möglichkeiten der Entfaltung umschauen, bzw. wir müssen Umstände ändern, die unserer Entfaltung entgegenstehen.

Doch missliche Umstände kann man nicht immer so einfach ändern, und für große äußere Umbrüche, Veränderungen und Entscheidungen ist jetzt die Zeit alles andere als ideal. Das heißt, wir müssen in uns gehen, um den ursprünglichen Grund unserer Frustrationen zu erkennen. Erst wenn wir diesen Grund erkennen, können wir uns innerlich und äußerlich neu orientieren und die Blockaden auflösen, die unserem Glück entgegenstehen.

Die eigentliche Aussagekraft und Bedeutung dieser Transite liegen aber wohl in deren karmischem Hintergrund. Diese Transite wollen sagen, dass das Glück nur dann in einem höheren Sinne dauerhaft ist, wenn es mit Demut gepaart ist. Die Gefahren des Jupiters sind die Übersteigerung, die Anmaßung, die Überheblichkeit, die letztlich früher oder später zum Fall führen. Saturn weist auf diese Risiken hin und will uns klarmachen, wie wichtig Demut und Bescheidenheit gerade im Misserfolg und noch mehr im Erfolg sind. Das ist seine Lektion. Und wer weiß, vielleicht sind wir, je nach Anlage, gerade an diesem Punkt in einem vorigen Leben gescheitert?

Interessant ist in diesem Zusammenhang die inzwischen anerkannte Tatsache, dass der Stern von Bethlehem, der Geburtsstern des Königs der Welt, eine dreimalig wiederkehrende Jupiter-Saturn-Konjunktion in den Fischen war. Hier paarte sich die Weisheit mit dem Glück, die Bescheidenheit mit der Größe in vollkommener Harmonie. Daran sollten wir uns unter diesen Transiten erinnern.

Saturn will, um es zusammenfassend zu sagen, unser Glück reifen lassen. Er will, dass wir es nicht länger dort suchen, wo es keine Zukunft hat und nicht von Dauer ist.

Saturn-Transite (Konjunktion, Quadrat oder Opposition) **zum Geburts-Jupiter in Bezug auf die Häuser**

Saturn tr. Jupiter Haus 1
Körperliche Schwäche, kann sich nicht mehr wie gewohnt durchsetzen, fällt vom hohen Ross, muss sich Fehler eingestehen.

Saturn tr. Jupiter in Haus 2
Riskante finanzielle Spekulationen führen zu Verlusten, verliert sein Vertrauen und Sicherheit in eigenes Können, bekommt Angst vor Verlusten, verzögerte Einnahmen.

Saturn tr. Jupiter in Haus 3
Alltag wird mühsam und anstrengend, viele Baustellen, die erledigt werden müssen, das Gefühl, etwas Besseres zu sein, wird ernüchtert, setzt sich mit falschen Versprechen selbst unter Druck, muss seine Selbstdarstellung überprüfen.

Saturn tr. Jupiter in Haus 4
Fühlt sich zu Hause unwohl, häusliches und familiäres Glück werden infrage gestellt, Ablehnung aufgrund von Überheblichkeit, die die Herkunft betrifft.

Saturn tr. Jupiter in Haus 5
Getrübte Lebensfreude, Ende einer einst wundervollen Liebesbeziehung, Sorgen um Kinder, schöpferische Krise.

Saturn tr. Jupiter in Haus 6
Gesundheitliche Probleme durch falsche, meist auch zu üppige Ernährung, erhöhtes Risiko einer Leber- oder Bluterkrankung, muss seine Lebensweise umstellen.

Saturn tr. Jupiter in Haus 7
Trennt sich, weil es scheinbar keine Entwicklung mehr in der Beziehung gibt, muss wieder mehr Verantwortung und Pflichten in der Beziehung übernehmen und sich um den Partner kümmern.

Saturn tr. Jupiter in Haus 8
Verlustgefahr gemeinsamen Vermögens, Ärger durch Versicherungen und Erbschaft, wird finanziell ausgenutzt, Missbrauch der star-

ken seelischen Kräfte und Suggestionskraft fallen auf einen selbst zurück, plötzliches Auftreten von bisher unbekannten Existenzängsten.

Saturn tr. Jupiter in Haus 9
Unerwartete Hindernisse auf großen Reisen, Abbruch einer Fortbildung oder eines Studiums, religiöse Konflikte und Zweifel, selbstgefällige Weltanschauungen und Überheblichkeiten erhalten großen Dämpfer.

Saturn tr. Jupiter in Haus 10
Zähes Vorankommen und Zweifel beim Verfolgen großer Ziele, Führungsrolle wird infrage gestellt, verliert an gutem Ansehen, Überheblichkeit und Nachlässigkeiten im Beruf rächen sich.

Saturn tr. Jupiter in Haus 11
Enttäuschung und Ernüchterung in Freundschaften, Krise einer Gemeinschaft, geplatzte Hoffnungen und Wünsche.

Saturn tr. Jupiter in Haus 12
Heimliche Feinde und Neider, die einem das Glück nicht gönnen, große Sehnsüchte, die nicht erfüllt werden, vom Glück verlassen.

Saturn im Transit durch Haus 9
(irdischer Spiegel des Schützen, Zeichenherrscher Jupiter)

Das innere Gefängnis und die Suche nach neuem Lebenssinn

Auch dieser Saturn-Transit kennzeichnet eine ungemein wichtige Zeit in der persönlichen Entwicklung. Im 9. Haus geht es um feste Weltanschauungen, um persönliche Standpunkte und Meinungen, die jetzt von Saturn auf ihren Wert überprüft werden.

Die Tendenz ist, dass wir unter diesem Saturn-Einfluss zunächst an unseren Überzeugungen unbeirrt festhalten, ja einmal gefasste Meinungen sogar noch erbitterter verteidigen als sonst. Denn Saturn will ja auch in diesem Bereich Strukturen bauen, strebt also eine Festigkeit an, was eben unsere Werte und Überzeugungen betrifft. Doch aus der Erfahrung wissen wir, dass man sich im Leben ganz schön täuschen kann. Und Saturn wäre nicht Saturn, wenn er uns nicht zunächst gnadenlos mit falschen Glaubenssätzen, die möglicherweise seit unserer Kindheit bestehen und sich immer weiter verdichtet haben, konfrontieren würde.

Und überhaupt kratzt er an allen wichtigen Meinungen, die sich in uns verankert haben und über die wir lange nicht mehr nachgedacht haben, weil sie beschlossene Sache für uns waren. Falsche Meinungen aufrechtzuhalten, kann jetzt in beruflicher wie privater Hinsicht eine größere Krise auslösen, die uns letztlich dazu zwingt, umzudenken. Für manchen eine schwierige Geburt, die letztlich aber in ein freieres, selbstbestimmteres und erfüllteres Leben führen kann, da fixe Glaubenssätze und Überzeugungen oft die eigentlichen Gefängnisse sind, aus denen es für nicht wenige Menschen sogar ein Leben lang kein Entrinnen gibt. Insofern sollten wir diesen Saturn und seine Krisen, die er hier auslösen kann, unbedingt begrüßen.

Die Überprüfung unserer Weltanschauungen, deren Korrektur und die damit verbundenen Einsichten und Erkenntnisse können unser Leben im besten Sinne mit neuem Lebenssinn erfüllen. Es können daraus völlig neue Ziele entstehen bzw. sichtbar werden, was wiederum sehr gezielte berufliche Aus- oder Fortbildungen erforderlich werden lässt. Die neuen Ziele werden spätestens dann ein konkretes und dringendes Thema, wenn Saturn das darauffolgende 10. Haus betritt. Gerade in jüngeren Jahren kann dieser Saturn-Transit überhaupt auf ein notwendiges Studium hindeuten.

Was das 9. Haus und die weiten Reisen betrifft, wird der Saturn-Transit hier zumindest nach alter Lehre nicht besonders gerne gesehen. Denn Saturn gilt ja klassisch als „Übeltäter“, und wer mehr oder weniger nur größere Vergnügungsreisen im Sinne hat, wird ihn als solchen unter Umständen auch erleben.

Saturn im Transit durch das 9. Haus braucht, um harmonisch gelebt zu werden, unbedingt einen großen persönlichen Sinn, wie etwa eine beruflich bedingte Reise oder eine Reise, bei der es darum geht, eine fremde Sprache und Kultur kennenzulernen, die einem wichtig erscheint. Mit solch ernsten Absichten verbunden, darf auch dieser Saturn-Transit in Bezug auf Reisen durchaus positiv gewertet werden.

Das 9. Haus ist zusammenfassend gesagt der Bereich, der sehr viel mit unserer persönlichen Entwicklung in einem höheren Sinne zu tun hat. Es wird vom Schützen abgeleitet, dessen Herrscher Jupiter ist. Das heißt, wenn wir uns hier befreien, angeregt durch diesen Saturn-Transit, der uns unsere Zweifel, unseren fehlenden Glauben und unsere starren Überzeugungen drastisch vor Augen führt, dann kann sich unser gesamtes Leben zum Positiven wenden. Es gilt, mehr Vertrauen in das Leben zu gewinnen und zu echtem und unverfälschtem Glauben zu finden, der aus uns selbst kommt und uns nicht durch irgendeine religiöse Richtung aufgedrängt wird. Wenn wir das schaffen, leben wir das Jupiter-Prinzip, das heißt, dass sich dann auch unser Geburts-Jupiter künftig groß entfalten kann.

Saturn-Transit in Konjunktion, Quadrat oder Opposition zum Geburts-Saturn

Die großen Saturn-Rhythmen als Zeugnisse des Lebens

Karmaplanet Saturn spielt zweifellos eine Hauptrolle im Drama des Lebens. Er weist uns immer wieder zurecht und will uns den Weg weisen, indem er uns an unsere Aufgaben und unsere Bestimmung erinnert. Das ist vor allem dann der Fall, wenn Saturn als Transit in Konjunktion, Quadrat oder Opposition zum Geburts-Saturn steht. In diesen Zeiten werden die Weichen des Lebens neu gestellt.

Von der Geburt ausgehend, legt Saturn ca. alle sieben Jahre 90 Grad im Tierkreis zurück. Circa deshalb, weil Saturn nicht gleichmäßig wie ein Uhrwerk am Himmel seine Bahnen zieht, sondern durch seine Rückläufigkeit gewissen Schwankungen und Unregelmäßigkeiten unterliegt. Etwa sieben Jahre nach unserer Geburt steht er also im Quadrat zu unserem Geburts-Saturn, mit ca. 14 Jahren in Opposition, mit ca. 21 Jahren wieder im Quadrat und dann mit 28 bis 30 Jahren in Konjunktion mit unserem Geburts-Saturn usw.

Man kann sagen, dass Saturn im kritischen Anblick zu unserem Geburts-Saturn immer eine mahnende Rolle spielt. Er weist darauf hin, was unser Geburts-Saturn wirklich will, was er in unserem Leben erfordert und welche Lernaufgaben, welches Karma und welche Pflichten mit ihm verbunden sind.

Saturn zu Saturn lässt uns vor allem zurückblicken, um Vergangenes aufzuarbeiten und für uns richtig zu bewerten. Damit wird letztlich die Voraussetzung geschaffen, um wieder völlig neu durchzustarten. Dieser Transit fragt uns jedes Mal: „Wollen wir das Leben und die Zukunft wieder anpacken? Oder bleiben wir jetzt in der Vergangenheit hängen, die uns mit ihren vielen Erlebnissen und Dramen schwer gemacht und an die Erde gehaftet hat?"

Mit sieben Jahren, wenn der laufende Saturn erstmals im Quadrat zu unserem Geburts-Saturn steht, schreiten wir das erste Mal bewusst ins Leben. Wir werden durch die Schule mit der Realität konfrontiert, wir werden aufgefordert, Leistung zu bringen, uns Prüfungen zu stellen und uns bewerten zu lassen. In diesen Jahren, in die die Einschulung fällt, tauchen oftmals karmische Erinnerungen von Situationen auf, in denen wir von anderen unterdrückt, befehligt wurden. Plötzlich haben wir es mit Autoritätspersonen in Form von Lehrern zu tun, die uns nicht alles verzeihen und uns so grenzenlos lieben, wie es unsere Eltern taten. Wir sind losgelöst vom Schutz der Familie, neuen persönlichen Angriffen ausgeliefert, die eine verstärkte Auseinandersetzung mit dem Selbstwert erfordern. Ja, wir fragen uns erstmals: Wer sind wir, was sind wir wert?

In die Jahre um das 14. Lebensjahr, wenn Saturn unserem Saturn gegenübersteht, fällt der erste Abschnitt der Pubertät. Für viele eine der schlimmsten Krisenzeiten. Es geht um die eigene Identität. Wir sollen nun erwachsen werden und müssen uns dazu von unseren Eltern abwenden, von den Menschen, die uns am nächsten stehen, weil wir sonst nicht zu uns selbst finden können. Was für ein Drama!

Um das 29. Lebensjahr kehrt Saturn erstmals an die Stelle zurück, an der er bereits im Augenblick unserer Geburt stand. Man spricht hier vom „Return of Saturn“, dem die Astrologen zu allen Zeiten eine besonders große Bedeutung zugeschrieben haben. Wir werden jetzt an unsere Aufgabe und Bestimmung erinnert, aber auch an unsere karmischen Begrenzungen. Saturn lässt uns in die Vergangenheit zurückschauen und stellt uns die Frage, was wir bisher erreicht und geschaffen haben. Manch einer mag darüber so erbittert sein, dass er sein Leben resigniert beendet. Tatsächlich fallen gerade in jenen Lebenszeitraum viele Todesfälle.

Doch wir sollten uns auch von dieser oftmals als schwer empfundenen Phase nicht entmutigen lassen. Wir können jetzt wertvolle Erkenntnisse aus unserer Vergangenheit ziehen, die uns in der Zukunft weiterhelfen. Wir können nun selbst ein ganzes Stück weiser werden und in unserer Persönlichkeitsentwicklung stark reifen. Wir sollten in dieser Phase nur eines nicht meiden: Verantwortung zu übernehmen, ganz besonders für die Menschen, die wir lieben, aber auch in unserem Beruf, in unserer Tätigkeit. Wer jetzt erkennt, dass er einen falschen Beruf hat, sollte um das 30. Lebensjahr allen Mut zusammennehmen und beruflich noch einmal von vorne beginnen. Der Zeitpunkt wäre klug gewählt, und die Umkehr wäre in einem höheren Sinne bestimmt keine Niederlage, sondern im Gegenteil ein Erfolg. Im zweiten Anlauf wird alles besser.

Um das 60. Lebensjahr sind nicht alle, aber viele Menschen bereits vom Leben gezeichnet und etwas müde und können sich zu den ganz großen Umbrüchen oft nicht mehr so leicht aufraffen. In diese Lebensphase fällt die zweite Rückkehr Saturns zwischen dem 58. und 59. Lebensjahr. Erneut lässt uns Saturn in Konjunktion zum Geburts-Saturn zurückblicken und stellt uns die Frage nach dem bisher Erreichten. Gnadenlos führt er uns Situationen des Scheiterns und der Fehler vor Augen, die nicht mehr zu korrigieren sind.

Manche schließen innerlich jetzt schon mit dem Leben ab, weil sie die Niederlagen der Vergangenheit nicht verarbeiten und verkraften können. Sie resignieren. Wir können nur dann gut und einigermaßen frei weiterleben, wenn wir nicht hadern und bedauern, sondern akzeptieren, was war, weil eben alles, auch die negativen Ereignisse der Vergangenheit, zu unserem Leben und unserer Entwicklung gehört.

Von Bedeutung ist letztlich nur, welche Lehren wir persönlich aus unserem Leben ziehen. Die positive, lebensbejahende Haltung führt dazu, dass uns der saturnische Rückblick nicht schwächt und vernichtet, sondern noch einmal anspornt, um alle Kräfte zu mobilisieren und neue Ziele anzugehen.

Das Gute an dieser Zeit sind ja auch die Reife und die Erfahrung, die wir gewonnen haben, die uns jetzt viele Umwege ersparen und uns das eine oder andere Ziel klarer erkennen lassen. Aber, wir sind eben auch kritischer geworden, wollen nicht mehr alles im Leben mitmachen und durchleiden, setzen Prioritäten, wollen nicht mehr die Zeit mit Menschen verplempern, die uns nicht guttun und mit denen wir uns nichts zu sagen haben. Ja, Saturn kann uns jetzt auch zu einer neuen Freiheit führen, indem wir uns künftig noch konsequenter auf das konzentrieren, was uns wichtig erscheint.

Viele Menschen prüfen in dieser Phase ganz genau ihre Ehe, fragen sich, ob es noch Sinn macht, zusammenzubleiben und ob sie den Mut einer Trennung oder auch eines Neubeginns mit dem bisherigen Partner aufbringen. Alleinstehende fragen sich, befreit von allen jugendlichen Illusionen, ob sie sich überhaupt noch einmal binden wollen oder ob es nicht besser ist, künftig ihr Leben frei und unabhängig zu gestalten und zu genießen. Und manche entdecken jetzt erst die reife Liebe, die besonders tief und ungezwungen, da freiwillig ist.

Diese Zeit kann tatsächlich eine neue Lebensqualität bringen, auch wenn Saturn und der Zahn der Zeit an unserem Körper nagen und die Einschläge von Krankheiten und Gebrechlichkeiten dichter werden lassen. Wichtig ist es, bei dieser zweiten Saturn-Rückkehr erneut eine Lebensform zu suchen und zu finden, die persönlich noch besser passt als die Vergangene.

Die Weichen für die kommenden 30 Jahre werden gestellt, in denen, sofern wir sie erleben, erneut Saturn zurückkehrt und uns abermals mit der Frage konfrontiert, was wir bisher im Leben erreicht haben.

Diese dritte Saturn-Rückkehr findet zwischen dem 88. und 89. Lebensjahr statt. Saturn erteilt nun sogar das Zeugnis über das gesamte Leben. Saturn lässt uns ein Resümee ziehen, indem er das zurückliegende Leben in uns nachschwingen lässt. Gerade Menschen, die mit einem gewissen Stolz zurückblicken, sind nun froh und dankbar für die lange Zeit, die sie hier verbrachten und natürlich auch für die Zeit, die ihnen noch bleibt. Vertrauen in die Schöpfung gibt ihnen eine innere Ruhe.

Andere, die vom Leben und von Krankheiten gezeichnet sind, die nur gerackert und gekämpft haben, sehnen nun den Tod herbei, was letztlich auch ganz natürlich ist. Saturn hat uns das ganze Leben begleitet und immer wieder die irdisch-materiellen Realitäten vor Augen gehalten, die dafür gesorgt haben, dass unser Körper gealtert und nun vergreist ist. Unsere Seele und unser Geist sehnen sich nach dem Tod, nach Freiheit und Erlösung von diesem Saturn, der nun in seiner Rolle als „Hüter der Schwelle“ in Erscheinung tritt. Saturn kehrt zurück und stellt uns die entscheidende Frage des Lebens: „Bist Du bereit, in die geistige Welt einzukehren?“

Saturn-Transite (Konjunktion, Quadrat oder Opposition) **zum Geburts-Saturn in Bezug auf die Häuser**

Saturn tr. Saturn in Haus 1

Wird sich seiner eigenen Beschränkung und Hemmungen bewusst, die die persönliche Entfaltung beeinträchtigen, wird vom Leben dazu aufgefordert, über sich selbst nachzudenken.

Saturn tr. Saturn in Haus 2

Die übermäßige Angst vor Geldverlusten und Existenzzusammenbruch hemmt den Geldfluss, auch werden wichtige Vorhaben und Entscheidungen immer wieder herausgezogen. Notwendigkeit, an seinen Ängsten und am Selbstwert zu arbeiten.

Saturn tr. Saturn in Haus 3

Skepsis, düstere Gedanken und Hemmungen in der Kommunikation und im Austausch mit anderen führen ins Abseits oder können gar für Depressionen verantwortlich sein. Umdenken ist das Motto der Stunde sowie das Bemühen um eine veränderte Selbstdarstellung.

Saturn tr. Saturn in Haus 4
Einsamkeits- und Engegefühle können auftreten, auch im Zuhause. Es ist an er Zeit, Probleme in der Kindheit aufzuarbeiten, die wiederum für Blockaden in Bezug auf Berufs- und Lebensziele verantwortlich sind.

Saturn tr. Saturn in Haus 5
Was ist die wahre Lebensfreude, welche besonderen Talente und Fähigkeiten habe ich, die es zu leben gilt, sind die Grundfragen des Saturns in Haus 5, an die jetzt erinnert wird.

Saturn tr. Saturn in Haus 6
Übernimmt immer die Pflichten anderer, wird ausgenutzt und trägt schwere Verantwortung, was auch auf die Gesundheit schlägt. Die Einstellung zu Arbeit muss ebenso überprüft und geändert werden wie die Lebensweise.

Saturn tr. Saturn in Haus 7
In der Partnerschaft stößt man immer wieder an Grenzen, da alle saturnischen Mühen und Pflichten dem Partner zugeschoben werden. Auch ist der Partner immer der Spielverderber. Der Saturn-Transit hält dazu an, Eigenverantwortung zu übernehmen, da sonst jede Beziehung scheitert.

Saturn tr. Saturn in Haus 8
Saturn konfrontiert mit der Angst vor Tod, Gewalt, Krankheiten, Geldverlusten und sexuellem Versagen. Loslassen von Ängsten, die Auseinandersetzung mit dem Tod, der Sexualität und anderen Tabuthemen ist wichtig.

Saturn tr. Saturn in Haus 9
Düstere und dogmatische Gedanken sowie eine materielle Weltanschauung begrenzen das Leben und die Entfaltung, worauf Saturn jetzt hinweist. Es gilt, sich zu öffnen, Glaubenssätze zu erkennen und von ihnen loszulassen.

Saturn tr. Saturn in Haus 10
Ein Überdenken der Lebens- und Berufsziele wird wichtig. Saturn lässt einen fragen: „Bin ich noch auf dem richtigen Weg? Was muss ich ändern, um meine großen Ziele zu erreichen?"

Saturn tr. Saturn in Haus 11
Saturn prüft nun, inwieweit wir unsere Lebensaufgabe, soziales Bewusstsein zu entwickeln, bereits bewältigt haben. Krisen in Freundschaften, keine oder nur wenige Freunde können ein Hinweis darauf sein, weiter intensiv an diesem Thema zu arbeiten.

Saturn tr. Saturn in Haus 12
Unnötige Ängste und Sorgen erfordern eine verstärkte Auseinandersetzung mit der eigenen Psyche, es gilt im inneren und äußeren Leben Ordnung zu schaffen und sich nicht weiteren Illusionen hinzugeben.

Saturn im Transit durch Haus 10
(irdischer Spiegel des Steinbocks, Zeichenherrscher Saturn)

Wo liegt unser Lebensziel, was ist unsere Berufung?

Wenn Saturn in seinem Lauf durch das Horoskop das 10. Haus erreicht, hat das eine ganz besonders große Bedeutung. Denn Saturn fühlt sich in diesem Bereich sehr wohl, und seine Kräfte können hier im positiven Sinne stark zur Geltung kommen. Schließlich ist er der Herrscher des Steinbocks, dessen irdische Spiegelung das 10. Haus ist, das mit unseren großen Lebenszielen und unserem Beruf im Sinne der Berufung zu tun hat.

Wenn wir bereits einen Beruf ausüben, der eine Berufung ist und in dem wir Erfolge feiern und uns wohlfühlen, dann stachelt dieser Saturn-Transit durch das 10. Haus weiter unseren Ehrgeiz an, etwas vielleicht noch Größeres im Leben zu erreichen. Wer angestellt ist, strebt unter Umständen eine höhere Position am Arbeitsplatz an, Selbstständige wollen in ihrem Bereich nun unbedingt an Ansehen gewinnen und ihr Unternehmen noch erfolgreicher gestalten.

Saturn sagt hier: „Alles ist erreichbar, wenn wir uns auf unsere Ziele fokussieren, wenn wir bereit sind, Mühen auf uns zu nehmen und wenn wir dranbleiben und uns von kleineren oder größeren Rückschlägen nicht aus der Bahn werfen lassen". Saturn ist das Ziel, der hohe Berg, den wir unbedingt erklimmen wollen. Es geht hier um Macht und Führung, um Gewinn und Bedeutung und letztlich auch um die Erfüllung der eigenen Bestimmung, um den berufenen Weg, den das Schicksal für einen vorgesehen hat.

Wenn wir einen Beruf ausüben, der nicht zu uns gehört, der eine Notlösung war, um seine Existenz zu sichern, dann wird dieser Saturn-Transit eine größere berufliche Krise in uns auslösen, das heißt, er wird unsere Unzufriedenheit, die die aktuelle Tätigkeit betrifft, krass anwachsen lassen. Viele Menschen erkennen unter diesem Transit, dass ihr Beruf, der in jüngeren Jahren möglicherweise eine gute Lösung war, nicht mehr zu ihrer persönlichen Entwicklung passt. Sie sehnen sich nach dem Beruf im Sinne der Berufung.

Doch nicht jeder Mensch ist bereit, Sicherheiten zu opfern und sich etwas Neues aufzubauen. Das ist vielleicht dann auch das größte Dilemma dieses Transits: Man ist unzufrieden mit der bisherigen Tätigkeit, will sie aber meist aus finanziellen Erwägungen heraus auch nicht aufgeben. Und wieder heißt es: „Dem Mutigen gehört die Welt". Die anderen müssen sich bescheiden und auch in Zukunft kleine Brötchen backen.

Saturn-Transit in Konjunktion, Quadrat oder Opposition zum Geburts-Uranus

Veränderungen sind überfällig

Klassisch werden die Konjunktion, das Quadrat und die Opposition des Saturn-Transits zu Uranus als eine aufreibende und stark spannungsgeladene Zeit gesehen, weil einem entweder das Leben nötige Veränderungen aufzwingt oder einen das alte Leben festhält und keine persönliche Wandlung zu mehr Freiheit und Eigenständigkeit zulässt. Transite, die zweifellos an die Substanz gehen, einen vor eine innere wie äußere Zerreißprobe stellen, aber letztlich doch noch den Weg in die Zukunft ebnen können.

Wenn der laufende Saturn Druck auf unseren Geburts-Uranus ausübt, will er sozusagen eine Ordnung (Saturn) ins Chaos (Uranus) bringen. Uranus wird ja nachgesagt, dass er der Planet ist, der rebelliert, der verändert, der aufhebt und sprengt und eben damit das Chaos stiftet, während Saturn der Planet ist, der bewahren, Struktur und Ordnung schaffen will.

Das Wort Chaos, das vom griechischen Wort „cháos“ stammt, bezeichnet einen Zustand der Unordnung und ist damit der Gegenbegriff zu Kosmos, dem griechischen Begriff für die höhere Weltordnung. Etymologisch wird Chaos wiederum von dem griechischen Verb „chaino“ abgeleitet, was so viel wie „klaffender Raum“, „gähnende Leere“ oder auch „Kluft“ bedeutet.

Und ja, wenn wir darüber nachdenken, wird schnell klar, dass uns jede größere Veränderung im Leben und jeder Neubeginn stets mit dem Ungewissen konfrontiert und die bisherige Ordnung auflöst, damit eine neue entstehen kann. Wir befinden uns vorübergehend im „Chaos“. Auf dem Weg vom Alten zum Neuen müssen wir eine Kluft, einen Graben überwinden, man könnte auch sagen ein größeres Wagnis eingehen, da wir ja nicht wissen, was uns das Neue bringt.

Wenn der Saturn-Transit etwa in einem Sextil oder Trigon zu unserem Geburts-Uranus steht, ist „alles in Butter“. Dann bietet uns das bisherige, das alte Leben Schutz und Halt, der uns ermöglicht, frei zu experimentieren und unbeschwert Neues anzugehen. Wenn sich Neues ergibt, ist es schön und bereichernd, aber meist nicht zwingend erforderlich.

Wirklich weiterbringen im Leben wird uns aber vor allem die Konjunktion, das Quadrat oder die Opposition, die Saturn zum Geburts-Uranus bildet. Denn Saturn will ja, dass wir solide, bodenständig und zielgerichtet sind und etwas von Dauer schaffen. Und im Spannungsaspekt deutet Saturn auf die Notwendigkeit hin, dass etwas, das in aller Regel schon längst überfällig ist, in unserem Leben geändert werden muss. Es kann keinen Aufschub mehr geben.

Saturn will uns sagen, dass wir endlich handeln müssen, so schwer es uns auch fällt, das Alte hinter uns zu lassen oder auch nur infrage zu stellen. Auf jeden Fall deuten diese Transite eine Krisensituation an, in der wir uns früher oder später bewegen müssen und in der „Aussitzen“ zu nichts führt. Wenn wir diese notwendigen Veränderungen nicht bewerkstelligen können, dann könnte der gequälte Uranus in Form von Nervenkrisen auf sich aufmerksam machen.

Wie bewältigen wir diese Krise? Wie überwinden wir diese starken inneren Hemmungen und Blockaden, Neues anzugehen, die sich durch diese Transite noch weiter verhärten? Zunächst einmal müssen wir die Voraussetzungen für den Wandel, das Neue schaffen. Und dazu sollten wir uns erst einmal sehr intensiv mit dem bisherigen Leben beschäftigen und uns fragen, in welche Sackgasse es uns geführt hat. Denn es fällt schwer, in die Zukunft aufzubrechen, wenn wir nicht klar erkennen, was wir ändern und neu machen wollen und müssen.

In der Realität heißt dies, dass wir nicht einfach so vor menschlichen Problemen und Verstrickungen oder auch beruflichen Schwierigkeiten flüchten können, um sie hinter uns zu lassen, was wir jetzt vermutlich am liebsten tun würden. Nein, wir kommen nicht umhin, unsere Probleme anzuschauen, uns mit ihnen zu konfrontieren, um sie zu verstehen. Erst dann entlässt uns Saturn in die Zukunft, die uns dann Uranus aufzeigt. Erst dann lässt sich die Brücke von der Vergangenheit in die Zukunft schlagen.

Oftmals gilt es unter diesen Transiten, Spannungen und verzwickte Lebenssituationen auszuhalten. Und gewiss können diese nicht so schnell gelöst werden. Es gibt kein Patentrezept für Krisen, die unter diesem Transit bei jedem Menschen anders aussehen können. Wir warten auf das Neue, befinden uns in einer unbefriedigenden Situation, ein bisschen eben im Chaos. Die Vergangenheit drückt, und die Zukunft ist noch nicht greifbar.

Ganz sicher ist es in diesem Prozess der notwendigen und doch sehr schwierigen Veränderungen nötig, sich mit der Vergangenheit und dem gegenwärtigen Leben zu versöhnen, es zu akzeptieren, auch wenn es uns nicht gefällt. Das aktuelle Leben ist lediglich der Ist-Zustand, zu dem wir uns bekennen sollten, damit wir ihn ändern können. Wir hätten uns vielleicht eine andere Entwicklung erhofft und schieben jetzt einen gewissen Frust bzw. können von der Vorstellung, wie wir uns das Leben gewünscht hätten, noch nicht loslassen. Doch das Leben ist kein Wunschkonzert, vielmehr ist unser Leben ein Spiegel unseres Inneren.

Akzeptanz ist die Voraussetzung, um etwas zu verändern. Saturn zeigt dann den Weg und die notwendigen Maßnahmen an, die ergriffen werden müssen, um sich zu befreien und weiterentwickeln zu können. Eigentlich kennen wir diesen Weg, von dem uns ein innerer Widerstand zunächst abhält, ganz genau.

Aber, wir können uns gegenüber dem Leben und seiner Dynamik, die immer wieder Neues bringt, nicht verschließen. Jeder von uns möchte möglichst frei leben. Um das zu schaffen, müssen wir bereit sein, loszulassen, von einer Vergangenheit, die nicht mehr zu uns gehört.

Das Ungewisse ist das Wagnis, das wir eingehen müssen. Ansonsten zwingt uns jetzt das Schicksal zu Kehrtwendungen, die sehr aufreibend und dramatisch verlaufen können.

Saturn-Transite (Konjunktion, Quadrat oder Opposition) **zum Geburts-Uranus in Bezug auf die Häuser**

Saturn tr. Uranus in Haus 1

Fühlt sich stark belastet und persönlich eingeschränkt, egozentrisches Verhalten stößt auf Widerstand und Ablehnung, wird durch äußere Umstände gezwungen, an sich zu arbeiten. Gefahr von Unfällen und Trennungen.

Saturn tr. Uranus in Haus 2

Plötzliche Geldverluste, Einstellung von erwarteten Zahlungen, notwendige, aber auch schwierige Suche nach neuen Geldquellen, muss dem Trend unnötiger Ausgaben und Verschwendung durch Sparen entgegenwirken.

Saturn tr. Uranus in Haus 3

Notwendigkeit, den Alltag neu zu strukturieren, da es sonst zu Nervenkrisen und Burnout kommt, erhöhte Gefahr von Unfällen.

Saturn tr. Uranus in Haus 4
Will umziehen, findet aber nichts Passendes, wird gezwungen, das Elternhaus zu verlassen oder eine Immobilie zu verkaufen, familiäre Aufregungen, Probleme und Veränderungen.

Saturn tr. Uranus in Haus 5
Gedämpfte Lebensfreude, Veränderungen und Umstellungen belasten das Liebesleben, enttäuschte Liebe, die euphorisch begann, herbe Verluste durch Spekulationen.

Saturn tr. Uranus in Haus 6
Verlust oder ungünstige Veränderungen am Arbeitsplatz, Trennung von Angestellten, Nervenkrise, Burnout durch ungesunden Stress und Überarbeitung, wird aus gesundheitlichen Gründen gezwungen, seine Lebensweise umzustellen.

Saturn tr. Uranus in Haus 7
Heftige Beziehungskrise und Risiko einer Trennung, fühlt sich vom Partner eingeschränkt, Beziehung muss sich ändern, um zu überleben, Ende einer geschäftlichen Teilhaberschaft, Prozessverlust, öffentlicher Ärger.

Saturn tr. Uranus in Haus 8
Verluste durch Geldanlagen, Ärger mit Erbschaft, Gefahr von lebensgefährlichen Unfällen, anstrengende und erzwungene Lebensumbrüche und Veränderungen.

Saturn tr. Uranus in Haus 9
Zwischenfälle auf größeren Reisen, Streit mit angeheirateten Verwandten, Abbruch eines Studiums, eigenwillige und rebellische Weltanschauung führt ins Abseits und zwingt zum Umdenken.

Saturn tr. Uranus in Haus 10
Suche nach neuen Lebenszielen und einer Tätigkeit, die persönliche Zukunft und Perspektive hat, verliert das Interesse an einem größeren Vorhaben.

Saturn tr. Uranus in Haus 11
Zerplatzte Hoffnungen, Loslösung von Freunden, die einen ungünstigen Einfluss auf das eigene Leben haben, muss sich verbind-

licher zeigen, um echte und dauerhafte Freundschaften führen zu können.

Saturn tr. Uranus in Haus 12
Psychische Probleme, düstere Visionen, Nervenkrisen, ungünstige Reisen, Gefahr von Krankenhaus- und Gefängnisaufenthalt, bedrückende Heimlichkeiten, braucht eine Psychotherapie.

Saturn im Transit durch Haus 11
(irdischer Spiegel des Wassermanns, Zeichenherrscher Uranus)

Freundschaften aussieben und pflegen

Gemeinschaften, Gruppen, Freundschaften und soziales Verhalten werden unter diesem Transit zu einem sehr wichtigen und bedeutenden Thema. Wir fragen uns zunächst, welche echten Freunde wir eigentlich haben und was sie uns bedeuten. Eine Frage, die viele unter uns ernüchtern mag, denn wir werden erkennen, dass es vielleicht viele gute Bekannte in unserem Leben, aber eben nur wenig echte Freunde gibt.

Einige Freundschaften sind unter Umständen schon lange nicht mehr lebendig und werden mehr oder weniger mitgezogen. Wir haben uns bisher nur aus Gewohnheit nicht von diesen Freunden getrennt, obwohl man sich schon lange nichts mehr zu sagen hat und sie einem nicht mehr guttun, einen vielleicht sogar belasten und einengen.

So gesehen kündigt Saturn jetzt eine Zeit des Aussiebens und Abschiednehmens von falschen, nicht mehr zeitgemäßen Freundschaften an, mit denen wir irgendwann einmal ein gemeinsames Interesse teilten, das nicht mehr existiert. Eine Befreiung, die guttut und die letztlich den Boden für neue Freundschaften bereitet, die dann schon bald kommen werden.

Saturn wäre aber nicht Saturn, wenn er nicht auch in diesem Bereich mahnend den Finger heben würde. Er fragt uns, welche Probleme wir mit Freundschaften haben und welchen Anteil wir selbst daran haben. Er lässt uns auf alte Freundschaften, Cliquen und sonstige Gemeinschaften zurückblicken, die einmal eine größere Bedeutung in unserem Leben hatten, damit wir erkennen können, was damals vielleicht schiefgelaufen ist oder was wir besser bzw. nur anders hätten machen können.

Saturn will wie immer, dass wir uns selbst reflektieren und nicht die Schuld bei anderen suchen. Saturn prüft in dieser Zeit unsere soziale Kompetenz und unser Verhalten. Wenn hier etwas nicht stimmt, werden wir dazu aufgefordert, unbedingt daran zu arbeiten, da wir ansonsten künftig irgendwann einmal ohne Freunde dastehen werden.

Manche werden jetzt auch sagen, dass sie von Freundschaften häufig enttäuscht wurden, weshalb sie eben vorsichtig geworden sind mit Freunden und nicht unbedingt welche brauchen. Diese Menschen weichen dem Thema Freundschaft aus, bleiben frustriert in ihrem Schwarz-Weiß-Denken verhaftet.

Sie wünschen sich vielleicht Freunde, die nur gut und achtsam sind und von denen sie nie enttäuscht werden. Doch solche Freunde gibt es leider nicht. Menschen sind nicht nur gut oder nur böse, sondern haben oft sehr viele unterschiedliche Gesichter. Den einen Freund können wir vielleicht etwas näher an uns heranlassen, vom anderen müssen wir uns noch etwas besser abgrenzen. Aber, wir sollten niemanden verurteilen, nur weil er vielleicht eine Grenze überschritten hat, die wir nicht klar genug gesteckt haben. All das gehört zur Lernaufgabe dieses Saturn-Transits, der uns, was das Thema Freundschaften, das Einfügen in Gruppen und Gemeinschaft sowie nötige Abgrenzungen betrifft, unheimlich reifen und wachsen lässt.

Saturn fordert uns im Transit durch das 11. Haus dazu auf, wieder mehr Verbindlichkeit in Freundschaften zu entwickeln und sie noch bewusster zu pflegen. Unser menschliches Verhalten und unser Idealismus sind zweifellos in dieser Zeit auf dem Prüfstand. Und auch unsere Wünsche und Hoffnungen, die ebenfalls dem 11. Haus zugeordnet sind, brauchen jetzt saturnische Reife, müssen beim einen oder anderen ernüchtert werden, damit die Sicht für klare Wünsche und Ziele frei werden kann, die auch wirklich etwas mit einem selbst und dem eigenen Leben zu tun haben.

Saturn-Transit in Konjunktion, Quadrat oder Opposition zum Geburts-Neptun
Halten die Ideale der Realität stand?

Saturn-Transit in Konjunktion, Quadrat oder Opposition zum Geburts-Neptun deutet abermals eine große Prüfung an. Der Karmaplanet will jetzt wissen, wie stark und wie belastbar unsere Ideale und unser Glaube sind. In der Zeit dieser Transite sind wir zeitweise zutiefst verunsichert und beginnen zu zweifeln, vor allem an uns selbst. Genau das kann uns aber weiterbringen.

Diese Transite können uns seelisch und psychisch enorm unter Druck setzen und an den Rand des Erträglichen führen. Denn während dieser Transite, bei denen die Konjunktion des Saturn zum Geburts-Neptun am stärksten wirksam sein dürfte, können uns aufreibende Lebensumstände, Selbstzweifel und Wünsche, die nicht mit der Realität vereinbar sind, in einen tiefen Sog der Verunsicherung hineinziehen. Die Wirklichkeit ist von Fantasie und Wunschdenken oft nicht mehr zu unterscheiden, was am Ende zu herben Desillusionierungsprozessen führen kann. Psychosen, Intrigen und Opfersein aufgrund von Gutgläubigkeit sind häufig die schwierigen Begleiterscheinungen.

Rein materiell sind nicht unbedingt Einbußen zu erwarten. Riskant sind diese Transite vielmehr fürs Beziehungsleben, da sie mit Täuschungen und Hintergehungen einhergehen können. Saturn ist der Planet, der für die gnadenlose und unerschütterliche Realität steht, während Neptun unsere Ideale und heimlichen Wünsche und Sehnsüchte symbolisiert. Beide passen irgendwie nicht ganz zueinander. Man könnte sie gar als natürliche Gegenspieler bezeichnen, weshalb ihr Konflikt uns in unserem Leben so mürbe machen kann. Hier der knallharte, gnadenlose Realist, dort der große Träumer und Idealist.

Viele Dinge und Entwicklungen, auf die wir im Leben gehofft haben, sind enttäuscht und ernüchtert worden, so dass wir Gefahr laufen, das Ideal und die Liebe aus den Augen zu verlieren. Saturn im Transit zu Neptun kann letztlich dermaßen stark desillusionieren, dass wir frustrieren und den Glauben an das Höhere, das uns möglicherweise mit großen Zielen im Leben verbunden hat, verlieren.

Saturn in seiner Rolle als weiser Lehrer des Lebens will uns mit dieser großen Prüfung sagen, dass kein Ideal und keine Liebe von Bestand und Wirklichkeit sind, bevor sie sich nicht in den Stürmen des Lebens bewiesen haben. Es ist einfach, in guten Zeiten seine schönsten menschlichen Seiten zu offenbaren und zu leben. Werden wir aber enttäuscht oder befinden wir uns in irgendeiner Notlage, dann ist es die Frage, ob wir immer noch fair und positiv auf andere zugehen und an das Gute in uns und in anderen glauben können. Nur das überprüfte Ideal ist ein echtes Ideal, ein Ideal, das wir dann auch im Leben verwirklichen können.

Wichtig ist, dass wir uns in den Zeiten dieser schwierigen Transite an die erkennbaren Realitäten halten und uns nicht weiter in Illusionen flüchten. Aber, wir sollten uns auch davor hüten, diese Transite überzubewerten. Denn einiges kann jetzt auch sehr viel düsterer erscheinen, als es in Wirklichkeit ist. Zu den größten Gefahren gehört, dass wir den Überblick über unser Leben verlieren und uns schlichtweg in falsche Vorstellungen hineinsteigern, die uns wiederum auf den falschen Weg führen.

Diese Transite sind nicht geeignet, um große Entscheidungen, die das Leben stark beeinflussen, zu fällen. Zweifellos ist dies wieder ein sehr karmischer Aspekt, bei dem Saturn eben unseren Geist und in der Folge auch unseren Verstand prüft. Wer es nicht schafft, in dieser Zeit der Verwirrung immer wieder Klarheit in sich zu finden, muss sich möglicherweise in psychologische oder therapeutische Hilfe begeben.

Besonderes Augenmerk sollte in dieser Zeit auch der Gesundheit gelten, da diese Transite mit verborgenen, schleichenden Krankheiten einhergehen können, die wir nicht sofort erkennen. Es wäre deshalb anzuraten, bei eintretenden Schwächen und Beschwerden möglichst schnell einen Arzt aufzusuchen. Auf der anderen Seite sollte bedacht werden, dass diese Saturn-Neptun-Spannungen auch zu Fehldiagnosen führen können, weshalb im Krankheitsfall besser zwei oder drei ärztliche Meinungen eingeholt werden sollten. Bei einem angegriffenen Neptun empfiehlt es sich, sanfte alternative Medizin zu bevorzugen, da Neptun ja ein feinstofflicher Planet und eng mit unserer Psyche verbunden ist.

Wir sehen, diese Transite können wirklich sehr schwer sein. Was aber ist die positive Botschaft, die sie für uns haben? Schließlich wollen wir gestärkt und nicht geschwächt aus ihnen hervorgehen. Um in die richtige Spur zu kommen und uns von der quälenden Seite dieser Transite zu befreien, müssen wir uns bemühen, uns vor irrealen Sorgen und Ängsten zu befreien. Vertrauen finden in sich und seiner geistigen Führung, ist das Gebot der Stunde. Wir müssen uns aber auch zu unseren Unsicherheiten und Zweifeln bekennen. Sie gehören zu uns und unserem Leben und sind wichtig für unsere persönliche Entwicklung. Auch sollten wir jetzt bereit sein, mit der einen oder anderen Orientierungslosigkeit zu leben. Es gibt eben Zeiten, in denen wir nicht alles klarsehen und andere, in denen wir in manchen Ereignissen und Entwicklungen nicht immer einen Sinn erkennen können.

Saturn prüft unseren Glauben, unser Vertrauen und unsere innere Festigkeit. Er erschüttert all dies, um uns noch stärker gegen die Stürme und die Dunkelheit des Lebens zu wappnen. Er lehrt uns, blind durch einen dunklen Wald zu gehen und dennoch anzukommen, weil wir unserem inneren Licht folgen. Nur das kann uns führen und ans Ziel bringen. Wir dürfen jetzt nur noch uns selbst vertrauen.

Saturn-Transite (Konjunktion, Quadrat oder Opposition) **zum Geburts-Neptun in Bezug auf die Häuser**

Saturn tr. Neptun in Haus 1
Starke Verunsicherung und plötzliche Antriebslosigkeit, ist enttäuscht und desillusioniert, muss endlich lernen, sich abzugrenzen.

Saturn tr. Neptun in Haus 2
Schlecht laufende Geschäfte, betrogen werden, enorme Selbstzweifel, wird vom Schicksal gezwungen, muss an seinem schwachen Selbstwert und Verhältnis zu Geld arbeiten.

Saturn tr. Neptun in Haus 3
Zermürbender, chaotischer Alltag muss neu geordnet und strukturiert werden, will man zu etwas kommen, düstere und irreale Gedanken und Fantasien, Unfallgefahr durch Unachtsamkeit, Gefahr von Lüge und Verrat.

Saturn tr. Neptun in Haus 4
Erkennen von dunklen Familiengeheimnissen, bedrückende Wurzel- und Heimatlosigkeit, die zutiefst verunsichert, hat das Gefühl, keinen inneren Halt finden zu können.

Saturn tr. Neptun in Haus 5
Ernüchterung und Enttäuschung einer Liebesbeziehung, kann sich an nichts mehr erfreuen, Lustlosigkeit, wenig Lebensfreude, Enttäuschung durch die eigenen Kinder.

Saturn tr. Neptun in Haus 6
Gefahr chronischer Erkrankungen, allgemeine körperliche Schwäche und Arbeitsunlust, Verlust des Arbeitsplatzes durch Intrigen oder Auflösung.

Saturn tr. Neptun in Haus 7
Treuelosigkeit führt zum Scheitern der Ehe, wird in der Liebe heftig desillusioniert, Hunger nach Nähe und Verschmelzung bleibt unerfüllt, der Partner erweist sich als ein völlig anderer Mensch als gedacht.

Saturn tr. Neptun in Haus 8
Erbschaftsverlust, schleichende Schulden, große Existenz- und Todesängste, Einbildungen, die krankhafte Formen annehmen können, absoluter geistiger Tiefpunkt und zutiefste Verunsicherung.

Saturn tr. Neptun in Haus 9
Unklare Weltsicht, religiöse Verirrungen, wird in weltanschaulicher Hinsicht desillusioniert, verliert den Glauben, heimtückische Gefahren auf Reisen, insbesondere am Meer.

Saturn tr. Neptun in Haus 10
Berufliche Ziele, die sich nicht erfüllen lassen, kann keine Ziele mehr erkennen, findet einfach keinen Beruf, der ihn erfüllt, totale

Orientierungslosigkeit, öffentlicher Ansehensverlust durch dunkle Geheimnisse, die ans Tageslicht kommen.

Saturn tr. Neptun in Haus 11
Enttäusche Freundschaft, zerplatzte Hoffnungen, Auflösung einer Gemeinschaft, wird von anderen ausgenutzt, was wiederum zu großen Selbstzweifeln führt.

Saturn tr. Neptun in Haus 12
Gefahr von Psychosen, verwirrte Zustände, muss unbedingt Ordnung in seiner Psyche schaffen, Krankenhausaufenthalt.

Saturn im Transit durch Haus 12
(irdischer Spiegel der Fische, Zeichenherrscher Neptun)
Wir bereiten uns jetzt auf ein neues Leben vor

Saturn ist der Planet, der überall, wo er auftaucht, eine Art Neuordnung schaffen will. In seinem Lauf durch die Häuser 1 bis 11 hat er uns sozusagen neu justiert, indem er jeden Lebensbereich überprüft, korrigiert und neu verfestigt hat. Jetzt durchwandert Saturn das 12. Haus, das letzte Haus des Tagbereiches unseres Horoskops, bevor er in unser 1. Haus und die untere Hälfte, die Nachtseite unseres Horoskops, vordringt. Das 12. Haus ist rein geistiger Natur, das viel mit psychischen Vorgängen, Spiritualität und persönlichen Geheimnissen zu tun hat. Es ist der Ort unseres Rückzugs, in dem wir jetzt Saturn, dem Karmaplaneten und Lehrer unseres Lebens begegnen.

Das äußere Leben und seine Entwicklungen spielen im 12. Haus keine große Rolle, weshalb Saturn hier auch nicht herkommt, um neue Struktur in unserem Leben zu schaffen. Nein, er will in dieser Zeit vielmehr Ordnung in unseren inneren Bereich, im Bereich der Psyche, bringen. Er will hier aufräumen und fragt uns, welche Nöte, Sorgen, Ängste und Geheimnisse wir haben, woher sie kommen und welche Auswirkungen sie auf unser Leben besitzen.

Um wieder durchstarten und ein neues Leben beginnen zu können, was passieren soll, wenn Saturn in das folgende 1. Haus eintritt und das Rad des Lebens neu anstößt, muss im Kopf und in der Seele erst einmal aufgeräumt werden. So gesehen wäre das eine hervorragende Zeit für Therapien, eine systemische oder noch besser Astrologische Aufstellung, bei der wir in erster Linie mit persönlichen Seelenanteilen konfrontiert werden.

Wir sollten jetzt vor allem unsere Ängste nicht weiter verdrängen, sondern uns im Gegenteil mit ihnen konfrontieren. Ansonsten kann es passieren, dass innerer Druck und Unsicherheiten zu groß werden, so dass wir unter Umständen psychisch krank werden.

Es geht nun auch darum, sein Leben so einzurichten, dass die Chance besteht, inneren Frieden zu finden. Wir brauchen konkret Ruhe und immer wieder eine gewisse Abgeschiedenheit, um in uns gehen zu können.

Zu lange haben wir möglicherweise unser eigenes inneres Leben vernachlässigt, sonst würde jetzt nicht Saturn auftauchen. Wir sollten von äußeren Lebensgewohnheiten Abstand nehmen und diejenigen loslassen, die uns überfordern und die in unserem Leben irgendwie überflüssig geworden sind.

Wir sollten nicht zuletzt dorthin schauen, wo es unangenehm ist für uns, auf unsere Ängste und Schwachstellen, durch die wir uns durch eigenartige und schwer verständliche Handlungen und Verhaltensweisen sogar selbst sabotieren, mit denen wir anecken, unsere eigenen Ziele blockieren und uns letztlich selbst verraten. Welche Ängste und Selbstzweifel mögen sich hier verbergen?

Das alte Leben beginnt sich allmählich zurückzuziehen. Saturn zeigt uns im Transit durch das 12. Haus, wo wir wirklich stehen und wo wir an uns arbeiten müssen. Es ist eine Zeit des Abschieds. Wir begegnen in dieser Phase Saturn in seiner Rolle als Hüter der Schwelle, der uns erst ins Jenseits bzw. in die geistige Welt entlässt, wenn wir die Reife dazu besitzen.

Alles, was wir nicht korrigieren konnten mithilfe der Saturn-Transite durch unser Horoskop und die Häuser 1 bis 11, wird nun im 12. Haus in Form von Ängsten, Neurosen, Depressionen gesammelt und uns präsentiert. Wenn wir das alles bewältigen, können wir von vorne beginnen und eine Lebensordnung schaffen.

Saturn-Transit in Konjunktion, Quadrat oder Opposition zum Geburts-Pluto

Wenn der Umbruch nicht mehr aufzuhalten ist

Die Konjunktion, das Quadrat oder die Opposition von Saturn zu unserem Geburts-Pluto sind Transite, die durchaus mit einigen größeren Aufregungen einhergehen. Wir werden jetzt sozusagen gezwungen, Veränderungen herbeizuführen, die meistens schon längst überfällig sind. Keine leichte, aber eine bestimmt fruchtbare Zeit.

Überall dort, wo Saturn als Transit in unserem Horoskop auftaucht, müssen wir Farbe bekennen. Er will, dass wir etwas aufbauen bzw. verbessern, dass wir „Nägel mit Köpfen" machen, je nachdem, welcher Planet und welches Haus im Geburtshoroskop angesprochen sind.

Steht Saturn nun in Konjunktion, Quadrat oder Opposition zu unserem Geburts-Pluto, kann Saturn zunächst keine neuen Strukturen bauen, da er ja auf Pluto, den „Zerstörer", den großen Transformator trifft. Saturn spielt in diesem Falle wieder die Rolle des strengen Schicksalsherrn, der ungute, disharmonische, schwierige Lebensumstände und -situationen anzeigt, die unbedingt geändert bzw. transformiert werden müssen. Können wir die Notwendigkeit dieses Wandels nicht selbst erkennen, wird oft das Schicksal aktiv und zwingt uns zu größeren Umstellungen.

Grundsätzlich geht es bei diesen Transiten um Abschied (Saturn) und Erneuerung (Pluto). Manchmal zwingen uns Saturn und Pluto, von Einfluss und Macht loszulassen, bisweilen auch von Geld und Besitz in Form von Verlusten. Auf jeden Fall müssen wir alte, festgefahrene Strukturen in unserem Leben überwinden, damit wir am Ende neue entwickeln und bauen können.

Durchaus darf man im Zusammenhang mit diesen Transiten von Krisen sprechen, da wir jetzt zwar oft erkennen, was wir ändern sollten, wozu es uns auch drängt. Wir erkennen jedoch meistens nicht, wie wir etwas ändern können bzw. sind nicht bereit dazu, da uns die Schwierigkeiten, die diese Veränderungen begleiten könnten, zu groß erscheinen. Manch einer befindet sich deshalb in einer Sackgasse, aus der es scheinbar kein Entrinnen gibt.

Das sind mit Sicherheit die schwierigsten Momente und Herausforderungen in dieser Zeit. Man sucht vielleicht angestrengt nach Lösungen, findet sie aber nicht, zumindest vorerst. Denn jetzt geht es letztlich um eine tiefere Wahrheit, die unser Leben betrifft und die wir erkennen müssen. Nur diese kann aus der Zwickmühle von Saturn und Pluto heraushelfen.

Eines aber ist auch klar: Unter diesen Transiten lässt sich nichts, rein gar nichts erzwingen. Alles, was wir zu sehr wollen und gegen jede Einsicht anstreben, muss scheitern. Das heißt, wir brauchen viel Geduld unter diesen Transiten, müssen uns auch Fehlern stellen, die wir einst begingen und die sich nun nicht auf die Schnelle wiedergutmachen lassen. Unser Handeln, nein noch mehr unsere Macht, ist blockiert, zumindest stark begrenzt, so dass wir zeitweise vielleicht sogar ein Gefühl der Ohnmacht bekommen.

Was ist der Sinn dieser Transite? Ganz sicher müssen und werden Verkrustungen aufgebrochen, die sich im Laufe der Zeit um unsere Seele gebildet haben. Es gilt, unsere tiefsten Empfindungen offenzulegen und zu erkennen. Die Frage ist, was wir wirklich wollen in unserem Leben und wohin wir streben. Der Verstand sagt: „Halte an allem Alten fest, bleibe auf diesem Weg“. Das Gefühl sagt: „Wandle dich, lass Veraltetes und Belastendes hinter dir“. Wem Letzteres gelingt, wird im Sinne Plutos, dem Planeten des Stirb-und-Werde, neu geboren. Die Liebe, die Gesundheit, die Finanzen – einfach alles wird am Ende besser werden, wenn wir aus diesem Labyrinth herausfinden und fortan den Weg gehen, der für uns bestimmt und vorgesehen ist.

Sicher fühlen sich diese Transite nicht immer angenehm an, etwas anderes zu behaupten wäre eine Lüge. Manchmal sind sie sogar mehr als hart, führen uns an unsere persönlichen Grenzen und darüber hinaus.

Und ganz sicher manövrieren sie uns auch in Lebenssituationen hinein, in denen wir persönliches Karma aufarbeiten, denn Saturn und Pluto sind maßgeblich mit alter Schuld und alten Versäumnissen sowie mit verdrängten und vergessenen Inhalten verknüpft, die zum Leben erweckt werden wollen. Gelingt dies nicht, werden diese Transite unangenehm, ja zwanghaft. Oft erkennen wir uns in diesem Lebenskampf selbst nicht wieder.

Was wir unbedingt vermeiden müssen, ist jede Art von Verdrängung. Gefährlich sind auch Schiefstände in unserem Leben, die wir einfach nicht erkennen und wahrhaben wollen. Wachsamkeit ist jetzt oberstes Gebot. Wir müssen alles, aber auch alles in unserem Leben genau anschauen und sollten die Furcht vor der Wahrheit, die vielleicht im ersten Moment wehtut, entschieden abwerfen. Letztlich liegt in dieser Wahrheit, die wir erkennen müssen, die Lösung all unserer Probleme. Erst sie ebnet den Weg in die Zukunft.

Saturn und Pluto bedeuten Wandlung und Transformation. Sterben, um neu geboren zu werden, ist das große Thema. Ein Aufbruch kann entstehen, der so gewaltig ist, dass sich nicht nur unser Leben ändert, sondern auch wir selbst, im tiefsten Kern unseres Wesens. Alles ist richtig, alles wird gut.

Saturn-Transite (Konjunktion, Quadrat oder Opposition) **zum Geburts-Pluto in Bezug auf die Häuser**

Saturn tr. Pluto in Haus 1

Verzweifelter Kampf gegen persönliche Einschränkungen und Widerstände, Hilflosigkeit und Ohnmachtsgefühle, dunkle persönliche Anlagen kommen zum Vorschein, Machtmissbauch, muss seine persönliche Einstellung ändern.

Saturn tr. Pluto in Haus 2

Gefahr von großen Vermögens- und Geldverlusten, schadet sich selbst durch Geldgier, wird in kriminelle Geschäfte verwickelt, muss von größeren Vorhaben Abstand nehmen, kann sich selbst nicht im Spiegel anschauen.

Saturn tr. Pluto in Haus 3

Zermürbender Alltag, große Verletzungs- und Unfallgefahren, muss unbedingt seine Selbstdarstellung überdenken, will er nicht überall anecken, muss Zwangsgedanken und fixe Ideen loslassen.

Saturn tr. Pluto in Haus 4
Auftauchen verdrängter Familiengeheimnisse, ist in familiären Verstrickungen gefangen, seelische Erschütterungen in der Kindheit bedürfen einer Aufarbeitung, muss notgedrungen umziehen.

Saturn tr. Pluto in Haus 5
Ende einer leidenschaftlichen Liebe, sexuelle Lustlosigkeit, Schaden durch gefährliche Leidenschaften, Trieb gerät außer Kontrolle, das Verhältnis zu seinen Kindern muss überdacht werden.

Saturn tr. Pluto in Haus 6
Gefahr von Stellungsverlust durch höhere Gewalt, gesundheitliche Krisen führen zu einem tiefen persönlichen Wandel, wird gezwungen, seine Lebensgewohnheiten zu überdenken und zu ändern.

Saturn tr. Pluto in Haus 7
Muss von einer großen Liebe loslassen. Alles, was in einer Beziehung an Konflikten verdrängt und beiseitegeschoben wurde, kommt jetzt zur Sprache und bedarf einer grundlegenden Klärung.

Saturn tr. Pluto in Haus 8
Schaden durch Machtmissbrauch und Tabuverletzungen, dunkle Triebe versuchen, die Oberhand zu gewinnen, Gefahr, Opfer von Gewalt zu werden, notwendige Wandlungsprozesse, die Loslassen von Altem erfordern, Gefahr eines Erbschafts- oder Vermögensverlusts.

Saturn tr. Pluto in Haus 9
Große Gefahren auf Reisen, Abbruch eines Studiums oder Fortbildung, die nicht den persönlichen Erwartungen entspricht, Schaden durch Schwarze Magie, düstere Weltanschauung, die einer tieferen Wandlung bedarf.

Saturn tr. Pluto in Haus 10
Schaden durch Machtmissbrauch, muss Einbußen seines großen beruflichen Einflusses in Kauf nehmen, kriminelle berufliche Handlungen führen zum Sturz, kann seine berufliche Macht und seinen Einfluss nicht ausspielen, ändert unter Druck seine Berufs- und Lebensziele.

Saturn tr. Pluto in Haus 11
Gefahren durch falsche und kriminelle Freunde, karmische Verwicklungen, innere Abhängigkeit von Freunden, asoziales Verhalten führt zur Sprengung von Gruppen und Gemeinschaften.

Saturn tr. Pluto in Haus 12
Große Ängste und Unsicherheiten, mächtige verborgene Feinde, persönlicher Wandel durch Krankheit und Krankenhausaufenthalt, Gefahr von Zwangsneurosen und Psychosen.

Saturn im Transit durch Haus 8
(irdischer Spiegel des Skorpions, Zeichenherrscher Pluto)

Angst vor Tod, Krankheit, Verlust und ihre Überwindung

Auch der Transit Saturns durch das 8. Haus, den Spiegel des Skorpions, hat zunächst sehr viel mit persönlicher Wandlung und tiefgreifenden Veränderungen zu tun. Im 7. Haus überprüfte Saturn unsere Beziehung zu anderen Menschen, insbesondere auch zu unserem Partner. Im 8. Haus fordert uns Saturn nun dazu auf, unsere Lehren daraus zu ziehen.
Wir wandeln uns, indem wir von Verhaltensweisen, die vielleicht sogar schon zwanghaft geworden sind, Abstand nehmen. Wir beginnen, uns nun im idealen Falle besser zu reflektieren, indem wir aus den Niederlagen und der Kritik, die von außen an uns herangetragen wird, lernen und reagieren. Wir erkennen, dass wir vielleicht viele Vorgänge in unserem Leben und Menschen in unserer Umgebung versucht haben, auf unsere Art festzuhalten, zu kontrollieren, was jetzt nicht mehr lange gutgehen würde.

Loslassen ist das große Thema dieses Saturn-Transits, was sich natürlich auch auf Ängste bezieht, die nun in komprimierter Form auftauchen. Die Ängste drehen sich vor allem um Tod, Krankheit und Existenzverlust. Alles, was nicht sein darf, wie eben der Tod und der Verlust, drängt ins Bewusstsein. Auch die Sexualität kann ein Thema werden, da das 8. Haus eben auch mit „la petite mort“, dem kleinen Tod, dem tiefen Empfinden in der Sexualität und dem Loslassen im Augenblick des Orgasmus zu tun hat.

Saturn fordert uns auf, uns mit unseren Ängsten und überhaupt allen Tabuthemen intensiv auseinanderzusetzen. Es geht jetzt darum, den Geheimnissen des Lebens auf die Spur zu kommen, hinter die Kulissen des äußerlichen Lebens zu blicken.

Erst wenn die Angst vor dem Tod und vor Krankheiten der Akzeptanz weichen, dass das Leben zum Tod wie auch der Gewinn zum Verlust gehören, sind wir frei und können uns dem Leben gegenüber öffnen. Wie viele Menschen leben in einer tragischen Erstarrung, weil sie den Gedanken an den Tod und an schwere Erkrankungen nicht ertragen können? Vertrauen finden, loslassen von Ängsten und zwanghaften Kontrollen, ist der Weg, an dessen Ende die Wandlung steht.

Auf der realen Ebene ergibt sich nun die Notwendigkeit, seine Geldangelegenheiten zu ordnen und zu klären, sprich, für seine Rente zu sorgen, Geld anzulegen, nötige Versicherungen abzuschließen, Umschuldungen zu machen etc. Es geht um gemeinsames Vermögen in der Partnerschaft, privat wie geschäftlich, und allgemein um die persönliche finanzielle Absicherung des Lebens. Kritisch wäre es, in dieser Zeit größere Schulden zu machen. Denn dieser Saturn-Transit zeigt an, dass man sie sehr lange nicht mehr losbekommen würde.

Auf der profanen Ebene kann es nun auch zu Todesfällen in der näheren Umgebung kommen, die unter Umständen zu Erbschaften führen.

Dieser Saturn-Transit kann uns große Probleme vor allem auf psychischer Ebene bereiten, letztlich hat er aber ein geradezu riesiges Potential, das uns große Sprünge in der persönlichen Entwicklung machen lässt, sofern es uns gelingt, Vertrauen in das Leben zu finden.

Saturn-Transite zu den Achsen

Die Saturn-Transite zu den Achsen müssen wir besonders beachten, da mit dem Ich (AC), dem Du (DC), dem Zuhause (IC) und den Lebenszielen (MC) die bedeutenden Eckpfeiler unseres Lebens angesprochen sind.

Saturn-Transit in Konjunktion, Quadrat oder Opposition zum Aszendent

Wenn Altlasten einen selbst und die Beziehung infrage stellen

Saturn Transit in Konjunktion, Quadrat oder Opposition zum Aszendenten des Geburtshoroskops haben unterschiedliche Gewichtungen. Vor allem die Konjunktion deutet immer einen neuen Lebensabschnitt an. Allen drei Transiten gemeinsam ist oft eine Krise in Beziehungen. Wir fragen uns jetzt: „Was haben wir falsch gemacht, was können wir künftig besser machen, welche Menschen gehören zu uns und von welchen sollen wir uns besser trennen?“

Diese Transite gehören sicherlich zu den wichtigsten im ganzen Leben und stellen uns selbst sowie unsere zwischenmenschlichen Beziehungen auf eine harte Probe. Aber, es sind auch gute Transite, da sie reinigen und klären und auf diese Weise einen Neuanfang ermöglichen.

Speziell der Saturn-Transit über den Aszendenten deutet immer auf einen völlig neuen Lebensabschnitt hin. In den Jahren zuvor durchquerte Saturn das 12. Haus, in denen er keine neuen und festen Lebensstrukturen bauen konnte. Im Gegenteil lösen sich viele Gewohnheiten und feste Lebensumstände meist auf, wenn Saturn durch das 12. Haus geht, das von Natur aus mit Entgrenzung und Auflösung zu tun hat. Es gehört zum Karma des betroffenen Menschen, dass in dieser Phase sein Leben allmählich umbricht, weil manche Dinge eben nicht mehr so wichtig sind wie früher oder vollständig aus dem Leben verschwinden.

Karmaplanet Saturn will uns überall, wo er auftaucht, an unsere eigentlichen Aufgaben erinnern. Überquert er den Aszendent, ist dies ein besonders bedeutender Saturn-Übergang und Augenblick, da der Aszendent unsere Persönlichkeit, unser Ich, darstellt. Saturn fordert uns jetzt auf, wieder mehr Verantwortung für sich und sein Leben zu übernehmen, „Nägel mit Köpfen" zu machen, sein Leben wieder in festere und konkretere Bahnen zu lenken.

Die Zeit der Auflösung und des Abwartens hat nun ein Ende. Trotzdem fühlt man sich jetzt auch irgendwie gehemmt und bedrückt, ja manchmal auch sehr einsam, was alle schwierigen Saturn-Transite zum Aszendenten gemeinsam haben. Man neigt dazu, Mauern um sich herum aufzubauen und sich von bisher nahen Menschen zu entfernen. Auf jeden Fall fühlt man in dieser Zeit die Notwendigkeit, sich abzugrenzen, um sich wieder mehr auf sich selbst und seine eigenen Bedürfnisse und Ziele konzentrieren zu können. In Bezug auf andere Menschen und Beziehungen erkennt man nun, wer für einen wichtig ist und wer einen nur einengt und belastet.

Es wird einem gerade nichts geschenkt, in persönlicher wie beruflicher Hinsicht. Und zu allem Überfluss kann dieser Transit auch noch die Gesundheit beeinträchtigen. Die gute Botschaft ist: Es geht hier um den Beginn einer neuen Schaffensperiode, man sortiert, grenzt sich ab, findet sich neu, um wieder angreifen und sein Leben formen zu können. Das ist der tiefere Sinn dieses Transits.

Steht der Saturn-Transit im Quadrat zum Aszendenten, dann taucht er entweder am Zenit, dem höchsten Himmelspunkt unseres Horoskops, auf, oder er befindet sich auf der unteren Horoskopseite am Nadir, dem tiefsten Himmelspunkt des Horoskops. Zenit und Nadir werden fälschlicherweise oft verwechselt mit dem MC und dem IC, die nur den höchsten und tiefsten Himmelspunkt der Sonnenbahn darstellen.

Kommt Saturn am Zenit bzw. Nadir zum Stehen, steht er exakt im Quadrat zum Aszendenten, dem Ich, und dem Deszendenten, dem Du. Das heißt, dass es bei diesem Transit zu Problemen in Liebe und Ehe sowie in beruflichen Partnerschaften kommen kann. Alles, was in Beziehungen unstimmig ist und was sich unter Umständen jahrelang angestaut hat, verdichtet sich, spitzt sich zu, kann in eine größere Krise münden, die kein weiteres Wegschieben der Probleme mehr erlaubt. Es ist sozusagen „Fünf vor Zwölf“ für die Beziehung. Beziehungen, die die dringenden Probleme nicht meistern können, scheitern. Andere Beziehungen, deren Basis echte und tiefe Liebe ist, sehen sich einer karmischen Prüfung ausgesetzt. Vor allem der Horoskopeigner, der diesen Saturn-Transit hat, muss in seiner Beziehung „Farbe bekennen“ und etwas Grundlegendes verändern. Altlasten holen ihn ein, die er jetzt bewältigen muss, sonst ist alles aus.

Steht Saturn am Zenit, der auch „Quasi-MC“ genannt wird und unabhängig von seiner Häuserstellung einen großen Einfluss auf Berufs- und Lebensziele hat, gilt es nicht zuletzt, einen Konflikt zwischen beruflichen Zielen und privaten Notwendigkeiten zu bereinigen. Befindet sich Saturn am Nadir, dem „Quasi-IC“, gilt es unter Umständen, familiäre Konflikte und Wohnsituationen zu klären, die dem Glück der Beziehung im Wege stehen.

Unabhängig von der Beziehung gilt es, sich in diesen Zeiten auch von Menschen zu befreien, die möglicherweise die eigene Entfaltung blockieren und die keinen guten Einfluss mehr auf einen haben.

Ähnlich ist das auch bei Transit-Saturn in Opposition zum Aszendenten. Saturn befindet sich hier direkt am Deszendenten, an der Spitze des Partnerschaftsbereiches, dem 7. Haus. Liebesbeziehungen, aber auch andere nahe Kontakte können jetzt als zu eng und belastend empfunden werden. In Liebe und Ehe kommt alles ans Tageslicht, was verdrängt wurde. Es bedarf grundlegender Korrekturen.

Bei manchen Menschen, die sich in einer festen Beziehung befinden, kann eine Ernüchterung, was die Gefühle betrifft, eintreten, die letztlich in eine Trennung mündet. Aber, man kann hier auch völlig gegenteilige Beobachtungen machen, ähnlich wie bei Transiten des Saturns in Opposition zur Geburts-Venus, da das 7. Haus ja auch Venus-Charakter hat. Eine gute Beziehung kann Saturn in Opposition zum Aszendenten bzw. im Lauf durch das 7. Haus sogar vertiefen und noch enger zusammenführen. Da Saturn oft auch im Zusammenhang mit beruflichen Themen auftaucht, kann sein Transit hier auch eine enge berufliche Zusammenarbeit anzeigen, die eine große karmische Bedeutung besitzt und sehr erfolgreich werden kann. Ist man Single und hat diesen Saturn-Transit am Deszendenten und durch das 7. Haus, wünscht man sich nichts sehnlicher als endlich eine feste, treue und stabile Beziehung, ganz im Sinne Saturns, der ja überall etwas konkret bauen möchte, wo er auftaucht.

Letztlich hilft uns Saturn gerade in seinen schwierigen Transiten zu unserem Aszendenten, mehr Klarheit zu bekommen und an uns und unserer Beziehungsfähigkeit zu arbeiten. Das ist seine Botschaft.

Zusammenfassung:
Saturn-Transit in Konjunktion, Quadrat oder Opposition zum Aszendenten ist recht unterschiedlich zu werten. Alle drei Transite zwingen uns jedoch, mehr Verantwortung für unsere Partnerschaft und persönliche Entwicklung zu übernehmen. Saturn in Spannung zum Aszendenten klärt, bereinigt und gibt uns letztlich die große Chance auf einen Neuanfang, wie immer der auch aussieht.

Saturn-Transit Konjunktion Aszendent
Beginnt, sein Leben wieder mehr selbst in die Hand zu nehmen. Wichtige Entscheidungen treffen, die die Zukunft betreffen. Grenzt sich nach außen hin stärker ab als bisher, um mehr zu sich selbst zu finden und eigene Bedürfnisse wahrzunehmen. Neigt aber auch dazu, unnötige Mauern nach außen hin aufzubauen, was zu Trennung, Entfremdung und Einsamkeit führen kann.

Saturn-Transit Quadrat Aszendent
Anbahnung einer Ehekrise, da wichtige Dinge, die längst geklärt werden hätten müssen, auf die lange Bank geschoben und verdrängt wurden. Große Gefahr von Trennung und Entfremdung und gleichzeitig die Aufforderung von Saturn, jetzt endlich grundlegende Korrekturen in der eigenen Haltung anzubringen. Grundsätzlich werden alle zwischenmenschlichen Beziehungen einer starken Prüfung unterzogen. Oft führen auch Interessenskonflikte zwischen beruflichen und privaten Zielen und Bedürfnissen in Krisen.

Saturn-Transit Opposition Aszendent (Konjunktion Deszendent)
Alle unbewältigten Probleme in Beziehungen drängen verstärkt nach einer Aufarbeitung und Lösung. Trennungsgefahr, oftmals aber auch das Gegenteil: Die Beziehung wird noch enger und noch besser. Ungebundene verspüren unter diesem Saturn-Transit den starken Wunsch nach einem treuen und zuverlässigen Partner, der häufig erfüllt wird.

Saturn-Transit in Konjunktion, Quadrat oder Opposition zum MC

Die großen Ziele auf dem Prüfstand

Saturn Transit in Konjunktion, Quadrat oder Opposition zum MC muss abermals differenziert betrachtet werden. Die Konjunktion des Saturns zum MC deutet unter Umständen Korrekturen der beruflichen Ziele, aber auch Erfolg an. Das Quadrat des Saturns zum MC wirft oft Konflikte zwischen den beruflichen Zielen und dem Privatleben auf, und die Opposition des Saturns zum MC fordert uns auf, an der Basis zu arbeiten.

Diese Transite und ihre Bewältigung haben großen Einfluss auf unseren Lebenserfolg. Saturn hat als Herrscher über den Steinbock, dessen irdischer Spiegel das 10. Haus ist, einen natürlichen Bezug zu unseren größten Lebensaufgaben und auch beruflichen Zielen. Der MC (Medium Coeli) hat nun mit den sehr konkreten Lebens- und Berufszielen im Leben zu tun und hat eine große Bedeutung für Selbstständige und alle Menschen, die in Führungspositionen stehen und Verantwortung tragen.

Bei Saturn-Transiten zum MC dreht sich also alles vorwiegend um das Ziel, den Beruf, die Position, den Erfolg, die Lebensausrichtung. Wenn wir diese schwierigen Aspekte einigermaßen gut bewältigen, tritt zwangsläufig größerer Erfolg ein. Wenn nicht, verschleppen wir Probleme und Blockaden, die die großen Ziele im Leben verhindern.

Besonders prägnant ist natürlich der Übergang des Saturns über unseren MC. Saturn stellt, wie immer, wenn er im Transit einen empfindlichen Punkt in unserem Horoskop berührt, eine sehr wichtige Frage. In Konjunktion zum MC fragt er uns: „Befindest du dich noch auf dem richtigen Weg?“ Ganz klar wird hier zunächst einmal überprüft, ob unsere berufliche Tätigkeit und eben auch unsere großen Ziele noch zu uns und unserem Leben passen.

Vielleicht haben wir einst aus Vernunftgründen oder aus rein materiellen Erwägungen einen Beruf gewählt, der vielleicht eine Zeit lang für uns gut war, jetzt aber anderen Zielen, die noch mehr mit uns selbst, unserer Lebensaufgabe und persönlichen Entwicklung zu tun haben, weichen sollten. Saturn will, dass wir uns jetzt auf die Ziele konzentrieren, die für uns am wichtigsten sind. Alles andere soll ausgeschlossen, ad acta gelegt werden. Ein Unterfangen, das natürlich seine Zeit braucht und nicht immer auf Anhieb gelingt.

Verdrängen sollten wir die Forderung Saturns aber auch nicht. Denn er läuft ja, nachdem er den MC überquert hat, in den kommenden Monaten und Jahren durch unser 10. Haus (Beruf, Berufung), erinnert uns also weiterhin an die neuen Ziele, die es unter Umständen zu finden gilt oder (und) an die Korrekturen, die wir beruflich vollziehen müssen, um weiterhin Erfolg zu haben. Erinnern wird er uns daran häufig in Form einer Berufs- und Sinnkrise. Saturn zwingt uns, Fehler einzugestehen und möglicherweise auch, Macht und Zuständigkeit abzugeben. Insbesondere dann, wenn zuletzt Macht missbraucht und ein falscher Weg eingeschlagen wurde. Verwehrt man sich dagegen, kann es vor allem in höheren beruflichen Positionen zum Sturz, ja zum tiefen Fall und zu heftigen Existenzkämpfen kommen. Wir dürfen Saturn, den strengen Lehrer des Lebens, niemals ignorieren.

Aber, diese Konjunktion des Saturns im Transit zu unserem MC kann auch eine ganz andere, extrem erfolgreiche Seite haben. Denn Saturn passt ja, wie gesagt, als Herrscher über den Steinbock und das 10. Haus zu diesem Bereich, kann ihn vor allem in der Konjunktion zum MC ungemein stärken, indem er den Betroffenen noch mehr Macht, Einfluss und Bedeutung verleiht und ihren Führungswillen stärkt. Voraussetzung ist allerdings, dass man im richtigen Beruf ist und zuletzt auch den für sich vorgesehenen und stimmigen Weg gegangen ist. Dann ist alles gut. Saturn fordert jetzt dennoch dazu auf, Verantwortung für seine Ziele und auch für andere Menschen in beruflichen Führungspositionen oder in der Elternrolle zu übernehmen und sich vielleicht sogar noch höhere Ziele zu setzen. Er sagt uns: „Schwierigkeiten sind dazu da, um gelöst zu werden, und es gibt kein Hindernis, das nicht zu überwinden ist".

Wir müssen uns das Leben nicht unnötig erschweren, wir sollten aber nicht mehr ausweichen und flüchten vor Pflichten, die wir möglicherweise als unbequem und anstrengend empfinden und am liebsten anderen zuschieben wollen.

Da Saturn am MC gleichzeitig in Opposition zum IC (Immum Coeli), der Spitze des 4. Hauses (Familie, Privatleben) steht, haben diese beruflichen Neuansetzungen, Korrekturen und Aufstiegsmöglichkeiten natürlich auch einen Einfluss auf das Privatleben, können es negativ gesehen in Mitleidenschaft ziehen. Saturn kann in Opposition zum IC aber auch nur die Notwendigkeit anzeigen, häusliche oder (und) familiäre Situationen zu klären und zu ändern.

Steht der Saturn-Transit im Quadrat zum MC, befindet er sich damit automatisch auch im Quadrat zum IC. Ein Transit, der den Konflikt zwischen beruflichen Zielen und privaten Notwendigkeiten, die sich einander entgegenstehen, offen ausbrechen lässt. Unter Umständen verhält man sich jetzt zu egoistisch, was die eigenen Lebens- und Berufsziele betrifft, und stellt das Privatleben hinten an, was im schlimmsten Falle zu Trennung, Entfremdung, Einsamkeit, ja Verlust der Familie führen kann. Es ist jetzt sehr wichtig, zu erkennen, dass eigene Ziele und Bedürfnisse nicht über persönlichen wichtigen Bindungen im Leben stehen sollten und dass es Zeiten gibt, in denen man Kompromisse für die Menschen machen sollte, die einem sehr nahestehen.

Auf der anderen Seite stachelt Saturn gerade auch im Quadrat den beruflichen Ehrgeiz ungemein an. Es kann mit diesem Transit viel erreicht werden, sofern Bereitschaft und Ausdauer bestehen, um alle anstehenden Hindernisse zu bewältigen, die jetzt in gehäufter Form auftauchen. Es geht nur Schritt für Schritt nach oben, manchmal auch wieder einen oder zwei zurück. Es ist zwar so, als würde man zeitweise gegen Mauern rennen, doch der Einsatz wird oft belohnt. Wichtig ist nur, wie gesagt, an lohnenden Zielen dranzubleiben, auch bereit zu sein, ganz unten anzufangen und Basisarbeit zu leisten. Und natürlich sollte man sich in nichts hineinverrennen und immer wieder prüfen, ob der eingeschlagene Weg noch stimmig ist.

Alle drei Transite des Saturns zum MC, die Konjunktion, das Quadrat und die Opposition, machen ernst in Bezug auf die größeren Lebensziele. Ein lohnender, sicher nicht leichter Weg.

Zusammenfassung:
Wer seine Berufung schon gefunden hat, dem kann ein Saturn-Transit in Konjunktion, Quadrat oder Opposition zum MC weiterhelfen, indem er nötige Korrekturen und Weichenstellungen aufzeigt, die mittel- und langfristig den Durchbruch, den großen Erfolg ermöglichen. Wer noch suchend ist, dem wird Saturn Berufskrisen bringen, die zu einem Umdenken und zu neuen Zielen führen.

Saturn-Transit Konjunktion MC
Saturn schiebt hier im positiven Sinne unsere Lebensziele an, kann großen beruflichen Erfolg und Aufstieg bringen, sofern wir bereit sind, Verantwortung und Führung zu übernehmen. Bei vielen Menschen deutet dieser Transit aber auch eine Berufskrise und die Notwendigkeit an, neue Ziele ins Auge zu fassen, die in irgendeiner Form mit Berufung und der Lebensaufgabe verbunden sein sollten, die persönlich erfüllen.

Saturn-Transit Quadrat MC
Dieser Transit wirft meist einen Spalt zwischen beruflichen Zielen und privaten Notwendigkeiten auf. Beides zusammenzubringen, ist das Ziel dieses Transits. Daneben können sich nun berufliche Schwierigkeiten auftürmen, die, sofern sie ausgeräumt werden können, zu nachhaltigem, dauerhaften Erfolg führen können. Oft steht jetzt auch ein Kurs- bzw. Richtungswechsel an, was die beruflichen Ziele betrifft.

Saturn-Transit Opposition MC (Konjunktion Immum Coeli)
Wenn Saturn die Spitze des 4. Hauses (IC) erreicht, geht es zunächst einmal darum, seine Wohn- und Familiensituation zu klären. Saturn fragt hier, ob wir uns eigentlich noch am richtigen Ort befinden und welche Probleme möglicherweise innerhalb der Familie gelöst werden müssen.
Neben einem Umzug kann auch eine Haus- bzw. Wohnungsrenovierung infrage kommen. Daneben steht berufliche Basisarbeit an, die spätestens in 14 Jahren Früchte trägt, wenn Saturn im Transit den MC überquert. Eine wichtige Zeit!

Saturn-Transit in Konjunktion, Quadrat oder Opposition zum Mondknoten

Die karmische Aufgabe will erfüllt werden

Der Transit des Saturns in Konjunktion, Quadrat oder Opposition zum aufsteigenden Mondknoten hat sehr unterschiedliche Bedeutungen. Oft kündigen diese Transite Trennungen an, immer deuten sie auf die große Notwendigkeit hin, sich mit dringenden Lebensaufgaben auseinanderzusetzen, um altes und belastendes Karma zu überwinden. Manchmal begegnen wir jetzt auch Menschen aus der weiten Vergangenheit.

In unserem Radix, der Zeichnung unseres Geburtshoroskops, ist normalerweise nur der aufsteigende Mondknoten eingezeichnet. Wenn nur vom Mondknoten die Rede ist, meinen wir ihn. Den absteigenden Mondknoten, er liegt dem aufsteigenden direkt gegenüber, müssen wir uns dazudenken.

Während der absteigende Mondknoten Hinweise auf unaufgelöstes, schwieriges Karma gibt, das sich in den vergangenen Leben aufgebaut hat und nun, im aktuellen Leben, eine Belastung darstellen kann, ist der aufsteigende Mondknoten so etwas wie das Tor zum Himmel. Er ist für uns besonders wichtig.

Ab dem Moment, in dem wir uns ihm zuwenden, ihn leben, bauen wir unser altes Karma ab. Automatisch wendet sich dann vieles im Leben zum Guten. Der aufsteigende Mondknoten ist tatsächlich so etwas wie der Schlüssel zum Glück.

Steht nun Saturn in Konjunktion, Quadrat oder Opposition zum aufsteigenden Mondknoten des Geburtshoroskops, ist damit natürlich auch immer der absteigende mit angesprochen. Und da sowohl Saturn als auch die Mondknoten eine sehr enge Verbindung mit unserem Karma und unserer Lebensaufgabe haben, besitzen diese Transite eine sehr große Bedeutung für unsere persönliche Entwicklung. Steht Saturn im Transit in Konjunktion zu unserem Mondknoten, will er uns dazu anstoßen, uns endlich dem Lebensgebiet zuzuwenden, das noch nicht genügend erhellt und entwickelt ist.

Überquert Saturn unseren **Mondknoten im 1. Haus**, geht es in dieser Zeit darum, sich endlich abgrenzen zu lernen und sich noch mehr auf sich und seine eigene Entwicklung zu konzentrieren.

Im 2. Haus fordert Saturn auf dem **Mondknoten** dazu auf, mehr Selbstwert und ein besseres Verhältnis zu Geld und Besitz zu entwickeln, da sonst niemals etwas Großes im Leben geschaffen und verwirklicht werden kann.

Saturn auf dem **Mondknoten im 3. Haus** macht auf die Notwendigkeit aufmerksam, seinen Alltag zu ordnen und an seiner Selbstdarstellung und Art der Kommunikation zu arbeiten und Vorurteile abzubauen, da ansonsten nicht nur das Miteinander mit anderen Menschen leidet.

Kommt Saturn auf dem **Mondknoten im 4. Haus** zu stehen, geht es darum, Wurzeln zu schlagen und sich dem Inneren, dem seelischen Bereich zuzuwenden. Saturn kann hier schmerzlich bewusst machen, dass die Einsamkeit das Los sein wird, wenn die beruflichen Ziele weiter über das Privatleben gestellt werden.

Befindet sich der Saturn-Transit auf dem **Mondknoten in Haus 5**, wird einem schmerzlich bewusst, dass man keine Lebensfreude besitzt. Saturn fragt hier, was man bisher dafür getan hat, um diese zu erlangen. Gleichzeitig fordert er jetzt dazu auf, spezielle persönliche Talente endlich zu leben und zum Ausdruck zu bringen.

Saturn auf dem **Mondknoten in Haus 6** macht bewusst, wie wichtig die Hinwendung zu den Themen Gesundheit und Lebensführung in diesem Leben ist. Gleichzeitig mahnt er an, zu erkennen, wie wichtig Teamgeist und die entsprechende Arbeitseinstellung für das Leben sind, will man beruflich erfolgreich sein.

Im 7. Haus kann Saturn auf dem **Mondknoten** massive Ehe- und Beziehungsprobleme andeuten und die Trennung bringen, sofern der Betroffene nicht von egoistischen Zielen und Verhalten ablässt und bereit ist, auf seinen Partner einzugehen.

Transitiert Saturn den **Mondknoten im 8. Haus**, will er klarmachen, dass nur innere und äußere Wandlungen im Leben weiterbringen und dass es unter Umständen wichtig ist, sich auch von Geld und Besitz zu lösen, sollten diese der Wandlung entgegenstehen.

Saturn im Transit über dem **Mondknoten im 9. Haus** besagt, dass es nun unbedingt an der Zeit ist, sich ernsthaft mit höheren Weltanschauungen auseinanderzusetzen und dass auch das Leben wenig Sinn hat und nichts gelingen kann, wenn man nicht die Bereitschaft entwickelt, sich seiner inneren Führung anzuvertrauen.

Saturn über dem **Mondknoten im 10. Haus** sagt, dass jetzt endlich die wichtigsten und größten Lebensziele angegangen werden müssen. Saturn fragt, wo die Berufung liegt und wie sie verwirklicht werden kann. Möglicherweise muss nun endlich der Sprung in die Selbstständigkeit gewagt werden, ganz sicher geht es um die Übernahme von mehr Verantwortung.

Der Saturn-Transit in Konjunktion zum **Mondknoten in Haus 11** macht schmerzlich bewusst, dass vor allem das eigene, wenig soziale Verhalten schädlich in Bezug auf Freundschaften und Gemeinschaften ist und letztlich zum Außenseiter machen kann.

Überquert Saturn den **Mondknoten in Haus 12**, gilt es, Ordnung in der Psyche zu schaffen und sich verstärkt mit inneren und geistigen Dingen auseinanderzusetzen.

Alle schwierigen Transite des Saturns zu den Mondknoten, also auch die Opposition und das Quadrat, können zu Trennungen von belastenden Verbindungen führen, die oft einen karmischen Charakter besitzen. Es geht hier vermutlich auch darum, zu erkennen, dass man sich eben von manchen Menschen und Verbindungen freimachen muss, um sich selbst freier und besser entwickeln zu können. Diese für einen so schwierigen Menschen können auch plötzlich auftauchen und bereits aus einem früheren Leben bekannt sein. Unter Umständen gilt es hier etwas zu klären oder gutzumachen.

Manchmal deuten diese Transite aber auch nur auf empfindliche Störungen von persönlich wichtigen Beziehungen hin, die es zu heilen und zu beseitigen gilt. In wieder anderen Fällen können diese Transite mit Trauer- und Todesfällen in der engeren Umgebung einhergehen.

Wichtig ist allgemein, dass man sich in dieser Zeit, in der auch sonst sehr gute Kontakte belastend sein können, darum bemüht, sich noch besser auf andere Menschen einzustellen und Korrekturen im Miteinander anzustellen.

Sehr wichtig ist es daneben, sich jetzt seiner größten Schwächen und Aufgaben bewusstzuwerden und sich mit ihnen auseinanderzusetzen. Diese Transite sind zweifellos ein bedeutender Meilenstein in der eigenen persönlichen Entwicklung.

Zusammenfassung:
Der Saturn-Transit in Konjunktion, Quadrat oder Opposition deutet sehr oft auf massive Probleme in zwischenmenschlichen Beziehungen hin, die, so oder so, einer Lösung bedürfen. Auch erinnern diese Transite an große persönliche Schwäche und wichtige Lebensaufgaben, die damit direkt verknüpft sind.

Saturn-Transit Konjunktion Mondknoten
Ein Transit, der an eine der größten und wichtigsten Lebensaufgaben erinnert, indem er einem eigene Blockaden und Unzulänglichkeiten bewusst macht und auf seine Art oft drastisch vor Augen führt. Er sagt einem, welche Eigenschaften unbedingt entwickelt werden müssen, um sich von seinen größten Schwächen zu befreien.

Saturn-Transit Quadrat Mondknoten
Führt besonders oft zu Trennungen von Menschen, die einen hemmenden und negativen Einfluss auf eigene Entwicklung und das

Fortkommen besitzen. Es sollte jetzt aber auch die eigene Einstellung zu anderen Menschen und wichtigen Verbindungen überdacht werden.

Saturn-Transit Opposition Mondknoten

Steht Saturn in Opposition zum aufsteigenden Mondknoten, bildet er damit automatisch eine Konjunktion zum absteigenden, der von Natur aus Saturn-Charakter besitzt und mit belastendem Karma verknüpft ist.

Es ist in diesen Zeiten daher wahrscheinlich, dass es besonders schwer ist, sich aus altem Karma zu befreien bzw. dass man nun immer wieder in alte Verhaltensmuster hineinfällt, die Glück und Erfolg im Leben verhindern. Auch hier fordert Saturn dazu auf, die persönlichen Schwächen offen anzuschauen und entschieden anzugehen.

♅

Schwierige Uranus-Transite und die große Unruhe

Charakteristisch für größere Uranus-Spannungen ist ganz allgemein das wachsende Bedürfnis, freier zu sein, Ketten zu eng gewordener Verbindungen zu sprengen, sich selbst zu verwirklichen. Alles muss jetzt neu sein. Altes und Vergangenes wird jetzt oft rigoros abgestoßen, damit der Weg in die Zukunft frei ist. Diese Umstellungen und Veränderungen, die die spannungsgeladenen Uranus-Transite auf den verschiedensten Ebenen anstoßen, sind immer anstrengend, aber eben auch fruchtbar, erlösend und befreiend. Es handelt sich vielfach um turbulente Zeiten, in denen sich, je nachdem, welche Planeten und Häuser angesprochen sind, die Ereignisse überschlagen. Die größte Gefahr bei schwierigen Uranus-Transiten ist stets mit Voreiligkeit verknüpft, etwa mit einem übereilten Umzug, einer spontanen Trennung, einem nicht genügend überlegten Berufswechsel usw. Deshalb ist es sehr wichtig, dass wir unter diesen Transiten versuchen, die Ruhe zu bewahren.

Uranus-Transit in Konjunktion, Quadrat oder Opposition zur Geburts-Sonne

Der Schrei nach Freiheit

Uranus ist der Planet der Überraschung, des Unvorhergesehenen, der Revolution, der im Transit unser Leben plötzlich und völlig überraschend verändern, ja auf den Kopf stellen kann. Vor allem im spannungsvollen Transit will Uranus, dass wir Althergebrachtes, das nicht mehr zu unserem Leben passt, endgültig abstreifen, damit wir endlich in die Zukunft aufbrechen können. Uranus kennt keinen Kompromiss. Wenn er erst einmal „zuschlägt“, dann meist ziemlich radikal.

Mit viel Aufregung und Getöse bricht er vor allem als Transit in Konjunktion, Quadrat oder Opposition zu unserer Geburts-Sonne in unser Leben ein. Lange haben wir diesen Augenblick, diese Phase vielleicht unbewusst herbeigesehnt, die uns nun mehr Freiheit schenken soll. Die Sonne, unser Wesenskern, unser Ich, will nun endlich losgelöst von Beschränkungen und Fesseln sein, die ihm das Leben in den vergangenen Jahren auferlegt hat. Aber es gilt gerade bei diesen Spannungstransiten, Vorsicht walten zu lassen. Denn sie verleiten uns zu vorschnellen, unbedachten, kopflosen Reaktionen und Handlungen, die das Potenzial haben, ein Feld der Verwüstung hinter sich zu lassen. Mit Gewalt etwas sprengen, sei es, dass wir uns von einem Job losreißen oder von Menschen spontan trennen wollen, kann auch tragische Folgen haben.

Wir müssen wissen: Die Konjunktion, das Quadrat oder die Opposition des Uranus zu unserer Sonne verführt uns dazu, die schnelle Lösung zu suchen, die uns befreit von Lasten, die wir nicht mehr tragen wollen. Doch in diesem Zuge laufen wir eben auch Gefahr, Gutes zu zerstören. Deshalb ist es sehr wichtig, sich unter diesen Transiten zu gedulden, was gleichzeitig das Schwierigste an ihnen ist. Denn Uranus zu unserer Sonne spannt unsere Nerven bis zum Gehtnichtmehr, lässt auch bei sonst friedlichen Menschen die Reizschwelle drastisch sinken, was immer wieder zu unbedachten Ausbrüchen und Reaktionen führen kann. Manche Menschen können jetzt eine regelrechte Lust auf Entzweiung und Zerstörung entwickeln. Ein gefährlicher Reiz, der uns wie ein Teufel im Nacken sitzt und uns einflößt, aufs Ganze zu gehen und endlich alles abzustoßen, das nervt und behindert.

Sich nur zusammenzureißen, nichts zu tun und alles beim Alten zu belassen, ist jedoch auch nicht die Lösung, die uns unter diesen Transiten weiterbringt. Im Gegenteil, wenn wir uns gegen Neues verschließen, dann droht die innere Angespanntheit so groß zu werden, dass wir eine Nervenkrise bekommen oder Unfälle erleiden, da sich diese Unruhen dann im Äußeren manifestieren und Ausdruck suchen. Irgendwo muss diese enorme und übermäßige Energie ja hin.

Es ist schwer, jetzt in seiner eigenen Mitte zu bleiben, da diese Transite Widerstände in unserem Leben anzeigen, die so stark sind, dass sie uns von uns wegtreiben können. Zu uns selbst zu finden, bei uns zu bleiben, ist deshalb die Chance, der richtige Weg, da wir sonst ein Spielball unserer Emotionen werden. Wir können nicht nur einfach zerstören, um Neues zu verwirklichen, und wir können nicht nur stillhalten und abwarten, bis Uranus vorübergezogen ist. Aussitzen kann man zwar unter Umständen kurzeitige Transite schneller laufender Planeten, nicht aber die des langsamen Uranus, der viele Monate die Sonne beschäftigt. Wir müssen also etwas tun. Die Frage ist nur, was und wie.

Zunächst gilt es, die Beschränkungen in unserem Leben genau anzuschauen, die wir jetzt loswerden wollen. Wo liegt der Krisenpunkt? Findet er sich in der Partnerschaft oder Freundschaft, dann ist jetzt eine Zeit, in der wir nicht besonders zuverlässig und möglicherweise auch nicht treu sind.

Es kann zu Trennungen und Beenden von Freundschaften kommen. Wir könnten uns in dieser Phase aber auch von Angestellten lösen oder einen neuen Job suchen. Im Fokus ist alles, das einschränkt. Was jetzt reizt, ist das Neue, das Unbekannte, und gleichzeitig stören Verbindungen, die irgendwie eingefahren und festgefahren sind und die durch ihre Nähe und Enge die eigene Entwicklung und Entfaltung hemmen. Aber muss deshalb wirklich alles gleich gesprengt werden?

Wenn sich eine Beziehung längst überholt hat, ist es bestimmt besser, einen Schlussstrich zu ziehen. Handelt es sich jedoch um eine Partnerschaft, in der sich beide gegenseitig lieben und wertschätzen, wäre eine Trennung nicht unbedingt die beste Lösung.

Das Gefühl der Einschränkung kann übertrieben sein. Auf der anderen Seite hat jede längere Partnerschaft allein durch ihre Dauer und die damit verbundenen Gewohnheiten, die sich allmählich einschleichen, Grenzen, die irgendwann einmal zumindest wieder erweitert werden wollen, da die Partnerschaft sonst leidet oder vielleicht sogar „stirbt". Uranus kann deshalb auch der willkommene Helfer sein, der die Beziehung neu belebt. Natürlich ist er im Spannungswinkel immer mit dem einen oder anderen Drama verbunden, das aber wichtig ist, um sich und seinen Partner wieder neu zu spüren und neu kennenzulernen. Gute Beziehungen schaffen es, sich immer wieder gemeinsam zu befreien, ohne sich vom anderen trennen zu müssen.

Ähnlich bewusst sollten wir vorgehen, wenn Uranus zu unserer Sonne berufliche Themen anspricht. Die Wahrscheinlichkeit ist dann groß, dass wir am Arbeitsplatz Probleme mit Vorgesetzten oder (und) Mitarbeitern haben. Es kann plötzliche Krawalle und Zusammenstöße geben, die unter Umständen den Job gefährden. Wenn die Sache nicht mehr zu kitten und für einen selbst ein anderer Weg vorgesehen ist, dann ist der große Knall mit dem verbundenen Ende mehr als erwünscht. Ist der Arbeitsplatz aber eigentlich gut für einen, und machen nur Beschränkungen zu schaffen, dann sollte man mit Klugheit um mehr Eigenständigkeit kämpfen.

Uranus in Spannung zur Sonne ist eine Herausforderung, ja eine Gratwanderung zwischen Befreiung und Zerstörung. Letztlich zeigen diese Transite an, dass wir neue Wege gehen müssen und dass das Bedürfnis nach Selbstverwirklichung und Eigenständigkeit groß ist. Die Lösung findet sich aber nicht immer im Beseitigen äußerer Blockaden. Auch im Inneren müssen wir uns befreien, um uns weiterzuentwickeln.

Uranus-Transite (Konjunktion, Quadrat oder Opposition) **zur Geburts-Sonne in Bezug auf die Häuser**

Uranus tr. Sonne in Haus 1

Will sich mit aller Macht aus Zwängen befreien und sich selbst verwirklichen, lebt sein Ego, ohne dabei Rücksicht auf andere zu nehmen, private oder (und) berufliche Veränderungen, die nicht aufzuhalten sind.

Uranus tr. Sonne in Haus 2
Gefahr von plötzlichen Geldeinbußen und übereilten geschäftlichen Aktionen, Verlust durch unnötige Ausgaben, Spekulationen und Geldverleih.

Uranus tr. Sonne in Haus 3
Aufreibender Alltag, wenige Ruhepunkte finden, widersprüchliches Verhalten, aufreibende Gespräche, Unfallgefahr aufgrund von innerem Getriebensein.

Uranus tr. Sonne in Haus 4
Häusliche Störungen und Unruhe, Umzugsgedanken, Probleme mit dem Vater, muss notgedrungen die Familie verlassen.

Uranus tr. Sonne in Haus 5
Riskante Liebesabenteuer mit ungewissem Ausgang, Gefahr einer übereilten Trennung, erotische Experimente, kaum zu stillender Erlebnishunger, unglaubliche Intuitionen, starke schöpferische Phase, Ruhelosigkeit.

Uranus tr. Sonne in Haus 6
Ärger mit Kollegen, Auflehnung gegen Missstände am Arbeitsplatz, will sich nicht mehr unterdrücken und bevormunden lassen, große Arbeitskraft, fühlt sich aber auch schnell erschöpft.

Uranus tr. Sonne in Haus 7
Gefahr einer Trennung, fühlt sich in der Partnerschaft nicht mehr wohl, die Beziehung braucht mehr Luft und Freiheit, geht übereilt eine neue Verbindung ein.

Uranus tr. Sonne in Haus 8
Unfallgefahren, Erbschafts- und Vermögensverluste, intensive erotische Erlebnisse, erliegt dem Reiz des Verbotenen, Tabuverletzungen, neue Wege suchen, innerer wie äußerer Wandel.

Uranus tr. Sonne in Haus 9
Unfallgefahren und Durchkreuzung von Plänen auf Reisen, übereilte Auswanderung, Abbruch eines Studiums, plötzlich höhere Eingebungen und Erkenntnisse, Prophetie, Befreiung aus religiösen Gemeinschaften und Zwängen.

Uranus tr. Sonne in Haus 10
Berufliche Veränderung, Richtungswechsel oder Neuorientierung, Durchkreuzung von Plänen, rücksichtsloses Verfolgen größerer beruflicher Vorhaben, Umzug aus beruflichen Gründen.

Uranus tr. Sonne in Haus 11
Abbruch einer Freundschaft oder Loslösung aus einer Gemeinschaft, da man sich nicht weiter unterordnen oder einengen lassen will, zu hohe Forderungen und Erwartungen führen allgemein zu Trennungen.

Uranus tr. Sonne in Haus 12
Heimlichkeiten kommen ans Tageslicht, psychische Probleme, plötzliche Verwirrung, ist permanent auf der Flucht, Krankenhausaufenthalt.

Uranus im Transit durch Haus 5
(irdischer Spiegel des Löwen, Zeichenherrscher Sonne)

Das Leben wird bunt und aufregend

Uranus im Transit durch das Sonnen-Haus fühlt sich oft an wie eine Explosion der Lebensfreude, wie ein frühlingshafter Aufbruch. Es wächst das Bedürfnis, frei zu sein und seinen Talenten und Fähigkeiten Ausdruck zu verschaffen.

Raus aus jeder Routine und Alltäglichkeit möchte man vor allem in der Liebe. Eingeschlafene Beziehungen könnten davon mächtig profitieren und etwa durch sexuelle Experimente und Durchbrechen der Alltagsroutine ganz neu belebt werden.

Bei vielen Gebundenen wächst nun aber auch die Neigung zu wildromantischen Affären und Seitensprüngen, die im Sinne des Uranus ein rauschendes Liebesfeuerwerk und meist nur von kurzer Dauer sind.

Es geht bei diesem Uranus-Transit letztlich darum, neue Wege in der Liebe zu finden und zu gehen, was eine Gefährdung, aber eben auch eine Hilfe für Liebesbeziehungen sein kann. Denn die Liebe will immer wieder erneuert werden, will sie am Leben bleiben.

Uranus im Transit durch das 5. Haus ist für Singles oft der Startschuss, um neue Wege in der Liebe zu gehen, ein Kennenlernen vielleicht einmal über einschlägige Beziehungsplattformen im Internet anzustreben. Kann sein, muss nicht sein. Uranus in Haus 5 fördert auch neue Kontakte durch den Freundeskreis, Vereine und sonstige Gemeinschaften.

Freiheit in der Liebe, die freiwillige, unbeschwerte Liebe ist ein großes Thema dieser Jahre. Manche gehen Affären mit Gebundenen ein, da hier eine Art Freibleiben gesichert ist. Andere tun sich mit sehr uranischen Menschen zusammen, die extrem empfindlich gegen jede Einengung sind, mit denen die Liebe aber dafür ungemein aufregend und abwechslungsreich ist.

Es können unter diesem Einfluss ferner völlig unerwartete und scheinbar unpassende Beziehungen zustande kommen, mit denen niemand und schon gar nicht man selbst gerechnet hätte. Nicht wenige Paare, die sich jetzt finden, haben außerdem einen großen Altersunterschied. Unter Uranus kann und wird die Liebe nicht normal oder üblich sein, sie wird keinem Standard entsprechen und nicht in jedem Falle gesellschaftlich akzeptiert sein. So könnte dieser Uranus-Transit auch schlummernde, verdrängte Bi- oder Homosexualität wecken. Es ist alles möglich. Liebe und Sexualität werden revolutioniert.

Daneben ist dies aber auch eine Zeit, in der wir oft verborgene Talente und Fähigkeiten bei uns entdecken und diese nun unbedingt leben wollen. So gesehen hat dieser Uranus-Transit auch sehr viel mit Selbstverwirklichung zu tun. Nicht nur Künstler haben eine sehr kreative Phase, auch Unternehmer, Geschäftsleute, Angestellte sind nun häufig offen für Neues und können gute Ideen in ihre Arbeit einbringen.

Was das 5. Haus und das Thema Kinder betrifft, so wird dieser Uranus hier häufig ein Hinweis auf rebellische Kinder sein, die ihre Eigenwilligkeit entdecken, die sich nicht mehr von ihren Eltern bevormunden lassen und endlich eigene Wege gehen wollen. Aber, man wird mit diesem Transit auch im positiven Sinne sehr viel Aufregendes und Neues mit seinen Kindern erleben können dürfen.

Uranus-Transit in Konjunktion, Quadrat oder Opposition zum Geburts-Mond
Der Lebensumbruch als Programm

Uranus Transit in Konjunktion, Quadrat oder Opposition zum Geburts-Mond deutet eine ähnlich starke Unruhe an wie der spannungsvolle Uranus-Transit zur Geburts-Sonne. Die uranische Kraft richtet sich hier aber gezielter auf unser Innenleben, auf unser Gemüt und unsere Seele, die jetzt zeitweise in heller Aufregung ist. Alles, was zuletzt unterdrückt wurde, muss raus. Man will sich verändern, endlich frei von erzwungenen Verpflichtungen sein.

Der Mond, das astrologische Symbol für die Seele, ist unter diesen uranischen Transiten nicht permanent, aber doch zeitweise extrem aufgebracht. Plötzlich ist man ungewöhnlich gereizt und nervlich angespannt, weshalb auch Ärger schneller als sonst aus einem herausplatzt. Unvermittelte Gefühlsausbrüche können auch bei Menschen beobachtet werden, die normalerweise sehr beherrscht und ausgeglichen sind. Die heftigen inneren Erregungszustände können tatsächlich in schwere Nervenkrisen münden, regelrechte Psychosen verursachen und, sofern die große innere Unruhe in permanente Hektik ausartet, zu Missgeschicken und Unfällen führen. Diese Transite sind nicht leicht zu bewältigen. Sie können unser Leben ganz schön durcheinanderwirbeln.

Was können wir tun? Zunächst sollten wir versuchen, zu ergründen, woher diese durch Uranus angezeigte Unruhe kommt, wollen wir sie in den Griff bekommen. Wir müssen in uns gehen und nachspüren, wo ihre Quelle sitzt. Dabei dürfen wir nicht den Fehler begehen, diese Unruhe nur an äußeren Begebenheiten oder Personen festzumachen, da diese letztlich nur ein Spiegel unseres Inneren sind.

Und auch hier greift wieder die astrologische Erkenntnis, dass es nicht genügt, nur das sichtbare Problem zu lösen. Denn die Energien bzw. die Spannungen, die zu den aufreibenden Lebenssituationen geführt haben, würden sich, fielen sie durch irgendwelche glücklichen Umstände plötzlich weg, einfach eine andere, neue

Form suchen, die ebenso belastend für das Leben wäre wie die alte. Diese Transite, die ja über viele Monate hinweg wirksam sind, lassen kein Alibi zu. Es geht, wie immer bei jeder echten spirituellen und psychologischen Arbeit, um die Wurzel des Übels, die es anzupacken und zu ergründen gilt.

Grundsätzlich kann man sagen, dass Frauen diese Transite tendenziell stärker spüren als Männer, da der Mond der Planet des Frauseins, der Weiblichkeit ist. Aber auch sehr seelisch betonte, emotionale, weibliche Männer können von Uranus zum Geburts-Mond stark berührt und innerlich aufgewühlt werden.

Oftmals wirft Uranus zum Mond häusliche und familiäre Probleme auf, angestoßen durch irgendwelche unguten Ereignisse. Manchmal fühlt man sich von Eltern oder dem Ehepartner eingeschränkt und verpflichtet und bekommt den starken Wunsch, sich von Beschränkungen loszureißen. Rein gefühlsmäßig können die eigenen Wünsche und die von Nahestehenden immer noch weiter auseinanderdriften, so dass es zu Konflikten, Krisensituationen und auch Trennungen kommt.

Speziell in puncto Partnerschaft deuten diese Transite ein Reizklima an, da sie mit wachsenden Unzufriedenheitsgefühlen einhergehen. Die eigene Seele dürstet nach Abwechslung und intensiverem Erleben, was der Partner möglicherweise nur schwer verstehen kann. Man will nicht länger in häuslicher Langeweile versacken, sondern neue Eindrücke sammeln, die beleben und erneuern.

Kommt man nicht heraus aus dem eingefahrenen Leben, führt das zwangsläufig zu sprunghaftem Verhalten und Zickzackkurs, der nahestehende Menschen und vor allem den Partner mächtig verunsichern kann.

Oftmals ist auch ein Umzug ein Thema. Man bricht sozusagen seine Zelte ab, um sich woanders niederzulassen und neu zu beginnen. Psychologischer Hintergrund sind die Suche nach der eigenen Identität und der Wunsch, freier und eigenständiger zu leben.

Aufpassen heißt es daneben in Bezug auf Beruf und Finanzen. Auch hier kann die gesteigerte Unruhe zu negativen Entwicklungen, sprich zu völlig übereilten Handlungen und Entscheidungen führen. Gewagte finanzielle Spekulationen münden oftmals in große Verluste. Und allzu spontane Berufs- und Stellungswechsel bedeuten jetzt höchstwahrscheinlich den „Gang vom Regen in die Traufe“.

Um diese Transite gut zu überstehen, brauchen wir vor allem eines: Geduld, Geduld und nochmals Geduld. Das gilt für alle Bereiche, die von ihnen angesprochen werden, ob sie nun beruflich, privat, finanziell oder gesundheitlich sind. Wir dürfen vor allem nichts vorschnell über den Haufen werfen, was sich als gut und wertvoll in unserem Leben erwiesen hat.

Wenn wir es schaffen, immer wieder zur Ruhe zu finden und den Verstand rechtzeitig einschalten, bevor wir überstürzt handeln, dann können uns gerade diese Transite aber unglaubliche Erkenntnisse und letztlich positive Wendungen im Leben bringen. Denn hier paart sich das Gefühl, der Mond, mit Uranus, dem „höheren Denken“, der Intuition. Das heißt, wir können geradezu wundersame innere Bilder und Eingebungen empfangen, die uns zu großen Erkenntnissen verhelfen und uns Zusammenhänge im Leben verstehen lassen, die uns bisher ein Rätsel waren.

Wir dürfen, nein, wir sollten mit dieser gesteigerten Intuition „spielen“, die Eindrücke kommen und gehen lassen und dabei versuchen, zu ergründen, wo es sich wirklich lohnt, etwas Größeres in unserem Leben zu ändern. Die neue Freiheit, die wir jetzt suchen, finden wir in erster Linie in uns selbst. Es ist an der Zeit, sich innerlich zu befreien und rundzuerneuern. Sich selbst neu erfinden, ist das Motto dieser Transite, die in der Folge das innere Wachstum mächtig beschleunigen, sofern man spirituell denkt und lebt und versucht, einen inneren Weg zu gehen.

Uranus-Transite (Konjunktion, Quadrat oder Opposition) **zum Geburts-Mond in Bezug auf die Häuser**

Uranus tr. Mond in Haus 1

Fühlt sich stark eingeengt, Neigung zu Trennung und Ortswechsel, findet keine innere Unruhe mehr und reibt sich in vielen unterschiedlichen Aktivitäten auf.

Uranus tr. Mond in Haus 2
Neigung, aus einer inneren Unruhe heraus zu viel Geld auszugeben, riskante und gefährliche finanzielle Spekulationen, aber auch gute Intuition, was neue Geldquellen betrifft.

Uranus tr. Mond in Haus 3
Rastloses Umherziehen, ständiges Reden und viele Gespräche zehren an den Nerven, unruhiger, überladener Alltag, heftige Spannungen und ungute Zwischenfälle mit Nachbarn.

Uranus tr. Mond in Haus 4
Gefahr eines übereilten Umzugs, Verlust einer Immobilie. Innere Entfernung von der Familie, insbesondere der Mutter.

Uranus tr. Mond in Haus 5
Hunger nach mehr Leben, wechselnde Liebesbeziehungen, die ebenso schnell enden, wie sie entstanden sind, Spannungen und Probleme mit Kindern.

Uranus tr. Mond in Haus 6
Magenproblemen aufgrund von Stress und Aufregung am Arbeitsplatz, Ärger mit weiblichen Kolleginnen bzw. Angestellten, Verlust des Arbeitsplatzes.

Uranus tr. Mond in Haus 7
Heftige Aufregungen und Spannungen in der Partnerschaft, wechselhafte Gefühle, Gefahr einer Trennung, Partner fühlt sich unter Umständen eingeengt und verpflichtet und ist permanent auf der Flucht.

Uranus tr. Mond in Haus 8
Gefahr größerer finanzieller Verluste, Kündigung einer Lebensversicherung, sich vom manipulierenden Einfluss der Mutter und anderen inneren Verwicklungen befreien wollen, sexuell intensives Erleben.

Uranus tr. Mond in Haus 9
Zwischenfälle auf Reisen, Abbruch einer Fortbildung, Sehnsucht nach mehr Freiheit, Gefahr einer übereilten Auswanderung, Bruch mit religiösen Gemeinschaften, kann in die Zukunft sehen.

Uranus tr. Mond in Haus 10
Sich aus beruflichen Beschränkungen befreien wollen, Wandel der Lebensziele aufgrund innerer Veränderung, wird in seiner beruflichen Stellung und Autorität angegriffen und infrage gestellt.

Uranus tr. Mond in Haus 11
Aufregungen und Ärger in Gruppen, Vereinen und Freundeskreis, Verlust guter und sehr naher Freunde, Wandel von großen Wünschen, Hoffnungen und Werten.

Uranus tr. Mond in Haus 12
Starke seelische Unruhe, Gefahr von Psychose und Nervenkrise, Aufkommen von Geheimnissen, weiß nicht mehr, wie er seine Gefühle einordnen soll, chaotisches Innenleben.

Uranus im Transit durch Haus 4
(irdischer Spiegel des Krebses, Zeichenherrscher Mond)

Vieles bricht um, wird neu – in der Familie und im Zuhause

Der Uranus-Transit durch das 4. Haus kann sich sehr unterschiedlich anfühlen. Er kann beunruhigen und aufwühlen, da das 4. Haus mit unserem Zuhause, unserer Familie, unseren Wurzeln zu tun hat und Uranus zum Sprengen, zum Verändern neigt. Ausgerechnet in diesem Bereich ersehnen wir uns aber Ruhe und Stabilität.

Der Reihe nach: Tritt Uranus in das 4. Haus ein, können mehrere Umstände dazu führen, dass wir umziehen wollen oder uns dazu gezwungen fühlen. Da Uranus ein Krawallbruder ist, könnte plötzlich auftauchender Lärm in Nachbarschaft, etwa durch einen Neubau, durch neue, unruhige oder nervige Nachbarn usw. zu schaffen machen und damit eben das Bedürfnis eines Wohnwechsels in uns wecken.

Es könnte aber auch ein Berufswechsel dazu zwingen, umzuziehen oder das Recht auf Eigennutzung, dass der Vermieter plötzlich anmeldet. Unter Umständen haben wir jetzt aber auch nur Lust auf ein neues Zuhause, sehnen uns nach einer neuen Identität, einer anderen Umgebung und anderen Menschen, wünschen uns vielleicht etwas Moderneres und Freieres mit mehr Platz und Möglichkeiten.

Manche dagegen wollen und müssen gar nicht umziehen, beginnen dafür, ihr Zuhause vollständig zu renovieren oder umzugestalten. Fest steht nur eines: Uranus bringt auf jeden Fall Bewegung ins Zuhause. Und: Das muss gewiss nicht schlecht sein. Denn jeder Neuanfang und jede Veränderung haben ihre Chancen auf Wachstum, Erweiterung und persönliche Entwicklung.

Von diesen uranischen Veränderungen ist das Familienleben natürlich zumindest mitbetroffen. Manchmal ist es aber auch die alleinige Ursache für Veränderungen in der Familie. Jüngere oder manchmal auch schon ältere Menschen, die es bisher nicht geschafft haben, sich von zuhause abzulösen, werden unter diesem Uranus-Transit diesen Schritt, der ihnen mehr Freiheit und bessere persönliche Entwicklungsmöglichkeiten verspricht, mit großer Wahrscheinlichkeit wagen.

Je nach Lebenslage und -alter kann man sich aber auch in der umgekehrten Rolle widerfinden, in der Elternrolle, in der man verkraften muss, dass das Kind auszieht und sich deshalb das Familienleben wandelt. Es gibt viele Möglichkeiten der Veränderungen in seinem innersten Kreis, die mit diesem Uranus auftauchen. Manchmal ist es eine Scheidung, der Tod eines Familienmitglieds oder die Geburt eines Kindes, einer Seele, die neu in der Familie auftaucht und diese auf ihre Art verändert.

Diese Veränderungen im privaten Bereich haben natürlich einen großen Einfluss auf unser Innenleben. Manche Menschen fühlen sich nach diesem Transit, wenn es ganz schlimm kommt, entwurzelt. Viele Menschen befreien sich gerade unter diesem Uranus-Transit aber auch aus der Enge familiärer Verpflichtungen, Verwicklungen und Verkettungen, die einfach nicht mehr gut waren und längst hätten gelöst werden müssen, da sie letztlich das eigene Leben und vor allem die eigene Ziele blockierten.

Feste Familienbande sind eben nicht immer nur gut, sondern oftmals sehr belastend und einschränkend. Und Uranus taucht nicht einfach nur so und rein zufällig im 4. Haus auf. Bei manchen

Menschen erscheint er hier aufgrund seiner langsamen Bewegung gar nicht. Natürlich hat gerade der Transit durch das 4. Haus auch einen karmischen Hintergrund, der mit der Suche nach den Menschen und Seelen zu tun hat, die zu einem gehören. Und dafür muss sich unter Umständen das Alte auflösen.

Uranus-Transit in Konjunktion, Quadrat oder Opposition zum Geburts-Merkur

Geniale Einfälle, aber arg strapazierte Nerven

Der Uranus-Transit in Konjunktion, Quadrat oder Opposition zum Geburts-Merkur kennzeichnet ein wahres Feuerwerk der Gedanken. Der Geist wird angeregt und stimuliert wie niemals zuvor. Gleichzeitig sind wir unter diesen Transiten aber auch nervlich am Rande des Ertragbaren, zumindest zeitweise. Es ist eine zweifellos unruhige und anstrengende Zeit, in der wir aber auch viel Neues anstoßen können.

Uranus in Konjunktion mit Merkur ist sicherlich weniger spannungsvoll als das Quadrat oder die Opposition des laufenden Merkurs zu unserem Geburts-Uranus. Der Hauptgrund dafür ist, dass Uranus als die höhere Oktave von Merkur angesehen wird und sich deshalb in der Konjunktion eine nahezu ideale Ergänzung beider Planeten ergibt. Während Merkur für den Verstand, das Denken, die Intelligenz steht, hat Uranus mit dem „höheren Denken", der Intuition, der plötzlichen Eingebung zu tun, die nicht einem Bauchgefühl entstammt, sondern eher mit einem Kurzschluss von innerem Wissen zu tun hat, den wir als blitzartige Erkenntnis wahrnehmen.

Rein spirituell gesehen können wir Merkur als das irdische, rationale Denken betrachten, während Uranus die Verbindung mit dem „Heiligen Geist" und den Engeln herstellt. So gesehen sind gerade die Spannungsaspekte von Uranus zu Merkur, die wiederum sehr viel intensiver und lebendiger als die harmonischen Uranus-Transite zu Merkur sind, sehr beachtenswert. Sie können uns unglaubliche Erkenntnisse vermitteln, die das Potenzial haben, das gesamte Leben zu verändern. Allerdings müssen wir jetzt auch höllisch aufpassen, dass wir nicht vorschnelle Entscheidungen treffen unter diesen Einflüssen. Wir haben gute Ideen, die sich aber innerlich erst noch setzen, die reifen und durchdacht werden müssen.

Sich jetzt zusammenzureißen und zu gedulden, ist eine große Aufgabe und Herausforderung, denn Merkur und Uranus, die mit unserem vegetativen bzw. astralen Nervensystem zusammenhängen, spannen im kritischen Winkel unsere Nerven bis zum Zerreißen an. Wir wollen unter diesen Einflüssen alles schnell erledigen und entscheiden, finden in unserer Hast und Hektik kaum noch Zeit, um einmal so richtig durchzuschnaufen und alle wichtigen Dinge in Ruhe zu durchdenken.

Das Leben läuft wie im Zeitraffer vor uns ab, und die Gedanken rasen mit Hochgeschwindigkeit durch unseren Kopf, nicht permanent, aber in einer gewissen Regelmäßigkeit. Die Folge: Wir wandern am Rande des Burnouts, fühlen uns überfordert und wechseln zwischen übergroßem Einsatz, kreativem Schaffen und nervlicher Erschöpfung hin und her. Ja, wir können jetzt viel schaffen, aber auch regelrecht zusammenklappen.

Besonders stark verspüren das natürlich die Menschen, bei denen sich eine massive Uranus-Spannung bereits als Anlage im Geburtshoroskop befindet. Sie könnten nun beinahe verrückt werden, sind aber auf der anderen Seite eben auch geistig produktiv wie nie.

Es ist nicht einfach, in diesen Zeiten die innere Balance zu finden. Gesundheitlich drohen neben Burnout-Erscheinungen vor allem Nervenkrisen, allerlei unbestimmbare Nervenschmerzen und auch Unfälle, sofern man sich zu sehr von Hast, innerer Unruhe und Termindruck drängen lässt. Oftmals können wir unter diesen Transiten zu allem Überfluss Ärger und Pannen mit technischen Geräten wie Computer oder Autos beobachten.

Meiden sollten wir jetzt unbedingt Räume und Gegenden, in denen großer Elektrosmog herrscht. Und auch wenn es schwerfällt, sollten wir bewusst Ruhepausen einlegen, in denen wir rein gar nichts tun.

Was die Partnerschaft und das Verhältnis zu Freunden und anderen Menschen betrifft, könnte eine verstärkte Reizbarkeit zu Unstimmigkeiten und Streit führen. Uranus, der Merkur in ungeahnter Weise beschleunigt und anstachelt, macht nicht nur vorschnell in Gedanken, sondern auch in Worten. Die Neigung, Worte „fallen zu lassen“, die wir besser bei uns behalten sollten, kann zeitweise sehr groß sein und ziemliche Störfeuer in unserer Umgebung entfachen.

Grundsätzlich sind aber alle geistigen Arbeiten unter diesen Transiten förderlich. Allerdings zeigt sich auch eine gewisse Unkonzentriertheit, da man einfach wenig Ruhe hat und sich gedanklich schnell ablenken lässt. Dennoch: Aufgrund einer gesteigerten Intuition können nun auch geniale Gedanken und Einfälle kommen.

Beruflich und geschäftlich sollten wir aufpassen, dass wir aus der Begeisterung heraus nichts zusagen, was wieder vorschnell wäre und womit wir uns in verzwickte Situationen hineinmanövrieren würden.

Interessant ist die Tatsache, dass viele Astrologen Merkur-Uranus-Aspekte, harmonische wie disharmonische, in ihrem Geburtshoroskop haben. Der Grund ist, dass man als Astrologe bei der Fülle der Informationen, die das Horoskop und der Klient bieten, eine gute Intuition braucht, um zu einer Synthese zu gelangen. Auch bei der Übersetzung von Planetensymbolen in innere Bilder sind Merkur-Uranus-Aspekte hilfreich.

Als Transit verhilft Uranus zu Merkur zu großartigen astrologischen und spirituellen Erkenntnissen. Mit den spannungsgeladenen Uranus-Einflüssen zu unserem Geburts-Merkur geht aber letztlich immer die Gefahr einer Überforderung einher. Eine Entwicklung, der wir Einhalt gebieten müssen. Nur wenn wir das schaffen, baut uns Uranus zu unserem Merkur eine Art Brücke zum Himmel.

Zusammenfassend ist zu sagen, dass uns diese Transite Gedanken und Erkenntnisse schenken, die so kraftvoll, ja genial und befreiend sein können, dass sie unser gesamtes Leben in eine neue und sehr positive Richtung drängen. Sie schenken uns rettende Ideen, die uns aus Notlagen herausführen und zwingen uns, das Leben aus völlig neuen Perspektiven zu betrachten. Am Ende dieser Transite werden wir einen neuen Blick auf uns und die Welt haben. Einen Blick, der frei von alten und überholten Meinungen und Ansichten ist.

Uranus-Transite (Konjunktion, Quadrat oder Opposition) **zum Geburts-Merkur in Bezug auf die Häuser**

Uranus tr. Merkur in Haus 1
Starke innere Unruhe, sprunghaftes Auftreten und Handeln, aber auch viel Witz, Geist, anregende Gespräche, neue Kontakte und viele gute Ideen, die es lohnt, festzuhalten.

Uranus tr. Merkur in Haus 2
Gefahr von Geldverlusten durch vorschnelle Geschäfte, Spekulation und Leichtsinn, aber auch sehr gute neue Geschäftsideen.

Uranus tr. Merkur in Haus 3
Nervenüberreizung, Unfallgefahren durch Hast und Übereilung, keine Zeit mehr für sich selbst, aufgeregter und wenig geordneter Alltag, ist ständig unterwegs, wechselnde, aber auch geniale Ideen, viele neue Kontakte.

Uranus tr. Merkur in Haus 4
Findet auch zu Hause keine Ruhe, nervende Diskussionen im Familienkreis, lehnt sich gegen das Gedankengut und die Vorstellungswelt der Familie auf, fruchtbare geistige Tätigkeit von zu Hause aus.

Uranus tr. Merkur in Haus 5
Gesteigerte Lust auf Sex, Sport und Spiel, wechselnde Liebesbeziehungen, besonders schöpferische Phase in Bezug auf Schreiben und Reden.

Uranus tr. Merkur in Haus 6
Gefahr einer größeren Nervenkrise oder Schmerzstörung, größere Veränderungen am Arbeitsplatz, die eher nachteilig sind, daneben wächst die Wahrscheinlichkeit eines Stellenwechsels, Ärger mit Kollegen.

Uranus tr. Merkur in Haus 7
Heftige Diskussionen, aber auch sehr reger und fruchtbarer geistiger Austausch mit dem Partner, plötzliche, oft übereilte Trennungen, bricht ein Heiratsversprechen, wird gegenüber einem Geschäftspartner vertragsbrüchig.

Uranus tr. Merkur in Haus 8
Verbohrtes, engstirniges Denken, Verluste durch voreilige Entscheidungen, unglaublich gesteigerte Intuition, große Erkenntnisse über den Tod, erfolgreiche Forschungen.

Uranus tr. Merkur in Haus 9
Große Lust, zu reisen und Neues zu entdecken, aber auch Gefahr von Unfällen und Durchkreuzung von Reiseplänen, wechselnde Überzeugungen, große Reden schwingen, die ins Leere laufen.

Uranus tr. Merkur in Haus 10
Beruflicher Zickzackkurs, Überschätzen eigener Fähigkeiten und Möglichkeiten, bricht große Vorhaben und Ziele vorschnell ab, muss sich gegenüber beruflicher Opposition und Gegenwind aus der Öffentlichkeit erwehren.

Uranus tr. Merkur in Haus 11
Schnell werden Freundschaften geschlossen, die aber oft nur oberflächlich sind und sich schnell wieder auflösen, trotzdem auch geistiger reger Austausch unter Freunden, höhere Eingebungen, die das Potential haben, das Leben zu ändern.

Uranus tr. Merkur in Haus 12
Gefahr von Nervenkrisen und geistiger Verwirrung, aber auch tiefe Einsichten und Gespür beim Aufdecken von Geheimnissen, sehr wichtige Erkenntnisse, die aus dem Nichts heraus kommen.

Uranus im Transit durch Haus 3
(irdischer Spiegel der Zwillinge, Zeichenherrscher Merkur)

Das Leben nimmt mächtig Fahrt auf

Tritt Uranus in unser 3. Haus ein, dessen Hauptbereich mit Kommunikation, Wissensaustausch, Selbstdarstellung, kleinen Reisen und Alltag zu tun hat, dann werden wir eine Beschleunigung unseres Lebens wahrnehmen, die es in sich hat. Speziell der Alltag ist unter diesem Transit oft mit allerlei Vorhaben überfrachtet, was zu permanentem Termindruck und ungesundem Stress führen kann.

Uranus in Haus 3 schlägt, um es kurz zu sagen, wie eine Bombe in unseren Alltag ein. Er gilt ja als die höhere Oktave des Merkur, der über das 3. Haus herrscht, und unsere moderne Welt ist fast nur Merkur, also Kommunikation, Handel, Austausch usw., weshalb dieser Uranus hier schwer wiegt und tendenziell einfach ein Zuviel an Energie bedeutet.

Auffallend ist, dass man jetzt nie Zeit hat, zunehmend nervös, hastig und angespannt wird, was letztlich zu Unfällen oder auch Nervenkrisen führen kann, wenn diese Unruhe nicht abgebaut werden kann. Die Reizschwelle sinkt bei einigen Menschen drastisch, das heißt, sie geraten schnell „aus dem Häuschen“ und regen sich sehr über unbedeutende Kleinigkeiten auf. Nicht wenige Menschen fühlen sich in diesen Jahren überfordert und wandeln am Rande eines Burnouts, der typischen Alltagserkrankung der modernen Zeit, des Wassermannzeitalters.

Klar ist, dass wir dieser Tendenz der Überreizung und Überforderung entgegenwirken müssen. Ganz einfach gilt es, zunächst den Alltag besser zu strukturieren, sich einen täglichen Plan zu erstellen, eine Art To-do-Liste, in der wir notwendige tägliche Vorhaben Schritt für Schritt abhaken. Ganz wichtig dabei ist, dass wir realistisch planen und uns wenig vornehmen, das Wenige dafür vollständig zu Ende führen. Damit werden wir automatisch ruhiger.

Diese gewaltige Energie hat aber noch ganz andere Einsatz- und Verwendungszwecke. Sie können das Interesse neuer und uranischer Wissensgebiete wecken, wie etwa an der Astrologie.

Menschen, die beruflich viel reden, referieren und schreiben müssen, haben eine unglaublich schöpferische Phase, in der ihr persönlicher Ausdruck deutlich an Lebendigkeit, Inhalt und Frische gewinnt. Auffallend ist daneben die hervorragende Intuition, die dieser Transit geben kann. Vor allem Menschen, die darum bemüht sind, sich von ihrer inneren Stimme lenken zu lassen, werden das stark spüren.

Auch der Computer, das Internet und soziale Medien können nun für einen an Bedeutung gewinnen. Aber auch hier müssen wir wieder aufpassen, dass durch zu viel Internetsurfen keine nervliche Überreizung eintritt.

Uranus im Transit durch das 3. Haus wird uns zudem viel unterwegs sein lassen, mit dem Auto, dem Motorrad, dem Fahrrad, dem Flugzeug. Auch sonst sehr häusliche Menschen sind plötzlich öfter auf Achse. Wir dürsten geradezu nach Abwechslung und neuen Eindrücken, was wir bis zu einem gewissen Punkt auch zulassen sollten. Niemals sollten die kleinen Fahrten, Ausflüge und Reisen jedoch mit einem Getriebensein einhergehen.

Ärger könnte bei diesem Uranus-Transit durch das 3. Haus mit Geschwistern, anderen nahen Verwandten und Nachbarn entstehen, die ja ebenfalls dem 3. Haus zugeordnet sind.

Uranus verrät hier nicht zuletzt die Notwendigkeit, seine innere Einstellung, seine Gedanken und seine Selbstdarstellung zu ändern. Er will hier sozusagen unser Bewusstsein revolutionieren und unseren Kontakt und geistigen Austausch mit der Außenwelt intensivieren.

Zusammenfassend können wir sagen, dass dieser Transit sehr anstrengend und aufreibend ist, wenn wir seine Energie nicht kanalisieren können. Auf der anderen Seite kann er uns geistig regelrecht erwecken und unser Leben damit auf eine höhere Stufe heben.

Uranus im Transit durch Haus 6
(irdischer Spiegel der Jungfrau, Zeichenherrscher Merkur)
Die Revolution am Arbeitsplatz und in der Gesundheit

Auch das 6. Haus ist, wie das 3., ein Merkur-Bereich, in dem große Aktivitäten vorherrschen. Es ist das Haus der Arbeit, in dem die volle Leistung von uns abverlangt wird. Tritt Uranus, die ultimative Steigerung des Merkur, hier ein, wird es naturgemäß zu viel, können uns die Arbeit und unsere täglichen Pflichten überfordern.

Im Angestelltendasein ergeben sich häufig Veränderungen am Arbeitsplatz, die nicht immer positiv sind und die noch mehr Arbeit und Stress bedeuten können. Oftmals deutet dieser Uranus-Transit auch auf einen Stellenwechsel bzw. einen Arbeitsplatzverlust und Kündigung hin. Wer die Möglichkeit hat, sollte sich jetzt überlegen, in den Freiberuf zu wechseln. Denn dieser Uranus bleibt meist viele Jahre im 6. Haus, und das wiederum könnte auch die künftigen Arbeitsstellen immer wieder infrage stellen. Dies ist letztlich deshalb der Fall, da dieser Uranus rebellisch macht und die Neigung verstärkt, sich gegen tyrannische, ungerechte Chefs und missliche Zustände am Arbeitsplatz aufzulehnen. Man nimmt nicht mehr, wie bisher, alles so einfach hin, und unbequeme Mitarbeiter erleiden eben oftmals das Schicksal einer Kündigung.

Viele Menschen, die diesen Uranus bekommen, übernahmen früher unter Umständen sehr bereitwillig alle möglichen Pflichten, was nun ebenfalls ein Ende hat. Dieser Uranus-Transit lehrt nämlich, sich am Arbeitsplatz abzugrenzen und an sich selbst zu denken.

Noch einmal völlig anders wirkt dieser Transit, wenn man selbst Chef ist. Dann wird dieser Uranus Bewegung und Unruhe in die Angestellten der Firma hineintragen. Es muss mit dem einen oder anderen überraschenden Mitarbeiterverlust und -abgang gerechnet werden, es kann ferner sein, dass man von sich aus Angestellte kündigt, die nicht mehr tragbar sind.

Angestellte, die jetzt neu zum Team hinzustoßen, haben jetzt meist einen uranischen Charakter, das heißt, sie sind unter Umständen rebellisch, freiheitsliebend, widersprüchlich und ordnen sich nicht so gerne unter. Auch damit muss bei diesem Transit gerechnet werden.

Da das 6. Haus im Weiteren das Haus der Gesundheit ist und Uranus zusammen mit Merkur über unsere Nerven herrscht, können wir unter diesem Transit immer eine gesteigerte Nervosität, eine Nervenüberreizung und im Extremfall gar einen Nervenzusammenbruch beobachten. Wir müssen also loslassen von Arbeit und Pflichten, die zu viel und denen wir nicht mehr gewachsen sind. Wir brauchen vor allem mehr Ruhepausen und Erholung. Uranus sagt, dass wir unbedingt unsere Einstellung, was die Gesundheit betrifft, verändern müssen. Er stellt uns die Frage, was wir unserer Gesundheit zuliebe in puncto Ernährung, sportlicher Betätigung usw. künftig besser machen können.

Besonders schädlich ist in dieser Zeit, um es noch einmal deutlich zu sagen, alles, was unsere Nerven strapaziert, wozu vor allem bei Uranus, dem das astrale Nervensystem zugeordnet ist, der Elektrosmog zählt, ein großes Thema unserer Zeit. Man sollte nun möglichst nicht Tag und Nacht am Computer sitzen und, so oft es geht, Handys ausschalten und andere Geräte, die elektromagnetische Strahlungen besitzen, zumindest aus dem Privatbereich fernhalten.

Uranus-Transit in Konjunktion, Quadrat oder Opposition zur Geburts-Venus

Wenn sich die Liebe selbstständig macht

Der Uranus-Transit in Konjunktion, Quadrat oder Opposition zur Geburts-Venus kann in der Liebe wie der Blitz einschlagen. Es sind Transite, die uns emotional übermannen und völlig kopflos machen. Dem Liebesrausch folgt allerdings nicht selten eine relativ schnelle Ernüchterung. Sofern wir uns jetzt nicht neu verlieben, ist auf jeden Fall mit gewaltigen Turbulenzen in unserem Liebesleben zu rechnen.

Uranus im Transit zu unserer Geburts-Venus kann zu einer gewaltigen Explosion in unserem Gefühlsleben führen, vor allem wenn es sich eben um die spannungsgeladenen Transite des Uranus zur Venus handelt. Man darf durchaus behaupten, dass die Sprengkraft von Uranus auf das Liebesleben so gewaltig ist, dass jetzt all das passieren kann, was wir sonst niemals gewagt hätten oder was wir für völlig unmöglich gehalten hätten, dass es je eintrifft. Uranus ist eben immer für große Überraschungen gut, und wenn er Venus in Konjunktion, Quadrat oder Opposition herausfordert, umso mehr.

Möglicherweise verlieben wir uns in einen Menschen, den wir schon lange kennen und mit dem es bisher allenfalls freundschaftlichen Kontakt gab, ganz nach dem bekannten Song: „Tausendmal berührt, tausendmal ist nix passiert“. Oder es sind einfach nur gesellschaftlich scheinbar unpassende Verbindungen: er etwa Bauarbeiter, sie Ärztin, er klein und dünn, sie groß und dick etc. Oder es besteht ein krasser Altersunterschied. Uranus zur Venus macht einfach alles möglich, schafft einen Kurzschluss zwischen Menschen, die sich vorher nicht einmal angeschaut hätten.

Das alles kann sehr gut und zumindest eine enorm wichtige Erfahrung sein. Schließlich sind unsere Auswahlkriterien oft von flachen Vorurteilen geprägt, die verhindern, dass wir eine glückliche Beziehung eingehen. Und: Wer echte Liebe erfahren will, muss lernen, Menschen mit dem inneren und nicht nur mit dem äußeren Auge zu sehen. Dennoch, man darf es nicht leugnen. Natürlich spielt auch das Äußere eine nicht unerhebliche Rolle, und wenn man(n) oder frau seinen/ihren Partner nicht gerne anschaut und „nicht riechen“ kann, hat das Ganze keine große Perspektive und ist im besten Falle vielleicht noch unter vernunftorientierter Beziehung einzureihen.

Unter dem herausfordernden Uranus zur Venus kann dieses Sich-Verlieben in einen Menschen, der nun überhaupt nicht mehr dem bisherigen Suchbild entspricht, dennoch fatale Folgen haben und eine große Ernüchterung nach sich ziehen, ist der erste uranische Liebesrausch, der oft blind macht, vorbei. Betroffene fragen sich hinterher sehr oft: „Oh Gott, auf wen hab‘ ich mich da eingelassen?“

Das Schwierige an diesen Transiten ist tatsächlich, dass die Emotionen und vor allem der erotische Reiz, den Uranus über unsere Venus bringt, so stark sind, dass wir für keinerlei Vernunft mehr zugängig sind. Selbst der gut gemeinte Rat eines Astrologen würde solch eine Beziehung nicht verhindern können, die vor allem dann fatal sein kann, wenn dafür unbedacht eine gute und langjährige Verbindung aufs Spiel gesetzt oder durch eine kopflos schnelle Trennung geopfert wird. Das kann schon eine sehr böse Katerstimmung und bittere Reue nach sich ziehen.

Dieser lockende Uranus kann ein extremer Verführer sein, der uns vormachen will, dass das Neue besser, intensiver und vor allem anders ist. Um Letzteres geht es nämlich auch sehr häufig bei diesen Transiten. Uranus weckt den Wunsch nach einer neuen und freieren Beziehung, die frei ist von Altlasten, dem Alltag und gemeinsamen Problemen, die unvorbelastet ist und aus dem alten Lebenstrott, der möglicherweise keine Perspektive mehr zu haben scheint, herausreißt. Das ist zumindest der Wunsch.

Man könnte also durchaus sagen, es wäre ein großer Fehler, den Liebesverlockungen von Uranus zur Venus nachzugeben. Damit wäre man gewiss auf der sicheren Seite. Aber, Uranus zeigt eben auch an, dass etwas fehlt, dass wir noch intensiver leben wollen, dass wir, auch sexuell gesehen, aus eingefahrenen Mustern herauswollen. Jetzt und um jeden Preis! Und dieser Wunsch scheint legitim, sonst würde er niemals auftauchen.

Eine Affäre, die jetzt eingegangen wird, kann nicht nur die eigene Beziehung zerstören, sondern sie, im Gegenteil, vielleicht retten. Uranus ist dann so etwas wie der Weckruf der Liebe, der sagt: „Wach endlich auf! Du hast die Liebe niemals sicher, du musst dich immer wieder um sie bemühen."

Auch vordergründige Fehler und Treuelosigkeit, die unter diesen Transiten geschieht, müssen nicht zwangsläufig schlecht oder verkehrt sein. Sie gehören zu uns und unserer Geschichte und setzen oft etwas in Gang, das letztlich wiederum gut ist.

Wer Single ist, hat ohnehin nichts zu verlieren und sollte jetzt seine Erfahrungen machen, wenn auch damit zu rechnen ist, dass es unter diesen Transiten nicht unbedingt die große Liebe sein wird, der jetzt begegnet wird. Aber: Besser man macht mal einen Fehler und schießt über das Ziel hinaus, anstatt später auf dem Sterbebett all das zu bereuen, was nicht gewagt wurde.

Diese Transite zeigen uns letztlich, wie wichtig es ist, mit Offenheit und Leidenschaft zu leben, um uns selbst zu spüren, um wichtige Erfahrungen zu machen und sich selbst weiterzuentwickeln. Sie zeigen uns aber auch, dass Fehltritte nicht zu vermeiden sind, sobald wir mit Mut und Leidenschaft leben.

Wer sich in einer festen und glücklichen Beziehung befindet und einen dieser Transite bekommt, hat jetzt zumindest die große Chance, sein Liebesleben gemeinsam mit seinem Partner zu beleben, wie immer das auch aussehen mag. Uranus in Spannung zur Venus ist die ultimative Forderung, sein Liebesleben zu verändern und zu erneuern.

Uranus-Transite (Konjunktion, Quadrat oder Opposition) **zur Geburts-Venus in Bezug auf die Häuser**

Uranus tr. Venus in Haus 1
Sich aus Abhängigkeiten befreien, spontane Verliebtheit, aber auch Trennungen, will neue Wege in der Liebe gehen.

Uranus tr. Venus in Haus 2
Gesteigerte Lust am Kaufen und Geldausgeben, Verlustgefahr durch Spekulationen und Maßlosigkeit, lässt von Besitz los, extreme Schwankungen des Selbstwertgefühls

Uranus tr. Venus in Haus 3
Gesteigerte Flirtbereitschaft, viele kleine Ausflüge und Reisen, erotische Abenteuer unterwegs, Affäre mit Nachbarn.

Uranus tr. Venus in Haus 4
Modernisierung des Zuhauses, überraschende Besuche, die Unruhe und Unfrieden bringen, Wohnungsauflösung durch Trennung, zu hohe spontane Ausgaben für Einrichtung.

Uranus tr. Venus in Haus 5
Spontane Liebesabenteuer, von meist kurzer Dauer, riskante Affäre oder Trennung, gesteigerte Lust auf Sex und erotische Experimente, genießt das Leben in vollen Zügen.

Uranus tr. Venus in Haus 6
Probleme mit den Nieren, verliebt sich in einen Kollegen, Umstellungen am Arbeitsplatz wühlen emotional auf und stören den Frieden.

Uranus tr. Venus in Haus 7
Der Partner will plötzlich mehr Freiheit, Liebe auf den ersten Blick, übereilte Bindung, aber auch Neigung zu vorschnellen Trennungen.

Uranus tr. Venus in Haus 8
Verluste durch riskante Geldanlagen, Ärger mit Versicherungen, aufregende sexuelle Experimente und Erfahrungen, überschreitet Tabus.

Uranus tr. Venus in Haus 9
Verliebt sich im Ausland bzw. in eine(n) Ausländer(in), überhaupt aufregende Erlebnisse auf Reisen, große Lebensfreude, neue Erkenntnisse.

Uranus tr. Venus in Haus 10
Erotische Wünsche und Affären können berufliche Ziele stören, öffentlicher Skandal aufgrund erotischer Eskapaden, wechselt den Beruf, weil er sich im alten nicht mehr wohlfühlt.

Uranus tr. Venus in Haus 11
Aus Freundschaft wird Liebe, sexuelle Experimente, Sprengen einer Gruppe durch Liebesaffäre, große Wünsche und neue Hoffnungen.

Uranus tr. Venus in Haus 12
Heimliche Affäre, die ans Tageslicht kommt, schöne erotische Erlebnisse auf Reisen, verliebt sich in eine(n) Gebundene(n), Liebesrausch, dem eine schnelle Ernüchterung und Entfremdung folgt.

Uranus im Transit durch Haus 2
(irdischer Spiegel des Stiers, Zeichenherrscherin Venus)
Ein völlig neues Lebensgefühl

Uranus im Transit durch das 2. Haus ist ein bedeutender Transit in Bezug auf unsere Finanzen, unseren Besitz und Selbstwert. Es besteht in diesen Jahren die Chance, viel zu gewinnen, aber auch viel zu verlieren. Riskant sind in finanzieller Hinsicht vor allem Spekulation mit größerem Geldeinsatz. Es können einen aber auch einschneidende Ereignisse im Leben, wie Todesfälle, Scheidung usw., zwingen, von Besitz loszulassen.

Bei Freiberuflern kann es auch sein, dass etwa feste und langjährige Auftraggeber wegfallen und eine Neuorientierung nötig machen. Es wird unter diesem Transit aber auch immer wieder beobachtet, dass manche Menschen von sich aus zur Belastung gewordenen Materie und Besitz und die damit verbundenen Verpflichtungen loswerden wollen, um sich im Sinne des Uranus wieder freier bewegen und verwirklichen zu können.

Allgemein ist zu sagen, dass Uranus im Transit durch das 2. Haus vor allem eingefahrene Strukturen, die das Geldverdienen betrifft, aufbricht und verändert, was aber keineswegs nachteilig sein muss.

Auf jeden Fall werden wir in dieser Zeit auch eine totale Veränderung unserer persönlichen Einstellung zu Geld und Besitz beobachten können. Und auch unseren Selbstwert werden wir künftig neu definieren müssen und ihn vielleicht nicht so stark wie bisher von materiellem Erfolg und Besitz abhängig machen. Wir werden unter diesem Transit eine völlig neue Einstellung zu uns selbst gewinnen, und das ist wichtig und gut.

Freiberufler, die bisher nicht wussten, was sie und ihre Leistungen wert sind und die unter Umständen Probleme hatten, sich zu „verkaufen“, können von diesem Transit stark profitieren.

Der neu gewonnene Selbstwert und das veränderte Verhältnis zu Geld können in der Folge zu mehr Offenheit und Kreativität führen, was das Finden und Erschließen neuer, luktrativer Geldquellen betrifft.

Wer in dieser Zeit als Unternehmer mutig denkt und vor allem zukunftsorientiert plant und handelt, der wird überragende Erfolge für sich verbuchen dürfen.

Mit guten Einnahmen und Gewinnen dürfen vor allem Menschen rechnen, die uranische Tätigkeiten ausüben. Dazu gehören z. B. die Astrologie, aber auch andere spirituell orientierte Berufe, die im Wassermannzeitalter auf dem Vormarsch sind.

Die Botschaft des Uranus durch unser 2. Haus ist klar und eindeutig. Es ist an der Zeit, seine schöpferischen Kräfte zu leben und zu verwirklichen, seiner Intuition und seinen guten Ideen zu folgen und sich, und das ist entscheidend, auf seine ganz persönliche Art und Weise zu verwirklichen, ohne größere Kompromisse, was künftig nicht zuletzt eine bessere Abgrenzung nach außen erfordert. Eine spannende Zeit!

Uranus im Transit durch Haus 7
(irdischer Spiegel der Waage, Zeichenherrscherin Venus)
Die neue Liebe und das neue Leben

Dieser Uranus-Transit durch das Partnerschaftshaus müssen wir differenziert betrachten, was seine Wirkung auf Liebe und Ehe betrifft. Ist eine Beziehung schon lange in der Krise, kann Uranus jetzt ihr endgültiges Ende, die Scheidung, ankündigen. In diesem Fall befreit er vom Joch der schwierigen Beziehung bzw. Ehe.

Dieser Transit kann natürlich auch eine gute langjährige Beziehung treffen, die sich dennoch gezwungen sieht, etwas zu verändern, da sie vielleicht eingefahren ist, durch den Alltag und in den immer wiederkehrenden Ritualen und Gewohnheiten dramatisch an Lebendigkeit verloren hat oder (und) vielleicht an zu großer Enge zu ersticken droht.

Im letzteren Falle strebt oft der Partner mehr Selbstständigkeit und Unabhängigkeit an, will einfach wieder mehr eigene Wege gehen dürfen, da das 7. Haus ja nicht nur die Partnerschaft, sondern insbesondere auch den Partner symbolisiert.

Der Wunsch nach mehr Freiheit kann aber auch durch einen selbst angestoßen und auf den Partner projiziert werden, da das 7. Haus und der Partner eine Art Spiegel von uns selbst sind.

Wie immer auch, die Beziehung braucht Luft, unbedingt, muss raus aus Gewohnheiten, muss wieder lebendig werden. Ein Transit, der ja viele Jahre anhalten kann und an dessen Ende sich das Paar neu ineinander verliebt oder endgültig trennt.

Gelegentlich können wir unter diesem Uranus-Transit On-off-Beziehungen erleben, also Beziehungen, die sich immer wieder trennen und zusammenfinden und die keine klaren und festen Zukunftsaussichten haben. Oft besteht hier ein unbewältigtes Freiheitsthema, ein Verlassenheitstrauma aus der Kindheit, das unter diesem Uranus lebendig wird und zu Nähe-Distanz-Problemen führt. Gar nicht so selten deutet dieser Transit eine Wochenendbeziehung an, also der eine Partner hängt beispielsweise in München mit Kindern und Job fest, während der andere beruflich nach Hamburg muss und eben nur am Wochenende nach Hause kommen kann. Eine ganz typische Auslösung dieses Transits.

Auf jeden Fall sollten sich Paare in dieser Zeit bemühen, sich größeren gegenseitigen Freiraum zu gewähren und neue Wege in der Beziehung zu gehen.

Eine völlig andere Bedeutung hat Uranus im Transit durch Haus 7 für Singles. Es kann sein, dass man in all den Jahren, in denen Uranus das Beziehungshaus durchquert, alleine bleibt, da der Wunsch nach Freiheit gegenüber dem einer Bindung überwiegt.

Oft ist dieser Wunsch den Betroffenen selbst gar nicht so sehr bewusst, bei näherem Nachfragen wird man ihn als Freund oder Astrologe aber wohl hervorlocken können.

Wenn doch ein Partner, eine neue große Liebe, ins Leben kommt, dann handelt sich um einen uranischen Typ, also einen Menschen, der in irgendeiner Form ein starkes Uranus- oder Wassermann-Thema im Horoskop hat und der entsprechend des Uranus-Prinzips über eine große Eigenwilligkeit, ausgeprägte Individualität und starkes Freiheitsbedürfnis verfügt, ein Mensch, der nicht eingeengt werden will.

Insgesamt wird dieser Uranus die persönliche Einstellung zum Thema Partnerschaft sowie die Erwartungen in der Liebe völlig ändern. Die freiwillige Liebe, die Liebe, die nichts mit Zwang und auferlegter Verpflichtung zu tun hat, ist die Forderung dieses Transits, der ganz viel mit dem Liebesideal des Wassermannzeitalters zu tun hat. Uranus im Transit durch Haus 7 will, dass wir raus aus den alten Rollen gehen, und er will uns sagen, dass der Partner kein Besitz sein darf.

Diese neue Liebe kann wild-romantische Züge annehmen, und sie hat die Chance, ihre Anziehungskraft zu behalten. Uranus trägt den Leitspruch der französischen Revolution, Freiheit, Gleichheit und Brüderlichkeit, in die Liebe.

Die erfolgreiche Liebe des neuen Zeitalters basiert auf diesen Grundsätzen, hat neben der erotischen Liebe auch geschwisterliche und freundschaftliche Züge. Jetzt wird uns das Thema Partnerschaft verändern!

Uranus-Transit in Konjunktion, Quadrat oder Opposition zum Geburts-Mars

Wir wollen ausbrechen und handeln, dürfen aber nicht

Uranus steht für eine Energie, die sich in jedem Moment und völlig überraschend entladen kann. Sein Transit in Konjunktion, Quadrat oder Opposition zu unserem Geburts-Mars deutet deshalb auf eine hochexplosive Lebenssituation hin, in der wir durch voreilige und unbedachte Handlungen viel zerstören können. Wer es schafft, diese riesige Kraft in Bahnen zu lenken, kann aber auch stark werden und so viel bewegen wie nie zuvor.

Auch bei diesen spannungsgeladenen Transiten des Uranus zum Geburts-Mars müssen wir jedoch zunächst die Realität sehen, bevor wir ihre Chance erkennen können. Mars und Uranus sind in ihrer kritischen Auswirkung Gewaltplaneten, die zerstören und sprengen und dadurch auch eine gewisse Verwandtschaft haben.

Rein klassisch betrachtet, würde man sie zu den „Übeltätern" rechnen, die eben viel kaputtmachen und an bösem Schicksal bringen können. Neutral betrachtet, ist Uranus zu Mars letztlich ein äußerst dynamischer Aspekt, der, wie viele andere Uranus-Transite, unser Leben enorm beschleunigen, aber auch durcheinanderwirbeln kann. Wir bekommen jetzt das Gefühl, schnell handeln zu müssen, um Entscheidungen herbeizuführen, die unter Umständen längst überfällig sind und deshalb Druck auf uns ausüben.

Unsere Reizschwelle sinkt zeitweise auf ein Minimum, und mit unserer Geduld sind wir in vielen Angelegenheiten am Ende. Wir wollen unbedingt reagieren und handeln. Was uns ärgert und einschränkt, wollen wir nicht mehr dulden, wir wollen es sprengen, auflösen, radikal beseitigen. Wir haben zu lange gewartet, zu viele ungute Dinge über uns ergehen lassen. Der Wunsch und das Verlangen nach Befreiung und Abgrenzung können so groß sein, dass wir jetzt für keine Vernunft mehr zugänglich sind.

Besonders kritisch sind diese Transite für Menschen, die von Geburt an eher angespannte Typen sind oder gar gewalttätige Anlagen besitzen. Kommt jetzt ein Mond-Einfluss oder ein anderer spannungsgeladener Transit hinzu, kann es zu regelrechten Ausrastern kommen. In der Partnerschaft können diese Transite zu plötzlichen Trennungen und Befreiungsschlägen führen. Man will sich nicht länger einschränken und bevormunden lassen. Auch können sich harmlose Streitereien aufschaukeln und zu einem Flächenbrand führen. Insgesamt drohen Konfrontationen mit Menschen, die in Prozessen oder gar Handgreiflichkeiten enden können.

Groß ist zudem die Unfallgefahr, sofern wir unsere Emotionen nicht in den Griff bekommen, uns beim Autofahren ständig ärgern und mit anderen Verkehrsteilnehmern anlegen. Unfälle können auch dann geschehen, wenn ungelebte innere Spannungen, die wir nicht mehr losbekommen, sich eben plötzlich im Äußeren entladen. Manchmal können auch körperliche Eingriffe, sprich Operationen, nötig und nicht länger aufgeschoben werden.

In beruflicher Hinsicht kann uns vor allem die Eigenwilligkeit schaden, die durch Uranus im spannungsvollen Transit zu unserem Geburts-Mars entsteht. Möglicherweise wehren wir uns unverhältnismäßig stark gegen Kritik und Bevormundung, oder wir fallen negativ auf durch berufliche und geschäftliche Alleingänge, die vorher nicht abgesprochen wurden.

Grundsätzlich kann man beobachten, dass das Handeln (Mars) unter dem Einfluss des Uranus sehr gegensätzlich und widersprüchlich wird, so dass sich das Leben zu einem Zickzackkurs entwickelt und wir für andere, vor allem nahestehende Menschen, sehr unberechenbar erscheinen. Es besteht jetzt die Neigung, immer so zu handeln, wie es gerade keiner erwartet.

Die Schwere der Auswirkung dieser Transite hängt natürlich auch von unserer Lebenssituation ab. Ist diese sehr stabil, werden wir gelegentlich aufflammende Wut und Aggressionen an uns beobachten, die wir sonst nicht kennen. Ansonsten muss nicht viel passieren. Letztlich haben wir es, wie bei allen schwierigen Transiten, selbst in der Hand, was wir daraus machen. Wir wissen, dieser Uranus kann unseren Mars mächtig antreiben, das heißt, er schenkt Energie, die geradezu unermesslich sein kann und mit der wir ungeheuer viel erreichen und bewegen können. Um so weit zu kommen, müssen wir nur einige Dinge beachten: Insbesondere sollten wir immer darum bemüht sein, auch in sehr angespannten Situationen niemals die Geduld zu verlieren, was nicht einfach ist und was uns nicht immer gelingen wird. Doch allein das Bemühen darum hilft uns weiter und entschärft diese Transite.

Die Einsicht, die Vernunft sind letztlich die Dompteure dieser wilden Kraft, die wir keinesfalls verdrängen dürfen. Dann würde sie sich nämlich unter Umständen in Unfällen oder Krankheiten Geltung verschaffen. Wir sollten den Ärger, die Wut, das starke Wollen und diese Spannungen wahrnehmen und akzeptieren, sie aber keinesfalls verdrängen und herunterschlucken. Wir sollten dann versuchen, ihren Urgrund zu erkennen, indem wir immer weiter und tiefer in uns nachfragen, woher die Spannungen kommen. Dafür müssen wir immer wieder in uns gehen, uns besinnen, nachdenken, meditieren. Die Quelle der Spannungen ist der Schlüssel, der uns hilft, die Aufgabe dieser Transite zu bewältigen.

Zugleich sollten wir aber auch auf der ganz realen Ebene versuchen, diesen übermäßigen inneren Strom abzubauen. Regelmäßiger Sport, aber bitte kein gefährlicher, ist sozusagen ein Muss.

Wie bei vielen anderen Uranus-Transiten, sollten wir ferner versuchen, Elektrosmog in unserer nahen Umgebung abzubauen, nicht ständig das Handy bei uns zu tragen oder gar eingeschaltet im Schlafzimmer aufzubewahren. Nervliche Erkrankungen, ein Zuviel an Aufregung und Elektrizität sind uranischer Natur und das größte Übel unserer Zeit, dem Wassermann-Zeitalter, dessen Herrscher Uranus ist.

Wir dürfen und sollen bei diesen Transiten ausbrechen, neue Wege gehen und uns befreien. Wir sollten bei alledem jedoch fair und besonnen bleiben und nichts überstürzen, nur weil wir vorher etwas versäumt haben.

Uranus im spannungsvollen Transit zu unserem Geburts-Mars ist eine Revolte unseres Willens und Wollens. Wir begehren jetzt mit Recht gegen Umstände auf, die uns ärgern, bevormunden und beschränken. Allerdings sollten wir eben nicht blind drauflosschlagen und voreilig handeln. Damit würden wir uns nur selbst schaden und den Sinn dieser Transite verfehlen, die letztlich eine enorme und vielleicht bisher nie gekannte Geduldprobe darstellen. Manchmal wollen wir nun unbedingt schnell handeln, wissen aber ganz genau, dass wir damit vieles zerstören würden. In diesem Moment wird neben der Geduld das Vertrauen, dass manche Dinge genau so kommen, wie sie vorgesehen und richtig für uns sind, zum entscheidenden Faktor.

Uranus-Transite (Konjunktion, Quadrat oder Opposition) **zum Geburts-Mars in Bezug auf die Häuser**

Uranus tr. Mars in Haus 1
Plötzlich ausbrechende Aggressionen, Schaden durch übereilte Aktionen und Handlungen, spaltet, trennt und zerstört, kann keine innere Ruhe mehr finden.

Uranus tr. Mars in Haus 2
Finanzieller Engpass durch unnötige Ausgaben und außerplanmäßige Zahlungen, Investitionen, die nicht den erhofften Gewinn bringen, willkürlicher Umgang mit Geld, allgemein gefährliche finanzielle Risiken.

Uranus tr. Mars in Haus 3
Starke innere Spannungen, Neigung zu Streit und heftigen Auseinandersetzungen, Ärger mit Nachbarn und Geschwistern, deutlich erhöhte Unfallgefahren durch Ungeduld, Eingehen unsinniger Risiken und Raserei, ist rastlos und permanent auf Achse.

Uranus tr. Mars in Haus 4
Heftige Streitereien und Auseinandersetzungen in der Familie, überhandnehmende Spannungen im Zuhause, sieht sich gezwungen, seine Wohnung bzw. sein Haus zu verkaufen, Risiko eines voreiligen Ortswechsels.

Uranus tr. Mars in Haus 5
Riskante Liebesaffäre und erotische Abenteuer, rastloser Eroberungsdrang führt zu wechselnden Beziehungen, heftiges und plötzliches Ende einer Liebesbeziehung, große sportliche Leistungen, aber auch erhöhte Verletzungsgefahr, Ärger und Streit mit Kindern.

Uranus tr. Mars in Haus 6
Operationen, die notwendig werden und sich nicht aufschieben lassen, Neigung zu Verletzungen und Entzündungen, hohes Fieber im Krankheitsfall, Streit und Ärger mit Kollegen, Verlust des Arbeitsplatzes.

Uranus tr. Mars in Haus 7
Heftiger Streit aus dem Nichts, der zu Affekthandlungen und übereilten Trennungen führen kann, Dauerkrise in der Partnerschaft, erhöhtes Risiko von Prozessen und Angriffen von außen.

Uranus tr. Mars in Haus 8
Riskante Abenteuer, Unfallgefahren, erhöhtes Risiko, mit Gewalt konfrontiert zu werden bzw. selbst Gewalt anzuwenden. Affekthandlungen mit bösen Folgen, überraschende und sehr plötzliche Todesfälle.

Uranus tr. Mars in Haus 9
Permanenter Streit und weltanschauliche Diskussionen münden in Zerwürfnisse und Trennungen, Unfallgefahren vor allem auf Reisen, spontaner Abbruch eines Studiums.

Uranus tr. Mars in Haus 10
Durchkreuzung beruflicher Pläne, plötzliche Änderung und Kehrtwendungen in beruflichen Zielen, öffentliche Anfeindungen und Skandale, Bevormundung, willkürliche Entscheidungen und Machtmissbrauch führen zu Trennungen und provozieren Widerstand.

Uranus tr. Mars in Haus 11
Heftige Auseinandersetzungen mit Freunden, Spannungen in Vereinen, Freundschaftskreisen und sonstigen Gemeinschaften, die zu Trennungen führen, asoziales Verhalten erregt Ärgernis und führt zu heftigen Konflikten.

Uranus tr. Mars in Haus 12
Psychische Probleme, gefährliche Feindschaften, Aufkommen von Intrigen oder Mobbing, Alleingänge und voreilige heimliche Handlungen und Entscheidungen führen ins Abseits.

Uranus im Transit durch Haus 1
(irdischer Spiegel des Widders, Zeichenherrscher Mars)
Zeit der Befreiung

84 Jahre braucht Uranus, um den Tierkreis zu durchqueren. Wir bekommen (beinahe) jeden Uranus-Transit durch das jeweilige Haus nur einmal im Leben. Und das 1. Haus ist eines unserer wichtigsten Lebensbereiche, da es mit unserem Ich, unserem persönlichen Ausdruck und unserer Entfaltung zu tun hat. Sieben Jahre und länger wandert er zudem durch das 1. Haus und kündigt damit einen sehr wichtigen Lebensabschnitt an, der mit Sicherheit auch eine große karmische Bedeutung besitzt.

Uranus im Transit durch Haus 1 ist, um es kurz zu sagen, der verschärfte Kampf unserer Persönlichkeit um mehr Freiheit und Unabhängigkeit im Leben, um letztendlich schöpferischer, kreativer und selbstbestimmter leben zu können. Wir nehmen uns jetzt das Recht heraus, uns aus allen Verstrickungen, die eben auch oft karmischer Natur sind, zu lösen.

Betrachten wir unser Leben, dann haben diese Verstrickungen in unserer Familie ihren Anfang genommen, wurden in der Schule, im Beruf, im Freundeskreis usw. fortgesetzt. Immer gab es irgendwelche Zwänge und Notwendigkeiten, die auch dafür verantwortlich waren, dass wir nicht wir selbst sein und uns voll entfalten durften. Damit soll nun Schluss sein. Wir planen unsere eigene, ganz persönliche Revolution, indem wir uns verändern, uns da abgrenzen, wo es nötig wird, indem wir nicht mehr das machen, was andere gut finden, sondern wir selbst.

Uranus sagt, dass es jetzt an der Zeit ist, seine eigene Persönlichkeit zu werden, und das gelingt eben nur über eine Revolution. Alles andere würde unser festgefahrenes Leben und Auftreten und das Bild, das die anderen von uns haben, kaum erschüttern.

Es ist ein Kampf, der uns in unserer persönlichen Entwicklung weit voranbringen kann, da sich bisherige Begrenzungen auflösen und sich neue Wege für uns öffnen. Wir werden auf diesem Wege mit Sicherheit Trennungen in Kauf nehmen müssen.

Viele Ehe finden ein Ende, sofern sie eine Sackgasse geraten sind und nur noch aufgrund äußerer Zwänge und Gewohnheiten zusammengehalten wurden. Es sind Trennungen, die in aller Regel sehr einschneidend für das weitere Leben verlaufen und die meist mit einem großen Knall erfolgen, die auch das nähere Umfeld und die Freunde des Paares in zwei Hälfen spalten werden.

Überhaupt wird man unter diesem Uranus-Transit nun anfangen, zu polarisieren, wird verstärkt die einen Menschen abstoßen, um andere, neue anzuziehen. Von den einen hat man genug, andere, die bisher nicht im Fokus waren, da sie nicht dem eigenen Verständnis oder Entwicklungsstand entsprochen haben, beginnen, das persönliche Interesse zu wecken. Die Kompromisse und auch die Bereitschaft, sich ein- und unterzuordnen, werden deutlich weniger.

Und klar, viele Menschen werden sich verwundert die Augen reiben und die betroffene Person, die jetzt von Uranus inspiriert und belebt ist, nicht wiedererkennen. Aber, das gehört zum Plan dieses Transits, der nicht nur einen selbst, sondern auch die Umwelt verändern will.

Was das Karma eines Menschen betrifft, hat er in diesen Jahren möglicherweise die große Chance, sich aus Verstrickungen und Verkettungen mit anderen Seelen zu lösen, die möglicherweise schon viele Leben vorhanden sind und das persönliche Weiterkommen blockieren.

Und immer wieder sagt Uranus: „Jetzt ist es gut, jetzt dürfen wir nach unserem eigenen Willen handeln und so leben, wie wir uns das wünschen und vorstellen."

Das Hauptrisiko dieses Transits liegt vielleicht in der zu großen Eigenwilligkeit, die er erzeugt. Und je nach Anlage, kann der eine oder andere jetzt endgültig zum Narzissten und Sonderling mutieren.

Nicht richtig wäre es auch, seine Freiheit und Unabhängigkeit ausschließlich im Äußeren zu suchen. Es gibt Verpflichtungen, denen wir uns stellen müssen und die es auf jeden Fall aufrecht zu halten gilt, z.B. wenn es sich um Kinder handelt, für die wir die Verantwortung tragen. Freiheit kann und muss in erster Linie im Inneren gefunden und entwickelt werden.

Sobald wir uns geistig und seelisch weiten, werden automatisch äußere Beschränkungen fallen. Wie innen so außen, wie oben so unten, lautet das geistige Gesetz der Entsprechung, dem wir folgen sollten.

Uranus-Transit in Konjunktion, Quadrat oder Opposition zum Geburts-Jupiter
Dünnes Eis für Glücksritter

Jupiter und Uranus sind die beiden Planeten der Freiheit. Fordert der Uranus-Transit in Konjunktion, Quadrat oder Opposition den Geburts-Jupiter heraus, ist das Verlangen nach mehr Eigenständigkeit stark angesprochen. Wir wollen ausbrechen, um unser Glück zu finden. Allerdings besteht nun die Gefahr, dass wir den Pfad der Demut und Bescheidenheit verlassen, was sich bitter rächen könnte.

Vor allem das Quadrat und die Opposition des laufenden Uranus zum Geburts-Jupiter kann Spannungen aufwerfen, die nicht immer leicht zu handhaben sind, wenngleich in den meisten Fällen von diesen Transiten keine sehr dramatischen Krisensituationen zu erwarten sind.

Durchaus harmonisch und vielleicht sogar noch einen Tick klarer und intensiver können wir den Uranus-Transit in Konjunktion zu Jupiter werten, da sich die beiden Planeten in enger Umarmung ihrer Natur nach, was Freiheit, Befreiung, Erweiterung betrifft, ergänzen und nicht stören. Dieser Drang nach mehr Unabhängigkeit und oft auch nach einem neuen, vermeintlich besseren Leben kann jedoch auch bei der Konjunktion wie erst recht beim Quadrat und der Opposition so stark werden, dass er alle Vernunft über Bord wirft.

Wir sehnen uns nach glückhaften Veränderungen, wandeln dabei aber auf dünnem Eis. Wir sollten jetzt vor lauter Übermut und blindem Optimismus nichts aufs Spiel setzen, was gut und für unser Leben wichtig ist. Gemeint sind zwischenmenschliche Beziehungen, wie Partnerschaften oder Freundschaften, die uns am Herzen liegen. Es kann sich aber auch um berufliche Verbindungen handeln, die man jetzt infrage stellt, da grundsätzliche Auffassungen auseinanderdriften und keine kontinuierliche Zusammenarbeit mehr gesehen werden kann.

Der erwachende Wunsch nach mehr Freiheit und das Bedürfnis, Fesseln abzustreifen, die das Leben einschränken, kann sich etwa auch auf eine einschränkende Familien- oder Wohnsituation beziehen. Die grundsätzliche Frage ist jetzt: Muss ich wirklich eine Beziehung, ein Arbeitsverhältnis sprengen, muss ich meinen Wohnort wechseln, um mich besser und freier entfalten zu können?

Klar ist, dass der Rebell Uranus die radikale Lösung, den Bruch mit der Vergangenheit, bevorzugt, um endlich ungehindert frei durchstarten zu können. Er mag das Alte nicht, das oft wie schwere Klötze an uns und unserer Entwicklung hängt.

Dennoch muss die „Verbesserung" unseres Lebens nicht immer gleichbedeutend mit der Zerstörung und radikalen Beseitigung von allem sein, das uns belastet. Mehr Freiheit können wir unter Umständen auch dadurch finden, dass wir z. B. unserem Partner klarmachen, dass wir die gemeinsame Lebensform ändern müssen, da wir sie so nicht mehr ertragen können.

Klar ist auch, dass wir uns jetzt nötige Freiräume schaffen müssen, die letztlich jeder in unserer Nähe und Umgebung akzeptieren muss. Kann sein, dass wir damit nahestehende Menschen vor den Kopf stoßen. Das jedoch gehört zum Leben und zur Entwicklung eines jeden Menschen.

Wir können es nicht immer allen und jedem rechtmachen. Das geht nicht. Allein der Versuch würde schon eine Einschränkung unseres Lebens bedeuten, für die wir niemanden außer uns selbst verantwortlich machen dürfen. Sich mehr Freiheit zu verschaffen, heißt letztlich auch, sich mit anderen auseinanderzusetzen. Dabei die eigenen Grenzen zu wahren und sich aber auch verantwortungsvoll gegenüber den Menschen, mit denen man eng verbunden ist, zu verhalten, wäre der richtige Weg.

Je nach persönlicher Anlage können diese Transite zu einer optimistischen Einstellung verführen, was wiederum Gefahren in beruflicher Hinsicht bringen kann. Angebote auf eine bessere Position bzw. Anstellung oder Geschäfte, die riesigen Gewinn versprechen, könnten sich als Luftschlösser erweisen, die der Realität nicht standhalten. Auch finanzielle Spekulationen sind unter diesen Transiten mit erheblichen Risiken und einer großen Verlustgefahr verbunden, auch wenn im ersten Moment alles sehr gut und vielversprechend aussieht.

Wichtig ist, dass man sich jetzt nicht von Blendern im Überschwang zu Dummheiten verführen lässt. Allzu große Vertrauensseligkeit wäre töricht. Wir müssen unseren Optimismus zügeln und versuchen, die Realität und die möglichen Risiken zu sehen, die allen größeren Entscheidungen und Unternehmungen anhaften.

Wenn wir das beherzigen, dann können wir diese Transite und ihre gewaltigen Kräfte, die wie ein tosendes Gewitter über unser Leben streifen, durchaus positiv nutzen. Wir spüren, dass uns mehr Freiheit und Unabhängigkeit zustehen.

Wir haben das Recht, uns zu verwirklichen und unser Glück zu suchen. Nichts und niemand kann uns daran hindern. Wir dürfen jetzt nur nicht voreilig handeln und den übergroßen inneren Druck zulassen, der sich vielleicht über Jahre hinweg angestaut hat. Weil wir selbst immer wieder zurückgesteckt und Rücksicht genommen haben. Weil wir uns nicht getraut haben, den eigenen inneren Impulsen zu folgen.

Mehr Freiheit ist überfällig und auch unser Glück, das damit verbunden ist, sonst würde Uranus nicht in einem Spannungswinkel zu unserem Geburts-Jupiter auftauchen. Das ist ganz klar. Das Schöne an diesen spannungsvollen Transiten ist, dass sie sehr viel Licht in unser Leben hineintragen, dass sie uns aufwecken, elektrisieren und aufzeigen, dass noch mehr möglich ist. Und: egal wie alt wir sind, dass das Leben noch nicht zu Ende ist. Vor allem diese Botschaft gilt es zu verstehen und ihr mit Sinn und Verstand zu folgen.

Uranus-Transite (Konjunktion, Quadrat oder Opposition) **zum Geburts-Jupiter in Bezug auf die Häuser**

Uranus tr. Jupiter in Haus 1
Sich mit aller Kraft aus Abhängigkeiten befreien wollen, Aufleben um jeden Preis.

Uranus tr. Jupiter in Haus 2
Übertriebene Investitionen, Geldverluste durch sinnlose, spontane, überteuerte Ausgaben.

Uranus tr. Jupiter in Haus 3
Rastlosigkeit, aufgebauschter Alltag, ständig unterwegs, wenig Ruhe.

Uranus tr. Jupiter in Haus 4
Gefahr eines voreiligen Erwerbs einer Immobilie oder eines Umzugs. Modernisierungen, die irgendwie nicht passen.

Uranus tr. Jupiter in Haus 5
Glücksritter in Sachen Liebe: viele Affären und schöne Erlebnisse, aber keine ernsthafte Bindung.

Uranus tr. Jupiter in Haus 6
Leberschmerzen, Verdauungsprobleme durch exzessiven Lebensgenuss. Wechsel des Arbeitsplatzes.

Uranus tr. Jupiter in Haus 7
Bedürfnis nach mehr Freiheit, berufliche wie private Trennungstendenz.

Uranus tr. Jupiter in Haus 8
Vermögenseinbußen, Erbschaftsverluste, törichte materielle Risiken eingehen.

Uranus tr. Jupiter in Haus 9
Spontane weite Reisen, voreilige Auswanderung, Abbruch eines Studiums.

Uranus tr. Jupiter in Haus 10
Befreiung aus beruflicher Abhängigkeit. Neigung, in den Freiberuf zu wechseln.

Uranus tr. Jupiter in Haus 11
Knüpfung neuer Freundschaften, aber auch Trennung von alten.

Uranus tr. Jupiter in Haus 12
Will „aussteigen“, lehnt sich gegen Konventionen auf. Flüchtet vor Verantwortung.

Uranus im Transit durch Haus 9
(irdischer Spiegel des Schützen, Zeichenherrscher Jupiter)
Zeit der geistigen Erweckung

Uranus ist Anarchie, Umsturz, „wind oft change“. Tritt er in unser 9. Haus ein, führt dies zu einer totalen Veränderung unserer Gedankenwelt, unserer grundlegenden Überzeugungen und möglicherweise auch unseres Glaubens. Eine besondere Wohltat ist, dass dieser Uranus nun von tiefsitzenden Glaubenssätzen befreien kann, von Meinungen, die wir einfach so übernommen haben und die sich in unserem Geist einnisten konnten, weil wir sie bereits in unserer Kindheit aufgedrückt bekamen. Viele dieser Glaubenssätze haben das Leben erschwert und möglicherweise in eine falsche Richtung gedrängt. Die eigene Moral hat uns oft an Schritten und Entscheidungen im Leben gehindert, die unter Umständen gut und wichtig für uns gewesen wären. Es dämmert uns zunehmend, dass wir vieles versäumt haben, weil wir einfach in einigen Dingen zu engstirnig gedacht haben.

Bevor diese Erkenntnisse reifen und zur Blüte gelangen, beginnen wir im Laufe dieses Transits immer mehr, die Meinungen anderer und die eigenen zu hinterfragen. Uranus ist seiner Natur nach provokant und wird uns in weltanschauliche Auseinandersetzungen hinein verwickeln, die unter Umständen sogar in Rechtsstreitigkeiten enden. Uranus drängt uns letztlich, die Menschen, die Welt, uns selbst, das Recht und die Gerechtigkeit neu zu betrachten und zu bewerten. Alles wird von völlig neuen Perspektiven aus betrachtet, und das ist gut so, denn das ist die eigentliche Voraussetzung für eine Bewusstseinserweiterung. Fast könnte man von einer geistigen

Erweckung sprechen, die vor allem die Menschen betrifft, die sich überhaupt mit inneren Dingen beschäftigen und die nach höheren Erkenntnissen und Standpunkten im Leben trachten. Menschen, die mit sich und ihre Umgebung nicht eins sind, wird dieser Uranus-Transit dagegen eher zu Querulanten und Aufwieglern machen, die aufgrund ihrer Antihaltung gegen alles und jeden bereits aus reinem Oppositionsgeist widersprechen.

Sehr bedeutsam für die geistige Entwicklung in einem höheren Sinne können in diesen Jahren große Reise werden, die ja nicht nur eine äußere, sondern auch innere Horizonterweiterung darstellen durch das Eintauchen in fremde Kulturen. Mit diesem Uranus wächst das Bedürfnis, toleranter und vor allem weltoffener zu werden, was wiederum das Bewusstsein weitet. Zurückgekommen nach einer weiten Reise, wird automatisch die eigene kleine Welt mit anderen Augen gesehen.

Nicht unbedingt richtig ist die oft weit verbreitete astrologische Ansicht, dass Uranus im Transit durch das 9. Haus zu Unfällen, Aufregungen und Missgeschicken im Ausland führt. Kann sein, muss aber nicht. Eher kritische Tendenzen in Bezug auf Reisen sind erst dann gegeben, wenn der Uranus-Transit z. B. zu einer Flucht ins Ausland verführt, etwa in Form einer überstürzten und wenig durchdachten Auswanderung. Schwierig kann es auch dann im Ausland und auf Reisen werden, wenn Uranus im Transit durch das 9. Haus zusätzlich spannungsvolle Transite mit entsprechenden Planeten des Geburtshoroskops bildet. Grundsätzlich bringen weite Reisen unter diesem Einfluss aber immer mehr Freiheit im positiven Sinne und die Chance neuer Erfahrungen, Sichtweisen und Erkenntnisse.

Der Geist wird nicht zuletzt durch Studium, Bildung und Fortbildung geweitet, weshalb Uranus Betroffene nun auch stark motivieren kann, zu lernen, sich fortzubilden, einfach Neues zu erfahren. Der Zeitpunkt ist etwa ideal, um mit dem Studium der Astrologie oder anderen Gebieten zu starten, die Uranus zugeordnet sind. Vielfach deutet dieser Transit aber auch nur den Wunsch an, etwas Außergewöhnliches, Einzigartiges zu erlernen, das eben auch in der persönlichen Entwicklung weiterbringt. Und darum geht es jetzt im Wesentlichen und ganz Besonderen.

Uranus-Transit in Konjunktion, Quadrat oder Opposition zum Geburts-Saturn
Uranus reißt alte Mauern ein

Der Uranus-Transit in Konjunktion, Quadrat oder Opposition zu unserem Geburts-Saturn ist wie ein Wirbelsturm, der über unser Leben hereinbricht und über Nacht alles verändern kann. Es handelt sich hier um eine starke Wendekraft, die das alte Leben niederreißt, da es uns einengt und unserer künftigen Entwicklung im Wege steht. Eine wahrlich nicht immer einfache Zeit, die für uns aber sehr wichtig ist.

Unser Geburts-Saturn ist nicht nur der strenge Lehrmeister im Leben, der will, dass wir uns mit unseren Schwächen, Problemen und Ahnen auseinandersetzen, deren Leid wir oft unbewusst übernehmen. Er ist auch die Kraft in uns, die nach Schutz und Abgrenzung strebt. Saturn baut eine wahre Festung in uns und vor uns auf, die uns vor Angriffen von außen schützen und uns helfen soll, ein möglichst stabiles Leben zu führen.

Je schwächer Saturn im Geburtshoroskop angelegt ist, desto größere Probleme haben Menschen deshalb oft mit den Themen Abgrenzung und Pflichterfüllung. Taucht Saturn dagegen zu dominant und schwer auf, werden die Mauern unserer Festung nahezu unüberwindlich, was in die Isolation, Einsamkeit und Schwere treibt.

Natürlich hat nun ein spannungsgeladener Uranus-Transit vor allem bei diesen stark saturnisch geprägten Menschen eine ungeheure Sprengkraft, die im ersten Moment zutiefst verunsichern, ja den Boden entziehen kann.

Denn indem Uranus jetzt größere Umstellungen fordert und die Mauern einreißt, die man sich lange mühsam aufgebaut hat, nimmt er uns eben auch die vermeintliche Sicherheit, den Schutz, den wir uns durch unsere Reife, Einsichten und Erfahrungen so mühevoll geschaffen haben.

Manche Menschen haben bis zu diesem Zeitpunkt vielleicht gedacht, dass ihr dermaßen festes Leben durch nichts mehr erschüttert oder gar verändert werden kann. Diese Transite werden sie eines Besseren belehren. Das Leben kann immer und zu jeder Zeit umbrechen, vor allem eben, wenn Uranus am festgefahrenen Leben zu rütteln beginnt.

Mit Uranus und Saturn prallen zwei extrem gegensätzliche Kräfte aufeinander. Saturn ist die Realität, von der wir dachten, dass sie bis auf alle Ewigkeit festzementiert sei. Saturn ist ferner der Planet der Ordnung, der Tradition, der bewahren und allen Dingen in unserem Leben, ob sie nun privat oder beruflich sind, einen festen Rahmen geben will.

Während Saturn die Regel ist, ist Uranus die Ausnahme, das Unvorhergesehene, die Überraschung, das Nichtfürmöglichgehaltene, das neue Leben, das uns herausfordert wie noch nie. Doch keine Angst. So tief die Krise beim einen oder anderen auch sein mag, die Erschütterung durch Uranus ist nötig, damit wir und unser Leben sich ändern können.

Ohne einen dieser Uranus-Transite würde unser Leben immer fester, ja starrer werden und schließlich kein Leben mehr zulassen. Wir sollten immer daran denken: Kein herausfordernder Transit ist zufällig, höchstens im Sinne des Zufallens.

Nicht immer erkennen wir gleich den Sinn hinter fundamentalen Veränderungen, die wir oft als schmerzhafte Einbrüche empfinden. Meistens haben sich Dinge und Gewohnheiten eingeschlichen, die uns jetzt irgendwie einengen und belasten.

Privat kann es sich um eine Beziehung handeln, die so fest und unabänderlich scheint, dass wir das Gefühl haben, in ihr zu ersticken. Uranus kann diese Beziehung sprengen, sie zumindest aber infrage stellen oder eben ändern, auf völlig neue Beine stellen. Auslöser kann man selbst sein, meist aber ist ein spezielles, besonderes Ereignis der Anstoß des Steins, welches diesen ins Rollen bringt.

Da Saturn immer mit unserem Beruf und unseren Lebenszielen zu tun hat, da er so etwas wie der natürliche Herrscher über unsere großen Lebens- und Berufsziele ist, wird uns während dieser Uranus-Transite oftmals bewusst, welche äußeren und inneren Einschränkungen und Belastungen uns bisher daran gehindert haben, voll durchzustarten und Erfolg zu haben.

Saturn kann mit alten Verbindungen wie Gewohnheiten zusammenhängen, die nun geändert werden müssen. Das alles ginge bei einem Sextil oder Trigon des Uranus zu Saturn sehr viel leichter und harmonischer vonstatten. Aber man tut es eben nicht unter harmonischen Transiten, weil die Notwendigkeit fehlt.

Bei Konjunktion, Quadrat oder Opposition des Uranus zu unserem Geburts-Saturn ist der Konflikt zwischen dem Alten (Saturn), das überholt ist und ausgedient hat, und dem Neuen (Uranus), das die Zukunft ist, sehr viel größer. Und die nötigen Veränderungen, die diese Winkel anzeigen, werden oft erzwungen, von außen aufgedrückt, was ungemein anstrengend ist und das Leben dramatisieren kann.

Aber, diese Veränderungen sind eben überfällig, da innere Blockaden sie zu lange verhindert haben. Die Geburt des Neuen, die manchmal mit gesundheitlichen Störungen einhergeht, ist immer schwer, beschenkt uns aber mit dem Gefühl der Befreiung und Erlösung.

Wie sollen wir uns jetzt verhalten? Zweifellos stellt uns das Leben vor eine Zerreißprobe. Hinter all den Dramen tauchen nun aber unvermutete Räume und Möglichkeiten auf, die in erster Linie durch die bröckelnden Mauern und fehlenden Sicherheiten entstehen.

Ja, diese Transite können sich anfühlen wie ein Traum, in dem wir ins Bodenlose fallen. Sind wir bereit, innerlich loszulassen und Vertrauen in unsere innere Führung zu fassen, können wir aber plötzlich fliegen.

Jetzt sind wir frei und beginnen das Leben von ganz neuen Perspektiven aus zu betrachten. Es erscheint uns plötzlich größer und noch viel reicher, als wir bisher dachten. Der Schock des Uranus hat uns die Augen geöffnet und lässt uns jetzt die Menschen, die Natur, einfach alles mit anderen Augen als bisher betrachten.

Das alles kann zu einem gewaltigen Reifeprozess führen. Wir erkennen, was wirklich wichtig im Leben ist und vor allem, was uns bisher gehindert, innerlich und äußerlich blockiert hat. Hinter den zerstörten Mauern taucht eine völlig neue Welt auf. Alles ist jetzt anders, die Uhren werden neu gestellt.

Uranus-Transite (Konjunktion, Quadrat oder Opposition) **zum Geburts-Saturn in Bezug auf die Häuser**

Uranus tr. Saturn in Haus 1
Persönliche Beschränkungen werden durch größere Lebensumstellungen und Veränderungen gesprengt, Kampf um mehr persönliche Freiheit, Verlust von Sicherheiten, an die man sich geklammert hat, Hemmungen „auf Teufel komm raus“ überwinden wollen.

Uranus tr. Saturn in Haus 2
Verlust materieller Sicherheiten, panische Angst vor Verarmung, unvorhergesehene Ausgaben und Investitionen, muss seinen Bezug zu Geld und zu sich selbst (Selbstwert) ändern.

Uranus tr. Saturn in Haus 3
Gefahr von Unfällen mit langfristigen Folgen, chaotischer und aus den Fugen geratender Alltag führt zur Überforderung, muss unbedingt an seiner Selbstdarstellung arbeiten, will er nicht als verneinend, düster und negativ im Denken wahrgenommen werden.

Uranus tr. Saturn in Haus 4
Dramatische Veränderungen in der Familie, manchmal nötiger Umzug und Aufgabe von Haus oder Wohnung, will aus festen und verpflichtenden Familienbanden ausbrechen.

Uranus tr. Saturn in Haus 5
Aufbrechen von Hemmungen und Blockaden durch einschneidende Liebeserlebnisse, muss sich öffnen, um Lebensfreude zu bekommen, Aufregungen durch schwierige Kinder.

Uranus tr. Saturn in Haus 6
Plötzliche gesundheitliche Krisen zwingen zur Lebensumstellung, verliert die sicher geglaubte Anstellung, fühlt sich arbeitsmäßig aufgrund zunehmender Aufgaben überfordert, hat das Gefühl, im „Hamsterrad“ zu stecken.

Uranus tr. Saturn in Haus 7
Gefahr einer Trennung oder Scheidung, allgemein Auflösung von festen Bindungen, auch in beruflicher Hinsicht, wird vom Partner

verletzt, erkennt, dass er Nähe zulassen muss, um eine erfüllte Beziehung führen zu können.

Uranus tr. Saturn in Haus 8
Erbe wird infrage gestellt, Ärger und Verlustgefahr auch durch Banken und Versicherungen, sieht sich mit großer Angst vor Tod und Krankheit konfrontiert, sieht sich zu größeren Lebensumstellungen gezwungen, muss von vermeintlichen Sicherheiten Abstand nehmen.

Uranus tr. Saturn in Haus 9
Zwischenfälle können zum Abbruch einer Reise führen, muss sich und seine starren Überzeugungen ändern, will er geistige Enge überwinden und Vertrauen ins Leben finden.

Uranus tr. Saturn in Haus 10
Größere berufliche Veränderungen und Umstellungen, grundlegender Kurswechsel, neue Lebensziele aufgrund besonderer Ereignisse, wird in seiner Autorität und Führungsposition angegriffen und infrage gestellt.

Uranus tr. Saturn in Haus 11
Verlust langjähriger Freunde, Änderung des sozialen Umfeldes, findet trotz aller Bemühungen um neue Kontakte keine Freunde, sieht sich vom Schicksal aufgefordert, an seiner sozialen Haltung zu arbeiten.

Uranus tr. Saturn in Haus 12
Psychische Inflation, plötzlich starke Verunsicherungen, Ängste und Einsamkeitsgefühle, hat das Gefühl, sich selbst zu verlieren, will raus aus der Isolation, kämpft mit Schuldgefühlen und Verdrängungen, die plötzlich hochkommen.

Uranus im Transit durch Haus 10
(irdischer Spiegel des Steinbocks, Zeichenherrscher Saturn)
Völlig neue Ziele! Das Leben bricht um

Natürlich ist das 10. Haus ein sehr wichtiger Bereich. Es gehört zu den bedeutenden Eckhäusern 1, 4, 7 und 10, die so etwas wie die Basis unseres Lebens darstellen. Das 10. Haus hat sehr viel mit unserem Idealberuf und unseren ganz großen Lebenszielen zu tun, wie immer diese auch aussehen mögen. Im 10. Haus erwachsen wir aus unserer Herkunftsfamilie und schaffen eben durch das, was wir Ziele nennen und Beruf, neues Bewusstsein, das die Enge der Herkunft sprengt. Hier wollen wir Begrenzungen abbauen, zu neuen Ufern aufbrechen und unserem Leben einen übergeordneten Sinn geben.

Man kann sich nun gut vorstellen, dass gerade Uranus, der Planet der Rebellion und der Freiheit, der alles Alte und Überholte radikal abstößt, im 10. Haus wie eine Bombe einschlägt. Berufe, die sicher schienen, an die wir geglaubt haben, dass sie zu uns passen, werden bei vielen Menschen plötzlich gewechselt.

Der starke uranische Sturm der Veränderungen kann letztlich auch die eigene Persönlichkeit, die Familie, das Umfeld und den Wohnort erfassen und zu großen Lebensumbrüchen führen. Umbrüche, die dringend nötig sind, da man sich mit größter Wahrscheinlichkeit in einem Beruf und einem Leben befindet, welche uns in eine Sackgasse geführt haben. Aus diesen wollen und müssen wir jetzt raus.

Da Uranus einige Jahre durch das 10. Haus läuft, werden wir für diesen Umbruch einige Zeit haben, und trotzdem wird er dann meist plötzlich, von einem Tag auf den anderen, eintreten, da Menschen ihrer Natur nach Angst vor Veränderungen haben und sich erst dagegen wehren, bis es dann überfällig wird, das heißt überfallartig eintritt. Und das entspricht wiederum dem Wesen des Uranus.

Auslöser der beruflichen Veränderung können Probleme mit Autoritäten und Vorgesetzten sein. Uranus im Transit durch das 10.

Haus besagt, dass man unbedingt frei werden will, entweder von der Tätigkeit oder (und) von hierarchischen Strukturen und Chefs, von denen man sich eingeengt und unterdrückt fühlt. Bisweilen werden auch manche beruflichen Verpflichtungen und Verantwortungen zu groß, die zu erdrücken drohen und die man deshalb loswerden will.

Sehr günstig und förderlich zeigt sich dieser Uranus-Transit durch das 10. Haus in aller Regel in Hinblick auf Berufe, die mit Uranus in Verbindung gebracht werden. Astrologie ist ein klassischer Beruf des Wassermanns, dessen Herrscher Uranus ist. Zu uranischen Berufen zählen neben dem Astrologen unter anderem auch Comedian, Schauspieler, Heiler, Flugzeugtechniker, Pilot, Computerspezialist. All diese Berufe können von diesem Uranus-Einfluss stark profitieren und jetzt in sehr erfolgreiche Bahnen gelenkt werden.

Uranus-Transit in Konjunktion, Quadrat oder Opposition zum Geburts-Uranus

Die großen Wendezeiten im Leben

Der Uranus-Transit in Konjunktion, Quadrat oder Opposition zu unserem Geburts-Uranus kennzeichnet stets größere Lebensumbrüche, die sehr viel mit unserem aktuellen Alter und den damit verbundenen Entwicklungsphasen und Lebensaufgaben zu tun haben. Der Wind der Veränderung, die nicht nur äußerlicher Natur sein muss, weht. Ohne diese uranische Kraft wäre das Leben ein Stillstand, ohne jede Perspektive.

Uranus benötigt sieben Jahre, um ein Tierkreiszeichen zu durchqueren. Erst nach 84 Jahren kehrt er an den Himmelsort zurück, an dem er im Augenblick unserer Geburt stand. Das ist eine lange Zeit, aber die Menschen werden heutzutage immer älter. Und so gibt es immer mehr Menschen, die diesen „Return of Uranus“ auch erleben.

Um das 21. Lebensjahr steht Uranus zum ersten Mal im Quadrat zu unserem Geburts-Uranus. Ein Transit, der oftmals mit einer unruhigen Zeit in Verbindung steht. Viele junge Menschen befinden sich jetzt in einer Krise, die aber ganz entscheidend zur Persönlichkeitsentwicklung und -findung beiträgt. Es ist eine ganz wichtige Phase hin zur Selbstständigkeit. Man nennt sie auch den „Sonnenaufgang des Ichs“, denn nun ist der Mensch zur Verwirklichung seines Lebenswillens erwacht. Menschen, die diese Krise gut bewältigen, gewinnen an Selbstbewusstsein.

Der Charakter des Menschen spiegelt sich nun markanter im Gesicht wider. Der französische Dichter Camus schrieb einst, dass ab diesem Zeitpunkt der Mensch selbst für seine Gesichtszüge verantwortlich sei. Besonders saturnische, pessimistische Menschen etwa bekommen härtere Züge, die Mundwinkel beginnen, sich zunehmend nach unten zu ziehen. Von Natur aus angespannte Menschen bekommen erste Ansätze von Zornesfalten auf der Stirn. Bei Jupiter-Menschen dagegen taucht ein strahlender Glanz im Gesicht auf, der sich bis zum Tod halten kann.

Das Problem dieser Zeit ist, dass der Mensch nun endgültig erwachsen werden muss und zunehmend weniger Schonfrist von den Eltern erhält, die ihn bislang oft noch unterstützten. Schon getroffene Berufsziele können sich wieder ändern, Studiengänge abgebrochen werden. Doch es muss auch Farbe bekannt und ein Weg eingeschlagen werden, der die Zukunft sichert.

Der Druck ist enorm, auch in der Liebe. Es wurden eine Menge Erfahrungen gemacht. Viele waren unsterblich verliebt und wurden bitter enttäuscht, sodass es ihnen das Herz zerriss. Jetzt soll ein Partner kommen, der für immer bleibt. Mit diesem Wunsch taucht automatisch eine Distanz zur Herkunftsfamilie auf, die einen bislang so stark gebunden und geprägt hat. Man will ein neuer Mensch werden, da man sonst vielleicht nie den Wunschpartner finden wird. Uranus in Spannung zum Geburts-Uranus sprengt alle Ketten der Vergangenheit, was in der Folge zu Ortsveränderungen und Umzügen führen kann. Alles ist jetzt infrage gestellt, was einige Menschen dieses Alters äußerst stark reagieren und einen für die Außenwelt unerklärlichen Zickzackkurs fahren lässt.

Der zweite große Uranus-Umbruch findet zwischen dem 39. und 44. Lebensjahr statt, wenn der Uranus-Transit in Opposition zum

Geburts-Uranus steht. In diese Zeit fällt die berühmt-berüchtigte Midlife-Crisis. Viele Menschen haben es geschafft. Sie haben sich im Beruf etabliert, eine Familie gegründet, ein Haus gebaut. Das Alter naht, und es scheint keine neuen Herausforderungen mehr zu geben. Zudem beginnen sich die Kinder allmählich abzunabeln.

Wo aber ist der Sinn des Lebens? Eine Frage, die jetzt auftaucht und die sich bislang von selbst beantwortet hat. Das Leben scheint eintönig, man will wieder leben, den Kick neuer Herausforderungen spüren. Wir wollen uns beweisen, dass wir noch lange nicht zum alten Eisen gehören und mit den Jungen noch gut mithalten können. Und wir wollen attraktiv sein und die Anerkennung finden, die wir in unserer Ehe lange Zeit vermisst haben.

Uranus gegenüber Uranus kann in dieser Phase wieder einen Bruch bringen. Männer verbinden sich jetzt oft mit jüngeren Frauen. Aber auch Frauen reichen in dieser Phase häufig die Scheidung ein. Sie emanzipieren sich in diesen Jahren am stärksten und entdecken die Stärke ihrer Weiblichkeit im vollen Umfang. Auch beruflich können dramatische Wechsel und Veränderungen stattfinden, da viele Menschen jetzt einen Beruf im Sinne der Berufung suchen, der sie innerlich erfüllt und ihrem Leben einen neuen Sinn gibt.

Um das 63. Lebensjahr steht Uranus wiederum im Quadrat zu unserem Geburts-Uranus. Erneut taucht eine eigentümliche innere Unruhe auf, wieder weht der Wind der Veränderung. Es ist eine Zeit, in der sich viele Menschen in den Ruhestand begeben. Was nun? Gibt es überhaupt noch einen neuen Weg? Es muss ihn geben, da dieser Uranus-Transit sonst direkt in den Abgrund führt. Wer jetzt keine neue Aufgabe findet, läuft Gefahr, im Zeitraffer zu altern und in Depressionen zu versinken. Nicht mehr gebraucht zu werden, raubt den Selbstwert und den Lebenssinn. Im Grunde genommen gibt es nur zwei Wege: Entweder man kann und darf weiterarbeiten, oder man sucht sich eine neue Aufgabe oder Tätigkeit.

Um das 84. Lebensjahr ist Uranus endlich zum Geburts-Uranus zurückgekehrt. Wer jetzt denkt, dass nicht mehr viel passiert, irrt. Freunde, Bekannte, Geschwister sterben weg, das Altersheim droht. Aber, Menschen, die geistig fit sind und denen es auch sonst einigermaßen gut geht, erleben nun auch eine Phase der inneren

Freiheit. Sie kommen mit den höheren Kräften des Uranus in Berührung, der den „Draht nach oben“ hat.

Uranus steht jetzt an der Stelle, an der er für uns wichtig ist. Er ist sozusagen nach Hause gekommen und will als erster Planet, der jenseits der materiellen saturnischen Welt liegt, dass wir uns gegenüber der geistigen Welt öffnen. Das Leben versetzt wieder in großes Staunen, wie schon in der frühen Kindheit, und ist vielleicht sogar so spannend wie noch nie zuvor. Noch einmal, mit völlig neuen Augen, beginnen wir, es in all seinen Facetten zu betrachten. Aus einer tiefen Ahnung wird die innere Gewissheit: Das Leben ist ein unfassbares Wunder. Uranus fragt: „Wollen wir uns wieder erneuern, noch einmal irdische Herausforderungen annehmen oder nach Hause gehen?“

Uranus-Transite (Konjunktion, Quadrat oder Opposition) **zum Geburts-Uranus in Bezug auf die Häuser**

Uranus tr. Uranus in Haus 1

Starker Wunsch, sich aus Zwangslagen und Abhängigkeiten zu befreien, strebt nach noch mehr persönlicher Freiheit, will ein anderer Mensch als bisher werden und sich verändern.

Uranus tr. Uranus in Haus 2

Loslassen von vermeintlichen Sicherheiten, um sich dem Leben neu zu öffnen, entdeckt ein für sich völlig neues Lebensgefühl, will sich auf seine spezielle Art verwirklichen.

Uranus tr. Uranus in Haus 3

Gefahr von Nervenkrisen und Unfällen, sich überschlagende Ereignisse, hohe Anforderungen im Alltag, die kaum Ruhepausen erlauben, aber auch gesteigerte Intuition, geniale Einfälle und Ideen.

Uranus tr. Uranus in Haus 4

Änderung der Wohnsituation und familiären Verhältnisse, Störung der häuslichen Sphäre, etwa durch Lärm in der Nachbarschaft, plötzlich auftauchender Wunsch nach Ortswechsel oder gar Auswanderung.

Uranus tr. Uranus in Haus 5
Will sich von Beschränkungen befreien, die den schöpferischen Selbstausdruck hemmen, Liebesabenteuer und neue Liebschaften, die sich letztlich aber schnell ernüchtern, Wunsch nach mehr sexueller Freiheit und Experimenten.

Uranus tr. Uranus in Haus 6
Dramatische berufliche Veränderungen durch Stellungswechsel, Gefahr von Nervenkrisen, da die Aufregungen und der Druck am Arbeitsplatz zu hoch sind, muss seine Lebensgewohnheiten ändern, um gesund zu bleiben.

Uranus tr. Uranus in Haus 7
Die Beziehung braucht mehr Freiheit, Gefahr von Trennung, Scheidung und Prozessen, ändert seine Vorstellung von Liebe und Beziehung, will sich beziehungsmäßig nicht festlegen.

Uranus tr. Uranus in Haus 8
Unfallgefahren, Todesfälle, Ärger mit Erbschaften, will sich von sexuellen Hemmungen befreien und Tabugrenzen überschreiten, beginnt, sich intensiv mit Tod und Jenseits auseinanderzusetzen.

Uranus tr. Uranus in Haus 9
Zwischenfälle auf Reisen, würde am liebsten auswandern und in der Ferne ganz von vorne beginnen, Wandel der Weltanschauungen, revolutionäres Denken, eigenwillige Meinungen.

Uranus tr. Uranus in Haus 10
Neue berufliche Ausrichtung und Wandel persönlicher Lebensziele, will Verpflichtungen abgeben, fühlt sich in seinem bisherigen Beruf unterfordert, verliert das Interesse an alten Vorhaben, geht beruflich völlig neue Wege gegen alle äußeren Widerstände.

Uranus tr. Uranus in Haus 11
Veränderungen im sozialen Umfeld, Verlust alter Freunde, Finden neuer Freunde, fordert soziale Gerechtigkeit, sucht Verbindungen mit Menschen gleicher Geisteshaltung, gleichen Werten und Idealen.

Uranus tr. Uranus in Haus 12
Psychische Krisen, aber auch geistig hohe Erfahrungen und Einsichten, möchte sich von belastenden Heimlichkeiten befreien, findet in der Zurückgezogenheit und auf Reisen seine Freiheit.

Uranus im Transit durch Haus 11
(irdischer Spiegel des Wassermanns, Zeichenherrscher Uranus)

Neue Wege, ungewöhnliche Freundschaften, wichtige Gemeinschaften

Ein Transit, der sehr spannend ist und vieles im Leben verändern kann. Der Grund: Uranus kann sich im 11. Haus, das vom uranischen Wassermann abgeleitet wird, maximal entfalten, fühlt sich hier besonders gut aufgehoben, ja zuhause.

Das 11. Haus hat im idealen Sinne mit Freundschaften und Gemeinschaften zu tun, die sich im Sinne des Uranus freiwillig und ohne jeden Zwang bilden, die einen inneren Zusammenhalt durch gemeinsame Interesse und Ideale haben und sich gegenseitig helfen und fördern, ohne jeden Neid und Argwohn. Wahre Freunde sind eben etwas ganz Besonderes.

Und Uranus, der hier ja nicht allzu oft auftaucht (meist nur einmal im Leben), hält einen nun mit Nachdruck dazu an, dieses Ideal zu verwirklichen.

Da Freunde und Ideale eng miteinander verknüpft sind, weckt dieser Uranus-Transit nun auch neue Wünsche und Hoffnungen, die wiederum eine große Auswirkung auf unser Lebensgefühl und den Weg haben, den wir in Zukunft gehen wollen. Es weht hier schon ziemlich stark der Wind der Veränderung.

Damit sich der neue Weg öffnen kann, gilt es, sich zunächst von der einen oder anderen alten Freundschaft zu verabschieden, unter Umständen sogar vom gesamten sozialen Umfeld, das einen in einer Welt festhält, die nicht mehr zu einem gehört. Es gibt immer mal wieder Freunde, die nicht wollen, dass wir uns weiterentwickeln und verändern, weil sie uns einfach gerne so hätten, wie wir immer waren. Oftmals will man sich von Freunden, Gruppen, Vereinen lösen, die in irgendeiner Art und Weise Druck auf einen ausüben und verpflichten wollen. Freiheit von diesen Freunden und Gemeinschaften ist jetzt ein Muss.

Natürlich wird man auf diesem Weg Ablehnung in Kauf nehmen müssen, denn Menschen neigen dazu, abzulehnen, was ihnen fremd geworden ist. So kann es schon vorkommen, dass die eine oder andere Trennung nun mit großem Knall einhergeht.

Mit dem Abschied von alten Freunden tauchen zeitgleich oft völlig neue Freunde auf, die einen neu sehen und herausfordern. Sie ermöglichen einem auch, sich selbst zu verändern und neu wahrgenommen zu werden. Ein oft sehr wichtiger Entwicklungsschritt im Leben, denn nun können wir uns und unserer Bestimmung wieder einen kleinen Schritt näherkommen. So wie es Lebensabschnittspartner gibt, die einen nur einen gewissen Zeitraum begleiten und für uns wichtig sind, so gibt es eben auch Freunde, die nicht für immer zu unserem Weg gehören.

Die neuen Freunde, die mit diesem Eintritt des Uranus in das 11. Haus auftauchen, sind im Sinne des Uranus oft irgendwie ungewöhnlich, manchmal handelt es sich um positiv Verrückte, um Freigeister und zukunftsorientierte Menschen, die alle Normen sprengen, gelegentlich treten unter diesem Transit auch echte Spinner und Querulanten in Erscheinung, die einen weniger guten Einfluss auf einen ausüben, die aber zumindest eine wichtige Erfahrung sein können.

Neue Gruppen und Gemeinschaften, denen man sich jetzt anschließt oder die man selbst aus beruflichen Gründen leitet, bekommen jetzt eine enorme Bedeutung und können das Leben in eine befreiende und erfolgreiche Richtung lenken.

Insgesamt darf hier von einem sehr positiven und in jeder Hinsicht überraschenden Transit gesprochen werden. Wir sollten diesem Transit durch größtmögliche Offenheit und Mut begegnen. Alle Veränderungen sind gut.

Uranus-Transit in Konjunktion, Quadrat oder Opposition zum Geburts-Neptun
Totale Verwirrung oder Genialität

Mit dem Transit des Uranus in Konjunktion, Quadrat oder Opposition zu unserem Geburts-Neptun greift der Planet der höheren Einsicht und Intuition den Planet des Unbewussten an, was zu merkwürdigen inneren Zuständen, ja sogar zur totalen Verwirrung führen kann. Vor allem Menschen, die ein höheres Bewusstsein besitzen und sich mit Spiritualität beschäftigen, können von diesen Transiten aber auch stark profitieren.

Uranus als Transit ist immer das überraschende Moment im Leben, könnte man sagen, wobei die Überraschung in der Regel genau mit dem Planeten und der Häuserstellung des Geburtshoroskops einhergeht, die er gerade anspricht.

Uranus sorgt gerade im spannungsvollen Transit stets dafür, dass wir unser Leben nicht allzu gemütlich einrichten, indem er uns aus Gewohntem herausreißt und uns immer wieder neue oder einfach nur andere Perspektiven vor Augen führt.

„Überfällt" Rebell Uranus nun unseren Geburts-Neptun, muss das nicht zwangsläufig mit großen und einschneidenden äußeren Geschehnissen einhergehen. Neptun ist nämlich in erster Linie der Planet, der mit unseren geistigen Kräften und unserem Unterbewusstsein in Verbindung steht. Das heißt, dass die „Bombe" Uranus in unserem Inneren gezündet wird.

Psychologen würden wohl von Schockmomenten sprechen, die diese Transite auslösen können. Das heißt, es kann uns jetzt etwas so stark erschüttern, dass wir in eine Art Schockstarre geraten und vorübergehend vielleicht sogar mit einer gewissen Orientierungslosigkeit kämpfen müssen.

Was kann passieren? Vielleicht fördert dieser Uranus plötzliche Geheimnisse zutage, die über unserem Leben lasten. Oder ein durch ihn ausgelöstes „seelisches Erdbeben" rückt urplötzlich Verdrängtes ins Bewusstsein, das wir tief vergraben hatten, damit es uns nicht mehr schaden und verunsichern kann. Der Selbstschutz reicht unter Umständen nicht mehr aus, um dieser Flutwelle, die uns in tiefste Abgründe zu ziehen droht, zu widerstehen.

Um die Tragweite der Astrologie und der Planetenkräfte zu verdeutlichen: Uranus und Neptun sind auch im Realen die Planeten der Flutwelle. Beim gigantischen Erdbeben im Dezember 2004 im indischen Ozean, das eine Reihe von verheerenden Tsunamis an den Küsten des Indischen Ozeans auslöste und beim gewaltigen Erdbeben in Japan am 11. März 2011, das einen 10 Meter hohen Tsunami nach sich zog, hatten wir eine sogenannte Rezeption zwischen Uranus in den Fischen und Neptun im Wassermann am Himmel.

Zur Erklärung: Eine Rezeption ist immer dann gegeben, wenn zwei Planeten jeweils im Herrschaftsbereich des anderen stehen. Auch ohne Aspekt bauen die beiden Planeten durch ihre Rezeption ein enorm starkes Energiefeld zueinander auf.

Neptun steht mundan für das Wasser, den Ozean. Im persönlichen Horoskop symbolisiert er nicht nur unser Unbewusstes, er ist auch verknüpft mit unseren Sehnsüchten, unseren höchsten Idealen und unserer Vorstellung von Liebe, so wie wir sie uns wünschen und erträumen.

Ein plötzliches Erlebnis im Sinne des Uranus kann uns aus diesen Träumen regelrecht herausreißen und in eine Welt hineinkatapultieren, die keinerlei Romantik mehr besitzt und nur noch kalt und berechnend erscheint.

Es können Dinge in unserem Leben geschehen, die uns enttäuschen, desillusionieren und unsere Werte infrage stellen, die wir bis dahin hochgehalten haben. Es kann auch sein, dass wir erkennen, dass unser bisheriges Weltbild viel zu eng war und wir es nun unbedingt weiten müssen.

Auf jeden Fall bringen uns diese spannungsgeladenen Uranus-Transite mit den höheren geistigen Kräften in Kontakt. Oft so stark und plötzlich, dass Menschen, die sich sonst nicht mit seelischen und geistigen Inhalten beschäftigen und mehr oder weniger unbewusst leben, Stimmen zu hören beginnen, von anstrengenden Träumen geplagt werden und überhaupt sehr verstört auf die Erschütterung ihrer Ideale und ihres Weltbildes reagieren. Geistig gibt es keine Klarheit mehr, was in große Krisensituationen hineinführen, ja verrückt machen kann und letztlich psychologische und therapeutische Hilfe nötig macht.

Auch für den spirituellen Menschen können diese Transite anstrengend und verwirrend sein. Sie werden ihm aber auch nahezu erleuchtende Gedanken und Eingebungen sowie tiefe Ahnungen schenken. Diese gilt es jetzt nur richtig zu bewerten und in Einklang mit dem eigenen Leben zu bringen. Wer das schafft, kann in sehr engen Kontakt mit den himmlischen Kräften kommen.

Auf der rein irdischen Ebene können uns Geheimnisse, Intrigen, Mobbing, Lüge und üble Nachrede zu schaffen machen, was letztlich auch wieder zu großer Verunsicherung führen kann. Diese Transite testen uns auf jeden Fall in Hinblick auf unsere psychische Stabilität, die durch unfassbare Ereignisse immer wieder ins Wanken kommt.

In gesundheitlicher Hinsicht können während der Dauer dieser Transite immer wieder plötzliche Schwächegefühle sowie schleichende, chronische Erkrankungen auftreten, die wir vor allem durch die Klärung von inneren Problemen sowie durch eine möglichst solide und regelmäßige Lebensführung abwenden können.

In der Partnerschaft können Konflikte durch die Veränderung unseres Weltbildes entstehen, denen der Partner unter Umständen nicht folgen kann. Uranus im herausfordernden Winkel zu Neptun deutet letztlich aber auch einen Weg an, den wir nur alleine gehen können.

Wenn es uns gelingt, auch während dieser schwierigen Transite auf unsere innere Führung zu vertrauen, dann haben sie, wie gesagt, eine gewaltige geistige Kraft. Wir erhalten dann Eingebungen und haben Erkenntnisse, die uns über jede missliche Lage erheben und mit denen wir unser Leben in eine sehr positive und äußerst erfolgreiche Richtung lenken können. Egal was auch geschieht: Folgen wir diesem Licht!

Uranus-Transite (Konjunktion, Quadrat oder Opposition) **zum Geburts-Neptun in Bezug auf die Häuser**

Uranus tr. Neptun in Haus 1
Täuschung und Enttäuschung, große persönliche Verunsicherung, plötzlich auftretende Schwächegefühle, entdeckt mediale Begabung, findet nur noch schwer inneren Halt.

Uranus tr. Neptun in Haus 2
Plötzliche Geldverluste durch Betrug, Hintergehung oder Fehlspekulationen, verliert den Überblick über seine Finanzen, Einbruch des Selbstwerts.

Uranus tr. Neptun in Haus 3
Quälender und chaotischer Alltag, der völlig „aus dem Ruder läuft", viele Unklarheiten, Unfallgefahren durch Abgelenktsein, Aufkommen von Lügen, wirre Ideen, aber auch unglaublich kreative Phase, was das Schreiben und Verfassen von Reden betrifft.

Uranus tr. Neptun in Haus 4
Verlust von Wohnung oder Haus, Entfremdung von der Familie, Wasserschaden im Zuhause durch Rohrbruch, Erscheinen und seelische Belastungen durch Fopp- oder Poltergeister, gefährliche Medialität.

Uranus tr. Neptun in Haus 5
Plötzlicher und unerklärlicher Abbruch einer Liebesbeziehung, verliebt sich in den bzw. die Falsche(n), verliert sich in einer Liebschaft, ungewöhnliche, aus der Norm fallende sexuelle Experimente.

Uranus tr. Neptun in Haus 6
Verlust des Arbeitsplatzes durch Mobbing, Intrigen oder auch eigene Unzuverlässigkeit, unerklärlicher Antriebsverlust und Schwächeanfälle, erhöhtes Risiko chronischer Erkrankungen.

Uranus tr. Neptun in Haus 7
Partner verflüchtigt sich, Affäre mit enttäuschendem Ausgang, erkennt, dass er bzw. sie sich in ein Wunschbild verliebt hat, erhöhtes Risiko von Trennung und Desillusionierung.

Uranus tr. Neptun in Haus 8
Erbschaftsverlust durch Hintergehung, Überschreitung von Tabus, plötzlich auftauchende irrationale Ängste und Horrorvisionen, quälende Träume, Zusammenbrüche und Lebensgefahr durch zu viel Alkohol oder einer Überdosis von Tabletten und Drogen, große sexuelle Fantasie, transzendentale Erlebnisse, höhere Eingebung.

Uranus tr. Neptun in Haus 9
Erschütterung des Weltbildes durch ein Erlebnis oder Trauma, geistige Verwirrung und religiöse Irrwege, aber auch hohe Eingebungen und Zukunftsvisionen, plötzliche Gefahren auf Seereisen.

Uranus tr. Neptun in Haus 10
Unklarheit, Verwirrung und Kehrtwendung, was Lebensziele und berufliche Ausrichtung betrifft, läuft vor Verantwortung davon.

Uranus tr. Neptun in Haus 11
Plötzlicher Verlust von Freunden führt zu großer Enttäuschung, verliert Ideale aufgrund von Desillusionierungsprozessen, verbindet sich mit Außenseitern und Abgestürzten, erkennt, dass er von Freunden ausgenutzt wird.

Uranus tr. Neptun in Haus 12
Große psychische Probleme, geistige Verwirrung, kann sich selbst und auch sonst niemandem mehr trauen, verliert jeden inneren Halt, hört Stimmen, kann unter Umständen aber auch in Kontakt mit der geistigen Welt geraten.

Uranus im Transit durch Haus 12
(irdischer Spiegel der Fische, Zeichenherrscher Neptun)

„Draht nach oben“, Warten auf Freiheit, aufregende Geheimnisse

Wenn Uranus unser 12. Haus betritt, weckt er im Laufe dieses Transits eine Sehnsucht nach mehr Freiheit, Eigenständigkeit und Selbstverwirklichung in uns, die dann ihren stärksten Ausdruck findet, wenn Uranus nach vielen Jahren des Aufenthalts im Fische-Haus den Aszendenten überquert und in das 1. Haus vordringt. Vorläufig erstreckt sich diese neue Freiheit auf das Innere, wo jetzt jede Menge Veränderungen vor sich gehen, die auch von Menschen, mit denen man enger verbunden ist, oft unbemerkt bleiben. Im Hintergrund entsteht so etwas wie eine neue Persönlichkeit, die mit dem Eintritt des Uranus in das 1. Haus in Erscheinung tritt und im Außen erkannt wird.

Im Inneren beginnen wir, uns mit diesem Transit also langsam zu verändern. Auf diesem Weg werden wir überraschende Begegnungen und Erlebnisse haben, die unglaublich spannend und aufregend sein können und uns zutiefst bewegen. Gerade diese Erlebnisse, die entsprechend des 12. Hauses heimlich verlaufen und die sich in Auszeiten des Alltags, in Seminaren, auf Reisen, in Hotelzimmern, in Klöstern, Krankenhäusern usw. ereignen können, sind die Initialzündung für die spätere Befreiung. Ein Mensch, der z. B. seine Sexualität heimlich lebt, weil das Beziehungsleben zuhause eingefroren ist, erfährt auf diesem Weg unter Umständen, wie tief und erfüllend Nähe und guter Sex sein können, was wiederum den Wunsch in ihm wachsen lässt, wieder frei und offen für eine neue Beziehung zu sein, die nicht im Verborgenen stattfinden muss, die sein darf und mit der ein neuer Lebensweg verknüpft ist.

Uranus weckt im 12. Haus aber nicht nur den Wunsch und die Sehnsucht nach mehr Freiheit und mehr Leben. Er kann hier auch das Interesse an Astrologie und anderen spirituellen Inhalten enorm steigern, so dass Betroffene beginnen, sich intensiv mit entsprechenden Gebieten und Themen auseinanderzusetzen beginnen. Schließlich symbolisiert das 12. Haus den Austritt aus dem Horoskop und den Eingang zum Himmel.

Und hier jetzt diesen überaus seltenen Uranus-Transit zu bekommen, ist tatsächlich ein großes Geschenk, was die innere, spirituelle Entwicklung betrifft. Gerade das verändert viele Menschen geradezu fundamental, vor allem Frauen, die ja heutzutage in der spirituellen Szene eindeutig in der Mehrzahl vertreten sind. Sie entfremden sich in dieser Phase des geistigen Erwachsens und Sehen-Lernens unter Umständen von ihrem Partner immer mehr, sollte er diesem neuen und großen Interesse nicht folgen können. Auch hier kommt es irgendwann zum großen Knall und Befreiungsschlag, sobald Uranus nach außen tritt.

Uranus deutet mit diesem Transit aber auch mögliche Probleme im psychischen Bereich an. Denn das 12. Haus ist der Bereich der psychischen Erkrankungen, und Uranus ist der Planet, der astromedizinisch mit den Nerven, insbesondere den Reizleitern und dem astralen Nervenkostüm, zusammenhängt. Einige Menschen leiden unter diesem Einfluss unter nervösen Störungen, bei anderen tauchen Psychosen und geistige Verwirrung auf. Andere erleben regelrechte Schockmomente durch das Aufkommen von Geheimnissen.

Ob sich dieser Transit in eine dieser schwierigen Richtungen auswirkt, hängt natürlich auch wesentlich vom Leben und dem persönlichen Entwicklungs- und Gesundheitszustand sowie der persönlichen Anlage eines Menschen ab. Manche Menschen landen jetzt sogar in der Psychiatrie, andere im Gefängnis, da Uranus im 12. Haus eben auch als Freiheitsentzug bzw. Isolation übersetzt werden kann. Diese möglichen negativen Auswirkungen sind stets mit persönlichen Schicksalen und vorwiegend mit Menschen verknüpft, die der geistigen Seite dieses Transits wenig abgewinnen können.

Insgesamt werden wir jetzt eine Zeit intensiver Träume und geistiger Botschaften erleben, die unser Leben in sehr positiver Weise verändern können. Wir sollten uns unbedingt mit Astrologie, Systemischen oder Astrologischen (Symbol-)Aufstellungen und neuzeitlichen Therapien auseinandersetzen, die uns Heilung bringen und gleichzeitig geistig reifen und wachsen lassen.

Uranus-Transit in Konjunktion, Quadrat oder Opposition zum Geburts-Pluto

Der radikale Lebensumbruch

Uranus ist der Blitz, der oft aus dem Nichts heraus einschlägt und immer den Geruch der Veränderung mit sich führt. Greift er in

Konjunktion, Quadrat oder Opposition unseren Geburts-Pluto an, dann ist die Wahrscheinlichkeit groß, dass Uranus sogar einen radikalen Lebensumbruch auslöst. Dieser Transit ist so gewaltig wie eine Lawine, die alles Bisherige überrennt und zerstört und am Ende doch ein neues Leben bringt.

Uranus ist der Planet der Revolution und der Veränderung, der alles Alte entschieden abstößt, damit Neues entstehen kann. Ihn interessiert keine Vergangenheit, er will einfach nur überwinden und abkappen, was der Zukunft im Wege steht, ohne jedes Mitleid und ohne jede Sentimentalität. Er ist der Rebell, der sich vor allem gegen das auflehnt, was ihn lange eingeengt und bevormundet hat.

Tendenziell ist Uranus der Planet, der zu äußeren Veränderungen anregt bzw. drängt. Pluto ist der Stirb-und-Werde-Planet, der ebenfalls Veränderungen bringt, die aber oft mit tiefen Persönlichkeitswandlungen verbunden sind.

Der Halbmond im Pluto-Zeichen symbolisiert seine verdrängten Schattenseiten und Wesensanteile, die mit aller Macht zu uns zurück und in unser Leben integriert werden wollen, sobald eben Pluto angesprochen ist.

Wenn Uranus nun unseren Geburts-Pluto in einem herausfordernden Winkel transitiert, dürfen wir davon ausgehen, dass dieser Uranus alles, was wir verdrängt, bisher nicht gelebt haben und was an verborgenen Leidenschaften in uns schlummert, richtiggehend wachrüttelt und nach außen kehrt. Uranus ist hier so etwas wie der schrille Weckruf, der in den tiefsten und abgelegensten Winkel unserer Seele vordringt und dort für mächtige Erschütterungen sorgt. Man könnte durchaus von einer totalen Revolution sprechen, die nun das Leben des Betroffenen ergreift, oft ausgelöst durch plötzliche Veränderungen und Ereignisse, wie es eben dem Uranus-Prinzip entspricht.

Wenn man bereit ist, vermeintlich sichere Positionen in seinem Leben für ein neues und ungewisses Leben aufzugeben, dann unter diesem Transit, der auch alles beseitigen will, was unserem persönlichen Wachstum entgegensteht. Wir wollen jetzt endlich der Mensch sein, der wir sind, wollen uns nicht mehr länger verstellen und durch äußere Umstände in eine feste Rolle hineingepresst werden, die uns nicht entspricht und am Leben hindert.

Am Ende eines dieser Transite werden Bekannte, Freunde und Verwandte möglicherweise sagen: „So habe ich diesen Menschen nicht gekannt, er ist ein ganz anderer Mensch, als ich dachte ...“. Macht aber auch nichts, da müssen wir durch, das Leben besteht nun einmal aus Wandlungen, und Uranus-Pluto ist der Transformations- und Wandlungsaspekt schlechthin.

Die Konjunktion, das Quadrat und die Opposition des Uranus zu unserem Geburts-Pluto deuten uns drastisch auf das hin, was nicht mehr zu unserem Leben gehört und wovon wir uns verabschieden müssen. Natürlich müssen wir auch diese Transite sehr sorgfältig beobachten. Wir müssen schauen, in welchem Haus unser Pluto steht, über welches Haus er herrscht und welchen zusätzlichen Lebensbereich Uranus „unter Strom“ setzt. Dann können wir die möglichen Auswirkungen dieser Transite konkreter eingrenzen. Auf jeden Fall ist Uranus jetzt die auslösende Kraft, die Verschüttetes freisetzt, die eben alle Leidenschaften, Tabus und Schuldgefühle anspricht, die wir nicht wahrhaben wollten.

Natürlich sind gerade die Spannungswinkel des Uranus zu unserem Geburts-Pluto häufig von Dramatik geprägt, indem sie das „Fass zum Überlaufen“ bringen und den „point of no return“ überschreiten. Das Leben ist nach dieser Zeit ein völlig anderes, und man sieht und betrachtet jetzt auch viele Dinge von einer ganz anderen Sicht aus. Der Baum, den man vorher vor seiner Haustür sah, scheint jetzt ein ebenso anderer wie viele Menschen in der Umgebung zu sein. Das Leben hat einen aufgerüttelt, wach gemacht, was eben nur diese Spannungswinkel schaffen und was bisher noch keinem harmonischen Transit im Leben gelungen ist.

Rücken wir diese Transite auf eine höhere innere Ebene, dann deuten sie eine wichtige Zeit an, in der wir uns mit der überpersönlichen Kraft unseres Plutos auseinandersetzen müssen, die uns nicht zuletzt an die Generation bindet, der wir angehören. Diese gesamte Generation hat nun durch gewisse Zeitgeschehnisse und -umstände oder auch nur durch ihr spezielles Alter wichtige Wandlungsprozesse zu bestehen.

Persönlich müssen uns fragen, ob wir bereit sind, immer wieder neu durchzustarten, um damit die Stagnation, den Tod in unserem Leben zu überwinden. Ja, Uranus in Spannung zum unserem Geburts-Pluto fordert uns zum Leben auf, will den Tod bekämpfen, indem er in uns diese tiefgreifende Wandlung anregt.

Wir müssen uns jetzt entscheiden: Stehenbleiben oder weitergehen, Vergangenheit oder Zukunft, Leben oder Tod. Unser wachgerüttelter Pluto will, dass wir wie „Phönix aus der Asche“ emporsteigen. Sicher eine anstrengende Zeit, in der wir vielleicht manchmal sogar sehr verzweifelt sind und die uns oftmals auch kräftemäßig zu überfordern scheint. Wenn wir mit Mut die Herausforderungen dieser Zeit angehen und niemals unsere Zuversicht verlieren, dann können wir uns aber auch völlig regenerieren, auch gesundheitlich. Wir können uns durch das neue Leben ein Stück von unserer Jugend zurückholen, die wir schon verloren geglaubt haben. Wir können jetzt sogar das Geheimnis Plutos und des ewigen Lebens entdecken.

Uranus-Transite (Konjunktion, Quadrat oder Opposition) **zum Geburts-Pluto in Bezug auf die Häuser**

Uranus tr. Pluto in Haus 1

Persönlich starke innere Wandlung und auch äußere Veränderung, trennt sich, befreit sich von Belastendem, verstrickt sich in Machtkämpfe, die keinen guten Ausgang haben.

Uranus tr. Pluto in Haus 2

Tiefgreifender Wandel in der Einstellung zu Geld und Besitz, Aufbau eines völlig neuen Selbstwerts, setzt sein Erbe aufs Spiel, große finanzielle Verluste durch Börse und andere Spekulationen.

Uranus tr. Pluto in Haus 3

Totale Überforderung, Gefahr eines Burnouts! Der Alltag muss unbedingt verändert und neu geplant werden, es gilt, Aufgaben abzugeben und tägliche Aktivitäten einzuschränken.

Uranus tr. Pluto in Haus 4
Muss ausziehen, findet am Ende aber ein neues und besseres Zuhause, will sich befreien und aus familiären Verwicklungen raus, schließt endgültig mit der Vergangenheit ab, versucht einen eigenständigen Weg zu finden.

Uranus tr. Pluto in Haus 5
Ende einer Liebesbeziehung, was aufleben lässt und für eine neue Liebe öffnet, intensive sexuelle Erlebnisse, gefährliche Liebesabenteuer und Leidenschaften, herbe Verluste durch Spekulation.

Uranus tr. Pluto in Haus 6
Gesundheitliche Krise führt zu einem Wandel der Lebensgewohnheiten, negative Umstellungen am Arbeitsplatz, relativ große Wahrscheinlichkeit, gekündigt zu werden oder selbst zu kündigen. Als Arbeitgeber: Ärger und Verluste durch Angestellte, viele Wechsel.

Uranus tr. Pluto in Haus 7
Heftige Machtkämpfe in privaten wie geschäftlichen Beziehungen, tiefe Krisen in Liebe und Ehe führen zu einem Neuanfang oder endgültiger Trennung, Chance, in puncto Beziehungsfähigkeit zu reifen und zu wachsen.

Uranus tr. Pluto in Haus 8
Gefahr von Erbschafts- und Vermögensverlust, persönlich tiefgreifende Veränderungen, die durch äußere Umstände und höhere Macht erzwungen werden, will sich aus sexuellen Zwängen und Abhängigkeiten befreien.

Uranus tr. Pluto in Haus 9
Erschütternde Erlebnisse führen zum Wandel des Weltbildes, fanatische Überzeugungen stoßen auf erbitterten Widerstand, große Gefahren und gefährliche Abenteuer auf Reisen.

Uranus tr. Pluto in Haus 10
Ändert aufgrund von äußerem Druck und Notwendigkeiten seine Berufs- und Lebensziele, sieht sich gezwungen, vom Streben nach mehr Macht und Einfluss Abstand zu nehmen, will sich beruflich aus unguten Verwicklungen befreien.

Uranus tr. Pluto in Haus 11
Verlust von Freunden führt zu einem Überdenken der persönlichen sozialen Haltung, muss sich von Freunden und Personen des sozialen Umfelds befreien, die einen negativen Einfluss auf das eigene Leben besitzen.

Uranus tr. Pluto in Haus 12
Latente psychische Störungen werden zur Krankheit, Gefahr von Nervenkrisen, totale Neuordnung der Psyche ist nötig, heimliche und verborgene Feinde kommen ans Tageslicht, innere Transformation und Heilung.

Uranus im Transit durch Haus 8
(irdischer Spiegel des Skorpions, Zeichenherrscher Pluto)
Sehen lernen, den Blick nach innen richten

Sobald Uranus in das 8. Haus eintritt, werden starke unbewusste Kräfte lebendig und drängen ins Bewusstsein. Wir werden mit verdrängten sexuellen Konflikten, mit schwelender Angst vor Gewalt und Tod konfrontiert und erkennen nun die Blockaden, die uns daran hindern, uns zu wandeln und uns noch mehr gegenüber dem Leben zu öffnen. Es wird Zeit, alles Unbewältigte, auch die geheimen Wünsche und Leidenschaften, nach oben zu holen und sich mit ihnen auseinanderzusetzen. Allmählich beginnen wir, uns dann stark zu verändern, vor allem im Inneren, was sich früher oder später aber auch im Äußeren fortsetzt.

Mit diesem Uranus-Transit ist wieder ein starkes Freiheitsthema verknüpft, das sich unter Umständen auf gemeinsamen Besitz oder Schulden bezieht, die wir in diesen Jahren um jeden Preis loswerden wollen, da sie auf ihre Art unser Leben beeinträchtigen. Es ist daher eher ein Transit, unter dem man Besitz veräußert, unnötige Versicherungen kündigt oder gebundenes Geld in Form von Aktien usw. frei macht und unter dem man besser keine Schulden machen sollte.

Wir spüren jetzt, dass Materie und Besitz und die damit verbundenen Verpflichtungen große, manchmal drückende Verantwortung nach sich ziehen und ganz schön belasten können. Im Weiteren führt dieser Transit häufig zu einer Neuordnung des gemeinsamen Besitzes und der Geldverwaltung mit dem Partner. Auch der gemeinsame Lebensstil, der die Beziehung möglicherweise wieder näher zusammenführen soll, wird nun überdacht und unterliegt einer grundlegenden Veränderung.

Manche Ereignisse, die mit 8.-Haus-Themen verknüpft sind, wie Tod, Gewalt und Sexualität, können plötzlich und völlig überraschend in unser Leben treten und es von Grund auf verändern. Nicht immer sind damit aber zwangsläufig negative Ereignisse verbunden. Es kann z.B. auch ein Todesfall in der Verwandtschaft eintreten, der zu einer Erbschaft führt. Es können auch ungewöhnliche sexuelle Erlebnisse, die zutiefst erschüttern und bewegen, zu einer Neuorientierung in Leben und Partnerschaft führen. Oder es können andere intensive Erlebnisse, die „unter die Haut“ gehen und einen im tiefsten Inneren berühren, die längst fällige persönliche Transformation und Veränderung anregen.

Es ist insgesamt eine sehr gute Zeit, um sich mit Tiefenpsychologie, Astrologie und modernen neuzeitlichen Therapien, wie Astrologische (Symbol-)Aufstellungen oder Familienstellen, zu beschäftigen. In die Tiefe zu gehen, um sehen zu lernen, um die Welt hinter der sichtbaren Erscheinung erblicken zu können, ist ebenso ein Ziel wie die Beschäftigung mit Tabuthemen, die auf eine höhere Bewusstseinsebene gehoben werden wollen.

Uranus-Transit in Konjunktion, Quadrat oder Opposition zum Aszendent

Ausbrechen, um sich selbst zu finden

Uranus-Transite in Konjunktion, Quadrat oder Opposition zum Aszendenten des Geburtshoroskops müssen differenziert betrachtet werden. Gemeinsam haben alle drei Winkel, dass sie den Betroffenen unter Strom setzen, ihn sehr unruhig machen und mit dem Thema Freiheit und Unabhängigkeit konfrontieren. Die Persönlichkeit strebt vor allem in der Konjunktion und im Quadrat nach mehr Freiheit, in der Opposition übernimmt diese Rolle oft der Partner.

Wenn Uranus im Transit unseren Aszendenten berührt, dann beginnen wir uns und unser Verhältnis zu anderen Menschen massiv zu verändern. Plötzlich will man nicht mehr alles, wie bisher, ungefragt mitmachen, lässt sich nicht mehr alles gefallen, beginnt, sich deutlicher, oft schroffer abzugrenzen, wird eigenwilliger und selbstbestimmter. Das geschieht besonders dann, wenn Uranus unseren Aszendenten überquert, also eine Konjunktion zu ihm bildet.

Uranus am Aszendenten ist wie ein Signal, das einem anzeigt, dass es jetzt wichtig ist, sich aus Abhängigkeiten und überhaupt aus allem zu befreien, was einen einengt und in der Entfaltung bremst.

Käme dieser Uranus nicht, würde man vielleicht in seinen erdrückenden Pflichten und im eingefahrenen Leben ersticken, sprich aufgeben, resignieren, krank werden.

So gesehen sind gerade die schwierigen Transite des Uranus zu den Eckpfeilern der Persönlichkeit, Sonne, Mond und eben Aszendent, oft dringend nötige Befreiungsschläge, die oft so krass und überzogen ausfallen müssen, da sie eben überfällig sind.

Die Konjunktion des Uranus mit dem Aszendenten ist ein ganz besonderes Erlebnis, da dieser Transit eine sehr enge Verbindung der Persönlichkeit mit den uranischen Energien herstellt. Wer bisher brav und angepasst in seinem Leben war, kann plötzlich zu einem kleinen Revoluzzer werden, zu einem Menschen, der widerspricht, der nun eigene Wege gehen will und damit in seiner Umgebung aneckt und polarisiert. Uranus sagt: „Es ist an der Zeit, auszubrechen, um sich selbst zu finden“. Nicht gerade gute Vorzeichen für eine Ehe, die nun viele Menschen infrage stellen oder gar auflösen.

Wer mit Uranus verbunden ist, will niemandem mehr gehören. Eine Ehe wird diese uranische Phase nur dann überstehen, wenn der Partner den wachsenden Freiheitsdrang des Betroffenen akzeptiert und nicht versucht, das Rad der Zeit zurückzudrehen. Uranus will, um es noch einmal deutlich zu sagen, aus allem Festgefahrenen herausführen, was für die Entwicklung einer Ehe oder festen Beziehung, die offen bleibt, letztlich nur förderlich ist.

Die Umwelt reagiert auf den mit Uranus verbündeten Menschen oft mit Ärger und Ablehnung, da sie den plötzlichen Kurswechsel und die wachsende Eigenwilligkeit nicht versteht. Sie fragt sich, warum diese Menschen plötzlich ausbrechen, einen anderen Kurs im Leben einschlagen, sich verstärkt distanzieren und überhaupt so stark zu verändern beginnen.

Für die betroffenen Menschen, die sonst eher Abgrenzungsprobleme haben, kann dieser Transit eine Wohltat sein und kräftig helfen, sich selbst zu leben und zu finden. Man lässt sich jetzt nicht mehr fremdbestimmen und einengen. Damit ist nun Schluss. Menschen mit wenig Mut, die Angst vor Ärger und Widerstand haben, ergreifen unter diesem Transit allerdings auch gerne die Flucht.

Und an diesem Punkt muss man sich fragen, ob Freiheit immer mit Weglaufen und Trennung zu tun haben muss. Hier liegt auch gleichzeitig die Gefahr dieses Transits, die darin besteht, Bindungen zu zerstören, die eigentlich gut sind. Dies gilt ganz besonders für Menschen, die den Uranus-Transit im Quadrat zu ihrem Aszendenten und damit auch Deszendent haben. Sie neigen jetzt unter Umständen dazu, durch ihr unberechenbares Verhalten jede Art von Beziehung mutwillig zu sprengen, was einen bösen Kater hinterlassen könnte.

Uranus Quadrat Aszendent will sich mehr oder weniger gewaltsam befreien und macht zu übereilten Handlungen und Entscheidungen geneigt. Oft beziehen sich diese nicht nur auf feste Beziehungen, sondern auch auf Beruf und Wohnort. Es kann durchaus sein, dass in dieser Zeit ein Wohnungs- oder (und) Berufswechsel stattfindet. Es besteht jetzt jedoch, wie gesagt, das erhöhte Risiko, „vom Regen in die Traufe“ zu kommen. Geduld ist das Zauberwort insbesondere bei diesem Transit.

Reife Menschen, die viel Lebenserfahrung besitzen, suchen unter dem Transit des Uranus in Konjunktion oder Quadrat zum Aszendenten nicht unbedingt die große Freiheit, indem sie aus allen äußeren Einengungen und Verpflichtungen ausbrechen. Freiheit kann, ja muss letztlich vor allem in sich selbst gefunden werden.

Die äußeren Begrenzungen sind nämlich nur ein Spiegel unseres eigenen inneren Gefängnisses. Und wir können letztlich nach außen sprengen, wie viel wir wollen – am Ende wird nur die eine Begrenzung durch die nächste ersetzt.

Das eigentliche und höhere Ziel des Uranus ist es deshalb, dass wir uns innerlich weiten und befreien, von einengenden Glaubenssätzen und Meinungen, die wir schon so lange mit uns herumtragen und die sich als Blockade in uns manifestiert haben. Wenn wir das schaffen, werden sich äußere Begrenzungen automatisch auflösen.

Eine ganz eigene Note hat natürlich der Uranus-Transit in Opposition zu unserem Aszendent. Uranus befindet sich damit nämlich exakt auf unserem Deszendent, dem Du. Und das bedeutet, dass unser Partner jetzt mehr Freiheit und Unabhängigkeit in der Beziehung anstrebt. In den meisten Fällen passiert das unausgesprochen, man wird allenfalls merken, dass der Partner immer öfter weg ist und eigene Wege geht. Der Partner will auf jeden Fall eigenständiger werden, sich nicht mehr nur unterordnen und seinen Willen durchsetzen.

Manchmal kommt es zu einer Trennung, die auch für die Umgebung überraschend ist, da die Verbindung unauflösbar schien. Grundsätzlich ist es eine Zeit, in der es vermehrt Spannungen mit anderen Menschen gibt, die unter Umständen sogar in Prozessen enden, die tendenziell nicht gut ausgehen. Gelegentlich deutet der Uranus-Transit über den Deszendenten auch den Beginn einer Wochenendbeziehung an. Singles treffen in dieser Zeit oft Menschen mit stark uranischem Charakter, die ihr Bild von Partnerschaft verändern. Eine spannende Zeit, die die freie und freiwillige Liebe zum Thema hat. Wir lernen, dass wir niemanden besitzen können.

Zusammenfassung:
Uranus in Konjunktion, Quadrat oder Opposition zu unserem Aszendenten bringt stets eine sehr aufregende Zeit mit sehr intensiven Auseinandersetzungen mit anderen Menschen, die produktiv, aber auch destruktiv sein können. Auf jeden Fall haben wir den Drang bzw. sehen uns gezwungen, uns zu ändern.

Uranus im Spannungswinkel zu unserem Aszendenten deutet an, dass wir uns und unser Verhältnis zu anderen Menschen verändern. Wichtig ist hier jedoch, von welchem Blickwinkel aus Uranus unseren Aszendenten aspektiert.

Uranus-Transit Konjunktion Aszendent
Bei der Konjunktion wollen wir uns von allen Einengungen und belastenden Bindungen befreien. Abgrenzung ist ein wichtiges Thema. Neue Wege werden gesucht, gerade das Studium der Astrologie kann jetzt völlig neue Horizonte und Perspektiven eröffnen.

Uranus-Transit Quadrat Aszendent
Beim Quadrat besteht die Gefahr, dass wir einengende Lebenssituationen und Beziehungen voreilig sprengen. Die rastlose Suche nach Neuem ist letztlich die Suche nach sich selbst und der eigenen Bestimmung.

Uranus-Transit Opposition Aszendent
Bei der Opposition möchte sich der Partner von uns befreien, was zur Trennung führen kann, aber keinesfalls muss. Letztlich geht es um mehr Freiheit und Selbstverwirklichung, die man sich gegenseitig zugestehen sollte, will man die Beziehung fortführen. Singles begegnen häufig uranischen, das heißt sehr eigenwilligen und selbstständigen Menschen, mit denen nur eine sehr freiheitliche Beziehung möglich ist.

Uranus-Transit in Konjunktion, Quadrat oder Opposition zum MC

Wenn Beruf und Lebensziele nicht mehr passen

Mit dem MC, dem Medium Coeli, dem höchsten Punkt der Sonnenbahn im Augenblick unserer Geburt, startet das 10. Haus, das mit der gesellschaftlichen Position, der Karriere, dem Beruf, insbesondere der Berufung und den ganz großen Zielen im Leben zu tun hat. Berührt Uranus im Transit diesen Punkt, kommt mächtig Bewegung in Beruf und Lebensziele. Es ist an der Zeit, sich zu befreien und neue Wege zu beschreiten.

Uranus-Transite in Konjunktion, Quadrat oder Opposition zum MC können sehr unterschiedliche Auswirkungen haben. Alle drei Transite gemeinsam haben, dass uns jetzt eine gewisse Unruhe überfällt, die das Ziel und die Ausrichtung unseres Lebens betrifft. Wo wollen wir hin, welchen Weg müssen wir einschlagen, um uns noch mehr selbst zu verwirklichen, ja, um unserer Bestimmung näher zu kommen?

Unser MC ist so unglaublich bedeutend für uns, da wir uns mit ihm aus familiären Verstrickungen befreien und zu einer eigenen Identität finden können. Und Uranus ist nun so etwas wie der Wind des Neuen, der Veränderung, der sich im spannungsvollen Transit unter Umständen zum Orkan aufschwingen kann.

Die Konjunktion des Uranus im Transit zum MC hat zweifellos die einschneidendste und bedeutendste Auswirkung auf unser Leben. Schließlich durchwandert Uranus, nachdem er den MC in etwa zwei Jahren überquert hat, für viele Jahre das 10. Haus. Uranus zeigt hier also nicht unbedingt nur einen Wechsel unserer Ziele an, sondern wird unter Umständen zum festen Bestandteil unseres Berufs.

Als ich mich Anfang 1988 entschloss, professioneller Astrologe zu werden, überquerte Uranus gerade meinen MC und setzte sich dann für einige Zeit in meinem 10. Haus fest. Uranus ist bekanntlich der Planet der Astrologie, weshalb diese Berufswahl für mich auch sehr harmonisch war. Dennoch war es eine große Umbruchszeit mit enormen Veränderungen in meinem Leben, die ebenfalls dem Uranus hier zugeschrieben werden. Alte Tätigkeiten, die oft jahrelang das Leben prägen, können abrupt beendet und abgestoßen werden, damit der Weg frei für eine erfüllte Zukunft ist. Für mich persönlich war diese Zeit tatsächlich auch ein Akt der persönlichen Befreiung, hin zu mir selbst und meinem Weg. Typisch für Uranus war natürlich auch, dass viele, die mich vorher als Künstler gekannt hatten, diesen radikalen Kurswechsel nicht verstehen konnten.

So oder ähnlich ergeht es vielen Menschen, die Uranus an diese bedeutende Stelle ihres Horoskops bekommen. Natürlich kann das Auftauchen von Uranus hier mit vielen unterschiedlichen Berufen im Sinne des Uranus zu tun haben. Manche Menschen sprechen von großer Unzufriedenheit, wenn dieser Transit bei ihnen auftaucht. Oft haben sie dann sogar das Gefühl, als würde sich in ihrem Leben überhaupt nichts ändern, was sich dadurch erklärt, dass Uranus jetzt eben den starken Wunsch eines befreienden Aufbruchs erzeugt, den nicht jeder sofort nachvollziehen kann.

Da sich Uranus aber, wie gesagt, sehr lange im 10. Haus aufhält, ist die Wahrscheinlichkeit doch sehr groß, dass der Lebensumbruch kommt. Lässt man sich darauf ein und sieht diesen Umbruch im Sinne eines Aufbruchs, kann einen diese großartige uranische Energie wirklich in völlig neue Welten vorstoßen lassen, so dass sich letztlich eben nicht nur der Beruf, sondern auch das komplette Leben verändert. Weitergehen und sich weiterentwickeln ist wohl selten so intensiv und bringt so viele neue Perspektiven wie unter diesem Uranus-Transit, sofern man sich bereitwillig auf ihn einlässt.

Ängstliche Naturen, die sich gegen diese Lebensrevolution zur Wehr setzen und die versuchen, krampfhaft an Altem festzuhalten, empfinden diese Zeit unter Umständen als sehr bedrohlich. Sich gegen diesen Uranus zu stellen, bringt nichts. Man würde sich vielleicht immer den Vorwurf machen und darunter leiden, nichts in seinem Leben geändert zu haben, als es an der Zeit war.

Taucht Uranus am MC auf und bildet eine Konjunktion zu ihm, steht er damit auch automatisch in Opposition zum gegenüberliegenden IC, der Spitze unseres 4. Hauses, das mit der Herkunfts- und Gegenwartsfamilie sowie dem Zuhause zu tun hat. Klar, dass nun auch in diesem Bereich der Wind der Veränderung zunimmt. Berufswechsel könnten etwa einen Wohnortwechsel notwendig machen.

Überquert Uranus im Transit in Konjunktion den IC, steht er wiederum in Opposition zum MC. Ein Wohnortswechsel wird unter diesem Transit noch wahrscheinlicher, wenngleich man sich jetzt vor vorschnellen Umzügen vorsehen sollte. Uranus am IC zeigt insgesamt den Wunsch an, eine neue Identität zu finden, das Gewohnte, unter Umständen auch die Herkunftsfamilie, zu verlassen, um nicht nur neue, sondern vor allem auch eigene Wege zu gehen.

Der sicherlich schwierigste Transit ist das Quadrat des Uranus zum MC, der damit natürlich auch ein Quadrat zum IC bildet. In dieser Zeit kann ein krasser Widerspruch zwischen persönlichen Lebens- und Berufszielen und dem Privaten entstehen.

Manchmal wollen oder müssen die Betroffenen beide Bereiche verändern, da Quadrate keine Kompromisse zulassen und immer auch eine Notwendigkeit anzeigen. Diese Menschen haben dann oft tatsächlich das Gefühl, als würde ihr komplettes Leben umbrechen.

Beim Quadrat ist es sehr wichtig, dass man nicht nur seinen inneren Impulsen und Emotionen folgt und sich mehr oder weniger mit Gewalt aus Abhängigkeiten, die vielleicht schon viel zu lange erduldet wurden, befreit. Die Gefahr, viel zu zerstören, was auch gut war, wäre dann sehr groß.

Veränderungen sind gut, sie sollten aber nicht den faden Beigeschmack einer Flucht haben. Deshalb gilt es sehr genau hinzuschauen und zu prüfen, welche Aufgabe oder Pflichten noch zu erfüllen sind, bevor einschneidende Entscheidungen, die die Zukunft und auch nahe Menschen betreffen, gefällt werden. Geduld ist jetzt ein ganz wichtiger Faktor.

Die Uranus-Transite in Konjunktion, Quadrat oder Opposition zu unserem MC können uns letztlich auch lehren, wieder mehr auf unsere Intuition zu hören, die nichts mit Angst oder anderen Emotionen zu tun hat, die vielmehr eine leise, aber doch feste innere Stimme ist, die uns jetzt genau sagt, wohin es in Zukunft gehen soll und welcher Weg für uns vorgesehen ist.

Zusammenfassung:

Der Uranus-Transit in Konjunktion, Quadrat oder Opposition zu unserem MC ist stets mit aufregenden und oft auch sehr belebenden Umbrüchen im Leben verbunden. Wer sich innerlich öffnet und bereit ist, neue Wege zu gehen, der wird vor allem unter der Konjunktion von einer wahren Aufbruchsstimmung beflügelt.

Uranus-Transite zum MC erinnern manchmal an eine Midlife-Crisis, nur mit dem Unterschied, dass diese in den unterschiedlichsten Lebensjahren eintreffen können. Es ist sehr wichtig, in dieser

Zeit zu erkennen und zu akzeptieren, dass das Leben niemals nur in eine Richtung gehen kann und dass wir uns immer wieder für Neues öffnen müssen, um glücklich und innerlich lebendig zu bleiben.

Uranus-Transit Konjunktion MC
Meist große Berufs- und Lebensziel-Umbrüche. Die Zukunft wird völlig neugestaltet. Das alte Leben wird in relativ kurzer Zeit hinter sich gelassen, was wie eine große Befreiung empfunden wird, oft auch aus familiären Zwängen und Erwartungen.

Uranus-Transit Quadrat MC
Eine innere Zerrissenheit zwischen persönlichen Zielen und privaten Interessen stellt vor große Geduldsproben und erfordert viel Fingerspitzengefühl, um Neues einigermaßen harmonisch verwirklichen zu können. Auf jeden Fall werden sich das Privat- und Berufsleben drastisch verändern. Der Umbruch wird so oder so nicht aufzuhalten sein.

Uranus-Transit Opposition MC
Bei diesem Transit sind vor allem auch das Zuhause und die eigene Familie betroffen. Es können Kinder ausziehen oder sonstige Ereignisse das Familienleben verändern. Lärm von außen oder neue Ziele können auch den Wunsch nach einer neuen Bleibe oder gar Heimat wach werden lassen.

Uranus-Transit in Konjunktion, Quadrat oder Opposition zum Mondknoten
Das Sprengen karmischer Fesseln

Der Transit des Uranus in Konjunktion, Quadrat und Opposition zum aufsteigenden Mondknoten des Geburtshoroskops hat einen sehr karmischen Beigeschmack. Betroffene Menschen sind aufgefordert, ihren Weg zu gehen, ihren ureigenen Weg der Befreiung. Wie bei allen Spannungswinkeln des Uranus, können diese Befreiungsversuche aber auch sehr abrupt, mit großen Knalleffekten, etwa in Form von Trennungen, beruflich wie privat, verlaufen.

Unser gesamtes Leben ist, wenn wir es in Bezug auf unser Karma und unseren Wunsch nach Selbstverwirklichung betrachten, ein Kampf um mehr Freiheit. Wir werden mit Fesseln geboren, eingepfercht in enge Familienbande, die uns Schutz geben, aber auch einengen und festhalten können. Wir sind in so viele Dinge verstrickt, in gesellschaftliche, berufliche und menschliche, die es uns schwermachen, ganz wir selbst zu sein. Nach der eigenen Fasson zu leben und glücklich zu sein, muss unser Ziel sein, und doch sieht sich, jemand, der sich auf diesen Weg begibt, mit vielen Widerständen konfrontiert.

In manchen Phasen haben wir vielleicht sogar das Gefühl, als würde uns das Leben einen Stein nach dem anderen in den Weg legen, als wollte es uns sagen, dass es eben keine einfachen Wege gibt. In solchen Momenten, in denen wir das Gefühl haben, als bekämen wir keine Luft mehr, da wir irgendwie feststecken, weder vor noch zurück im Leben können, taucht gewöhnlich Uranus in Form eines schwierigen, aber auch besonders kraftvollen und herausfordernden Transits auf.

Die Konjunktion, das Quadrat oder die Opposition zu unserem aufsteigenden Mondknoten können dabei auf eine besonders fundamentale Geschichte hindeuten. Denn der aufsteigende Mondknoten symbolisiert unser persönliches Tor zum Himmel, unsere vielleicht größte Lebensperspektive. Gehen wir durch dieses Tor hindurch, indem wir uns bewusst dem Lebensgebiet zuwenden, das durch die Hausstellung unseres aufsteigenden Mondknotens angezeigt ist, dann kann sich mit einem Schlag vieles in unserem Leben verändern. Denn durch das Leben des aufsteigenden Mondknotens bewältigen wir den absteigenden, unser schwerstes Karma, das oft mit größeren Blockaden, persönlicher Unfähigkeit und falschen Richtungen verknüpft ist, die wir unter Umständen einschlagen.

Und nun kommt Uranus daher, ruft diesem Mondknoten, nein schreit ihm zu, nun endlich den vorgesehenen Weg der Befreiung zu gehen und der alten Welt zu entfliehen, in der wir mit all unseren Ängsten und Verhinderungen festsitzen.

Da Uranus immer eine Kraft ist, die ganz schnell etwas will und als Transit in Konjunktion, Quadrat oder Opposition schon überhaupt keine Geduld mehr besitzt und der Mondknoten in seiner weiteren Bedeutung auch mit festen persönlichen Verbindungen zu tun hat, wächst das Risiko von Trennungen. In Ehe und Partnerschaft wie in beruflichen Gemeinschaften will man jetzt unter Umständen Fesseln sprengen, die in der Vergangenheit immer noch fester gezurrt wurden und immer weniger persönliche Bewegungsfreiheiten zuließen.

Der Uranus-Transit in Konjunktion zum Mondknoten hat mit Sicherheit die größte Bedeutung, was die Auflösung von altem Karma betrifft. Uranus rückt hier die durch den Mondknoten angezeigte Lebensaufgabe in den Vordergrund und fordert die Betroffenen dazu auf, etwas längst Fälliges zu ändern, zur Tat zu schreiten und Neues zu verwirklichen, das für einen in diesem Leben vorgesehen ist. Die Frage ist, was man jetzt von seinem alten Leben abstoßen und hinter sich lassen muss, damit es auch gelingt, diesen wichtigen neuen Weg zu gehen.

Altes loslassen ist das Gebot der Stunde. Altes, das nicht nur in diesem Leben belastet hat, sondern sich bereits durch viele Leben durchzieht und die eigene Entfaltung immer wieder blockiert hat. Große Entscheidungen, die während dieses Transits gefällt werden, werden nun häufig intuitiv, aus einer höheren Eingebung heraus, gefällt. Eine starke Aufbruchstimmung macht sich breit.

Diese wird auch dann entstehen, wenn Uranus im Quadrat zum aufsteigenden und damit gleichzeitig zum absteigenden Mondknoten steht. Hier wird allerdings die Geduld zum entscheidenden Faktor darüber, ob der Aufbruch in die Zukunft gelingt und von guten Umständen begleitet wird.

Es tauchen der starke Wunsch und die Neigung auf, sich mit aller Kraft aus der Vergangenheit zu befreien, koste es, was es wolle. Die einen verlassen ihren Partner, andere wechseln den Job, wiederum andere den Wohnort in der Hoffnung, noch mehr ihren eigenen Weg zu finden. Das Quadrat zeigt an, dass diese Veränderungen auch sehr dringend sind, und dennoch dürfen sie nicht überstürzt werden, will man nicht „vom Regen in die Traufe“ kommen.

Die Kunst besteht darin, das Neue wohl im Blick zu haben, sich aber nicht von scheinbar guten Veränderungsmöglichkeiten blenden zu lassen. Neues muss „auf Herz und Nieren" überprüft werden, dann wird auch der rechte Weg gefunden.

Auch an dieser Stelle der wiederholte Hinweis, dass ein Sextil oder Trigon des Uranus zum Mondknoten niemals diese Kraft und diese schicksalsschwangeren Tendenzen hat wie eben die Konjunktion, das Quadrat oder die Opposition.

Steht der Transit-Uranus in Opposition zum aufsteigenden Mondknoten, bildet er gleichzeitig eine Konjunktion zum absteigenden. Auch das hat eine sehr spezielle Bedeutung. Unter diesem Transit rückt das alte Karma besonders nachhaltig ins Bewusstsein. Es besteht nun die Chance, es in seiner ganzen Tragweite zu erkennen, was wiederum helfen kann, einen erneuten Versuch zu starten, die alte Welt hinter sich zu lassen. Die Umstände, die mit den Themen der Vergangenheit zu tun haben, sind quälend, können für mächtige nervliche Anspannungen, Unruhe und Aufregungen im Leben sorgen. Die Ungeheuer der Vergangenheit werden noch einmal lebendig, damit wir jetzt unter Umständen die Möglichkeit bekommen, sie noch radikaler und entschiedener abzustoßen, damit der Weg in die Zukunft frei ist. Frei von inneren und äußeren Blockaden, die einem lange Zeit den Weg versperrten.

Zusammenfassung:
Uranus in Konjunktion, Quadrat oder Opposition zu unserem aufsteigenden Mondknoten deutet immer auf den Wunsch und das Bedürfnis hin, aus dem alten Leben und seinen karmischen Verwicklungen, beruflich wie privat, auszubrechen, um einen völlig neuen Weg zu gehen, der authentisch und frei ist.

Uranus-Transit Konjunktion Mondknoten

Die Konjunktion des Uranus zum Mondknoten ist eine starke Aufforderung des Schicksals, endlich in die Zukunft aufzubrechen und noch mehr den Weg zu gehen, den die aktuelle Inkarnation für einen vorgesehen hat.

Uranus-Transit Quadrat Mondknoten
Unter diesem Transit besteht häufig die Neigung, Neues überstürzt anzugehen, da man innerlich nicht mehr länger gewillt ist, Lebenssituationen und menschliche Verbindungen, die mit dem alten Karma verknüpft sind, mit sich herumzuschleppen. Endlich frei zu sein erfordert Umsicht und Geduld, da ansonsten keine wirkliche Verbesserung durch eine Veränderung eintritt.

Uranus-Transit Opposition Mondknoten
Ähnlich wie die Konjunktion, ist dies ein in das Leben einschneidender Transit, der mit altem Karma, das wie eine angezogene Handbremse im Leben wirkt, endgültig aufräumen will. Er ist die Aufforderung, sich von Vergangenem zu verabschieden, so schwer es auch sein mag.

♆

Schwierige Neptun-Transite
Die Sehnsucht, die Sucht, die grenzenlose Liebe und der Absturz

Neptun ist der Planet, den wir vermutlich am schwersten verstehen können. Der Herrscher über die Fische und das 12. Haus ist nicht greifbar. Es handelt sich um eine besonders feinstoffliche Energie, die wir als Einfluss kaum spüren und die dennoch eine gewaltige Wirkung besitzt. Neptun ist direkt mit unserer Psyche verbunden und wird von Menschen extrem unterschiedlich wahrgenommen. Die einen begeben sich unter Neptun auf geistige Höhenflüge, die anderen werden unter ihm total verwirrt. Neptun ist eine gute, eine wundervolle, ja eine göttliche Energie, aber, wie gesagt, mit großem Anspruch.

Neptun ist eine Energie, die nicht von dieser Welt ist. Wir nehmen sie im positiven Sinne als eine starke Sehnsucht in uns war, die uns drängt, etwas im Leben zu bewegen, die uns aber auch dazu anspornt, nach einer idealen Liebesbeziehung zu suchen, nach einem Partner, der fest und dauerhaft zu uns gehört, der kein Lebensabschnittspartner, sondern eben die Liebe unseres Lebens ist. Neptun ist, man kann es nicht oft genug sagen, die höhere Oktave der Venus. Während Venus für die irdische, körperbetonte, lustvolle, erotische Liebe steht, symbolisiert Neptun die platonische, körperlose Liebe, die nicht fordernde, immer verzeihende, aufopfernde, ja göttliche Liebe. Diese Energie ist extrem fein und doch unendlich stark. Neptun ist in seinem höheren Sinne die Verbindung zu Gott.

Man kann sich nun gut vorstellen, was Neptun anstellt, wenn er auf Menschen trifft, die mit geistig-spirituellen Inhalten nichts am Hut haben bzw. die so materiell gerichtet sind, dass sie mit dieser geistigen Kraft nichts anfangen können. Die starken Sehnsüchte, die Neptun als Einfluss (Transit) auslöst oder überhaupt als Anlage im Horoskop, etwa in Form einer Sonne-Neptun-Konjunktion, anzeigt, sind natürlich auch bei Menschen vorhanden, die sich mit inneren Dingen gar nicht beschäftigen bzw. die sehr stark in der grobstofflichen Welt verankert sind. Hier bleibt von Sehnsüchten oft nur noch die ganz reale Sucht übrig, die auf ihre Art den Hunger nach Liebe, Verschmelzung und Entrückung zu stillen versucht.

Tatsächlich finden wir unter Drogensüchtigen und Alkoholikern einen überragenden Anteil von Menschen mit prägnanten Neptun-Themen in ihrem Horoskop. Wir finden unter großem Neptun-Einfluss aber auch viele Menschen, die sich zunächst Alkohol oder Drogen hingegeben haben und sich dann zu sehr geistigen und verantwortungsvollen Menschen weiterentwickelt haben. Neptun ist einfach die gesamte Palette von „unter der Brücke" bis zum Heiligen, könnte man etwas überspitzt formulieren.

Neptun hat also extrem positive, aber auch extrem negative Seiten, wobei die negativen eigentlich nicht negativ sind, sondern nur ein Ausdruck der Unzulänglichkeit vieler Menschen, die Neptun und seine hochgeistige Energie, wie gesagt, nicht verstehen, nicht richtig leben und verarbeiten können.

Neptun, das hohe Ideal, bedarf immer einer Prüfung und Läuterung durch das Leben. Ein Ideal, dass wir nur in sicheren Zeiten, in denen es uns gutgeht, hochhalten, hat weniger Wert als das Ideal, das wir trotz großer Enttäuschungen und herber Rückschläge im Leben hochzuhalten versuchen. So ist letztlich das ganze Leben ein großer, intensiver Lernprozess, in den vor allem auch unsere Psyche und unsere Ideale, die mit Neptun gekoppelt sind und die immer wieder infrage gestellt werden, eingebunden sind.

Manche Menschen nutzen die feine Energie Neptuns, die oft verborgen und kaum spürbar ist, um etwas heimlich zu machen. Fische-Geborene oder Menschen, die ein stark besetztes 12. Haus besitzen, sind sehr stark von neptunischen Kräften durchdrungen, schließlich ist Neptun der Herrscher der Fische, deren irdischer Spiegel im Horoskop wiederum als 12. Haus auftaucht.

Heimlich kann etwas Gutes sein, denn in dem Wort „heimlich" steckt „Heim", das Zuhause, bei sich selbst sein, allein etwas für sich tun. Das ist legitim und auch wichtig für jeden Menschen, dass er nicht alles, was er tut und lässt, rechtfertigen muss. Aber auch hier deutet Neptun wiederum seine Gratwanderung an.

Etwas heimlich tun, kann auch heißen, jemand anderen zu betrügen oder gegen das Gesetz zu verstoßen, weshalb zum Beispiel einige Menschen mit starker 12.-Haus-Besetzung oft auch eine kriminelle Ader besitzen.

Neptun ist für jeden von uns eine Herausforderung, da er ja auch ganz konkret in jedem Horoskop auftaucht. Er gehört zu unserem Leben und spiegelt in einem höheren Sinne unsere himmlischen Kräfte wider. Seine Schattenseiten sind ein Ausdruck unseres Erdenlebens und deuten den Stand unserer persönlichen Entwicklung an.

Neptun in den Fischen – das Wunder unserer Zeit

Seit 2011/12 steht Neptun in den Fischen und wird diese erst wieder in den Jahren 2025/26 verlassen. Es ist eine extrem bedeutende, nicht hoch genug einzuschätzende Neptun-Stellung, da Neptun hier in seinem eigenen Herrschaftsbereich steht. Jesus Christus wurde am Beginn des Fischezeitalters (Fische sind das Symbol des Christentums) geboren, das vor einigen Jahrzehnten durch das Wassermannzeitalter abgelöst wurde. Neptun und die Fische verkörpern den christlichen Gedanken, der viel mit Verzeihen, Nächstenliebe, Menschlichkeit und Aufopferung zu tun hat. Es ist, als würde uns dieser Neptun in den Fischen nun wieder an diese Menschlichkeit, an das, was den Menschen ausmacht und was die Liebe bewirken kann, erinnern wollen.

Die neue Spiritualität unserer Zeit ist wie ein Parallelkosmos zur rationalen Welt. Wir entdecken die Weiße Magie, die Kraft des Glaubens, die Führung der Engel neu und gewinnen dabei Erkenntnisse, die wir nicht für möglich gehalten halten. Es geht hier nicht mehr darum, irgendetwas beweisen zu wollen, sondern etwas sehen und verstehen zu lernen. Es gibt inzwischen zahlreiche spirituelle Methoden, mit denen die Menschen versuchen, sich selbst zu heilen. Einige haben damit begonnen, eigene Heilenergien zu channeln. Ein neuer Zweig der Psychologie, die Systemische Psychologie, hilft durch Aufstellungen, Blockaden aufzulösen, die sich jahrhundertelang durch die Generationen und ihre jeweiligen Familien geschleppt haben. Und die Freunde der Astrologie haben das Aufstellen des Horoskops und einiger Planeten als Seelenanteile entdeckt, was wohl zur tiefsten und direktesten Konfrontation mit sich selbst und seinen Wesenszügen führt.

Wir befinden uns also in einer extrem spannenden Zeit, was Neptun betrifft. Er prägt auf seine ganz besondere Art diese Zeitqualität. Natürlich aber wird Neptun auch in der modernen Welt falsch verstanden. Unterschiedlichste Sekten sind auf dem Vormarsch wie nie zuvor, und der religiöse Fanatismus, ebenfalls die ganz üble Auswirkung eines falsch interpretierten und mit anderen dunklen Kräften vermischten Neptuns, treibt Blüten wie seit dem Mittelalter nicht mehr.

Neptun stellt an jeden von uns persönlich immer wieder die Frage: „Was ist echt, was ist unecht, was dürfen wir glauben, was können wir hoffen, wo machen wir uns etwas vor?“

Der Mensch für sich ist schwach und oft sehr mutlos und braucht Vorschriften und Gebote, die ihm sagen, was gut und was böse ist. Insofern hatten die Kirchen und die Religionen stets eine wichtige Aufgabe der Sozialisierung und Verantwortung, die sie immer wieder missbrauchten, um eigene machtpolitische Ziele zu erreichen. Mit göttlichen Vorschriften und Gesetzen kann man Menschen wunderbar gewissensmäßig unter Druck setzen und lenken. Mit schlechtem Gewissen, Sünden und Verboten zu „arbeiten“, gehört zweifellos zu den größten Machtmitteln überhaupt.

In zunehmendem Maße nimmt heute aber glücklicherweise die Zahl der Menschen zu, die Eigenverantwortung für ihr Tun und Handeln übernehmen, indem sie in ihrem eigenen Inneren, durch ihr eigenes, befreites Gewissen, zu ergründen versuchen, was richtig und was falsch ist. Das ist der Weg der neuen Zeit. Das ist ein großes Stück vom höheren Neptun, dem wir gerade jetzt in diesen Jahren begegnen können.

Neptun-Transit in Konjunktion, Quadrat oder Opposition zur Geburts-Sonne
Der Sog in die geistige Welt

Steht Neptun in Konjunktion, Quadrat oder Opposition zu unserer Geburts-Sonne, durchlaufen wir eine Phase, in der wir uns zeitweise ungewöhnlich müde und antriebslos fühlen und permanent schlafen könnten. Viele Vorhaben in unserem Leben verzögern sich, und vieles, was mit uns selbst und unseren Zielen zu tun hat, wird unklarer. Aber, das ist nur die eine Seite dieser Transite, die uns in eine andere Welt entführen wollen.

Die klassisch orientierten Astrologen sahen und sehen den Übergang des Neptuns über unsere Sonne eher kritisch an. Manche moderne Astrologen, wie Robert Hand, sehen zumindest noch in der Konjunktion Neptuns zur Sonne „positive wie negative Seiten“. Fakt ist jedoch, dass gerade die Konjunktion zur Sonne in ihrer Wirksamkeit besonders stark ausfällt.

Die Frage ist, was bei diesen Transiten passiert, wie sie wirken und welcher Sinn dahinterstecken könnte. Zeigen sie nur unklare, verwirrende Lebensphasen an, in die wir durch eigene Schuld hineingeraten sind, oder gehören sie in einem höheren Sinne zu unserer Persönlichkeitsentwicklung? Vermutlich ist beides richtig.

Auffallend sind zunächst die unglaubliche Müdigkeit und das übergroße Schlafbedürfnis, von dem die Menschen immer wieder berichten, die mit einem dieser Neptun-Transite konfrontiert werden. „Ich könnte den ganzen Tag schlafen“, heißt es immer wieder. Alles scheint sich irgendwie seltsam zu verlangsamen, manche haben sogar das Gefühl, als liefe ihr Leben in Zeitlupe ab – wie ein seltsamer Traum, in dem sie selbst nicht Hauptdarsteller, sondern nur unbeteiligter Beobachter sind.

Jetzt weiß man zumindest, wie sich die Menschen fühlen müssen, die etwa eine Sonne-Neptun-Konjunktion oder ein -Quadrat in ihrem Geburtshoroskop haben und von ihrer Umwelt oft als Träumer bezeichnet werden, deren Blick durch alles hindurchzugehen scheint, als wären sie nicht von dieser Welt. Nicht von dieser Welt ist auch der zeitweilige Neptun-Transit, vor allem im Spannungswinkel.

Neptun ist ein hochgeistiger Planet, Symbol für das Meer und die unendlichen Tiefen des Unbewussten. Neptun ist reiner Geist, er steht für die universelle Menschenliebe, den Humanismus, die Gottesliebe. Er verkörpert die platonische Liebe, ist Herrscher der Fische und damit auch der Stern des Christentums, deren Symbol die Fische sind. Die positiven Zuordnungen Neptuns beinhalten dementsprechend typische christliche Werte, wie Nächstenliebe, Verzeihen, Aufopferung.

In kritischer Auswirkung, wie bei den spannungsvollen Neptun-Transiten zur Geburts-Sonne, kommen jedoch schnell die unverstandenen und unbewältigten Seiten Neptuns zum Vorschein. Neptuns Sehnsucht nach höchster und reiner Liebe verkehrt sich schnell in Sucht, die geistige Klarheit in Verwirrung, die Wirklichkeit in Traum und umgekehrt. Denn Neptun hat einen extrem hohen Anspruch, dem nicht jeder Mensch standhalten kann, vor allem, wenn er sich nicht selbst mit geistig-spirituellen Inhalten beschäftigt.

Viele entwickeln Heimlichkeiten, sind plötzlich unzuverlässig, werden oft von Albträumen geplagt und spinnen sich Realitäten zurecht, die überhaupt nicht existieren. Sie werden mit Betrug konfrontiert oder beginnen selbst damit, die geschäftlichen Dinge nicht mehr so genau zu nehmen.

Hinzu kommt, dass sich nun viele Dinge verzögern, größere geplante Vorhaben geraten einfach nicht in Bewegung, aber auch feste Zusagen schieben sich immer weiter raus. Irgendwie ist man in der Warteschleife Neptuns gefangen. Männer neigen unter diesen Transiten häufig zur Untreue, und auch Frauen beginnen sich häufig nach einem neuen Partner zu sehnen, der ihrem Ideal entspricht und ihnen innerlich näher ist als der Mann an ihrer Seite.

Diese kraftvollen, spannungsgeladenen Neptun-Winkel können einen wie eine riesige Welle erfassen, ins Meer der Unendlichkeit hineinziehen und mächtige Sehnsüchte auslösen. Was ist nur los? Ist das alles nur schlecht, unwahr und illusionär, was jetzt in unserem Inneren an Vorstellungen und Wünschen auftaucht? Nein, keineswegs. Denn diese „harten" Transite des überaus feinen Neptuns wollen uns im Grunde genommen sagen, dass es eine Realität hinter der sichtbaren Welt gibt und dass es die Wirklichkeit, wie wir sie empfinden und worauf sich die Menschen geeinigt haben, gar nicht so gibt. Ja, die Welle Neptuns ist ein Schock, sie reißt uns in die Tiefe und aktiviert dabei bei sehr unbewussten Menschen alle niederen Triebe und Instinkte. Menschen, die sich mit geistigen Inhalten beschäftigen, werden von ihnen in die geistige Welt entführt, was natürlich zunächst auch sehr verwirrend sein kann. Trotzdem und gerade deshalb empfiehlt es sich in dieser Zeit, spirituelle Bücher zu lesen, sich in der Astrologie oder auch Psychologie zu vertiefen, das Meer als Quelle der Inspiration aufzusuchen (nur bitte keine Risiken wie Tauchen unter Haien usw.), sich ins Kloster auf Zeit zu begeben, um zu meditieren und sich mit Mystik auseinanderzusetzen, intensiv zu malen, zu musizieren usw.

Wir dürfen die Forderungen Neptuns nicht unbeachtet lassen, sonst macht er uns nur müde und intensiviert unsere Süchte. Ein wichtiger praktischer Tipp noch: Wenn Sie einen dieser Transite haben, sollten Sie sich viel draußen, an der frischen Luft, bewegen, da fast permanenter Sauerstoffmangel besteht. Auch muss der geschwächte Kreislauf regelmäßig angetrieben werden. Neptun kann auch vorübergehend den Blutdruck senken. Entgiftungsmaßnahmen können notwendig werden.

Neptun-Transite (Konjunktion, Quadrat oder Opposition) **zur Geburts-Sonne in Bezug auf die Häuser**

Neptun tr. Sonne in Haus 1

Gesteigerte innere Wahrnehmungen und Spürsinn, starke, immer wieder auftretende Müdigkeit, betrügt oder wird betrogen, mangelnder Realitätssinn führt zu falschen Entscheidungen.

Neptun tr. Sonne in Haus 2

Gefahr von Betrug und Fehlspekulation, Einbruch des Selbstwerts, unerklärliche Unsicherheit, Verzögerung von Vorhaben, fühlt sich zeitweise wie gelähmt.

Neptun tr. Sonne in Haus 3
Lügt oder wird selbst hinters Licht geführt, verliert den Überblick und die Kontrolle über den Alltag, lässt sich treiben, ermüdet schnell.

Neptun tr. Sonne in Haus 4
Heimatverlust, Auswanderungsgedanken, entdeckt mediale Fähigkeiten, entzieht sich familiären Verpflichtungen, durchläuft eine Identitätskrise.

Neptun tr. Sonne in Haus 5
Starke Sehnsucht nach einer idealen Liebesbeziehung, verliebt sich in eine(n) Unpassende(n), ist kreativ und schöpferisch inspiriert wie noch nie, spielt mit den Gefühlen anderer, sehnt sich nach Kindern.

Neptun tr. Sonne in Haus 6
Geschwächte Lebenskraft, unerklärliche Schwächeanfälle und Schwindelgefühle, Intrigen und unklare Verhältnisse am Arbeitsplatz.

Neptun tr. Sonne in Haus 7
Partner geht fremd, verflüchtigt sich, schleichende Auflösung einer Beziehung, Missverständnisse und Heimlichkeiten, die die Beziehung belasten, Sehnsucht nach einer idealen Beziehung, die es so nicht gibt.

Neptun tr. Sonne in Haus 8
Wird ums Erbe betrogen, ungünstige Versicherungen und Geldanlagen, kriminelle Geldgeschäfte, tiefe, geheimnisvolle, aber auch verwirrende Erlebnisse, intensives Traumleben. Energielosigkeit.

Neptun tr. Sonne in Haus 9
Starke geistige Entwicklung, aber auch Gefahr religiöser Verirrungen, wird zunehmend weltfremd, schließt sich einem Guru an, lässt sich auf Reisen treiben, geht im Ausland verloren.

Neptun tr. Sonne in Haus 10
Berufliche Ziele lösen sich auf, vorübergehende Orientierungslosigkeit, Heimlichkeiten, die ans Tageslicht kommen, schaden der

Karriere, Intrigen, die beruflich schaden können, Untergrabung der Autorität.

Neptun tr. Sonne in Haus 11
Auflösung von Gemeinschaften, betrügerische und intrigante Freunde, zerplatzte Hoffnungen, große Enttäuschungen.

Neptun tr. Sonne in Haus 12
Geistige Verwirrung, Verunsicherung, viele Heimlichkeiten, die auch sehr belasten können, entzieht sich immer mehr nahen Menschen und dem Leben, zunehmende Alkohol- oder Drogenprobleme.

Neptun im Transit durch Haus 5
(irdischer Spiegel des Löwen, Zeichenherrscher Sonne)
Die Sehnsucht nach Liebe

Neptun fühlt sich im Transit durch das 5. Haus sehr wohl und weckt zunächst unglaubliche Sehnsüchte, die die Liebe betreffen. Es ist weniger die sexuelle, erotische Liebe, die dabei im Vordergrund steht, sondern eher so etwas wie geistige, platonische, ideale Liebe, die einen romantischen Charakter besitzt, unvergänglich ist und keine Grenzen kennt.

Klar, dass es auf diesem Weg Täuschungen und Desillusionierungen geben muss, denn in der Realität sind die meisten Menschen für eine derart reine Liebe nicht bereit. Dennoch besteht die Chance, einen Menschen kennenzulernen, der einem sehr viel näher ist als alle anderen, die einem zuvor begegnet sind. Man hüte sich dennoch vor einer Idealisierung, die keinen Raum für eine wirkliche Beziehung lässt, die früher oder später auf die Erde runter muss und im Alltag funktionieren soll.

Frauen, aber auch Männer, bekommen unter diesem Neptun-Transit oft eine wahnsinnige Sehnsucht nach Kindern, nach Seelen, die sie vielleicht aus früheren Leben kennen und mit denen man in großer Liebe verbunden ist. Der Kinderwunsch taucht häufig auch dann auf, wenn er vorher überhaupt nicht existent war.

Gibt es bereits Kinder in der Familie, dann kann dieser Neptun ein Hinweis darauf sein, dass man seine Kinder unter Umständen idealisiert und sich etwa schulische, berufliche, sportliche, künstlerische Erfolge von ihnen wünscht, mit denen man sich selbst ganz stark identifiziert. Eine Belastung für die Kinder, die sich damit unter dem Druck einer permanenten Erwartungshaltung befinden und kaum noch Kind sein dürfen.

Künstler, vor allem Schauspieler, Filmemacher und Fotografen, haben unter diesem Neptun-Transit einen unglaublich großen kreativen Schub. Und sogar Sportler, vorwiegend Wasser- und Wintersportler, können enorm stark von diesem Transit profitieren.

Kritisch sind in diesen Jahren alle Spekulationen, die größere Verluste nach sich ziehen könnten. Gefährliche Tendenzen zeigt dieser Neptun nicht zuletzt in Hinblick auf Spielleidenschaften an, die jetzt in eine Spielsucht mit entsprechend negativen Folgen münden können.

In einem höheren Sinne hilft uns dieser Neptun, eine innere Anbindung an den Himmel zu finden und noch mehr auf unsere schöpferischen Kräfte zu vertrauen, mit denen wir unser Leben gestalten und es in eine erfolgreiche Richtung drängen können.

Neptun-Transit in Konjunktion, Quadrat oder Opposition zum Geburts-Mond

Verwirrende Gefühle, kein innerer Halt

Neptun in Konjunktion, Quadrat oder Opposition zu unserem Geburts-Mond sind nicht unbedingt harte Transite, die große äußere Widerstände im Leben bewirken können. Trotzdem ist hier höchste Vorsicht geboten, denn diese Transite können unsere Gefühle dermaßen stark beeinflussen und verwirren, dass wir die Realitäten nicht mehr klar erkennen und möglicherweise falsche Entscheidungen von großer Tragweite treffen.

Neptun ist ein Planet, der stets sehr subtil und fein wirkt und in Spannung zu unserem Geburts-Mond zunächst fast unmerklich unser Seelenleben beeinflusst. Aber, wir dürfen uns nicht täuschen lassen. Neptun ist wie eine Flut, die nur langsam einsetzt, um dann immer mächtiger und größer zu werden. Wasser, das Gefühl, die Macht des Unbewussten, hat die größte Kraft überhaupt. Im ersten Moment nehmen wir vielleicht eine Zunahme von unheimlich intensiven und teils sehr verwirrenden Träumen wahr, in der Folge ganz sicher auch eine gesteigerte Lust auf Nikotin, Alkohol und Drogen. Alles, was uns irgendwie entrückt und in einen Rauschzustand versetzt, zieht uns magisch an. Neptun spricht vor allem die tiefen Schichten unserer Seele an und damit natürlich auch unsere geheimsten Wünsche und Sehnsüchte. Rauschmittel können die zwangsläufige Kompensation dieser Sehnsüchte sein, die natürlich in irgendeiner Form gestillt werden wollen. Von der Sehn-Sucht zur Sucht ist es oft nur ein kleiner Schritt.

Neptun, der neben dem Liebesideal, dem Traum und den Sehnsüchten auch für das Meer des Unbewussten steht, überschwemmt unsere Seele gerade in der Konjunktion, in der Opposition und im Quadrat zu unserem Geburts-Mond mit Gefühlen und Bildern, die wir so vielleicht so noch nicht gekannt und gesehen haben.

Einen besonders starken Einfluss hat Neptun in Spannung zum Geburts-Mond natürlicherweise auf Frauen, da der Mond ja auch das Symbol für die Weiblichkeit, das Frausein ist. Aber auch Männer, die sehr gefühlsbetont sind, ihre Gefühle zulassen können und so manche Entscheidung „aus dem Bauch heraus“ fällen, nehmen diesen Neptun stark war. Oft als totale Verunsicherung der Gefühle, wodurch in der Folge vieles im Leben infrage gestellt wird. Menschen, die sehr kopflastig sind und ihre Entscheidungen meist sehr rational abwägen, kommen mit diesen Transiten dagegen noch einigermaßen gut zurecht. Aber, auch sie können jetzt in den Strudel unbekannter und verwirrender Gefühle hineingezogen werden.

Was die sehr realen Auswirkungen dieser Transite betrifft, ist eine gewisse Verträumtheit augenscheinlich, die es oft schwermacht, sich auf seine Arbeit und Alltagserledigungen zu konzentrieren. Viele Menschen, die davon betroffen sind, neigen verstärkt dazu, sich gehenzulassen, da einfach innere Widerstände aufgelöst und eher die schwächeren Charakterseiten angesprochen werden.

Da der Mond, unsere Seele, mit unbewussten Kräften, verwirrenden Bildern und Träumen kämpfen muss, ist jetzt natürlicherweise auch die Anfälligkeit für seelische und psychische Störungen und Erkrankungen, wie Neurosen, Einbildungen, tiefe Verunsicherungen und sogar Depressionen, deutlich höher als sonst.

Da der Mond astromedizinisch in Verbindung mit dem Magen steht, kann es auch in diesem Bereich zu Verstimmungen und chronischen Erkrankungen kommen. Neptun ist in Bezug auf Krankheiten stets schleichend und wird mit chronischen Krankheiten und Ansteckungen in Verbindung gebracht.

Was die Liebe betrifft, kann eine Krisensituation durch diese Transite insofern entstehen, da der Mond neben der Venus ja ganz eng mit unseren Empfindungen verknüpft ist. Und natürlich kann der den Mond beeinflussende Neptun auch „falsche" Liebesempfindungen provozieren, insofern, dass man sich vielleicht in jemand völlig Unpassenden verliebt, worauf mit Sicherheit ein großer Kater der Ernüchterung folgt. Skandale, Fremdgehen, Erotik, die nicht guttut, totales Ausgenutztwerden sind ebenfalls mit diesen Transiten verknüpft.

Da der Mond nicht zuletzt mit unserem Zuhause und der Familie zu tun hat, kann der Einfluss Neptuns vorübergehend auch fast so etwas wie ein starkes Entwurzelungsgefühl anzeigen. Man weiß nicht mehr genau, wohin und zu wem man gehört, da manche inneren Verbindungen und Gefühle sich jetzt völlig auflösen.

Aber, wo viel Schatten ist, da gibt es gelegentlich ein umso helleres Licht. Klar ist, dass Neptun den Mond weicher macht, ihn sensibilisiert und für neue Eindrücke und Empfindungen öffnet. Besonders stark ist dies bei der Konjunktion des Neptuns zum Mond gegeben. Wir können jetzt alles spüren und wahrnehmen, entwickeln plötzlich sogar mediale und telepathische Fähigkeiten. Wenn wir uns mit anderen Menschen, die uns besonders nahe sind, austauschen, kann es sein, dass wir völlig unvermittelt die inneren, seelischen Vorgänge unseres Gegenübers wahrnehmen wie nie zuvor. Klar, wir müssen aufpassen, dass wir uns in diesen Zeiten gefühlsmäßig in nichts hineinsteigern, wir dürfen insbesondere Enttäuschungen nicht überbewerten und sollten sie als Kernaufgabe des Lebens sehen. Wir müssen darauf achten, dass uns niemand ausnutzt und wir kein falsches Mitgefühl entwickeln. Aber, gerade das Quadrat, die Konjunktion und die Opposition des Neptuns zu unserem Mond sind enorme innere Kräfte, die uns in unserer spirituellen Persönlichkeitsentwicklung ganz weit nach vorne bringen können.

Natürlich bleibt diese Zeit eine Gratwanderung zwischen Traum und Wirklichkeit. Gerade diese Spannungen und die Gefahr der Illusion können aber auch stark motivieren, die Wahrheit zu erkennen.

Hinter diesen Transiten verbirgt sich die Aufgabe und Herausforderung, die Seele für geistige Einflüsse zu öffnen. Wir haben jetzt die Chance, zu erkennen, dass die Kraft des Geistes auch die materielle Welt bewegen und überwinden kann. Nach dieser Zeit haben wir eine neue innere Wahrheit und Identität gefunden.

Neptun-Transite (Konjunktion, Quadrat oder Opposition) **zum Geburts-Mond in Bezug auf die Häuser**

Neptun tr. Mond in Haus 1

Körperliche Schwäche, wenig Antriebskraft, Überempfindlichkeit gegenüber Nahrungsmitteln, innere Haltlosigkeit, verwirrende Gefühle und Phasen der totalen Unklarheit.

Neptun tr. Mond in Haus 2

Gefahr von Betrug und schleichenden Verlusten, geliehenes Geld muss als Verlust abgebucht werden, unsichere Einnahmequellen, zweifelt stark an sich selbst, Vorhaben wechseln oder verlaufen im Sande.

Neptun tr. Mond in Haus 3

Böser Klatsch und Tratsch, insbesondere unter Frauen, haltloser, verträumter Alltag, wenig Antrieb, gefährliche Situation im Straßenverkehr aufgrund geistiger Abwesenheit, verliert den Bezug zur Realität.

Neptun tr. Mond in Haus 4
Muss sein Haus oder seine Wohnung aufgeben, flieht ins Ausland, Auflösung der Familie, fühlt sich alleingelassen und wurzellos, weiß nicht mehr, wohin er gehört, durchläuft eine Identitätskrise, spürt und fühlt mehr, als ihm manchmal lieb ist, entdeckt mediale Fähigkeiten.

Neptun tr. Mond in Haus 5
Enttäuschende und verwirrende Liebesbeziehung, ungewöhnliche erotische Erfahrungen, kann sich in Liebesdingen nicht entscheiden, starke künstlerische Phase.

Neptun tr. Mond in Haus 6
Magen- und Verdauungsprobleme, Nahrungsmittelunverträglichkeiten, häufiges Unwohlsein, Mobbing und Intrigen am Arbeitsplatz, unsichere Anstellung, Gemütsstörungen, Neigung zu seelischen Erkrankungen.

Neptun tr. Mond in Haus 7
Partner geht fremd, Gefühle für den Partner verändern sich, verliebt sich unsterblich in den vermeintlichen Traumpartner, neue Bindung erweist sich als Fehltritt, kann die inneren Vorgänge von anderen Menschen spüren wie noch nie zuvor.

Neptun tr. Mond in Haus 8
Verdrängte Ängste und Enttäuschungen rücken ins Bewusstsein, Entfremdung von der Mutter, viele intensive, möglicherweise auch luzide Träume, Todessehnsüchte.

Neptun tr. Mond in Haus 9
Lässt sich auf Reisen treiben, hat dabei eigenartige Erlebnisse und Begegnungen, starker Drang in die Ferne, sehnt sich nach Auswanderung, wirres religiöses Weltbild, weiß nicht, was er noch glauben kann.

Neptun tr. Mond in Haus 10
Ziele lösen sich auf, weiß nicht mehr, ob er noch im richtigen Beruf ist, sehnt sich nach einem Beruf im Sinne der Berufung, will helfen, verliert den inneren Kontakt zur Mutter.

Neptun tr. Mond in Haus 11
Wird von einem Freund enttäuscht, mit dem eine starke innere Verbindung besteht, große Hoffnungen erweisen sich als haltloses Wunschdenken, idealisiert Menschen, die die hohen Erwartungen an sie nicht erfüllen können.

Neptun tr. Mond in Haus 12
Psychische Probleme, unbestimmbare Ängste und zutiefst verwirrende Gefühle, hat mit Intrigen und Hintergehungen zu kämpfen, stark angeregtes Traumleben, kann alles Verborgene spüren und wahrnehmen.

Neptun im Transit durch Haus 4
(irdischer Spiegel des Krebses, Zeichenherrscher Mond)
Wo gehöre ich hin?

Wenn Neptun in das 4. Haus eintritt, das mit der Herkunfts- und Gegenwartsfamilie, dem Zuhause und Wohnort zu tun hat, dann kann es sein, dass sich feste Familienstrukturen allmählich lockern oder gar auflösen. Die Gründe dafür können vielfältig sein. Möglicherweise steht eine Scheidung an, Kinder ziehen aus, Eltern sterben, der Vermieter meldet Eigenbedarf an, das eigene Haus kann nicht abbezahlt werden usw., oder man muss aus beruflichen Gründen das Zuhause und die Familie verlassen.

Es kann auch sein, dass einfach nur der innere Kontakt zu den Eltern und der Herkunftsfamilie verlorengeht, weil ein Gefühl des Ausgestoßen- und Verlassenseins bzw. des Nichtdazugehörens besteht. In der Folge taucht eine gewisse Wurzellosigkeit auf, da man einfach nicht mehr weiß, wo man eigentlich hingehört und zu wem man gehört. Eine Sehnsucht nach Familie entsteht.

Manche durchlaufen in diesen Zeiten eine regelrechte Identitätskrise, haben das Gefühl, sich jetzt überall in der Welt niederlassen zu können, und wenden sich Wahlverwandten zu, die einem unter Umständen viel näher als Blutsverwandte sein können. Es ist wichtig in dieser Zeit, einen Ort, einen Platz zu finden, an dem es gelingen kann, neue Wurzeln zu schlagen, um letztlich auch neue berufliche Ziele anvisieren zu können, denn das 10. Haus liegt ja dem 4. Haus gegenüber und ist damit in dieses Geschehen automatisch miteingebunden.

Ein weiteres Thema dieses Transits sind Familiengeheimnisse, die einen zu beschäftigen beginnen und deren Aufdeckung wichtig für das eigene seelische Wohlbefinden ist. Es wäre gut und wichtig, sich in diesen Jahren mit Familienaufstellungen zu beschäftigen.

Viele Menschen beginnen, sich unter diesem seelisch betonten Transit ganz automatisch mit therapeutischen Inhalten, mit Psychologie und Astrologie zu beschäftigen oder (und) entdecken die Spiritualität für sich, die das weitere Leben entscheidend beeinflussen und prägen wird.

Manche Astrologie-Bücher raten unter diesem Neptun-Transit durch Haus 4, keine Immobilie zu erwerben, was nicht unbedingt richtig erscheint, denn überall dort, wo Neptun im Transit auftaucht, gibt es Auflösungstendenzen, denen wir, je nach Lebenssituation, mit konkreten und neuen Strukturen begegnen sollten.

Nicht wenige Menschen nutzen diesen Transit, um ein ideales, besonders schönes, zauberhaftes, ja paradiesisches, schillerndes Zuhause im Sinne Neptuns zu gestalten. Damit festigen sie automatisch ihre Wurzeln.

In der Zeit, in der Neptun den IC, die Spitze des 4. Hauses, überquert, kommt es relativ häufig zu einem Wasserschaden in Haus oder Wohnung. Es wäre klug, in diesen Zeiten die Räume auf Feuchtigkeit und Schimmel zu überprüfen.

Oftmals taucht unter diesem Transit eine Sehnsucht nach Ausland und fremden Kulturen auf, nach einer Heimat, die noch mehr zu einem gehört und der eigenen Identität entspricht. Der eine oder andere wird deshalb auswandern. Andere suchen ihre wahre Heimat in sich, eben in der Auseinandersetzung mit der eigenen Seele.

Am Ende dieses seltenen, sehr fundamentalen und bedeutenden Transits haben wir die Chance, uns selbst, unsere Bestimmung und Lebensaufgabe zu erkennen.

Neptun-Transit in Konjunktion, Quadrat oder Opposition zum Geburts-Merkur

Was ist die Wahrheit? Was ist Lüge?

Merkur steht für den Intellekt, Neptun für die Fantasie. Klar, dass dann bei einem Neptun-Transit in Form einer Konjunktion, eines Quadrats oder einer Opposition Lüge oder gar geistige Verwirrung naheliegen. Man spricht klassisch von Selbstbetrug, betrogen werden oder selbst betrügen. Aber diese Spannungstransite können in ihrer höheren Form auch unserem Geist auf die Sprünge helfen. Diese Zeit kann extrem inspirierend sein.

Merkur ist der logische Verstand, der je nach Stellung und Aspektierung im Geburtshoroskop sehr unterschiedliche Qualitäten haben kann. Steht Neptun nun im Transit in Konjunktion, Quadrat oder Opposition zu unserem Geburts-Merkur, wird unser Verstand zeitweise schon fast ausgeschaltet. Denn Neptun hat vor allem in der Verschmelzung (Konjunktion) und im Spannungswinkel (Quadrat, Opposition) die Neigung, zu verwirren und zu vernebeln. Man könnte auch sagen, Neptun entgrenzt die Gedanken, nimmt ihnen jeden Halt und jede Form.

Im klassisch astrologischen Sinne, also sehr realistisch gesehen, beginnen sich damit die Gedanken zu verwirren und zu verirren. Man leidet jetzt immer wieder unter seltsamen, vielleicht bis dahin noch nie gekannten Konzentrationsstörungen und unter Vergesslichkeit. Die Wachheit und Aufmerksamkeit im Alltag lassen spürbar nach, da Neptun zu Merkur immer wieder merkwürdige Gedanken spinnen lässt. Unsere Fantasie ist unglaublich stark angeregt, bei manchen Menschen so stark, dass sie jetzt die Lüge nicht mehr von der Wahrheit unterscheiden können und deshalb Gefahr laufen, Opfer von Betrügern zu werden.

Je nach persönlicher Merkur-Stellung und -Anlage neigt man jetzt aber auch selbst zu besonders trickreichen Gedanken und Handlungen, was im Extremfall kriminelle Züge annehmen kann.

Nicht mit dem Kopf bei der Sache zu sein, kann in der Folge weitere unangenehme Dinge nach sich ziehen, wie unklare Abmachen und Verträge, Fehlspekulationen, Unfälle, weil nicht aufgepasst wurde, sowie Fehler mit weitreichenden Folgen am Arbeitsplatz, wo auch so hässliche Dinge wie Mobbing oder üble Nachrede ein Thema werden können.

Im zwischenmenschlichen, privaten Bereich sind unter diesen Transiten oft Lüge und die Verschleierung der Wahrheit ein Thema. Wer jetzt ein Lügengebäude aufbaut, muss damit rechnen, dass dieses zur großen Belastung wird und früher oder später mit einem großen Knall zusammenfliegt. Wir sollten uns hüten, Gerüchte durch Vermutungen und Halbwissen zu verbreiten oder an Tratsch und Klatsch teilzunehmen, der anderen Schaden zufügen könnte.

Gesundheitlich kann Neptun im kritischen Anblick zu Merkur zu chronischer Nervenschwäche, schneller geistiger Erschöpfung und psychischen Störungen führen.

Die Fallen dieser lang anhaltenden Transite sind wirklich vielfältig. Wichtig ist es deshalb, dass wir uns ganz bewusst immer wieder um eine Ordnung unserer Gedanken und um größtmöglichen Realitätssinn in allen wichtigen Entscheidungen und Vorhaben bemühen sollten. Wir dürfen uns von nichts und niemandem ins Bockshorn jagen lassen. Und immer, wenn Angebote und neue Vorhaben fast schon zu gut klingen und uns in euphorische Stimmungen versetzen, sollten die Alarmglocken schrillen.

Unsere Vernunft und unser Realitätssinn werden zeitweise mit enorm großen Wünschen und Sehnsüchten überschwemmt, sodass klares Denken und Entscheiden schwerfallen. Wer von Geburt an eher ein Träumer ist, wird unter Umständen noch mehr in unrealistische Träumereien abdriften als Menschen, die normalerweise besonders realitätsbezogen denken. Aber auch sie laufen Gefahr, in vielen Dingen den Überblick zu verlieren.

Wer ein wenig Erfahrung mit Astrologie hat, wird diese Transite mit Recht als lästig ansehen. Konzentrationsmangel, Gedächtnisschwund und die Gefahr von Betrug kann kein Mensch gebrauchen, ganz abgesehen von Nervenschwäche und sonstigen gesundheitlichen Störungen.

Und zu allem Übel können diese Neptun-Transite aufgrund Neptuns Rückläufigkeit bis zu zwei Jahre anhalten, wenn auch mit Pausen. Nein, das sind gewiss keine schönen Aussichten. Und natürlich muss an dieser Stelle die Frage kommen, welch tieferer Sinn hinter diesen Transiten stecken mag, sofern sie keine unbestimmbare Laune des Kosmos sind.

Wahres von Falschem zu unterscheiden, ist sicher eine Lektion dieser Zeit. Eine Aufgabe, die Menschen mit Merkur-Neptun-Spannungen im Horoskop ein ganzes Leben lang haben. Wahres zu erkennen und die Lüge zu entlarven, kann ein Schock, eine bittere, schmerzhafte Lektion sein, die uns desillusioniert, aber hoffentlich nicht den Glauben, das Ideal verlieren lässt.

Manchmal müssen wir vermutlich erst in die Lüge hineinstolpern und Opfer von ihr werden, damit wir überhaupt erst die Bereitschaft entwickeln, die Dinge so anzuschauen, wie sie sind. Viele Menschen wollen ja gar nicht die Wahrheit sehen, und diese Transite können die Lüge dermaßen stark übersteigern, dass sie nicht mehr tragbar ist.

Aber, es gibt noch eine völlig andere Perspektive dieser Transite, eine, die vorwiegend Künstler und andere Menschen wahrnehmen werden, die sich mit spirituellen Inhalten beschäftigen. Gerade die Spannungswinkel des Neptuns zu unserem Merkur können unseren Gedanken Flügel verleihen. Besonders gut ist das natürlich für Schreiber, Schriftsteller, Redner, Marketingfachleute, die immer noch mehr Fantasie, Ideen, geistige Nahrung brauchen. Sie dürften unter diesen Transiten eine besonders produktive und erfolgreiche Phase erleben, wenngleich auch sie schneller als sonst geistig erschöpft sind, da Geist und Gedanken zeitweise unheimlich große innere Strecken zurücklegen und zum Ausufern neigen.

Allgemein aber verfeinern sich auch unsere Gedanken, werden durch allerlei Geschehnisse und Eindrücke inspiriert, noch viel mehr als sonst. Verwirrungen und Täuschungen tauchen nur dann auf, wenn wir beginnen, zu werten, wenn wir eine Sache rund machen wollen, die als Ahnung bestehen bleiben soll. Die höhere Bedeutung dieses Transits? Er will uns mit der geistigen Welt verbinden – ein wirklich hoher Anspruch, der nicht leicht zu erfüllen ist.

Neptun-Transite (Konjunktion, Quadrat oder Opposition) **zum Geburts-Merkur in Bezug auf die Häuser**

Neptun tr. Merkur in Haus 1
Falsche Ratgeber, Gefahr hintergangen zu werden, handelt selbst listig und betrügerisch, geistige Erschöpfungszustände, fortschreitende Demenz.

Neptun tr. Merkur in Haus 2
Zwielichtige Geschäfte, die sich am Rande der Kriminalität befinden, Gefahr von Betrug und Fehlspekulation, ausbleibende Aufträge, aber auch gute Instinkte für gewinnträchtige Geschäfte.

Neptun tr. Merkur in Haus 3
Geistig stark inspiriert, kann unheimlich gut reden und seine Gedanken zu Papier bringen, aber auch starke Müdigkeit und Ausgelaugtsein, im Straßenverkehr gefährdet durch Träumerei, macht anderen etwas vor.

Neptun tr. Merkur in Haus 4
Starke innere Bilder, Abtauchen in Scheinwelten, schaut viel Fernsehen und sitzt permanent vor dem Computer, Laden oder Praxis müssen aufgegeben werden.

Neptun tr. Merkur in Haus 5
Schöpferische Gedanken, große Kreativität, Gefahr von Fehlspekulation, spielt falsch, versucht andere hereinzulegen oder wird selbst betrogen.

Neptun tr. Merkur in Haus 6
Nervenschwäche, starke Erschöpfungszustände, Opfer von bösen Gerüchten am Arbeitsplatz, geht falschen Ratgebern auf den Leim.

Neptun tr. Merkur in Haus 7
Neue Kontakte, in denen man sich täuscht, Untreue, Vertragsbruch, Hintergehung des Partners, Gefahr eines Prozessverlusts durch üble Trickserei.

Neptun tr. Merkur in Haus 8
Starke geistige Verunsicherung, Versicherungsbetrug, deckt Verborgenes auf, kommt mit belastenden Geheimnissen in Berührung, inspirierende Gedanken, die große Überzeugungskraft besitzen.

Neptun tr. Merkur in Haus 9
Kann nichts mehr glauben, Auflösung von fixen Meinungen, innere Reise und Einkehr, Neigung zu Lüge und Wortverdrehung, sehnt sich nach großen und weiten Reisen.

Neptun tr. Merkur in Haus 10
Große Pläne und Vorhaben ohne Hand und Fuß, öffentlicher Skandal durch Aufdeckung von Geheimnissen, leidet unter übler Nachrede, neue Inspirationen und instinktiv richtige Entscheidungen.

Neptun tr. Merkur in Haus 11
Enttäuschung durch Freunde, die hinter dem Rücken ungut über einen reden, schleichende Auflösung von Freundschaften und anderen sozialen Kontakten, Mobbing und Intrigen in Gruppen und Gemeinschaften.

Neptun tr. Merkur in Haus 12
Psychische Störungen, Verwirrung, Verschwörungstheorien, die krankhafte Züge annehmen, aber auch unglaubliche Erkenntnisse und geistig hohe Eingebungen.

Neptun im Transit durch Haus 3
(irdischer Spiegel der Zwillinge, Zeichenherrscher Merkur)

Kreative Schaffenskraft, aber der Alltag läuft aus dem Ruder

Sobald Neptun in das 3. Haus vordringt, ändert sich unser Leben und vor allem unser Alltag spürbar. Die Energien drängen jetzt mehr nach innen und stärken die Vorstellungswelt und das Fantasieleben. Auch am hellen Tage und mit wachem Auge beginnt man plötzlich, zu träumen, ist geistig inspiriert wie noch nie, was sich vor allem auf kreative Berufe enorm positiv auswirken kann.

Werbetexter, Schriftsteller, Drehbuchautoren, Filmemacher usw. finden unter diesem Einfluss eine geradezu unerschöpfliche Quelle der Inspiration vor und können, wenn es gut läuft, in diesen Jahren überragende Erfolge feiern.

Schwer tun sich unter diesem Neptun-Transit dagegen alle Menschen, die eine Tätigkeit ausüben, die Wachheit und Zupacken erfordert. Sie sind nun oft abgelenkt und schnell erschöpft, weil sie sich natürlich dagegen wehren müssen, von Neptun in die Gedankenwelt hineingezogen zu werden. So kommt es, dass manche Menschen ihren Alltag regelrecht „versandeln" und schon „tramhapert", wie das bayrische Wort so schön sagt, in den Tag starten, um in der Sphäre zwischen Wachen und Träumen zu verweilen. Nicht gut für Freiberufler, die dann zu nichts kommen und auch für Angestellte, die möglicherweise nur noch schwer ihr Pensum schaffen.

Astrologen raten deshalb häufig, wenn sie diesen Transit kommen sehen, zu einer bewussteren Gestaltung des Alltags, in dem Wissen, dass dieser künftig schnell aus dem Ruder laufen kann, auch weil die Ablenkungen sehr zahlreich sein können. Es ist jetzt besser, sich weniger als bisher für den Tag vorzunehmen, um das wenige dann aber komplett zu erledigen. Das macht den Alltag wieder rund und sorgt dafür, dass es keine Einbrüche gibt.

Und dennoch sollten wir es uns in dieser Zeit erlauben, zu träumen und unseren zeitweise sehr inspirierten Gedanken nachzugehen. Viel Musik hören, lesen, ins Kino und Theater gehen, gehört zum Programm dieses Transits und hilft, geistig zu wachsen. Dafür ist dieser Transit letztlich da.

Menschen, die die entsprechende Anlage haben, entdecken in diesen Jahren übersinnliche Fähigkeiten bei sich und sollten sich unter anderem mit Telepathie beschäftigen.

Sehr wichtig wird es in dieser Phase sein, sich und seine Absichten richtig darzustellen, da dieser Einfluss dafür sorgen kann, dass viele Menschen einen einfach falsch wahrnehmen. Es sollte daher vor allem auf klare, offene und ehrliche Worte geachtet werden. Unklare Absprachen und Verträge, die nicht genau durchgelesen und überdacht wurden, könnten ebenfalls zu einer Gefahr werden.

Wir sollten uns ferner vor Betrug in Acht nehmen und auch selbst nicht lügen und betrügen sowie an Klatsch und Tratsch teilnehmen. Letzterer könnte aus der Nachbarschaft und von Geschwistern kommen, die ebenfalls dem 3. Haus zugeordnet sind.

In wichtigen Entscheidungen dürfen wir uns durchaus geistig inspirieren lassen, sollten dem Bauchgefühl aber immer auch knallharte realistische Gedanken entgegensetzen. In diesem kreativen Spannungsfeld werden wir zu den richtigen Schlüssen kommen.

Ein insgesamt sehr wichtiger Transit, der die Kreativität steigert, geistiges Erwachen bringen kann und uns nicht zuletzt hilft, unsere Ideale in den nüchternen Alltag zu integrieren, sprich zu leben.

Neptun im Transit durch Haus 6
(irdischer Spiegel der Jungfrau, Zeichenherrscher Merkur)

Gute Zeit, um anderen zu helfen

Das 6. Haus hat unter anderem mit unserer Gesundheit zu tun, die mit zum wichtigsten Gut in unserem Leben gehört. Ohne Gesundheit sind wir blockiert, können nicht arbeiten und für unseren Lebenserhalt sorgen. Beides, die Gesundheit und die Arbeit, hängt also im Inneren zusammen, weshalb das 6. Haus auch der Arbeit und im Weiteren dem Dienen, dem Angestelltendasein und dem Heilen zugeordnet ist.

Was die Gesundheit betrifft, finden sich im 6. Haus besonders große Schwachstellen, auf die wir im Leben achten müssen. Aus dem 6. Haus können wir aber auch entnehmen, was unserer Gesundheit besonders guttut und wie wir unser Leben gestalten und führen sollten, um nicht krank zu werden. Tritt nun Neptun in diesen Bereich ein, kann es zu einer allgemeinen Schwächephase kommen, die erst dann wieder so richtig vorbei ist, wenn Neptun das 6. Haus verlässt.

Menschen mit eher niedrigem Blutdruck könnten diesen Transit besonders stark spüren. Allgemein besteht eine Neigung zu chronischen, schleichenden Erkrankungen, die nicht unbedingt gleich erkannt bzw. falsch diagnostiziert und behandelt werden.

Auf der anderen Seite schlagen unter diesem Neptun-Transit die alternative Medizin und feinstoffliche homöopathische Gaben im Krankheitsfall besonders gut an. Wichtig ist es, seine Lebensführung auf diesen Transit einzustellen.

Neptun deutet hier, wie gesagt, eine allgemeine Schwäche und oft auch Sauerstoffmangel an, weshalb auf diesen Transit mit regelmäßigen Spaziergängen, Joggen, Radfahren, Hauptsache Bewegung in freier Natur, reagiert werden sollte.

Was die Arbeit und vor allem das Angestelltendasein betrifft, muss fast immer mit Mobbing gerechnet werden, so lange Neptun im 6. Haus steht. Mitarbeiter könnten hintenherum über einen reden und versuchen, einen schlecht dastehen zu lassen. Das Arbeitsklima kann so belastend werden, dass jetzt relativ oft an einen Arbeitsplatzwechsel gedacht wird.

Es sollte jedoch bedacht werden, dass Neptun danach meistens immer noch im 6. Haus steht. Der Wechsel bringt also oft wenig, meist wird das Problem nur verschoben. Klüger wäre es, sich selbst zu reflektieren und sich zu fragen, welchen Anteil einem selbst zukommt an Mobbing und unehrlichen Kollegen und warum die anderen einen so bekämpfen.

Für viele Menschen ist mit diesem Neptun-Transit durch das 6. Haus der ganz natürliche Zeitpunkt gekommen, endlich in die Selbstständigkeit zu wechseln, da Neptun den Bereich des Angestelltendaseins regelrecht auflösen und ins Abseits stellen kann.

Neptun im 6. Haus offenbart im Gesundheits- und Arbeitsbereich aber, wie bereits angedeutet, auch sehr großartige, wunderbare Seiten und Möglichkeiten. Er fördert vor allem die Menschen, die in irgendeiner Form in einem heilenden oder therapeutischen Beruf tätig sind. Sie können jetzt viel bewegen und anderen Menschen weiterhelfen. Eine segensreiche Zeit!

Neptun wird im 6. Haus so manchen Menschen auch dazu anregen, seine heilenden Fähigkeiten und sein Interesse an Spiritualität und Therapie überhaupt erst zu entdecken und eine entsprechende Ausbildung in dieser Richtung zu starten. Bei vielen Menschen taucht eine starke Sehnsucht auf, anderen zu helfen und in einem höheren Sinne tätig zu werden. Es geht jetzt letztlich darum, sich von seiner inneren Stimme und seinem höheren Selbst führen zu lassen und seinen Weg zu gehen.

Neptun-Transit in Konjunktion, Quadrat oder Opposition zur Geburts-Venus
Grenzenlos verliebt, zutiefst enttäuscht

Neptun-Transit im Quadrat, in Konjunktion oder in Opposition zu unserer Geburts-Venus schlägt sich in erster Linie auf unser Liebes- und Gefühlsleben nieder. Die Erwartung einer großen Liebe kann maßlos enttäuscht werden. Der Grund: Wir neigen in diesen Zeiten dazu, unser Idealbild von einem Partner in einen Menschen hineinzuprojizieren, das dieser niemals erfüllen kann. Wir lernen in dieser Zeit, dass wahre Liebe keine Egonummer sein kann.

Der Neptun-Transit in Konjunktion zu unserer Geburts-Venus ist sicherlich ein schillernder Transit, der zunächst auch sehr harmonisch sein kann, da Venus und Neptun im gewissen Sinne wesensverwandt sind. Beide Planeten haben mit Liebe zu tun. Während Venus die irdische, sinnliche Liebe darstellt, hat Neptun mehr mit der platonischen, vergeistigten Liebe zu tun. Beide Planeten in enger Umarmung in Form der Konjunktion können eine unglaubliche Sehnsucht nach Liebe und Verschmelzung erzeugen.

Ähnlich ist das beim Quadrat und der Opposition Neptuns zur Venus, nur etwas disharmonischer. Hier klaffen Liebesideal (Neptun) und konkretes Liebesverlangen (Venus) doch sehr weit auseinander, sodass Enttäuschungen vorprogrammiert zu sein scheinen.

Kein Mensch kann so perfekt sein und so viel geben, dass er diese extrem hohen Erwartungen erfüllen kann. Es ist die Erwartung der unsterblichen, alle Grenzen und sogar den Tod überwindenden Liebe, die mit diesen Transiten, natürlich auch mit der Konjunktion, einhergehen.

Die Gefahr, aus allen Wolken und Träumen unsanft auf den Boden harter Realitäten zu fallen, ist mehr als groß, unabhängig davon, ob man sich jetzt neu verliebt oder sich bereits in einer Beziehung befindet.

Wir wünschen uns jetzt die Anima bzw. den Animus, den Idealpartner, die Liebe unseres Lebens, die sich über alle Probleme des Lebens erhebt. Sollte der aktuelle Partner diesem Bild nicht entsprechen, sind wir ebenso maßlos enttäuscht und desillusioniert wie von einer neuen Liebe, die nicht in der Lage sein wird, alle unsere Wünsche und Hoffnungen zu erfüllen.

Neptun ist kein harter Planet, aber die Spuren der Enttäuschungen, die er oft hinterlässt, können uns tief verunsichern, an unserem Selbstwert kratzen und vielleicht sogar den Glauben an die Liebe aufgeben lassen.

Ein Sinn des Lebens scheint darin zu liegen, dass unsere Ideale und in diesem Falle vor allem unsere Liebesideale und -erwartungen, durch die Realität geläutert und letztlich gefestigt werden. Wenn wir unter spannungsgeladenem Neptun-Transit zu unserer Venus nach der ganz großen Liebe streben, werden wir deshalb zwangsläufig erst einmal mit unserem sehr selbstbezogenen und egoistischen Liebesverlangen konfrontiert, das alleine der eigenen Erfüllung dient und den Partner möglicherweise nicht genügend beachten lässt.

Kein Partner ist nämlich ideal, jeder Mensch hat helle wie dunkle Seiten und möchte als ganze, komplette Persönlichkeit gesehen und begriffen werden. Klammern wir bei unserer Liebe die schwierigen Aspekte ihrer Persönlichkeit aus und fangen an, sie unter dem Neptun-Transit zu idealisieren, dann erhalten wir durch das Scheitern der Beziehung, die wie eine Seifenblase zerplatzt, einfach nur die gnadenlose Quittung dafür, dass wir nur unseren Wunsch und unsere Sehnsucht leben wollten, ohne dabei den Partner wahrzunehmen. Wir haben uns auf ein Bild, auf ein Gesicht unseres Partners versteift, der jedoch in Wahrheit viele unterschiedliche Gesichter und Charakterzüge besitzt.

Neptun lehrt uns, dass unser Liebesvermögen und unsere Wachheit gegenüber dem Leben und anderen Menschen noch nicht so weit sind, wie wir das vielleicht dachten. Er will keineswegs, dass wir den Gedanken an die große Liebe aufgeben. Ganz im Gegenteil will er nur weitere Steine auf diesem Weg beseitigen helfen. Wir müssen selbst entscheiden: Geben wir die Hoffnung auf die große Liebe künftig auf, oder nehmen wir diese Lernerfahrung mit auf den Weg zu der Liebe, nach der wir schon immer gesucht haben?

Immer werden wir bei diesen Transiten mit unserem Selbstwert konfrontiert. Er scheint ein ganz wichtiger Schlüssel zur wahren Liebe zu sein. Können wir uns selbst annehmen und wertschätzen, sind wir auch in der Lage, andere Menschen so zu sehen und zu akzeptieren, wie sie wirklich sind. Wir müssen uns dann nicht mehr nur auf ein Gesicht konzentrieren, das uns bei unserem Partner gefällt. Wir entdecken noch viele andere schöne Gesichter bei ihm, wunderschöne sogar, in die wir uns immer wieder verlieben können, sofern wir bereit sind, auch in sein weniger schönes, vielleicht sogar hässliches Gesicht zu blicken, in dem sich sein Leid, seine Probleme, seine Unsicherheiten und Unzulänglichkeiten spiegeln.

Die vermeintlichen Opfer sind unter kritischen Neptun-Transiten die Täter, weil sie nicht bereit sind, wirklich hinzuschauen und nur egoistisch ihren eigenen Träumen hinterherjagen.

Neptun zur Venus kann auch anzeigen, dass wir für jemanden Leiden und Opfer bringen, obwohl der bzw. die das vielleicht gar nicht will. Diese Art der Liebe muss enttäuscht werden, damit sich die Augen für echte Liebe öffnen können.

Neptun im Transit zur Venus oder durch das 7. Haus gibt uns zumindest die Ahnung, wie groß Liebe sein und was sie bedeuten kann. Nach einem dieser Transite wird die Messlatte für unsere Partnerschaft höher liegen, aber auch das Bewusstsein, dass wir noch viel mehr für die wahre Liebe tun müssen.

Neptun-Transite (Konjunktion, Quadrat oder Opposition) **zur Geburts-Venus in Bezug auf die Häuser**

Neptun tr. Venus in Haus 1

Fällt auf andere herein, wird getäuscht, macht sich aber auch selbst viel vor, ist nachlässig, Illusionen in Liebesangelegenheiten.

Neptun tr. Venus in Haus 2
Verliert leicht den Überblick über seine Finanzen, das Geld zerfließt zwischen den Fingern, Verlustgefahr durch Betrug, hat plötzlich starke Selbstzweifel.

Neptun tr. Venus in Haus 3
Vertrödelt seine Zeit, erotische Gedanken und Wünsche lenken im Alltag ab, Versprechen, die nicht eingehalten werden, schöne, aber nicht immer ehrlich Worte.

Neptun tr. Venus in Haus 4
Probleme im Familienleben werden überdeckt oder schöngeredet, das Bild von der heiligen und idealen Familie beginnt zu bröckeln.

Neptun tr. Venus in Haus 5
Starke Verliebtheit mit nachfolgender Enttäuschung, süchtig nach Sex, aber auch allgemein besonders gute und fruchtbare Zeit für jede Art von künstlerischer Tätigkeit.

Neptun tr. Venus in Haus 6
Gesundheitliche Einbrüche durch übertriebene Genüsse und falsche Lebensführung, unglücklich verliebt am Arbeitsplatz.

Neptun tr. Venus in Haus 7
Projiziert sein Partnerwunschbild in einen Menschen, der nicht zu ihm gehört und passt, euphorische Liebesgefühle werden ernüchtert, starkes Bedürfnis nach Nähe und Verschmelzung.

Neptun tr. Venus in Haus 8
Erbschaftsverlust durch Hintergehung, Betrug durch Versicherungen, heimliche und riskante erotische Abenteuer, hemmungsloses Genießen, liebestrunken, starke Verführungskraft.

Neptun tr. Venus in Haus 9
Liebesbeziehung, die auf Reisen oder im Urlaub zustande kam, die aber im normalen Alltag keine Zukunft hat; hohe, aber auch etwas eigenartige Liebesideale, spielt Konflikte herunter, verdrängt grundsätzliche Differenzen mit anderen.

Neptun tr. Venus in Haus 10
Die eigene Autorität und berufliche Stellung werden durch Shitstorm im Internet und andere heimliche Anfeindungen untergraben, Erotik und Liebesaffären lenken von den eigentlichen Zielen ab.

Neptun tr. Venus in Haus 11
Enttäuschung durch Freunde, die idealisiert werden, aus Freundschaft entsteht Liebe, Erlebnishunger drängt zu vielen Festen und Veranstaltungen.

Neptun tr. Venus in Haus 12
Heimliche Liebe bzw. Affäre, die enttäuschend endet, Aufopferung für einen Menschen, der das nicht wert ist, starke Liebessehnsüchte, die nicht in Erfüllung gehen, macht sich ein Bild von Liebespartnern, die dieses nicht erfüllen können.

Neptun im Transit durch Haus 2
(irdischer Spiegel des Stiers, Zeichenherrscher Venus)

Das Geld muss fließen

Irgendwie scheint Neptun, der hochgeistige und entgrenzende Planet, nicht wirklich gut in das 2. Haus zu passen, das ein sehr irdisch betonter Bereich ist, in dem es um Verwirklichung und Geldverdienen geht und das eher bodenständig ist.

Doch wir dürfen uns nicht täuschen: Mit Neptun im Transit durch Haus 2 kann man auch eine Menge Geld und noch mehr verdienen. Die Stärke dieses Neptuns im Geldbereich ist, dass er zunächst und ganz allgemein unsere Instinkte schärft, was gute und einträgliche Geschäfte und neue Geldquellen betrifft. Er kann uns helfen, die richtigen finanziellen Entscheidungen „aus dem Bauch heraus“ zu treffen. Und natürlich kann er uns auch in Hinblick auf Geldanlagen und wichtige Investitionen unterstützen.

Das große Aber dabei ist: Die gesunde Basis, die dieser Neptun-Transit benötigt, sind die unbedingte Wertschätzung von Geld, eine gewisse Bescheidenheit und Realitätssinn. Wer diese drei Dinge nicht besitzt, kann unser diesem Neptun enorm viel Geld verlieren und Geschäfte in den Sand setzen, die sogar in die Pleite führen können.

Neptun stellt hier also eine gewisse Gratwanderung dar, was das Geldverdienen betrifft, ist nur dann erfolgreich, wenn er etwa auch weitere gute Aspekte zu entsprechend anderen Planeten und Achsen unseres Horoskops bildet und wenn die persönliche Einstellung zu ihm stimmt. Ohne Demut in puncto Geld werden alle riskanten finanziellen Unternehmungen geradezu gefährlich.

Dieser Neptun-Transit kann im Weiteren unseren Selbstwert schwächen, an uns selbst zweifeln lassen, wohinter bestimmt keine Ungnade des Schicksals steckt. Es geht hier viel mehr darum, seinen Selbstwert neu zu finden und zu definieren, und deswegen wird das bisherige Selbstverständnis unter Umständen einfach aufgelöst bzw. entgrenzt.

Neptun ist symbolisch schließlich das Wasser, der Ozean mit seiner grenzenlosen Weite. Es geht letztlich darum, zu erkennen, dass die inneren und geistigen Schätze weit mehr wert sind und Bedeutung haben als die materiellen.

Seinen Selbstwert in erster Linie auf Besitz und guten Verdienst aufzubauen, wäre ein riesiger Fehler, den dieser Neptun nun zu korrigieren hilft. Es geht um weitaus mehr im Leben als um Geld. In unserem Verständnis haben Geld und Materie eine viel zu große Bedeutung, werden vor allem allen anderen Werten übergeordnet, und das ist falsch.

Es geht bei diesem Transit konkret darum, seinen Selbstwert auf seine menschlichen Vorzüge, auf seine Erfahrungen, seine geistige und persönliche Entwicklung aufzubauen. Was sind wir uns selbst wert, wenn wir ganz nackt dastehen, was ist übrig von unserem Selbstbewusstsein, ohne das ganze Drumherum in unserem Leben, ohne den Anschein des Äußerlichen? Neptun löst also gleichermaßen unseren Selbstwert wie auch unser Verhältnis zu Geld auf.

Geizig sein bedeutet, dass wir Angst haben, zu verarmen, dass wir raffen und nicht loslassen können, dass wir aber auch Probleme haben, Gefühle zu zeigen und zu geben. Neptun sagt im Transit durch das 2. Haus: Geld muss fließen, damit wir es zurückbekommen, so wie wir auch selbst Gefühle geben sollten, damit auch uns Gefühle entgegengebracht werden. Geld, wie gesagt, schätzen, aber nicht überschätzen und es loslassen können, ohne es zu verprassen, wäre die richtige Antwort auf diesen spannenden Neptun-Transit.

Neptun im Transit durch Haus 7
(irdischer Spiegel der Waage, Zeichenherrscher Venus)

Wenn der Traum von einer Idealbeziehung platzt

Wenn Neptun das 7. Haus, den Bereich des Du und der Partnerschaft, betritt, müssen wir, was die Liebe betrifft, zwischen Gebunden- und Singledasein unterscheiden. Wer sich in einer Ehe oder sonstigen festen Beziehung befindet, muss jetzt sehr wachsam sein. Denn Neptun kann die Liebe untergraben und sie schleichend, fast unbemerkt, auflösen. Es besteht die Gefahr, dass sich Paare immer mehr auseinanderleben und eigene Wege gehen, bis sie sich irgendwann einmal endgültig verloren haben und keine Umkehr mehr möglich ist. Bisweilen ist der Neptun-Transit durch das 7. Haus auch ein Zeichen dafür, dass der Partner sich einem nicht nur entzieht, sondern auch viele Heimlichkeiten hat und möglicherweise fremdgeht.

Um zu verstehen, warum solche Dinge passieren können, müssen wir die Natur Neptuns verstehen, dessen Einfluss immer mit starken Sehnsüchten einhergeht, die sich in diesem Bereich eben auf Liebe und Partnerschaft beziehen. Bei Gebundenen deutet Neptun an, dass irgendwas Fundamentales in der Beziehung fehlt. Meist mangelt es an wirklicher Liebe und Nähe, so dass bei sich selbst oder (und) dem Partner die Sehnsucht nach einer größeren, schöneren, idealen Liebe wächst und wächst. Im Inneren driftet man immer mehr von seinem Partner ab, weil mit diesem keine zauberhafte Liebe, wie sie vielleicht einst einmal war, mehr möglich scheint. Und natürlich will diese Sehnsucht irgendwann einmal erfüllt werden, da sie mit der Zeit die Seele heftig zu quälen beginnt. Die Gefahr ist nun aber, dass dieser sehnlichste Wunsch, dieser Traum auf einen neuen Partner projiziert wird, der diesen Ansprüchen ebenfalls niemals gerecht werden kann. Denn diese ideale Liebe existiert vielleicht in Rosemunde-Pilcher-Filmen, aber gewiss nicht in der Realität. Und so ist das böse Erwachen, die schmerzhafte Desillusionierung fast schon vorgesehen.

Ein erfahrener Astrologe würde Gebundenen, die gerade den Neptun-Transit durch ihr 7. Haus haben, raten, sich wieder verstärkt ihrer Beziehung zuzuwenden, sie bewusst zu pflegen in Form von festen Ritualen und regelmäßigen gemeinsamen Aktivitäten. Wer das nicht will, hat sich innerlich im Grunde genommen bereits von seinem Partner verabschiedet und zieht die Trennung während dieses Neptun-Transits nur hinaus.

Gelegentlich führt der Transit des Neptuns aber auch dazu, dass plötzlich das wahre Gesicht des Partners erkannt wird, der vorher unter Umständen viele Jahre ganz anders eingeschätzt wurde. Es ist so ein Gefühl, als hätte man den bzw. die Falsche(n) geheiratet. Ernüchtern und totale Desillusionierung machen sich auch in diesem Falle breit.

Manche Menschen bleiben in dieser (falschen) Beziehung, versuchen, sich aufgrund mangelnder Alternativen oder Angst vor noch größeren Problemen im Falle einer Trennung mit ihrem Partner zu arrangieren. Der Glaube an die große Liebe ist damit schon fast gestorben…

Dabei zeigt ja gerade Neptun im Partnerschaftshaus die Sehnsucht nach der großen Liebe, ja nach dem Dualpartner an. Einen höheren Anspruch in puncto Beziehung gibt es nicht. Aber genau daran kann es eben scheitern. Die Liebe Neptuns ist nicht von dieser Welt, und als Mensch, der nicht nur helle, sondern auch dunklere Seiten hat, ist es schwer, dem gerecht zu werden.

Mit diesem Thema haben deshalb oft auch Singles zu kämpfen, die sich unter diesem Neptun-Transit unsterblich verlieben, meist aber mehr in das Wunschbild, das sie von dem betroffenen Menschen haben, als in diesen selbst. Auch hier muss früher oder später alles in einer mehr oder weniger großen Enttäuschung enden.

Oftmals treten mit dem Eintritt des Neptuns in unser Partnerschaftshaus auch ganz konkret Neptun-betonte Menschen, wie etwa ein Fische-Typus oder ein Mensch mit Sonne-Neptun-Aspekt usw., in unser Leben ein, die irgendwie schillernd und schwer zu verstehen sind und die für uns zu einer wahren Projektionsfläche werden können.

Dennoch dürfen wir diesen Neptun-Transit nicht negativ sehen, denn er weckt den Wunsch nach der einen, nach der großen Liebe in uns. Wie immer, wenn es um Neptun-Themen geht, reichen der Wunsch und die Sehnsucht aber allein nicht aus. Dessen müssen wir uns bewusstwerden.

Es geht darum, das Ideal und das wirkliche Leben zusammenzubringen. Echt ist die Liebe erst dann, wenn sie sozusagen auf die Erde heruntergeholt wird und im Alltag besteht. Alles andere ist nur Wunsch und Traum, der sich nicht erfüllen kann. Es geht hier letztlich um Reife und Läuterung, es geht nicht darum, den Wunsch nach der einen großen Liebe aufzugeben.

Neptun-Transit in Konjunktion, Quadrat oder Opposition zum Geburts-Mars

Sinnloser Kampf und große Verlockungen

Steht der laufende Neptun in Konjunktion, Quadrat oder Opposition zu unserem Geburts-Mars, erleben wir eine Zeit der Schwäche, in der wir zeitweise völlig antriebslos und ohne Energie sind. Die Frage ist, was Neptun will. Taucht er jetzt nur als böser Zauber auf, der uns schwächen und uns alle Kraft nehmen will? Oder steckt hinter diesem Transit eine wichtige Aufgabe oder gar Botschaft für uns?

Betrachten wir diese Transite sehr nüchtern und realitätsbezogen, ohne etwas zu beschönigen, dann gibt es nicht viel Gutes zu berichten. Die meisten Menschen fühlen sich jetzt zeitweise sehr müde, ungewöhnlich schlapp und erschöpft und suchen deshalb oft den Arzt auf. Die Befürchtung, dass irgendetwas nicht stimmt, ist groß und auch nicht immer unbegründet. Aber, wer ganzheitlich denkt, weiß, dass jede Krankheit mit dem Inneren zusammenhängt und dass sie immer auch ein Hilferuf der Seele ist. Es geht einem bei anstrengenden Arbeiten jetzt nicht nur schnell die Puste aus, es macht sich zudem eine gewisse Dauergereiztheit und Niedergeschlagenheit breit. Klappt etwas nicht, tauchen zumindest Ansätze von Resignation auf, und das auch bei Menschen, die sonst ausgesprochene Kämpfernaturen sind.

Die Energie des eigenen Mars, die einem hilft, sich durchzusetzen und zu behaupten, scheint im Nichts zu verpuffen. Der Schlag (Mars) ins Wasser (Neptun) wäre wohl die direkteste Beschreibung dieser Transite.

Da Mars mit der Libido des Mannes verknüpft ist, können häufig Potenzprobleme beobachtet werden, die in aller Regel aber vorübergehend sind. Wer überhaupt Probleme mit seinem Trieb hat, bei dem können verdrängte sexuelle Wünsche, die nicht immer der Norm entsprechen, zutage treten. Neptun, der Planet des Unbewussten, der geistigen Welten, beginnt, einen großen Einfluss auf unser Handeln und unsere Taten auszuüben. Manche werden die Albträume der Nacht nicht los, die sie tagsüber wie Zentnerlasten mitschleppen.

Andere tauchen in heimliches Handeln ab, das bei entsprechender Anlage auch sehr kriminelle Züge annehmen kann. Neptun verführt zudem zu Genussgiften und Drogen, stärkt ihr Verlangen danach ungemein, so dass einige sich unter diesen Transiten in der Sucht verlieren.

Auf gesundheitlicher Ebene erhöht Neptun in Spannung zu unserem Mars nicht zuletzt das Risiko von Vergiftungen, Ansteckung, falscher Medikamentierung und auch falscher ärztlicher Diagnose. Es gilt, wachsam zu sein und unter Umständen mehrere Einschätzungen einzuholen. Wir haben also eine ganze Latte von unangenehmen Entwicklungen, die mit diesen Transiten verbunden sind.

Wie bei allen schwierigen Transiten, steckt aber auch in diesen ein großes Potential. Fakt ist, dass wir jetzt nicht einfach so weiterleben können wie bisher. Wir können uns nicht auspowern und bedenkenlos weiter Gas geben, wenn wir merken, dass wir schwächer werden. Wenn wir das tun, geraten wir auf die gefährliche Spur dieser Transite. Erschöpfung kann sich zu Burnout aufschaukeln und Antriebslosigkeit in Depression münden.

Wir müssen uns also irgendwie neue Kraft holen und gleichzeitig die undichten Stellen in unserem Leben schließen, bei denen Energie sinnlos verlorengeht. Einer dieser schwarzen Löcher ist der ewige Kampf, der Streit, die Auseinandersetzung, die eben nur Kraft kostet und zu nichts führen. Warum kämpfen und gegen wen kämpfen? Diese Frage müssen wir uns stellen. Müssen wir in Diskussionen immer Sieger sein, immer um unser Recht kämpfen, immer zeigen, wie stark wir sind? Loslassen von Wut, Aggression und Rachsucht macht glücklich und bringt uns außerdem gesundheitlich entscheidend weiter.

Was diese Transite noch wollen? Nun, wir haben plötzlich nicht mehr so viel Energie für das äußere Leben zur Verfügung wie bisher. Es ist wie bei einem Computer, bei dem vorhandene Gigabytes einem Programm entzogen werden, da man sie für ein anderes braucht.

Für unser Leben bedeutet dies, dass wir nun fast alle Kraft für unser Inneres brauchen. Konkret sollten wir uns jetzt mit unserer Psyche, dem wilden und tiefen Meer, beschäftigen, in dem so gefährliche Kreaturen wie Haifische (Mars-Neptun) ihr Unwesen treiben und uns zur Flucht drängen.

Wir müssen jetzt anfangen, unsere größten Ängste, Albträume und Unsicherheiten anzuschauen, vor denen wir vielleicht schon ein Leben lang davonlaufen. Nein, Neptun will uns und unseren Mars nicht zerstören, er lenkt seine Kraft nur in unsere Psyche, und das eben nicht auf besonders sanfte Art und Weise, sofern Neptun in Konjunktion, Quadrat oder Opposition unseren Geburts-Mars angreift. Neptun ist im Spannungswinkel immer das reißende Wasser, die Flut, der nichts, aber auch gar nichts mehr standhalten kann.

Wird Mars von Neptun in einem harmonischen Winkel transitiert, spricht man von einer spirituellen Energie, von einem guten Instinkt, der einen richtig handeln und gute Entscheidungen treffen lässt. Bei Neptun in Spannung zu Mars ist das ebenso, nur noch viel stärker.

Die disharmonischen Transite stellen aber auch eine Gratwanderung dar, bei der man abstürzen kann. Davor müssen wir uns in Acht nehmen. Natürlich dürfen wir jetzt den Verlockungen des Triebes und des Rausches nachgeben, wir sollten ihnen aber nicht verfallen. Und: Wir müssen achten auf uns, mit unseren Kräften haushalten, wir sollten unnötige Reibungsverluste im Außen vermeiden, und wir sollten uns jetzt endlich mit unseren Schwächen, Unsicherheiten und verdrängten Wünschen und Sehnsüchten beschäftigen, damit diese nicht zu Ungeheuern aufgewertet werden.

Manchmal denken wir unter diesen Transiten möglicherweise in der einen oder anderen Lebenssituation, dass kein gerader Weg möglich ist. Das ist sicher ein Irrtum. Wichtig ist, dass wir uns immer wieder um Klarheit und Transparenz bemühen und dass wir keine Heimlichkeiten aufbauen, die letztlich unsere Psyche irritieren und zu einer großen seelischen Last werden. Wer diesen Kampf gewinnt, der wird zu einem innerlich sicheren und klaren Menschen werden.

Neptun-Transite (Konjunktion, Quadrat oder Opposition) **zum Geburts-Mars in Bezug auf die Häuser**

Neptun tr. Mars in Haus 1

Ungewohnte Schwäche, kann sich nicht so gut wie sonst durchsetzen, viele Vorhaben verlaufen im Sande, ist ständig gereizt, wird mit vielen Unklarheiten konfrontiert.

Neptun tr. Mars in Haus 2

Schleichender Geldverlust, Einnahmen verzögern sich, wird betrogen, aber auch gute finanzielle Instinkte, mit denen neue Geldquellen erschlossen werden können.

Neptun tr. Mars in Haus 3

Der Alltag ermüdet, überall Baustellen, deren Bewältigung mehr oder weniger vor sich hergeschoben werden, unklare Abmachungen, sucht den Streit, trifft Entscheidungen, ohne andere miteinzubeziehen.

Neptun tr. Mars in Haus 4
Hintergehungen, schief hängender Haussegen und unterschwellig starke Spannungen in der Familie, Gefahr eines Hausbrandes.

Neptun tr. Mars in Haus 5
Neigung zu ungewöhnlichen sexuellen Praktiken und Ausschweifungen, Heimlichkeiten in Liebesbeziehung, die tiefe Spuren der Enttäuschung hinterlassen, Potenzschwäche.

Neptun tr. Mars in Haus 6
Plötzliche Schwäche und Kraftlosigkeit, krank durch Alkohol und andere Drogen, Vergiftungserscheinungen, Krankheiten, die nicht erkannt oder falsch diagnostiziert werden.

Neptun tr. Mars in Haus 7
Wird vom Ehepartner oder (und) Geschäftspartner betrogen, Prozess wird auf Lüge aufgebaut, permanente Spannungen und Auseinandersetzungen belasten die Beziehung.

Neptun tr. Mars in Haus 8
Wird um sein Erbe gebracht, kriminelle Handlungen, gefährliche Abenteuer mit ungewissem Ausgang, von niederen Geistern und Dämonen besetzt, sexuelle Schwächephase, fehlender Antrieb.

Neptun tr. Mars in Haus 9
Große Gefahren im Ausland und insbesondere am Meer, religiöse Konflikte, weltanschauliche Differenzen führen zu dauerhafter innerer Gereiztheit.

Neptun tr. Mars in Haus 10
Krumme Wege und Illegales dringen in die Öffentlichkeit, berufliche Vorhaben und Bemühungen schlagen fehl bzw. verzögern sich, unterschwellige Spannungen mit Konkurrenten und Autoritäten, stellt sich beruflich durch heimliche Aktivitäten und Entscheidungen selbst ins Abseits.

Neptun tr. Mars in Haus 11
Intrigen, Klatsch und Tratsch in Freundeskreisen und Cliquen, aus Freundschaft wird Rivalität, wird von Freunden bitter enttäuscht, verhält sich falsch und nicht sehr sozial.

Neptun tr. Mars in Haus 12
Gefahr von psychischen Störungen, Gefängnis- oder Krankenhausaufenthalt, viele Neider und heimliche Feinde, handelt im Verborgenen, trifft sich heimlich mit Liebhaber.

Neptun im Transit durch Haus 1
(irdischer Spiegel des Widders, Zeichenherrscher Mars)
Absturz oder Berührung mit der geistigen Welt

Bei diesem Transit ist es letztlich sehr entscheidend, wo man in seiner persönlichen Entwicklung gerade steht. Menschen, die rein rational gerichtet sind, sich nicht mit inneren Inhalten beschäftigen und Geistiges möglicherweise sogar leugnen, werden diesen Neptun-Transit unter Umständen als schwächend empfinden. Denn Neptun verfeinert, sensibilisiert und kann in der materiellen Welt eben auch schwächen. Und das 1. Haus hat neben der Persönlichkeit sehr viel mit dem Körper zu tun.

Unabhängig von der persönlichen Entwicklung macht uns dieser Neptun alle empfindsamer und auch empfindlicher. Der Körper reagiert schneller auf ungute Umwelteinflüsse, und auch wir selbst scheinen aufnahmebereiter, empfänglicher und nachgiebiger zu werden. Neptun ist ja auch der Herrscher der Fische, die nicht nur das Symbol der Christen sind, sondern auch inhaltlich viel mit ihnen zu tun haben. Christentum bedeutet im ursprünglichen Sinne Nächstenliebe, Verzeihen, Menschsein, Aufopferung und Liebe in seinem höchsten Ideal. Und all das beginnen wir in diesen Jahren, in denen Neptun mit unserer Persönlichkeit verschmilzt, zu verinnerlichen. Voraussetzung ist allerdings, dass wir selbst die Bereitschaft für diese Entwicklung mitbringen und Ja zum Leben sagen.

Sehr hilfreich kann dieser Neptun-Einfluss natürlich für Künstler, insbesondere Musiker, Schauspieler, Schriftsteller usw. sein. Diese Menschen fühlen sich inspiriert wie noch nie und können große Erfolge in ihrem Metier feiern. Und auch für Astrologen,

Therapeuten und Psychologen ist dieser Neptun-Transit unglaublich bereichernd. Dieser Neptun hilft, innere Vorgänge besser zu erkennen und zu erfühlen. Menschen, die von ihrer Anlage her bereits sehr sensibel sind, werden nun die feinsten Schwingungen in ihrer Umgebung, ob positiv oder negativ, wahrnehmen.

Das gesteigerte Spüren ist jedoch nicht nur ein Segen. Wir müssen in diesen Jahren aufpassen, dass die Fantasien nicht zu sehr Besitz von uns ergreifen und dass wir noch den Kontakt zum realen Leben wahren. Manche Menschen verlieren sich jetzt auch in Heimlichkeiten, betrügen oder laufen Gefahr, selbst betrogen zu werden. Neptun sorgt dafür, dass wir jetzt für viele Menschen nicht greifbar, ja unsichtbar und gleichzeitig zu einer Projektionsfläche werden, in die alles Mögliche hineingesehen und -interpretiert werden kann.

Für einige werden wir zum Übermenschen, zum Guru, für andere zum Scheinheiligen und zu einem Menschen, dem alles Schlechte zugetraut wird. Die Palette der Projektionsflächen ist groß, und das kann sich natürlich auch in der Partnerschaft bemerkbar machen. Manche Partner beginnen einen zu idealisieren, andere haben das Gefühl, einen nicht mehr greifen und verstehen zu können. Deshalb ist es sehr wichtig, dass wir jetzt selbst darum bemüht sind, klar zu erscheinen, indem wir Profil zeigen, Konflikten nicht ausweichen, feste Standpunkte vertreten, Nahestehende in wichtige Vorhaben miteinbeziehen, unnötige Heimlichkeiten vermeiden usw.

Natürlich sorgt Neptun dafür, dass wir uns gerne und öfter als sonst zurückziehen, um in geistige Welten, aber auch in Scheinwelten, wie Fernsehen, Internet usw., einzutauchen. Und klar, Neptun wird im Transit durch das 1. Haus auch das Bedürfnis nach Rausch und Entrückung enorm wachsen lassen, was Typen, die dafür prädestiniert sind, in die Alkohol- und Suchtabhängigkeit treiben kann.

Zusammenfassend kann gesagt werden, dass der Neptun-Transit durch das 1. Haus ein Transit ist, der Menschen geistig regelrecht erwecken und zu einem sehr spirituellen Lebensweg anregen kann.

Es gibt aber auch Menschen, die er dazu verleitet, sich zu verstecken und eine rosarote Brille aufzusetzen, mit der das Leben erträglicher zu werden scheint. Andere entwickeln alle möglichen

Süchte und Heimlichkeiten, die das Leben in eine Schieflage drängen können.

Letztlich stellt dieser Neptun-Einfluss eine große Aufgabe dar und erfordert sehr viel Verantwortung, da er uns mit hohen geistigen Kräften in Berührung bringt, die eben, je nach Reife, völlig unterschiedlich interpretiert werden.

Neptun-Transit in Konjunktion, Quadrat oder Opposition zum Geburts-Jupiter
Zwischen Sinnsuche und Scheinglück

Neptun-Transit in Konjunktion, Quadrat oder Opposition zum Geburts-Jupiter gehört sicherlich zu den Transiten, die im ersten Moment nicht als besonders dramatisch wahrgenommen werden. Schließlich ist Neptun eher ein „weicher" Planet und Jupiter der große Wohltäter. Was soll da schon passieren? Aber, wir dürfen uns nicht täuschen lassen. Diese Transite stellen eine hohe Herausforderung an unsere Moral und unseren Realitätssinn dar.

Erweiterung und Entfaltung (Jupiter) sowie die Grenzenlosigkeit (Neptun) harmonieren auf ihre Art auch in Spannungswinkeln. Jupiter und Neptun sind beides Planeten, die in die Weite wollen und sich dabei nicht hindern oder einschränken. Es ist also eine Zeit, in der wir weder auf große äußere Widerstände stoßen sollten noch mit Schwermut und anderen Widrigkeiten zu kämpfen haben.

Aber, im Extremfall können uns diese Transite durchaus schaden, indem sie uns auf den falschen Weg bringen. Zum Fallstrick können nun vor allem Sehnsüchte und Träume werden, die weit weg von jeder Umsetzung und Realität sind. Nur allzu leicht neigen wir jetzt dazu, unser Leben auf Scheinglück aufzubauen. Wir wollen nicht wahrhaben, was Sache ist, folgen unseren Wünschen, wollen dabei aber notwendige Zwischenstufen auslassen.

Manchmal gerät man unter diesen Einflüssen auch mit dem Gesetz in Konflikt, da nun auch gerne Moral und Gesetze verdreht bzw. einseitig interpretiert werden.

Nicht gerade unter einem guten Stern stehen ferner finanzielle Spekulationen, die zu gewaltigen Verlusten führen können.

Auf geschäftlicher Ebene ist ebenfalls Alarmstufe Rot, da wir gewillt sind, Versprechen zu glauben, die gut klingen und uns großen Zielen näher zu bringen scheinen, die aber in Wirklichkeit auch nur Schaumschlägerei sein können.

Wird man jetzt mit der Falschheit und der Kälte dieser Welt konfrontiert, kann es durchaus sein, dass eine gewisse Resignation eintritt und dass man den Glauben an sein Glück verliert. Größere Desillusionierungen können einen im Ausgang dieser Transite sogar an den Rand der Verzweiflung bringen. Was schwungvoll und mit viel Idealismus begann, kann in totaler Ernüchterung enden. Nicht schön!

Manche Menschen spüren in diesem enorm starken Neptun-Einfluss den Drang, noch mehr und noch intensiver zu genießen. Sie kennen beim Trinken, Rauchen, bei Einnahmen von Drogen, Tabletten und beim Essen keine Grenzen mehr, was sogar zu einem gesundheitlichen wie beruflichen Absturz führen kann.

Das Scheinglück kann nicht zuletzt die Partnerschaft beeinträchtigen, die unter einem Sich-gehen-Lassen oder dem Hinterherjagen von Illusionen extrem leiden würde. Auch werden jetzt Missstimmungen und Differenzen nicht immer aufgeklärt, sondern tendenziell eher unter den Teppich gekehrt, was auch nicht gerade förderlich für eine gute Beziehung ist, die nur dann wachsen kann, wenn sie sich mit anstehenden Problemen konfrontiert und diese zu lösen versucht.

Nicht zuletzt können diese Transite auch in weltanschaulicher Hinsicht in die Irre führen. Religiöse Verirrungen, abwegige Ideologien, Verschwörungstheorien etc. können ein Ergebnis dieser Spannung zwischen Jupiter und Neptun sein.

Was also tun, wenn wir einen dieser Transite in unserem Horoskop erkennen? Fest steht, dass es sich hier um sehr hohe Energien handelt, die vor allem dann negativ werden, wenn wir Bodenhaftung und Demut verlieren und wenn „der Wunsch Vater des Gedankens“ wird. Es ist schwer, sich künstlich zu ernüchtern und alle Hoffnungen und Wünsche fahren zu lassen. Nein, das wäre bestimmt verkehrt. Hohe Ideale und Wünsche sind gut, und sie sind gerade unter diesen spannungsgeladenen Transiten gewaltig.

Wir wollen jetzt Träume und Sehnsüchte Wirklichkeit werden lassen, und das ist grundsätzlich in Ordnung. Wir müssen nur begreifen, dass sich diese Ziele nicht ohne Widerstände verwirklichen lassen. Wir müssen ehrlich zu uns selbst sein. Und: Wünsche und Sehnsüchte müssen wir nicht immer sofort erfüllt bekommen, auch wenn sie unser Inneres jetzt regelrecht in Besitz nehmen. Sie müssen in uns reifen, es ist nicht die Zeit, um sie schnell oder gar spontan umzusetzen. Geben wir ihnen nicht diese Zeit zum Reifen, werden sie eben durch das Leben geläutert, was auch eine Variante, aber bestimmt die schmerzhaftere, ist. Es gilt sich also zu bescheiden und auch mal zu verzichten, dann kann sogar Großes entstehen.

Mystische Eingebungen und Erfahrungen, visionäre Träume, ja Erleuchtungen und großartige Visionen können ebenfalls unter diesen Transiten auftauchen. Es ist sogar sehr wahrscheinlich. Sie sind zweifellos ein Geschenk der geistigen Welt. Neptun speziell in Konjunktion, Quadrat oder Opposition zu unserem Geburts-Jupiter, wobei die Konjunktion als etwas harmonischer hervorzuheben ist, deutet lediglich das Problem des Erdenlebens an.

Die Frage ist, ob wir in der Lage sind, solch hohe Schwingungen zu verkraften bzw. diese so in unserem Leben einzuordnen, dass sie nicht auf Irrwege führen. Wir spüren ein bisschen etwas vom Paradies, was unsere Sinne verwirren kann, was aber auch ein Anstoß sein kann, noch mehr als bisher den eigenen Idealen und Werten zu folgen.

Diese Neptun-Transite sind nicht von dieser Welt. Letztlich wird ihr Konflikt auf einer höheren Ebene ausgetragen. Es geht darum, dass wir geistig wachsen, dass wir unseren Glauben erhöhen und erweitern. Gleichzeitig sind sie eine große Prüfung, eine Aufgabe, die uns lehrt, zwischen Echtem und Falschem zu unterscheiden. Vertrauen in Höheres ist die wichtigste Aussage von Jupiter-Neptun überhaupt.

Im Grunde genommen wollen wir jetzt nur unseren Zweifel abschütteln, der oft so vieles verhindert hat, der dem Glauben und dem Erfolg scheinbar im Wege steht. Doch wir dürfen das eben nicht mit Gewalt tun und uns in Scheinglück flüchten, wozu die Konjunktion, das Quadrat und die Opposition des Neptuns zu unserem Jupiter verführen. Hochgefühl und Ekstase sind gut, dürfen aber nicht benutzt werden, um einer unbefriedigten Lebenssituation zu entfliehen. Wir müssen erst unsere Hausaufgaben machen, uns diese Kräfte erst verdienen, dann werden wir sie auch richtig einsetzen können.

Neptun-Transite (Konjunktion, Quadrat oder Opposition) **zum Geburts-Jupiter in Bezug auf die Häuser**

Neptun tr. Jupiter in Haus 1
Plötzliche körperliche Schwäche, unerklärliche Müdigkeit und Antriebslosigkeit, aber auch viele Träume und Pläne, die aber nur schwer zu realisieren sind.

Neptun tr. Jupiter in Haus 2
Massive Geldverluste durch Spekulation und Unmäßigkeit, gibt mehr aus als er einnimmt, verliert den Überblick über seine Finanzen, wird Opfer eines Betrugs.

Neptun tr. Jupiter in Haus 3
Fehlende Energie, um alle Alltagsherausforderungen zu bewältigen, hat keine Lust zu lernen, lässt sich gehen, blendet andere durch schöne Worte und falsche Versprechen.

Neptun tr. Jupiter in Haus 4
Wandert aus, was sich im Nachhinein als falsche Entscheidung herausstellt, lässt sich eine Immobilie mit verdeckten Mängeln andrehen, sehnt sich nach seiner Kindheit zurück, entdeckt spirituelle Fähigkeiten.

Neptun tr. Jupiter in Haus 5
Ideale Liebesbeziehung mit großen Erwartungen, die in Desillusionierung endet, dennoch starke Anziehungskraft und Aufleben, kennt im Genießen keine Grenzen mehr.

Neptun tr. Jupiter in Haus 6
Gesundheitliche Probleme durch Genussgifte und andere Nachlässigkeiten, Vergiftungen, die der Leber schaden, gutes Ansehen am Arbeitsplatz leidet unter aufkommenden Geheimnissen und übler Nachrede.

Neptun tr. Jupiter in Haus 7
Mehr Schein als Sein in Liebe und Ehe, Trennung aufgrund von Geheimnissen, die ans Tageslicht kommen, nimmt von der Verantwortung für die Beziehung inneren Abstand, wünscht sich eine Märchenhochzeit.

Neptun tr. Jupiter in Haus 8
Wird um viel Geld und um Besitz betrogen, setzt finanziell auf das falsche Pferd, wird dennoch von einer starken inneren Stimme geführt.

Neptun tr. Jupiter in Haus 9
Weltanschauliche Verwirrungen und religiöse Irrwege, vertraut auf die Meinung von Menschen, die sich als falsch erweist, lässt sich auf Reisen treiben, sehnt sich nach der Fremde, entwickelt prophetische Gaben.

Neptun tr. Jupiter in Haus 10
Verliert vorübergehend seine größten Ziele aus den Augen, hat plötzlich nicht mehr so viel beruflichen Ehrgeiz und Antrieb, muss mit Verzögerungen größerer Vorhaben rechnen.

Neptun tr. Jupiter in Haus 11
Wird von guten Freunden enttäuscht, scheinbar bedeutende Kontakte erweisen sich als Luftblasen, Auflösung von Gruppen und Gemeinschaften, die einmal sehr viel Lebensfreude und Hoffnung gegeben haben.

Neptun tr. Jupiter in Haus 12
Hilft Menschen, die keine Hilfe wollen oder einem diese nicht danken, verliert seine moralischen Werte, Scheinglück und blinder Optimismus, der zur Enttäuschung führt, kommt innerlich weiter durch Meditation.

Neptun im Transit durch Haus 9
(irdischer Spiegel des Schützen, Zeichenherrscher Jupiter)
„Ich weiß, dass ich nichts weiß"

Dieser Neptun-Transit durch den Bereich, der mit Überzeugungen, höheren Weltanschauungen, Glauben und Reisen zu tun hat, wird im idealen Falle unser Bewusstsein erweitern. Bevor es soweit ist, müssen wir aber einen weiteren Weg zurücklegen und uns geistig weiterentwickeln.

Neptun ist der Planet, der zwar entgrenzt und damit weitet, er löst aber auch auf, und so passiert es, dass sich unter seinem Einfluss die bisherigen Anschauungen und Werte immer mehr verflüchtigen, bis nichts mehr davon übrig ist. Der eine oder andere Mensch wird in diesem Prozess innerlich jeden Halt und jede Orientierung verlieren. Und das kann durchaus dramatische Folgen haben.

Das 9. Haus wird oft unterschätzt. Was bedeuten schon persönliche Überzeugungen? Nun, blickt man etwas tiefer, wird man sie als Motor erkennen können, der uns letztlich sogar antreibt, unsere Ziele zu erreichen. Nur wenn wir von etwas überzeugt sind, fühlen wir einen Sinn, aus dem wir wiederum Motivation schöpfen können. Friedrich Hebbel (1813 – 1863), ein berühmter deutscher Dramatiker und Lyriker, prägte einst den legendären Ausspruch: „Der Mensch ist, was er denkt, was er denkt, strahlt er aus. Was er ausstrahlt, zieht er an."

Genauso ist es. Im 9. Haus formen sich aus unseren Gedanken Ansichten, Werte, verfestigt sich Glauben usw. Es ist das Bewusstsein, das wir schaffen und das uns ausmacht. Es ist auch so etwas wie die Werkstätte des Himmels, die uns zum geistigen Erwachen bringen soll.

Neptun passt in dieser Hinsicht sehr gut in diesen Bereich. Aber, er hat wie immer einen hohen Anspruch, dem nicht leicht gerecht zu werden ist. Indem er hier zunächst entgrenzt und auflöst, sagt er uns, dass alles, was wir bisher gedacht und an Überzeugungen hervorgebracht haben, zu eng, zu beschränkt, zu kleingeistig war und deshalb nun keine Bedeutung mehr hat.

Wir befinden uns jetzt weltanschaulich möglicherweise für längere Zeit in einem luftleeren Raum. Auf der einen Seite ist das, wie gesagt, nicht einfach, da innere Orientierungen damit abhandenkommen. Auf der anderen Seite ist es unglaublich wohltuend, jetzt endlich den einen und anderen tief eingegrabenen Glaubenssatz zu verlieren, der das Leben und die Entwicklung gehemmt und beeinträchtigt hat.

So gesehen kann uns Neptun befreien und uns gedanklich im 9. Haus zu dem Punkt führen, wo wir, wie der berühmte griechische Philosoph Sokrates einst, aus tiefster Überzeugung erkennen: „Ich weiß, dass ich nichts weiß“. Neptun schafft damit die Basis für neues Wissen, für höheren Erkenntnisse, für echten, authentischen Glauben, der aus dem Inneren kommt. Dieser Neptun-Transit kann unserem Leben am Ende einen völlig neuen Sinn einhauchen und uns zu neuen Zielen führen. Das ist das höhere Ziel des Neptun-Transits durch das 9. Haus!

Menschen, die sich immer nur an anderen orientieren und sich mit ihnen vergleichen, die sich ihrer eigenen inneren Führung nicht anvertrauen können oder wollen, laufen nun allerdings große Gefahr, religiösen Irrlehren und falschen Gurus auf den Leim zu gehen. Neptun hat hier in seiner eher schwierigen Auswirkung das Potential, Menschen völlig zu verwirren und auf weltanschauliche Abwege zu führen. Aber auch Irrwege gehören manchmal zum persönlichen Weg und sind im Schöpfungsplan enthalten.

Neptun-Transit in Konjunktion, Quadrat oder Opposition zum Geburts-Saturn

Was ist sicher, worauf können wir uns noch verlassen?

Der Neptun-Transit in Konjunktion, Quadrat oder Opposition zu unserem Geburts-Saturn kennzeichnet eine Zeit der Unsicherheit, in der vieles, worauf man sich lange verlassen hatte, worauf gebaut wurde, infrage gestellt wird. Einst große Ziele rücken in weite Ferne, hinterlassen ein Gefühl der Enttäuschung und der Leere. Entweder man sammelt sich und greift von Neuem an, oder man versinkt in Trostlosigkeit, Leere und Krankheit.

Saturn ist die Struktur, die wir versuchen, unserem Leben zu geben, durch das jahrelange Verfestigen von Lebensumständen. Dazu gehören unser Wohnen, unsere Beziehung, unsere Tätigkeit, unsere Ziele. Unser Saturn ist so etwas wie unser Schutzschild nach außen, mit dem wir feindliche Einflüsse vom Leben abhalten.

Saturn gibt uns Sicherheit im ganz realen und notwendigen Existenzkampf. Man kann sich wohl gut vorstellen, was passiert, wenn nun Neptun erscheint und in einem längeren, oft Monate oder gar Jahre anhaltenden Prozess all das auflöst, woran wir uns festgehalten und worauf wir uns verlassen haben.

Neptun ist das Symbol für das unendliche Meer, der Planet der Auflösung, der vor allem in einem spannungsgeladenen Transit die festen Mauern Saturns zu untergraben beginnt, bis sie endlich bröckeln und einstürzen. Eine große Krisenzeit kann daraus entstehen.

Manchmal fühlen wir uns während dieser Transite dem Leben und seiner Willkür schutzlos ausgeliefert, was resignative Gefühle oder sogar depressive Verstimmungen aufkommen lässt.

Vor allem, wenn wir gerade beruflich oder privat keine Ziele, keine Perspektive mehr sehen bzw. diese aus den Augen verlieren, kann uns das ziemlich bedrücken. Wir müssen jetzt mit Unsicherheiten leben, die fast etwas Zermürbendes haben können und die uns verzweifelt nach Auswegen suchen lassen.

Treffen diese Transite das Thema Liebe und Partnerschaft, wird ein Ausweg oftmals in einer Trennung gesehen und gesucht. Man ist enttäuscht und deprimiert darüber, dass sich vieles, was man sich von der Partnerschaft erhofft hat, nicht eingetroffen ist.

Es kann aber auch sein, dass man sich in einer Partnerschaft befindet, in der sich unbewältigte Probleme so stark angehäuft haben, dass es nun zu einer schleichenden Entfremdung, zu einer zunehmenden Distanz kommt. Es wächst der Zweifel, ob die aktuelle Beziehung noch die richtige ist.

Rühren diese Transite dagegen das Thema Beruf an, dann befinden wir uns jetzt in einer Phase, in der wir eben keine lohnenden

Ziele mehr sehen und in der wir uns vielleicht mit unserem aktuellen Beruf oder der beruflichen Situation nicht mehr identifizieren können. Auch hier kann die Enttäuschung groß sein, da all das, was aufgebaut bzw. perspektivisch erhoffte wurde, nun in weite Ferne rückt. Manche stehen vielleicht sogar vor dem Nichts, müssen beruflich noch einmal ganz von vorne anfangen.

Natürlich können diese düsteren Stimmungen während dieser Transite geradewegs in Krankheiten hineinführen. Neptun kann zusätzlich bereits vorhandene Schwachstellen des Körpers, angezeigt eben durch Geburts-Saturn, weiter schwächen und destabilisieren.

Da Saturn mit unserem Sicherheitsgefühl und unserem Sicherheitsdenken verknüpft ist, können die Auflösungserscheinungen und Verwirrungen, die Neptun erzeugt, zu größerer Lebensangst oder gar Depression führen. Manche Menschen bekommen unter diesen massiven Neptun-Transiten zu ihrem Saturn das Gefühl, als könnten sie die Realität nicht mehr greifen, als würde die Wirklichkeit vor ihnen verschwimmen.

Viele Probleme, die man jetzt hat, entstammen einfach nur der übermäßigen Fantasie und Einbildung (Neptun), die sich mit Ängsten und Befürchtungen (Saturn) mischen. Viele Probleme sind also „hausgemacht“ und in Wirklichkeit gar nicht so schlimm, wie sie unter diesen Transiten, die vielfach auch eine rein psychische Wirkung haben, erscheinen.

Warum tut uns Neptun so etwas an? Was steht hinter seinem „Angriff“ auf Saturn, unsere Sicherheit und Lebensgrundlage? Nun, vermutlich ist Saturn zu hart geworden. Man könnte auch sagen, dass das Leben, so wie wir es uns eingerichtet haben, zu starr, zu unbeweglich geworden ist und in einer Einbahnstraße zu laufen scheint, in der es keine Umkehr gibt.

Neptun im Spannungswinkel macht das, was in unserem Leben längst überfällig ist: Er löst festgefahrene Lebensstrukturen, die uns keine wirkliche Perspektive mehr bieten, auf. Jeder, der von einem dieser Transite betroffen ist, wird selbst am besten erkennen und deutlich spüren, in welchem Lebensbereich dieser Prozess abläuft.

Und wie können wir diesen Transiten begegnen? Darauf gibt es eigentlich nur eine Antwort: Wir müssen Vertrauen ins Leben und in unsere innere Führung finden. Das ist jetzt wichtiger denn je. Nur darauf können wir bauen, das ist die große Erkenntnis. Es ist eine Zeit der geistigen Prüfung, in der das Ideal (Neptun) die Realität (Saturn) herausfordert. Und natürlich stellt sich die Frage: Was können wir tun, damit unser Leben wieder mehr Sinn, Ziel und Inhalt bekommt?

Diese Zeit ist insgesamt gesehen mit der großen Chance verknüpft, sein Leben nach einer Zeit der Ungewissheit selbst wieder mehr in die Hand zu nehmen und zu prägen. Der Weise regiert seine Sterne, heißt es. Wir selbst können durch Wachheit und Bewusstheit bestimmen, in welche Richtung unser Leben laufen soll. Brauchen wir nur viel Geld, um uns gut zu fühlen oder auch eine Tätigkeit, mit der wir uns identifizieren können?

Brauchen wir einen Partner, der nur für uns da ist, oder auch einen, mit dem wir gemeinsam etwas Größeres im Leben anpacken und bewegen können?

Es tauchen in dieser Zeit viele unterschiedliche Fragen auf, für deren Beantwortung wir uns viel Zeit lassen sollten und auch dürfen. Denn eines ist klar: Die schnellen Entscheidungen und Veränderungen gehen mit diesen Transiten normalerweise nicht einher. Es geht darum, um es noch einmal zu sagen, in Kontakt mit unserer inneren Führung zu treten. Das ist das Ziel dieser schwierigen Transite!

Neptun-Transite (Konjunktion, Quadrat oder Opposition) **zum Geburts-Saturn in Bezug auf die Häuser**

Neptun tr. Saturn in Haus 1

Große Verunsicherungen und Selbstzweifel, Betroffene werden jetzt aber auch weicher, offener, empfänglicher.

Neptun tr. Saturn in Haus 2

Große Verlustängste, was die eigene Existenz und die finanzielle Absicherung angeht, ist zunehmend unsicher und zweifelt an sich selbst, muss neuen Selbstwert aufbauen.

Neptun tr. Saturn in Haus 3
Zermürbender Alltag, viele negative Gedanken, Resignation, wird vom Leben aufgefordert, sich gedanklich völlig neu zu programmieren und an seiner Außendarstellung zu arbeiten.

Neptun tr. Saturn in Haus 4
Auflösung fester Familienstrukturen, hat das Gefühl, jeden inneren Halt zu verlieren, Zweifel, ob man sich noch am richtigen Ort befindet, Identitätskrise.

Neptun tr. Saturn in Haus 5
Enttäuschung in Liebeangelegenheiten, die tiefe Spuren der Verunsicherung hinterlassen, Ängste und Sorgen wegen Kindern, stark getrübte Lebensfreude.

Neptun tr. Saturn in Haus 6
Allgemeines Unwohlsein und zunehmende Krankheitsneigung, gesundheitliche Schwachstellen machen sich bemerkbar, Auflösung eines festen und langjährigen Arbeitsverhältnisses.

Neptun tr. Saturn in Haus 7
Zweifel und Enttäuschung in Liebe und Ehe, Krise auch in beruflicher Partnerschaft, allgemein Auflösung fester und eingefahrener Beziehungen.

Neptun tr. Saturn in Haus 8
Quälende und oft irreale Ängste vor Tod, Krankheit und Existenzzusammenbruch, sieht sich gezwungen, eine neue Haltung gegenüber dem Leben und dem Tod zu gewinnen.

Neptun tr. Saturn in Haus 9
Kann nichts mehr glauben, verliert Vertrauen und Ideale, muss seine Überzeugungen überdenken und neu festigen, innere Krisen auf großen Reisen.

Neptun tr. Saturn in Haus 10
Fühlt sich beruflich und in seinem Ansehen nicht genügend gewürdigt, Untergrabung der eigenen Autorität und Führungsposition, nimmt von alten Zielen Abstand, um völlig neue zu finden.

Neptun tr. Saturn in Haus 11
Wünsche und Hoffnungen, die wie Seifenblasen zerplatzen, Auflösung langjähriger Freundschaften, muss lernen, Distanz und Kälte in Freundschaften zu überwinden.

Neptun tr. Saturn in Haus 12
Alles scheint sich allmählich aufzulösen, findet kein Ziel und keinen Halt mehr im Leben, das Ziel ist es, Vertrauen in die höhere Führung zu finden.

Neptun im Transit durch Haus 10
(irdischer Spiegel des Steinbocks, Zeichenherrscher Saturn)

Wenn der Weg das Ziel wird

Nachdem Neptun in Haus 9 unsere Weltanschauungen, Werte und Standpunkte aufgelöst hat, damit sich neue, reifere Überzeugungen bilden können, untergräbt er nun in den Jahren, in denen er das 10. Haus durchquert, unsere Lebens- und Berufsziele.

Plötzlich stehen wir sozusagen im Nebel, wissen nicht mehr wohin. Jedes Interesse am bisherigen Beruf oder größeren Zielen geht verloren, rückt aus unserem Fokus. Eine Zeit, die mächtig verunsichern kann, da sie unter Umständen unser Ansehen und unsere Stellung in der Gesellschaft infrage stellen kann, da wir jetzt am liebsten ausbrechen würden.

Es wird uns immer noch klarer, dass wir so wie bisher nicht mehr arbeiten und leben wollen, da wir uns möglicherweise mit dem bisherigen Beruf absolut nicht mehr identifizieren können.

Gleichzeitig taucht die Sehnsucht nach einem Beruf im Sinne der Berufung auf, einer Tätigkeit, die uns wieder Ziel und Sinn im Leben gibt. Doch von einem auf den anderen Moment lässt sich der Schalter nicht umlegen und ein neuer Beruf gefunden werden. Wir müssen uns jetzt erst einmal auf den Weg begeben, der zum Ziel führen soll. Wir brauchen eine persönliche Entwicklung, und das heißt, dass wir uns aus alten Zwängen und Vorstellungen lösen müssen, die unseren bisherigen beruflichen Werdegang betreffen. Wir haben unter Umständen einst große Kompromisse gemacht, die uns in einen Beruf geführt haben, der eigentlich gar nicht zu uns passt und die uns jetzt einholen.

Dieser Transit kann einen aber auch in jungen Jahren treffen, wenn es mit der Berufswahl losgeht und wir uns gezwungen sehen, ein konkretes Ziel ins Auge zu fassen. Auch dann ist hier zunächst der Weg das Ziel, und dieser Weg kann noch öfter seine Richtung wechseln.

Im fortgeschrittenen Alter kann Neptun im Transit durch Haus 10 ebenfalls eine gewisse Perspektivlosigkeit im Leben andeuten, weil man vielleicht in Rente gegangen ist und nun keinen Sinn mehr im Leben findet. Auch für diese Menschen ist es wichtig, sich noch einmal nach neuen Beschäftigungen umzuschauen, auch wenn es sich nur um karitative Tätigkeiten handelt, die der Natur Neptuns entsprechen würden.

Weniger orientierungslos macht dieser Transit, wenn wir bereits einen Beruf ausüben oder wählen, der Neptun zugeordnet ist. Pfleger, Krankenschwestern, Physiotherapeuten, Therapeuten, Psychologen, Astrologen, spirituell tätige Menschen, auch Künstler, Köche, Kellner usw. unterstehen Neptun und können von diesem Transit stark profitieren. Sie bekommen unter diesem Neptun-Transit vielmehr häufig die immer stärker werdende Gewissheit, ihre wahre Berufung gefunden zu haben und ausüben zu dürfen.

Für alle anderen Menschen, die ihre Berufung noch nicht gefunden haben und sich in einer Berufskrise befinden, gilt: Sie dürfen sich nicht zu schade sein, noch einmal von ganz vorne zu beginnen, eine Art „Reset“ in ihrem Leben durchzuführen. Es gilt, sich zu besinnen und neue Ziele zu kreieren, die noch viel mehr mit einem selbst, den eigenen Fähigkeiten und Bedürfnissen zu tun haben.

Es geht um nichts weniger als die wahre Berufung, um Visionen, die entwickelt und verwirklicht werden sollten. Rein äußerliche Motivationen, wie öffentliches Ansehen und sonstiger Status, sollten hier zurückstehen.

Neptun-Transit in Konjunktion, Quadrat oder Opposition zum Geburts-Uranus
Unglaubliche Visionen und nahe einer Nervenkrise

Neptun-Transit in Konjunktion, Quadrat oder Opposition zum Geburts-Uranus kann eine größere, über Jahre andauernde Krise anzeigen, in der viele Unklarheiten, Verwirrungen, Zweifel und oft auch Nervenkrisen zu schaffen machen. Auf der anderen Seite können aber gerade diese spannungsgeladenen Neptun-Transite zu Uranus auch höhere Erkenntnisse bringen, die sogar zu einer Art Erleuchtung führen können.

Immer, wenn die Transsaturnier Uranus, Neptun und Pluto, die drei geistigen Planeten, untereinander in Spannung stehen, ist das Risiko einer psychischen Krise relativ groß. Auch beim „harten" Transit Neptuns zum Geburts-Uranus regen sich gewaltige geistige und seelische Kräfte in uns, die nicht jeder gleichermaßen gut verarbeiten kann.

Da Uranus wie Merkur mit unseren Nerven verknüpft ist, ist für die Dauer dieser Transite zumindest eine Schwächung der Nerven angezeigt, da Neptun eben ein Planet ist, der im kritischen Anblick Energie raubt und bestehende Anfälligkeiten bzw. Krankheiten chronisch machen kann.

Uranus ist daneben der Planet, der als höhere Oktave des Merkur auch mit unseren Intuitionen, Eingebungen und Visionen zu tun hat. Im Weiteren hat Uranus Einfluss auf unsere Reaktionen, unser Freiheitsbedürfnis und gewissermaßen auch auf unser Denken, sofern dies eben durch Eingebungen und Intuitionen gespeist wird.

Neptun wiederum ist ebenfalls eine Energie, die nicht von dieser Welt ist, die uns stark inspirieren kann, die enorme Sehnsüchte in uns erzeugt und die uns zahlreiche innere Bilder zuführt.

Im schlechtesten Falle wird uns die Kombination Neptun-Uranus also in eine totale geistige Verwirrung stürzen, bis in die Nervenheilanstalt. Intuition, Nerven, Schwäche, unbestimmbare Sehnsüchte, eigenartige Fantasien, Unklarheiten – eine Mischung, die sich in eine psychische Erkrankung verkehren kann. So weit soll es aber hoffentlich nicht gehen. Die Frage ist deshalb, welche Aufgabe hinter diesen Transiten steht. Wo ist die Lösung, die die Krisensituation in einen persönlichen Fortschritt umwandelt?

Es gilt, zunächst sehr genau hinzuschauen, wo, auf welchem Lebensgebiet diese Neptun-Uranus- Konflikte für Verwirrung sorgen. Ist es die Partnerschaft, dann ist es wichtig, dass wir versuchen, darüber klar zu werden, was wir wirklich wollen. Aber auch für diese Transite gilt: Es lässt sich nichts erzwingen, und im Zweifelsfall müssen wir jetzt unklare Situationen einfach auszuhalten versuchen, Zeit vergehen lassen und bloß keine vorschnelle Entscheidung aus einer Laune, einem Verdacht, aus einem diffusen Gefühl heraus fällen.

Manchmal signalisiert dieser Transit eine Trennung, ein schleichendes Auseinandergehen, das wir aber dann aufhalten können, wenn wir uns den Problemen unserer Partnerschaft stellen.

In beruflicher Hinsicht können diese Transite auf verzögerte Entwicklungen hinweisen. Wichtige Entscheidungen sind oft schwer oder gar nicht zu fällen, da eben auch hier vieles unklar erscheint. Intrigen könnten ferner eine ungute Rolle spielen und zu größeren Unruhen und Konflikten am Arbeitsplatz führen.

Allgemein deuten diese Transite oftmals auch eine Schwäche bzw. Angst an, etwas Größeres in seinem Leben zu verändern. Man träumt vielleicht von mehr Freiheit und einem romantischen, ereignisreichen und aufregenden Leben ganz im Sinne des Uranus. Aber, man ist jetzt auch verwirrt und unsicher, ob diese Freiheitsbestrebungen auf Dauer auch wirklich glücklich machen oder ob man jetzt nicht alles verlieren würde, was in der Vergangenheit lange aufgebaut wurde und einem wertvollen Halt verlieh. Das ist ein riesiges Thema und ein enorm großer Konflikt, der unter Neptun-Uranus-Spannungen fast immer vorkommt.

Viele Menschen müssen während dieser Transite durch ein tiefes und dunkles Tal der totalen Verunsicherung gehen, was eben zu Nervenkrisen, Verzweiflung und erhöhter psychischer Krankheitsanfälligkeit führt. Doppelt großes Gift ist in dieser Phase ein Zuviel an Alkohol oder Drogen, die endgültig den Boden unter den Füßen entziehen könnten.

Geduld ist das Schlüsselwort. Neptun speist unseren Uranus mit vielen inneren Bildern, die wir tendenziell nicht sofort einordnen können und die uns möglicherweise auf eine völlig falsche Fährte führen.

Als kritisch könnten sich vor allem übertrieben idealistische Ansichten, radikale Ideen, Verschwörungstheorien und nicht durchführbare Visionen erweisen. Wir sollten Neptun dennoch auf uns wirken lassen, uns für ihn öffnen, aber wir müssen uns viel Zeit lassen, wenn es darum geht, seine Botschaften zu verstehen. Die Energien Neptuns sind, wie gesagt, nicht von dieser Welt.

Neptun will letztlich, dass wir unseren Blick für das Innere öffnen – und stößt dabei auf unseren Uranus. Und auch Uranus ist ein geistiger Planet, der in enger Verbindung mit unserem Höheren Selbst steht, was bereits sein Symbol verrät, die Sonne, auf der ein Pfeil nach oben weist. Auch wenn das jetzt sehr abstrakt und etwas abgehoben klingen mag: Diese Transite sind letztlich ein Gespräch zwischen der geistigen Welt und unserem Uranus, unserem Höheren Selbst. Unser irdisches Ich steht dazwischen.

Das Quadrat, die Konjunktion, die Opposition zwischen den beiden Planeten besagen, dass wir, die wir in diesem ganz realen, irdischen Leben verankert sind, Probleme haben, diese Botschaften, die Neptun unserem Uranus vermitteln will, nicht so einfach begreifen können. Es bedarf einer weiteren persönlichen Entwicklung, eines Sich-Öffnens, was letztlich alle lang andauernden und schwierigen Transite von uns erfordern.

Im besten Falle nehmen wir jetzt diese Transite als äußerst inspirierende Kräfte wahr, die große Visionen in uns erzeugen und uns am Ende zu neuen Ufern aufbrechen lassen.

Neptun in Konjunktion, Quadrat oder Opposition zu unserem Uranus ist eine große Herausforderung und gleichzeitig ein Geschenk des Himmels, das mit Nachdruck auf sich aufmerksam machen will. Wir sollten nun in uns gehen.

Neptun-Transite (Konjunktion, Quadrat oder Opposition) **zum Geburts-Uranus in Bezug auf die Häuser**

Neptun Transit Uranus in Haus 1
Körperliche Schwäche, Konfusion, Ärger durch Unzuverlässigkeit, flüchtet vor Verantwortung, findet seine Freiheit in Heimlichkeiten, ist andererseits aber auch sehr inspiriert und voller neuer Ideen.

Neptun Transit Uranus in Haus 2
Viele nötige wie unnötige Geldausgaben führen zu Geldknappheit, verliert den Überblick über seine Finanzen, gefährliches Spiel an der Börse, langsam versiegende Geldquelle.

Neptun Transit Uranus in Haus 3
Alltag läuft völlig aus dem Ruder, starke innere Ruhelosigkeit, fängt vieles an und bringt nichts zu Ende, viele Unklarheiten halten in einer Art Warteschleife, was wichtige Entscheidungen betrifft, Unfallgefahren durch Unachtsamkeit.

Neptun tr. Uranus in Haus 4
Fühlt sich zuhause unwohl, giftige Schadstoffe am Wohnort beeinträchtigen die Gesundheit, flieht vor der Familie, fühlt sich heimatlos und entwurzelt.

Neptun tr. Uranus in Haus 5
Seltsame und verwirrende Liebesabenteuer, unpassende Liebesbeziehung, unstillbarer Hunger nach Leben, Lust und Liebe, Untreue, enttäuscht und einsam.

Neptun tr. Uranus in Haus 6
Gefahr von Nervenerkrankungen, verborgene Gegner am Arbeitsplatz arbeiten an einer Entlassung, Elektrosmog und andere Umweltgifte machen krank, untreue, hinterhältige Angestellte.

Neptun tr. Uranus in Haus 7
Geheime Affären kommen ans Tageslicht, wird über Nacht vom Partner verlassen oder läuft selbst davon, viele Unklarheiten und verborgene Konflikte belasten die Beziehung.

Neptun tr. Uranus in Haus 8
Verliert Besitz durch Betrug und Erbschleicherei, dringt in die verborgenen Tiefen seiner Seele vor, Tabus verlieren an Bedeutung, kommt in Kontakt mit Verstorbenen, macht überhaupt transzendentale Erfahrungen.

Neptun tr. Uranus in Haus 9
Verzögerungen und unerwartete Zwischenfälle auf Reisen, geht im Ausland verloren, wandert aus einer unbestimmbaren Sehnsucht heraus aus, verirrt sich in esoterischen oder religiösen Spinnereien, hat prophetische Eingaben.

Neptun tr. Uranus in Haus 10
Kann seinem Beruf nichts mehr abgewinnen, verliert größere Vorhaben aus den Augen, entwickelt aber auch ganz neue visionäre Ziele, unklarer Führungsstil, der zu einer allgemeinen Verunsicherung führt.

Neptun tr. Uranus in Haus 11
Entfremdung in freundschaftlichen Beziehungen, opfert sich für Freunde auf, Ärger und Konflikte durch Unzuverlässigkeit gegenüber Freunden und sozialen Gemeinschaften, hat irreale Wünsche und Hoffnungen.

Neptun tr. Uranus in Haus 12
Im Extremfall geistige Verwirrung, kann keine innere Klarheit mehr finden, intensive Träume und Auftauchen vieler innerer Bilder, die wichtige Botschaften enthalten, sieht sich gezwungen, Heimlichkeiten zu haben.

Neptun im Transit durch Haus 11

(irdischer Spiegel des Wassermanns, Zeichenherrscher Uranus)

Der Traum von Gemeinschaften, in denen wir unsere geistige Heimat finden

In diesen Jahren entgrenzt Neptun das Thema Freundschaft. Das heißt konkret, dass sich allmählich die Auswahlkriterien verflüchtigen, die wir bisher festgesetzt haben, wer ein Freund von uns ist und wer es nicht sein darf. Wir sehnen uns einfach nach mehr in puncto Freundschaft, nach gleichen Interessen, geistigem Austausch, ja auch nach Nähe und echter platonischer Freundesliebe. Wir wollen Freunde, mit denen wir all unsere Sehnsüchte, Träume und vor allem Ideale teilen können.

Letztere spielen nämlich eine ganz große Rolle in diesen Jahren, in denen wir endlich unser Leben und unser Denken, das, was wir sind und woran wir glauben, mit Seelenverwandten teilen wollen. Wir suchen geistige Inspiration und innere Weite in neuen Freunden, in spirituellen Gruppen, Seminaren, Vereinen usw.

Der Anspruch Neptuns ist jedoch auch im 11. Haus sehr hoch, und so muss es in diesem Prozess zwangsläufig zu Enttäuschungen kommen, die vor allem dann entstehen, wenn wir anfangen, Freunde und Gleichgesinnte zu idealisieren und auf einen Sockel zu heben, auf den diese nicht hingehören. Dieselben Menschen, die wir in diesen Zeiten hochjubeln, werden wir später verdammen und kein gutes Haar an ihnen lassen.

Um Neptuns hohe Ansprüche erfüllen zu können, müssen wir geistig reifen, unsere Sicht von Menschen allgemein weiten. Neptun führt uns vor Augen, dass es nicht richtig und vom Bewusstsein her sehr begrenzt ist, Menschen in Gut und Böse, in Freund oder Nicht-Freund einzuteilen.

Wir können uns Menschen nicht so backen, wie wir sie uns wünschen. Wir dürfen nicht über Menschen urteilen, nur weil sie anders sind, anders denken und anders leben als wir. Und wir sollten sie eben auch nicht idealisieren, nur weil sie gerade unsere Gedanken und Überzeugungen teilen. All dies ist viel zu eng und deshalb die Botschaft Neptuns: Lasst uns das Thema Freundschaft und überhaupt Menschen mit völlig neuen Augen betrachten.

Menschsein heißt, viele verschiedene Gesichter zu haben, Menschsein heißt auch, schwach sein zu dürfen, niemals perfekt sein zu können, weshalb es auch den idealen Freund, der uns niemals enttäuscht, nicht geben kann. Neptun in Haus 11 kann der Weg zu wahrer Menschlichkeit und zu echten Freunden sein. Manche Trugbilder werden uns begegnen, und manchmal sind in diesen Jahren vielleicht gar keine Freunde in Sicht.

Es ist ein Weg, auf dem wir auch von echten und unechten Freunden unterscheiden lernen müssen. Die große Gefahr dieses Transits ist, sich enttäuscht und resigniert von Menschen zurückzuziehen, weil wir doch alles für unsere Freunde taten und nichts zurückbekamen.

Neptun-Transit in Konjunktion, Quadrat oder Opposition zum Geburts-Neptun

Sehnsüchte treiben wilde Blüten

Neptun ist die spirituelle Kraft schlechthin, die uns mit dem Himmel verbindet. Seine feinen Kräfte und Schwingungen ziehen uns in die geistigen Welten hinein, vor allem, wenn Neptun im Transit im Quadrat oder in Opposition zu unserem Geburts-Neptun steht. Doch Neptun im Spannungswinkel richtig zu verstehen, ist immer schwierig, zu fein und zu hoch ist seine Energie. Dennoch haben wir jetzt die große Chance, geistig zu wachsen.

Jeder, der sich etwas näher mit der Astrologie auseinandersetzt, weiß: Neptun erzeugt starke Ahnungen und Sehnsüchte in uns, vor allem die Sehnsucht nach der anderen Welt, nach dem Jenseits, nach unserer Urheimat. Wie Venus hat auch Neptun ganz viel mit Liebe zu tun, wobei seine Liebe geistiger, umfassender, körperloser als die der sinnlichen, irdischen Venus ist. Neptun ist die platonische Liebe, das hohe Liebesideal, Liebe, die einfach nur da ist, ohne jede Gegenleistung zu fordern – so wie die Mutter, die ihr Kind grenzenlos liebt und ihm alles verzeiht oder der tief gläubige Mensch, der in tiefer Verbundenheit mit Gott steht.

Steht nun Neptun im Quadrat oder in Opposition zu unserem Geburts-Neptun (die Konjunktion besteht nur bei der Geburt, da Neptun durchschnittlich 14 Jahre durch ein Tierkreiszeichen braucht), ist das alles ein großes Thema, ob es uns nun bewusst ist oder nicht.

Und eines muss auch vorweggesagt werden: Nicht jeder Mensch ist gläubig, lebt spirituell und kann Neptun begreifen. Die meisten unter uns werden ihn in Form einer starken Sehnsucht verspüren.

In den Jahren um das 42. Lebensjahr steht Neptun im Quadrat zu unserem Geburts-Neptun, in den Jahren um das 84. Lebensjahr in Opposition zu ihm. In diesen Jahren steht ferner Uranus in Opposition bzw. in Konjunktion zu unserem Geburts-Uranus, was die Tragweite und große Bedeutung dieser Zeiten unterstreicht.

Uranus gegenüber Uranus geht oftmals sehr eng mit der sogenannten Midlife-Crisis einher und schafft große Umbrüche im Leben. Man will jetzt sozusagen das eingefahrene Leben sprengen, was dem Uranus-Prinzip entspricht, und sehnt sich gleichzeitig nach einer neuen Liebe, einem neuen Leben, wobei das Thema Sehnsucht natürlich mit dem Neptun-Transit zu Neptun dieser Jahre verknüpft ist. Die Sehnsucht ist groß, wir sehnen uns insbesondere nach einem Lebenssinn, nach mehr Bedeutung.

In den Jahren um das 84. Lebensjahr, wenn Neptun dem Neptun gegenübersteht, werden die Sehnsucht nach einem höheren Lebenssinn und die Hoffnung, dass es ein Leben nach dem Tod, dass es ein Jenseits gibt, noch viel größer.

Aber, es gibt auch die schwierige Seite von Neptun und seiner Sehnsucht in diesen Zeiten. Die unbewältigte Natur offenbart sich bereits in ihrem Begriff selbst: Sehn-Sucht. Sie ist der Ursprung aller Süchte, ob Drogensucht, Sexsucht, Kaufsucht, Alkoholsucht oder gar Todessehnsucht. Immer verbirgt sich hinter diesen Süchten eine unbewältigte oder, besser gesagt, unerfüllte Sehnsucht.

Tragisch ist, dass wir die wahren Hintergründe einer Sucht nur allzu selten von dieser Perspektive aus betrachten. Was nutzt es einem Drogensüchtigen, wenn er eine Entziehungskur macht und dabei nicht wirklich erkennt, was ihm fehlt und wonach er sich sehnt? Kein Wunder, dass ein Großteil aller Süchtigen immer wieder rückfällig wird. Der Rausch ist zweifellos eine Weltflucht, hinter der aber das Bedürfnis nach Entrückung in eine andere Welt steht, die mehr Nähe und Geborgenheit als das harte und kalte Alltagsleben schenkt. Wie viele Eltern, deren Kinder Drogen nehmen, haben sich je überlegt, was ihnen abgeht? Mit dem Alkohol ist es ähnlich. Trinker verdrängen ebenso wie Drogensüchtige die Realität. Aber eben nicht nur, weil sie mit der Realität nicht mehr zurechtkommen, sondern auch, weil in ihnen etwas bohrt und ihnen

Schmerzen bereitet, was sie nicht länger ertragen und aushalten können.

In Drogen- und Alkoholabhängigkeit kann vor allen anderen Dingen besonders der Liebeskummer treiben. Davon ist wahrscheinlich jeder schon einmal betroffen gewesen. Oft heißt es dann: Der bzw. die wird sich schon wieder fangen. Das geht vorbei, die Zeit heilt alle Wunden. Doch das stimmt nur zum Teil. Die unstillbare Sehnsucht, die all den Fehltritten und seelischen Schmerzen zugrunde liegt, wird weder durch Entzug noch durch die Zeit vollständig geheilt. Da müssen wir ganz anders ansetzen. Und darum geht es nun auch, in dieser Zeit, in der Neptun in Spannung zu unserem Neptun steht und alle unsere Sehnsüchte anspricht, die bisher noch nicht gestillt wurde. Unerfüllte Liebe scheint letztlich allen Sehnsüchten und Süchten zugrunde zu liegen. Darum geht es. Es geht konkret um die alles verzeihende Liebe, sich aufgenommen, geliebt fühlen, auch wenn man viele Fehler gemacht hat und mit schwierigen eigenen Charakterzügen zu kämpfen hat.

Wir sind erwachsen, haben aber ein inneres Kind, das sich mehr denn je nach Liebe und Geborgenheit sehnt. Diese Transite sind wie ein tiefer innere Seufzer, ein Hilferuf nach Erlösung und Heilung, wie er sich vielleicht am klarsten und stärksten in der Bibel findet: „Herr, ich bin nicht würdig, dass du eingehst unter mein Dach, aber sprich nur ein Wort, so wird meine Seele gesund."

Wir sollen jetzt weder zurück noch nach vorne und schon gar nicht nach unten, sondern einfach nur nach oben, mitten in den Himmel, schauen. Natürlich kann Neptun im kritischen Anblick zu Neptun Verwirrungen stiften und große Unklarheiten aufkommen lassen. Aber gerade deshalb müssen wir uns nun selbst fragen, worum es uns eigentlich im Leben geht. Was ist für uns das Wichtigste? Die Liebe, der Glaube, die persönliche Entwicklung? Oder doch nur das Geld, der Besitz, das äußerliche Leben?

Neptun lehrt uns, dass der „Urglaube" nach absoluter Liebe ein Geschenk ist und kein unreifer Traum. Das innere Vakuum, das die unerfüllten Sehnsüchte hinterlassen, kann nur durch Glauben, das Vertrauen in Gott aufgefüllt werden. Das ist die Botschaft Neptuns, der Kraft, die uns mit dem Himmel verbinden will.

Neptun-Transite (Konjunktion, Quadrat oder Opposition) **zum Geburts-Neptun in Bezug auf die Häuser**

Neptun tr. Neptun in Haus 1
Körperliche Schwäche, viele Unklarheiten, Gefahr von Selbstbetrug und Täuschung, kann sich selbst nicht erkennen, wird ausgenutzt, wird leicht süchtig oder abhängig von anderen Menschen, nimmt Kontakt zu seinem Inneren auf.

Neptun tr. Neptun in Haus 2
Selbstzweifel bis hin zur Selbstverleugnung, heimliche und undurchsichtige Geldangelegenheiten, Schwindel und Betrug, lässt sich schnell entmutigen, muss versuchen, ins Leben zu gehen.

Neptun tr. Neptun in Haus 3
Verträumt den Alltag, taucht in Scheinwelten ab, verliert den Bezug zur Zeit, baut Unfälle, weil er träumt, neigt zu Lügen, ist geistig aber sehr angeregt, kann als Schreiber und Redner viel erreichen.

Neptun tr. Neptun in Haus 4
Fühlt sich heimatlos, kann nirgendwo Wurzeln schlagen. Familiengeheimnisse tauchen auf und werden ein Thema, entwickelt Medialität und Hellfühlen.

Neptun tr. Neptun in Haus 5
Liebesbeziehung hinterlässt tiefe Spuren der Enttäuschung, romantische, aber auch unwirkliche Affäre, träumt viel von Liebe, starker Kinderwunsch, spirituelle Erotik wie Tantra wird ein Thema.

Neptun tr. Neptun in Haus 6
Neigung zu chronischen Erkrankungen, Gefahr von unerkannten Krankheiten, reagiert überempfindlich auf schlechtes Arbeitsklima, entdeckt jetzt unter Umständen aber auch heilerische Fähigkeiten bei sich selbst.

Neptun tr. Neptun in Haus 7
Desillusionierungsprozess in Ehe und Partnerschaft, fühlt sich vom Partner alleingelassen, kann seinen Partner nicht mehr verstehen, wird vom Ehe- oder (und) Geschäftspartner hintergangen.

Neptun tr. Neptun in Haus 8
Sehnt sich nach Liebe, Nähe und Verschmelzung, verstärkte Neigung zu Rauschmitteln, verliert jede Todesangst und fühlt sich den Toten manchmal näher als den Lebenden (Todessehnsucht), Geld kommt und geht fast von alleine.

Neptun tr. Neptun in Haus 9
Sehnt sich nach echtem Glauben, träumt von einer Weltreise, fühlt sich vor allem am Meer geborgen, geht Trugbildern und religiösen Irrlehren auf den Leim.

Neptun tr. Neptun in Haus 10
Bisherige Lebens- und Berufsziele lösen sich im Nichts auf, weiß nicht mehr, welchen Weg er gehen soll, weigert sich, Verantwortungen zu übernehmen, sucht Antworten in spirituellen Inhalten, hat als Künstler eine Hoch-Zeit.

Neptun tr. Neptun in Haus 11
Spirituelle Gemeinschaften, aber auch Gefahr von falschen und verräterischen Freunden, sollte sich selbst um eine sozialere Haltung und um mehr Ehrlichkeit und Offenheit gegenüber Freunden bemühen.

Neptun tr. Neptun in Haus 12
Geistige Verwirrung, aber auch unglaubliche Eingebungen und Botschaften aus einer höheren Welt, macht transzendentale Erfahrungen, neigt zu Drogen- und Alkoholmissbrauch.

Neptun im Transit durch Haus 12
(irdischer Spiegel der Fische, Zeichenherrscher Neptun)

Ich habe einen Traum

Wenn Neptun durch das 12. Haus wandert, ist das für alle Menschen, die sich mit geistigen Inhalten beschäftigen, eine ganz besondere Zeit. Neptun weckt übersinnliche Fähigkeiten und inspiriert zu geistigem Schaffen wie noch nie. Viele lesen in dieser Zeit

Bücher, besuchen Seminare, machen Aufstellungen, starten mit einer Therapie oder Astrologie-Ausbildung, setzen sich überhaupt intensiv mit ihrer Seele und Psyche auseinander.

Die Besinnung auf sich und sein Inneres ist das große beherrschende Thema, das oft zur Folge hat, dass das äußerliche Leben und die materielle Welt zunehmend bedeutungsloser werden. Man darf in dieser Zeit wohl eine gesteigerte Traumtätigkeit und Spürsinn wahrnehmen. Träume können visionäre Formen annehmen und wichtige Botschaften transportieren, die weit über reine Verarbeitungsträume hinausgehen. Manche Menschen werden sogar medial, andere entwickeln telepathische Fähigkeiten.

Es kann unter diesem Transit aber auch lange Zeit überhaupt nichts passieren. Denn die Kräfte des Neptuns gehen direkt in unser Unterbewusstsein, in dem jetzt die eigentlichen Veränderungen stattfinden.

Sichtbar werden die Veränderungen spätestens dann, wenn Neptun nach Jahren seinen Gang durch das 12. Haus beendet hat und in das 1. Haus vordringt. Plötzlich ist man nun ein anderer Mensch, einfühlsamer, sensibler, aufnahmebereiter.

In manchen Phasen dieses Transits verspüren viele auch eine eigenartige Leere in sich und werden unter Umständen auch von dem Gefühl geplagt, bisher zu wenig aus ihren Talenten und geistigen Gaben gemacht zu haben. Für diese Menschen wird dieser Neptun daher zum spirituellen Weckruf, der das Leben erneut in eine andere Richtung drängen kann.

Nicht selten führt dieser Neptun-Transit zu einer inneren Verbindung mit allen Menschen, er hilft einem zudem, an den großen unbewussten Wissensschatz aller Menschen anzudocken, den der berühmte Tiefenpsychologe C. G. Jung einst als das „kollektive Unbewusste" bezeichnete.

Menschen, die keinen Draht zu sich, ihrem Inneren und ihrer Psyche haben, die irgendwie labil sind und sich in schwierigen Lebensphasen befinden, drohen unter diesem Neptun-Einfluss regelrecht abzustürzen. Bei ihnen kann Neptun kriminelle Charakterzüge aktivieren sowie das Bedürfnis nach Alkohol und Drogen steigern.

Neptun-Transit in Konjunktion, Quadrat oder Opposition zum Geburts-Pluto
Spiritualität, Macht und Besessenheit

Neptun-Transit in Konjunktion, Quadrat oder Opposition zum Geburts-Pluto sind nicht ganz ungefährliche Transite, da sie mächtige Kämpfe in unserem Inneren auslösen können, bei denen sowohl unsere verborgenen dunklen wie hellen Seiten die Oberhand gewinnen können. Das Thema Macht taucht in diesen Zeiten als große Verführung ebenso wie verdrängte, längst vergessene Konflikte aus unserem Unterbewusstsein auf.

Auch diese Transite gehören zu denen, die nach außen nicht besonders stark wahrgenommen werden, da sie sich zumindest lange Zeit im Inneren abspielen, bevor es zu einer äußeren Auswirkung kommt.

Hinzu kommt, dass es in der Astrologie noch nicht ausreichende Erfahrungen und nötigen Zeitabstand über die Transite der drei neuzeitlichen geistigen Planeten Uranus, Neptun und Pluto gibt, zumal wenn sie untereinander auftreten. Wenige Astrologen werden außerdem konkrete Angaben über Neptun-Transite zu Pluto machen können, da sowohl Neptun als auch Pluto von ihrer Natur her schwer zu fassen und zu begreifen sind.

Neptun gilt im Spannungswinkel als der große Täuscher, dessen Kräfte aus dem gigantisch großen Bereich des Unbewussten kommen, das zwar in Form von Träumen, Ahnungen, Inspirationen, Stimmungen und Eingebungen permanent begleitet, was wir aber eben nicht bewusst wahrnehmen bzw. erkennen.

So werden wir bei Neptun-Transiten immer von mehr oder weniger geheimnisvollen Kräften beeinflusst, die in Konjunktion, Quadrat oder Opposition zu unserem Geburts-Pluto nun ausgerechnet auch alle unseren verdrängten, nicht gelebten Eigenschaften und Leidenschaften ansprechen. Man kann sich deshalb vorstellen, dass dies eine ziemlich verwirrende Zeit sein kann, die je nach Horoskop und Anlage bei jedem Menschen in einem sehr persönlichen Zusammenhang erscheint.

Letztlich geht es um eine leise, oft schleichende innere Wandlung, im Zuge derer man eben Dinge in sich entdeckt, die einem bisher noch nicht bewusst waren. Da Pluto angesprochen ist, kann es sich hierbei auch um Machtthemen handeln. Manche Menschen entdecken erst jetzt, dass sie etwa die Fähigkeit besitzen, großen Einfluss auf andere Menschen auszuüben oder sie auch zu führen. Innerlich wächst nun auch das Bedürfnis, etwas zu bewegen, möglicherweise etwas Großes im Leben zu bewerkstelligen.

Da es sich bei der Konjunktion, dem Quadrat oder der Opposition von Neptun zu Pluto um enorm starke, spannungsgeladene Einflüsse handelt, kann es jetzt auch zu fixen, zwanghaften Ideen und Zielen kommen, die durchaus fanatische Züge besitzen. Im schlimmsten Falle kann sich auch eine regelrechte Besessenheit einstellen, in der alle niederen Instinkte geweckt werden und zum Ausbruch kommen. An dieser Stelle beginnen diese Transite endgültig kritische, ja gefährliche Züge anzunehmen, denn die dunklen Zeiten Plutos, die von Neptun berührt werden, können jedes Tabu sprengen und äußerst destruktive, zerstörerische Kräfte hervorrufen.

Das aber wären mit Sicherheit die ganz negativen Auswirkungen von Neptun zu Pluto. Geistig höher entwickelte Menschen werden an die Kraft und die Macht ihres Geistes und des Glaubens erinnert. Aber, die Spannungswinkel zeigen eben auch an, dass es Probleme gibt, diese Kräfte harmonisch in das eigene Leben zu integrieren.

Menschen, die über innere Heilkräfte verfügen, werden jetzt vermutlich ihre großen Möglichkeiten spüren und wahrnehmen, ohne genau zu erkennen, wie sie diese einsetzen können. Es wird einem bewusst, wie stark das Innere ist, wie die geistigen Kräfte über allem stehen und wir mit unserem Inneren nicht nur unser Leben lenken, sondern auch andere beeinflussen können. So gesehen sind dies auch sehr magische Transite, die jedoch vor die klare Entscheidung stellen, schwarz- oder weißmagisch vorzugehen.

Vor diese Entscheidungen werden unbewusst auch Menschen gestellt, die mit Spiritualität überhaupt nichts anfangen können. Sie laufen, je nach persönlicher Anlage, besonders Gefahr, den negativen Aspekten der Macht zu verfallen, indem sie andere Menschen manipulieren und für ihre Zwecke nutzen. Deshalb ist es auch sehr wichtig, dass wir diesen Transiten sehr wachsam, möglichst bewusst begegnen und uns nicht von unbewussten Wünschen, Trieben und Leidenschaften leiten lassen, mit denen wir uns selbst und Menschen in unserer nahen Umgebung schaden könnten.

Die destruktiven Kräfte, die sich nun in unserem Leben regen, erkennen wir vor allem an ihrer Zwanghaftigkeit. Das heißt, wenn wir unbedingt etwas wollen, wenn wir fanatisch ein Ziel verfolgen, von dem wir möglicherweise wissen, dass es nicht zu unserem Besten oder dem anderer ist.

Fatal ist, dass Neptun zu Pluto eine gewaltige Kraft, die einem inneren Tsunami gleicht, entwickeln kann, dem unser Bewusstsein nur schwer standhält. Hüten sollten wir uns in diesen Zeiten deshalb auch vor jeder Art von Idee und Eingebung, von der wir überzeugt sind, dass sie Großes bewirkt.

Feinde, vor allem heimliche, können jetzt ebenfalls auf den Plan treten und allerlei Intrigen schmieden. Auch hier sollten wir uns aber bewusst machen: Es sind Feinde, die wir selbst durch unser Verhalten erschaffen bzw. angezogen haben.

Letztlich sollten wir diesen Transiten mit einer großen Portion Demut begegnen. Dann lenken wir ihre immensen inneren Kräfte bereits in eine gute Richtung. Wir sollten versuchen, unsere Wünsche auf Wahrhaftigkeit hin zu überprüfen und sollten sie in die Hände höherer geistiger Hände legen, damit wir ihren wahren Hintergrund erkennen. Dieser hat, wie gesagt, sehr oft mit Macht und Einfluss zu tun, den wir uns insgeheim wünschen, um selbst mehr Bedeutung im Leben zu erlangen. Eine Versuchung, die in den Abgrund führen kann.

Auf der anderen Seite haben wir gerade in dieser Phase der Prüfung die riesige Chance, den richtigen Weg zu erkennen, der zur Befreiung von niederen Leidenschaften und Beweggründen führt und der damit unserem Leben eine völlig neue, lichtvolle Dimension gibt.

Neptun-Transite (Konjunktion, Quadrat oder Opposition) **zum Geburts-Pluto in Bezug auf die Häuser**

Neptun tr. Pluto in Haus 1
Versucht, durch Suggestion und Überredung verstärkten Einfluss auf andere auszuüben, wird jetzt aber auch selbst leicht getäuscht und hintergangen.

Neptun tr. Pluto in Haus 2
Unklare finanzielle Absprachen und Aktionen, die zu großen Verlusten führen, kriminelle Geschäfte, lässt sich leichter als sonst entmutigen, Einbruch des Selbstwerts, der neu überdacht und gefunden werden muss.

Neptun tr. Pluto in Haus 3
Großer Aufwand im Alltag, ohne dass etwas Zählbares dabei herauskommt, wird leicht Opfer von Lügen und Intrigen, geistiger Tiefstand, kann nicht mehr zwischen Illusion und Wirklichkeit unterscheiden.

Neptun tr. Pluto in Haus 4
Aufkommen dunkler Familiengeheimnisse, entfernt sich unmerklich aus seiner Familie, löst auch andere innere Verbindungen auf, die persönlich belasten, sehnt sich nach Menschen, zu denen eine starke innere Verbindung besteht.

Neptun tr. Pluto in Haus 5
Verbotene und gefährliche Liebesbeziehung, die nur im Geheimen existieren darf, wird verführt und sexuell hörig, missbraucht seine Suggestivkräfte, um andere zu verführen, übt versteckte Kontrolle aus.

Neptun tr. Pluto in Haus 6
Sich stark regende Heilkräfte, aber auch Gefahr von unerkannten, schleichenden Krankheiten, wird am Arbeitsplatz gemobbt, verliert seine einflussreiche Position und wird unmerklich in den Hintergrund gedrängt.

Neptun tr. Pluto in Haus 7
Partner taucht unter, geht fremd, entfernt sich aus dem gemeinsamen Leben, desillusionierende Abhängigkeitserfahrung, Auflösungstendenz auch einer beruflichen Partnerschaft.

Neptun tr. Pluto in Haus 8
Gefahr von Sexsucht, Besessenheit und größerer Vermögensverluste durch Betrug, allgemein Leidenschaften, die krankhaft werden können, tiefe Ahnungen, die zur Gewissheit werden, entwickelt magische Kräfte und Fähigkeiten.

Neptun tr. Pluto in Haus 9
Gefahr von zwanghaften fixen Ideen, religiösen Verirrungen und weltanschaulichem Fanatismus, geht auf Reisen verloren, entwickelt schwarz-magische Anschauungen, aber auch prophetische Gaben.

Neptun tr. Pluto in Haus 10
Vergebliches Streben nach mehr beruflicher Macht und Einfluss, heimliche Feinde, die an der Schwächung der beruflichen Position arbeiten, große Ziele lösen sich in nichts auf, muss sich erst mit seinem Inneren auseinandersetzen, um wieder Klarheit in beruflichen Dingen zu bekommen.

Neptun tr. Pluto in Haus 11
Falsche, oft auch kriminelle Freunde, die verführen und hintergehen, undurchsichtige Freundschaften, die sich in nichts auflösen.

Neptun tr. Pluto in Haus 12
In sehr kritischer Auswirkung: Gefahr von Neurosen, Psychosen und Wahnvorstellungen, Machtfantasien und Angst vor den Tiefen des Unbewussten, besonders bösartige und listige Feinde, die verdeckte Angriffe starten.

Neptun im Transit durch Haus 8
(irdischer Spiegel des Skorpions, Zeichenherrscher Pluto)

Eintauchen in die Welt des Verborgenen

Wenn Neptun in unser 8. Haus vordringt, lösen sich im Laufe dieser Jahre viele unserer Vorstellungen auf, die letztlich zu fixen Überzeugungen geführt haben, die sich in unserem 9. Haus manifestiert haben und die uns jetzt unter Umständen als Glaubenssätze im Weg stehen.

Allmählich ändern sich nun aber unsere Grundeinstellungen und Ideologien, da wir eben neue Vorstellungen und Sichtweisen entwickeln. Diese starke Wandlung geht allein im Inneren vor sich, sehr still und völlig unbemerkt.

Manche Menschen, die sich schon immer mit ihrem Inneren und mit geistigen Inhalten auseinandersetzen, beginnen verstärkt, mit dem inneren Auge sich, andere und die Welt zu betrachten. Die Überzeugung, dass das ganze Leben durch unser Inneres gelenkt werden kann und dass wir deshalb selbst bewusst Einfluss auf unser Schicksal nehmen können, wird in dieser Zeit zur Gewissheit.

So gesehen ein hoch spiritueller Transit, der einmalig ist und den nicht jeder Mensch in seinem Leben bekommt. Es ist eine Zeit, in der wir dem Sinn des Lebens in seiner ganzen Tragweite näherkommen, da Neptun uns die Welt des Verborgenen, die hinter den sichtbaren materiellen Erscheinungen liegt, öffnen kann.

Es ist eine Zeit, in der wir auch innere Blockaden, die uns bisher vielleicht sogar das ganze Leben verfolgt haben, innerhalb kürzester Zeit lösen können. Es ist ein Transit, der alles in uns offenlegt, was vergessen und verdrängt wurde. Er lässt uns in die Vergangenheit blicken und sogar Kontakt mit den Toten aufnehmen, und er schenkt uns die Chance von unglaublichen Heilungen im Krankheitsfall, die unter den Begriff „Wunderheilung“ fallen. Eine wahrlich magische Zeit!

Um mit Hilfe dieses Neptuns in die Welt des Verborgenen, der Magie und der Wahrträume einzutauchen, sich zu wandeln und zu heilen, bedarf es jedoch einer intensiven Auseinandersetzung mit geistigen Inhalten. Wer nicht an Höheres glaubt und keinen

Zugang zu seinem Inneren findet, der kann unter diesem Neptun-Transit auch böse straucheln.

Latent vorhandene Süchte können in dieser Zeit zwanghaft, also zur endgültigen Sucht, werden, die behandelt werden muss.

Manche Menschen werden nun auch von großen, oft sehr diffusen und grundlosen Ängsten geplagt, die mit Tod, Krankheit und Existenzverlusten zu tun haben. Auch diese Ängste, die immer schon irgendwie da waren, die nun fast inflationär werden und nicht mehr kontrolliert werden können, müssen bewältigt werden, weshalb Neptun im Transit durch das 8. Haus bei sehr vielen Menschen therapeutische oder psychologische Behandlungen erforderlich macht.

Man kann schon sagen, dass uns dieser Transit mit dem Himmel in Berührung bringen kann. Genauso gut kann er uns aber mit Angststörungen überschütten, die uns wiederum dazu auffordern, uns mit dem Leben und dem Tod auseinanderzusetzen.

In der realen Welt kann uns dieser Neptun-Transit helfen, ein Vermögen aufzubauen, sofern wir in Geldgeschäften realistisch vorgehen und trotzdem unseren Instinkten vertrauen. Gefährlich sind in diesen Jahren aber auch Betrüger, die einen um viel Geld bringen, und sogenannte Gurus, die Seelen verführen und für die jetzt eine gewisse Anfälligkeit besteht.

Neptun-Transit in Konjunktion, Quadrat oder Opposition zum Aszendent
Wenn das Leben unwirklich wird

Der Neptun-Transit in Konjunktion, Quadrat oder Opposition zum Aszendent des Geburtshoroskops hat einen sehr großen, wenn auch oft zunächst unmerklichen Einfluss auf unsere Persönlichkeitsentwicklung. Am stärksten wirkt sich diese natürlich in der Konjunktion aus, die im positiven Sinne dem Himmel näherbringt, in negativer Auswirkung zu einem tiefen Fall führen kann. Das Quadrat geht hier tendenziell am meisten mit Betrug und Heimlichkeiten einher, die Opposition ist stets ein Hinweis auf Partner, die idealisiert werden oder auf Partnerschaften, die sich allmählich aufzulösen beginnen.

Neptun in einem herausfordernden Winkel zum Aszendenten ist ein einschneidendes Geschehen, das wir nicht immer sofort wahrnehmen. Der Grund: Neptun-Transite gehen direkt in unser Unterbewusstsein, ändern uns also zunächst im Inneren.

Neptun ist nach außen nicht sichtbar, und wenn, dann wird er meist nur negativ wahrgenommen in Form von Betrug, Illusion, Hintergehung, was bei allen drei Transiten vorkommen kann. Das gehört sicherlich zu ihren größten Risiken. Sie machen mitunter einfach gutgläubig und idealistisch, und wenn dann die Wahrheit nicht gesehen werden will, kommt es eben leicht zur Täuschung.

Neptun kann im Spannungswinkel nicht zuletzt in Form betrügerischer Menschen auf uns zukommen. Besitzt jemand selbst bereits Anlagen in dieser Richtung, dann macht er unter diesen Einflüssen auch selbst zu Betrug und Heimlichkeiten geneigt.

Menschen, die die feinen Kräfte Neptuns in ihrem Horoskop dagegen nutzen, um sich geistig weiterzuentwickeln, können unter diesen Transiten zu wertvollen höheren Einsichten gelangen. Oftmals werden aber auch diese Menschen mit den Schattenseiten dieser Neptun-Transite konfrontiert, die auf der irdischen Ebene zwangsläufig Täuschungen und Unklarheiten nach sich ziehen.

Alle drei Transite wecken auch große Sehnsüchte in Menschen, die zu heimlichen Affären und anderen verborgenen Leidenschaften führen und latent vorhandene Süchte eskalieren lassen können. Tabletten, Drogen, Alkohol sind jetzt eine ganz reale Gefahr. Und auch in Hinblick auf die Gesundheit müssen wir diesen Transiten größte Beachtung schenken, da Neptun zum Aszendenten den Körper feiner und durchlässiger macht, so dass wir viel mehr spüren und aufnehmen als sonst, aber auch körperlich anfälliger werden.

Lebensgewohnheiten, die nicht gut sind für die Gesundheit, müssen nun unbedingt abgestellt werden. Gleichzeitig gilt es, sich neue Lebensweisen anzueignen, die sich unterstützend auf den feineren Körper auswirken. Gut anschlagen müssten in dieser Zeit alle pflanzlichen und homöopathischen/feinstofflichen Mittel.

Manche Menschen bekommen unter diesen Transiten Probleme mit dem Blutdruck, andere fühlen sich zeitweise sehr schwach und können sich zu wenig Aktivität aufraffen. Dabei wäre es jetzt wichtig, sich viel zu bewegen, um den Kreislauf anzukurbeln.

Neptun verbirgt die wahren Absichten von anderen Menschen genauso, wie er auch einen selbst schwer verständlich und greifbar für seine Mitmenschen macht, sobald er der Aszendent berührt. Das ist besonders dann gegeben, wenn Neptun mit der Persönlichkeit verschmilzt, also in Konjunktion zum Aszendenten steht. Diese Menschen scheinen plötzlich für andere unsichtbar, neigen jetzt auch häufig dazu, sich von Freunden, Verwandten und aus dem gesellschaftlichen Leben mehr als sonst zurückzuziehen.

Neptun zieht einen eben in das Innere, wodurch von ganz allein das Bedürfnis nach mehr Ruhe, Abgeschiedenheit und Besinnlichkeit auftaucht. Man braucht jetzt die Zeit, um in sich zu gehen, um nachzudenken. Die gesamte Welt erscheint nun in einem anderen Lichte, fast unwirklich, wie in einem Traum oder Märchen. Und ja, manche Menschen beginnen, mit ihrem inneren Auge zu schauen und durchlaufen eine Phase der geistigen Erweckung.

Steht der Neptun-Transit im Quadrat zum Aszendenten, dann drohen viele zwischenmenschliche Beziehungen verwirrend und auch enttäuschend zu verlaufen. Manche Menschen haben jetzt auch einen sehr negativen Einfluss auf den eigenen Lebensweg, so dass es unter diesem Transit zu einer dringlichen Aufgabe wird, sich sehr viel bewusster als bisher von jedem abzugrenzen, der einem nicht guttut.

Auch beim Quadrat ist man zeitweise körperlich geschwächt und hat auch das Gefühl der eigenen Unzulänglichkeit und fehlenden Durchsetzungskraft. Vieles erscheint nebulös und nicht greifbar. Der Partner wird nur noch schwer verstanden, manche Ziele, auch beruflicher Art, verschwimmen vor den Augen oder lösen sich in nichts auf. Man sieht sich mehr oder weniger gezwungen, von Zielen und Menschen, mit denen man eng verbunden ist, loszulassen. Kein Ziel kann erzwungen und kein Mensch besessen werden.

Dieser und die beiden anderen Transite sagen uns, dass wir gerade in den Zeiten, in denen vieles unklar scheint und in denen wir nichts Konkretes wissen, Vertrauen lernen müssen. Darum geht es, sich von seinem Inneren leiten zu lassen und sich gleichzeitig um Klarheit im Äußeren zu bemühen.

Wir verstehen Neptun nur deshalb nicht, weil wir uns normalerweise meist nur an äußerlichen Begebenheiten orientieren. Welche Menschen sind schon so weit, dass sie immer ihrer inneren Stimme und Einsicht trauen?

Steht der Neptun-Transit in Opposition zum Aszendenten, dann deutet sich zunächst eine Beziehungskrise an. Denn Neptun bildet jetzt eine Konjunktion mit dem Deszendenten, dem Du. Wieder nicht offenkundig, wie es eben der Natur Neptuns entspricht.

Die Krise baut sich langsam auf. Allmählich entfernt man sich voneinander, jeder geht mehr oder weniger seine eigenen Wege und vergisst dabei, die Beziehung zu pflegen. Wird dieser Unverbindlichkeit in der Beziehung nicht Einhalt geboten, fängt sie an, chronisch krank zu werden, um am Ende zu sterben.

Eine weitere Auswirkung dieses Transits ist, dass der Partner, auch aufgrund dieser Entfremdung, fremdgeht oder sich über Nacht aus dem Staub macht.

Das dritte Szenario wäre, dass der Partner die Rolle Neptuns übernimmt und heimlich fremdgeht bzw. eine heimliche Liebe oder Affäre hat. Oftmals verliebt man sich unter diesem Transit aber auch selbst unsterblich. Der Mensch, in den wir in diesem Augenblick alle unsere Sehnsüchte hineinprojizieren, ist quasi Opfer unserer Wunschvorstellungen, die er keineswegs erfüllen kann, weshalb hier Trennungen meist vorprogrammiert sind.

Dieser Transit will uns sagen, dass es wichtig ist, eine Beziehung zu pflegen und sich die Liebe jeden Tag aufs Neue zu erarbeiten. Die Liebe wird niemals im reinen Verliebtheitsstadium stehen bleiben, was nicht heißt, dass man sich nicht immer wieder in seinen langjährigen Partner verlieben kann. Die Liebe ist nur dann etwas wert, wenn wir alle Eigenschaften und Charakterzüge unseres Gegenübers sehen und akzeptieren. Wir können in einer Partnerschaft nicht ausblenden, was uns nicht gefällt. Jeder Mensch hat neben seinen schönen auch hässlichen Seiten. Reif ist eine Liebe erst dann, wenn sie durch Stürme und Krisen hindurchgegangen ist, weil ein Daueraufenthalt im Märchenschloss nicht möglich ist. Erst wenn die Liebe vom Himmel auf die Erde geholt wird, erweist sich ihre wahre Stärke.

Zusammenfassung:
Neptun in Konjunktion, Quadrat oder Opposition zu unserem Aszendenten deutet eine Phase an, in der sich vieles aufzulösen beginnt und in der wir uns verstärkt mit unserem Inneren auseinandersetzen müssen. Auf diesem Weg können viele Trugbilder auftauchen. Letztlich geht es darum, eine neue Klarheit zu finden, wozu auch Desillusionierungsprozesse beitragen können. Wir müssen in diesen Zeiten ferner lernen, uns abzugrenzen. Ziel dieser Transite ist es, der eigenen inneren Stimme zu folgen, die den Weg im Nebel kennt.

Neptun-Transit Konjunktion Aszendent
Bei der Konjunktion Neptuns zum Aszendent gehen wir eine besonders enge Verbindung mit diesen geistigen Kräften ein. Bei einem geistlosen Menschen werden sie allenfalls als Verwirrung und Schwächung wahrgenommen, einem geistreichen Menschen können sie zu Entwicklungssprüngen verhelfen.

Neptun-Transit Quadrat Aszendent
Beim Quadrat Neptuns zum Aszendenten ist das Risiko besonders groß, auf Betrüger hereinzufallen. Gleichzeitig wissen wir in dieser Phase oft nicht mehr, wohin wir gehören und wohin unsere Lebensreise gehen soll. Auch hier gilt: Wenn wir blind sind, können wir nur noch unserer inneren Stimme vertrauen.

Neptun-Transit Opposition Aszendent
Bei der Opposition Neptuns zum Aszendenten wird die Partnerschaft ganz besonders stark von den nebulösen Kräften Neptuns angesprochen. In bestehenden Beziehungen drohen Enttäuschungen und Desillusionierung. Neptun will uns hier lehren, Menschen mit all ihren Eigenschaften zu sehen und zu akzeptieren.

Neptun-Transit in Konjunktion, Quadrat oder Opposition zum MC

Endlich den Weg gehen, der für einen vorgesehen ist

Neptun-Transit in Konjunktion, Quadrat oder Opposition zum MC des Geburtshoroskops führt immer zu einer Krise, was die Lebensausrichtung und den Beruf betrifft.

Vor allem beim Quadrat können auch Probleme in der Partnerschaft hinzukommen, bei der Opposition kommt es oft zu einer Identitätskrise und der Frage, wohin man gehört und wohin man gehen soll. Es ist eine Zeit der Unsicherheit, die letztlich aber sein muss, damit wir uns für neue Ziele und Wege öffnen, die für uns vorgesehen sind.

Wenn Neptun in einem Spannungswinkel zum MC auftaucht, dann überkommen uns zunächst starke Zweifel, was unseren Beruf und unsere beruflichen Ziele betrifft. Viele Menschen, die einen von diesen drei Transiten haben, sind vielleicht bisher in einem falschen Beruf oder auf der falschen Fährte gewesen, was ihre Berufsauswahl betrifft.

Neptun deutet ein Enttäuschungsthema an, weil man jetzt vielleicht das Gefühl hat, dass alle bisherigen Anstrengungen umsonst waren. Doch so zu denken, wäre sicher verkehrt. Unser Lebensweg geht nicht immer nur gerade nach oben, er kann auch Schleifen zurückmachen und große Umwege beinhalten, die uns zumindest die Augen dafür öffnen können, was wir nicht wollen.

So müssen wir auch diese Neptun-Transite sehen. Sie lösen die bisherigen Ziele in nichts auf, damit wir uns auf die Suche nach neuen begeben. Diesmal aber mit einem ganz anderen Ansatz: Es gilt, bei dieser Suche sein Innerstes miteinzubeziehen und nicht nur den Kopf entscheiden zu lassen.

Die Berufswahl darf nicht nur rein rational, vielleicht aus praktischen, materiellen Erwägungen heraus, gefällt werden. Sie muss zumindest auch einen Teil unserer Wünsche und Ideale abdecken. Denn wir sind nur gut in Tätigkeiten, die wir eben auch mit Herzblut und Leidenschaft ausüben.

Neptun in Konjunktion, Quadrat oder Opposition zum MC zeigt an, dass uns genau das bisher gefehlt hat, weshalb er uns desillusioniert, was den bisherigen Lebensweg betrifft. Gleichzeitig weckt er aber starke Sehnsüchte in uns, die uns erst dazu bewegen, neue Wege zu gehen, die wir uns vielleicht erst jetzt zutrauen.

Zwischen der Konjunktion, dem Quadrat und der Opposition gibt es einige Unterscheidungen.

Der Neptun-Transit in Konjunktion zum MC kann auch eine neue Berufswahl bringen, die den Eigenschaften Neptuns entspricht. Neptun unterstehen alle Helferberufe, wie Arzt, Pfleger, Krankenschwester, Heilpraktiker und Therapeut, daneben kann sein Einfluss ein Hinweis auf eine Tätigkeit als Künstler oder Gastronom sein, um nur ein paar Berufe zu nennen, die in den Analogien Neptuns auftauchen.

Da Neptun in das 10. Haus vordringt und dort für einige Jahre verweilt, nachdem er den MC überquert hat, ist der Weg hier immer auch bereits das Ziel. Das heißt, dass es unter diesem Einfluss nicht immer vorgesehen ist, gleich ein ganz konkretes berufliches Ziel zu erkennen. Oft wird jetzt etwas begonnen, das im Moment passt, das sich aber im Laufe der Jahre noch wandeln wird.

In manchen Fällen kann dieser Neptun-Transit auch zu einer Idealisierung von Führungspersonen führen, denen man unterstellt oder deren Anhänger man ist. Desillusionierungsprozesse und Irrwege sind dann wahrscheinlich. Also aufgepasst: Wir sollten immer selbst die Verantwortung für unser Leben tragen.

Steht der Neptun-Transit im Quadrat zum MC, wird er auch den gewählten Lebensweg infrage stellen. Unter dem Quadrat wächst aber auch die Wahrscheinlichkeit, dass wir es mit betrügerischen Personen zu tun bekommen, die möglicherweise hintenherum gegen uns arbeiten und unsere Position schwächen wollen.

Auch betrügerische Prozesse sind möglich. In einigen Fällen trifft dieser Transit auch die Beziehungen, in der belastende Heimlichkeiten auftauchen und die einen selbst und die eigenen Ziele schwächen.

Bildet der Neptun-Transit eine Opposition zum MC, dann steht er automatisch auch in Konjunktion zum IC, der Spitze des 4. Hauses. Das heißt, dass nun berufliche Krisen entstehen können, weil sich unter Umständen familiäre oder wohnliche Gegebenheiten auflösen, die bisher eine mehr oder weniger stabile Basis bildeten, auf der man expandieren, in die Welt aufbrechen und einen Beruf ausüben konnte. Neptun schwächt diesen Untergrund, macht den Boden weich, auf dem wir stehen, so dass es uns nun schwerfällt, noch unseren Zielen zu folgen und diese im Auge zu behalten. Bei der Opposition ist es deshalb wichtig, erst einmal zu klären, wo man wohnen und mit welchen Menschen man seine Zukunft aufbauen möchte.

Zusammenfassung:
Große Lebensziele werden unsichtbar bzw. lösen sich im Nichts auf, damit wir uns auf den Weg nach neuen machen. Bei der Wahl der neuen Ziele sollten wir diesmal auch unser Gefühl und unsere innere Stimme miteinbeziehen, die bisher nicht genügend erhört wurde.

Neptun-Transit Konjunktion MC

Bei der Konjunktion Neptuns zum MC ist der Weg das Ziel. Es werden Vorstellungen von bisherigen Zielen und Tätigkeiten über Bord geworfen, weil das Bedürfnis auftaucht, einen Beruf im Sinne der Berufung ausüben zu wollen. Oftmals werden jetzt auch Berufe gewählt, die in ihren Analogien Neptun entsprechen. Vermieden werden sollte in dieser Zeit die Idealisierung von Autoritätspersonen, insbesondere von geistigen, die einen auf einen falschen Weg bringen könnten.

Neptun-Transit Quadrat MC

Beim Quadrat Neptuns zum MC besteht außerdem die Gefahr, dass zweifelhafte zwischenmenschliche Beziehungen und auch Betrüger die eigenen Ziele gefährden. Es sollte in dieser Zeit darauf geachtet werden, keine Verantwortung abzugeben. Außerdem gilt es, sich um Klarheit zu bemühen, vor allem eben in Hinblick auf verwirrende geschäftliche wie private Beziehungen, die einen von den eigenen Zielen abbringen möchten.

Neptun-Transit Opposition MC
Steht Neptun in Opposition zum MC, bildet er auch eine Konjunktion mit dem IC. Das heißt, dass Neptun das Zuhause, die Familie entgrenzt und möglicherweise durch nötigen Umzug oder durch Auszug von Familienmitgliedern ein Gefühl der Entwurzelung auftaucht, was sich wiederum auch negativ auf Ziele auswirken kann, die plötzlich in weite Ferne gerückt zu sein scheinen. Neue Wurzeln zu schaffen, ist hier das oberste Ziel.

Neptun-Transit in Konjunktion, Quadrat oder Opposition zum Mondknoten

Karma bewältigen, aus sich und seinem Inneren heraus

Die Neptun-Transite in Konjunktion, Quadrat oder Opposition zum aufsteigenden Mondknoten des Geburtshoroskops gehören sicherlich zu den eher unerforschten Transiten, über die mehr spekuliert wird, als dass es greifbares Wissen gibt. Das hat vor allem mit Neptun zu tun, der ja ein schillernder, oft recht schwer zu verstehender, nicht greifbarer Planet ist, dessen Natur Mysterien und innere psychische Vorgänge anzeigt und eben nicht die sichtbare Realität.

Der aufsteigenden Mondknoten stellt so etwas wie die Lösung in unserem Horoskop und unserem Leben dar. Wenden wir uns ihm in Verbindung mit seiner jeweiligen Hausstellung in unserem Horoskop zu und versuchen, dieses angesprochene Lebensgebiet zu leben und zu erhellen, dann befreien wir uns aktiv von altem und belastenden Karma, das durch den gegenüberliegenden Mondknoten in Verbindung mit seiner Hausstellung angezeigt ist.

Wer seinen aufsteigenden Mondknoten lebt, der wendet letztlich sein gesamtes Leben zum Guten, so bedeutungsvoll ist er. Berührt nun Neptun den aufsteigenden Mondknoten, wobei damit auch immer der absteigende automatisch miteinbezogen wird, dann kann diese Lebensaufgabe im besten Falle von oben inspiriert werden.

Steht der Neptun-Transit in Konjunktion zum aufsteigenden Mondknoten, dann kann der Schlüssel zur Befreiung von belastendem Karma etwa in der Beschäftigung mit Träumen und anderen geistigen Inhalten liegen, die einem gerade in dieser Zeit wichtige Botschaften senden können. Es wäre ideal, sich in dieser Zeit dem Inneren zuzuwenden, in dem im Grunde genommen alles Wissen begraben ist, nach dem wir suchen.

Bei der Konjunktion Neptuns zum aufsteigenden Mondknoten werden manche Menschen unter Umständen ihren Seelenpartner finden, also Kontakt zu einer Person knüpfen, mit der sie eine geradezu überirdische, ideale Liebe verbindet, die vielleicht sogar Zeit und Raum überwindet.

Menschen, die mit Neptun gar nichts anfangen können und nicht spirituell ausgerichtet sind, werden Kontakt zu den Schattenseiten Neptuns aufnehmen, die mit Betrug, Sucht und Illusion zu tun haben können. Neptun in Konjunktion, Quadrat oder Opposition zum Mondknoten zeigen daneben schleichende Distanz und Trennungen auf privater, freundschaftlicher und geschäftlicher Ebene an, die deshalb zustande kommen, weil man sich innerlich auseinanderlebt und entfremdet und sich letztlich nichts mehr zu sagen hat.

Beim Quadrat und auch bei der Opposition ist die Gefahr, es mit Betrüger zu tun bekommen, möglicherweise am größten. Manchmal können diese Transite ein Hinweis auf Krankenhaus- oder Gefängnisaufenthalt oder sonst eine Isolation sein.

Auch muss hier vor Kontakten mit Menschen gewarnt werden, die es nicht gut mit einem meinen, indem sie einen mit Missgunst und Neid verfolgen, was auf der geistigen Ebene eine durchaus starke und negative Auswirkung haben kann. Es wäre deshalb wichtig, sich jetzt von solchen Personen abzugrenzen und Distanz aufzubauen. Diese weniger freundlich gesinnten Menschen könnten vor allem beim Quadrat, bei dem Neptun zwischen den beiden Mondknoten steht, ein ungutes Bindeglied zwischen einem vorigen Leben und dem jetzigen sein und negative Inhalte von damals auf heute übertragen.

Befindet sich der Neptun-Transit in Opposition zum aufsteigenden Mondknoten, bildet er damit automatisch eine Konjunktion mit dem gegenüberliegenden absteigenden. Neptun spricht hier das Karma der Vergangenheit an und lässt uns im besten Falle über Träume oder etwa eine Reinkarnationstherapie in diese tendenziell schwierige Vergangenheit eintauchen und Vorleben erhellen, was wiederum helfen kann, aktuell schwierige Lebenssituationen besser zu begreifen und zu bewältigen. Neptun sagt hier, die Lösung aller Probleme liegt in uns, in unserem Inneren und in unserer Vergangenheit.

Zusammenfassung:
Bei diesen Transiten ist das Gebot der Zeit Karmabewältigung durch die Beschäftigung mit geistigen Inhalten. Reinkarnationstherapien, Astrologische (Symbol-)Aufstellungen, geführte Meditationen und gelegentlicher Rückzug in die Stille, um in sich zu gehen, können dabei hilfreich sein. In diesen Zeiten wäre es auch sehr sinnvoll, sich noch intensiver als bisher mit Träumen auseinanderzusetzen, die wichtige Botschaften für einen bereithalten. In Acht nehmen müssen wir uns bei allen drei Transiten vor Menschen, die uns nicht wohlgesonnen sind und die uns verführen und negativ beeinflussen wollen.

Neptun-Transit Konjunktion Mondknoten
Unter der Konjunktion Neptuns zum aufsteigenden Mondknoten finden manche ihren Seelenpartner. Manche spirituell ausgerichtete Menschen treten nun auch in einen noch stärkeren Kontakt mit der geistigen Welt als bisher.

Neptun-Transit Quadrat Mondknoten
Beim Quadrat Neptuns zum aufsteigenden und absteigenden Mondknoten besteht die Gefahr, dass Inhalte aus vergangen Leben wieder lebendig werden und einen in Form von innerlichen Irritationen und Albdrücken zu quälen beginnen. Hier kann vor allem eine therapeutische Behandlung nötig werden. Beim Quadrat des Neptuns ist außerdem die Gefahr besonders groß, mit Personen der Unterwelt in Kontakt zu kommen.

Neptun-Transit Opposition Mondknoten

Steht Neptun in Opposition zum aufsteigenden Mondknoten, bildet er gleichzeitig eine Konjunktion mit dem absteigenden. Neptun spricht hier direkt vergangene Leben an, die jetzt in Form von Träumen und visionären Eingebungen sichtbar werden können. Bei der Opposition wäre es überhaupt wichtig, sich mit seiner Vergangenheit, auch dieses Lebens, auseinanderzusetzen, um dunkle Flecken aufzudecken.

Schwierige Pluto-Transite
Sterben, um neu geboren zu werden

Pluto ist der Planet, der das Prinzip des „Stirb-und-Werde“ verkörpert und der uns Menschen in tiefe Krisen stürzen kann. Wenn er im Transit wichtige Punkte des Geburtshoroskops berührt, bleibt nichts mehr im Leben so, wie es einmal war. Besonders intensiv können seine herbeigeführten Krisen ausfallen, wenn wir uns lange Zeit dem Leben und seiner Dynamik verschlossen haben, wenn wir in Starrheit verfallen sind, aus Angst, es könnte sich etwas ändern. In der Realität betrifft das die meisten Menschen. Denn der Mensch ist nun einmal ein Gewohnheitstier, und nicht selten bleibt er in Lebenssituationen stecken, die eigentlich schon lange kontraproduktiv waren und die Persönlichkeitsentwicklung oft zum vollständigen Erliegen gebracht haben.

Plutos Erscheinen ist da letztlich ein Segen, eine große, unschätzbare Hilfe des Kosmos. Er bietet uns die Chance, wieder in den Fluss des Lebens zurückzufinden und uns an unsere eigentliche Bestimmung und Aufgabe erinnern zu können. Der Weg dahin ist aber oft besonders mühevoll und schmerzhaft. Denn Pluto, der Herrscher des Skorpions und des Todes (im tatsächlichen wie im übertragenen Sinne) will alles oder nichts, lehnt jeden Kompromiss ab, lässt Altes gnadenlos sterben, damit das Neue leben und erblühen kann.

Aber was ist das Neue, wo taucht es auf? Es schlummert in unserem Inneren, wie das kreisrunde Symbol Plutos mit dem eingeschlossenen Halbmond bereits andeutet. Konkret handelt es sich hier um verdrängte Anteile unserer Seele (Mond), die eben gerade unter den herausfordernden Pluto-Transiten mit aller Macht an die Oberfläche drängen. Denn sie gehören zu uns, zu unserem Wesen und wollen nun endlich erhört und gelebt werden. Manchmal handelt es sich hier um Wesenszüge, Wünsche und Leidenschaften, die wir weggeschoben haben, weil sie nicht in unser Leben passen oder weil wir vielleicht mit ihnen in unserer Umgebung anecken würden. Es ist wahrscheinlich, dass Pluto im entsprechenden Transit sogar Wesensanteile anspricht, die einmal in einem vorigen Leben im Vordergrund waren und die jetzt irgendwie tabubehaftet sind. Möglicherweise, weil es echte Schattenseiten von uns sind, die, da destruktiv, nicht gelebt werden können und dürfen. Aber gerade dieser dunklen Seiten müssen wir uns bewusstwerden, da sie, solange sie unbewusst bleiben, in uns bohren, in der Folge zu schweren Krankheiten und schädlichem Verhalten führen können.

Plutos Transite sind schwer und schicksalhaft, aber sie führen uns, wie gesagt, zu uns selbst, transformieren unser Leben und unsere Persönlichkeit, bringen uns unglaublich wichtige und wertvolle Erfahrungen. Am Ende einer dunklen Pluto-Krise steht das Licht, das ein freieres und erfüllteres Leben ankündigt. Pluto holt alles Verborgene heraus, womit er nicht nur zerstören, sondern auch die Seele heilen kann.

Da Pluto relativ langsam voranschreitet, dauert es in der Regel drei Jahre, bis sich sein schwerwiegender Transit wieder verabschiedet. Pluto-Krisen können sich also sehr lange hinziehen, wobei sie oft Veränderungen und Umwälzungen nach sich ziehen, die sich noch viele Jahre später auswirken und das Leben beeinflussen.

Pluto-Transite bauen sich oft sehr langsam auf und sind nicht immer so direkt und unmittelbar spürbar wie z. B. kritische Mars- oder Saturn-Transite. Pluto wirkt subtiler, fast unmerklich auf einer vorwiegend unbewussten Ebene, die sich dann aber im Laufe seines Transits umso massiver bemerkbar macht.

Pluto ist stets mit Ängsten verknüpft, insbesondere auch mit der Angst vor sich selbst und seinen inneren Regungen, die durchaus zwanghaften Charakter einnehmen können. Manchmal ist Menschen unter Pluto-Transiten durchaus bewusst, dass sie gerade dabei sind, alles, was sie in ihrem Leben mühevoll aufgebaut haben, zu zerstören. Und doch können sie nicht anders, als diesen eingeschlagenen Weg mit allen Konsequenzen zu Ende zu gehen.

Angst spielt bei spannungsgeladenen Pluto-Transiten insofern eine große Rolle, da wir uns oft vor dem Neuen fürchten und das Gefühl haben, die Kontrolle über unser Leben zu verlieren.

Pluto-Transite, vor allem die Konjunktion, das Quadrat und die Opposition, streben zusammenfassend gesagt immer große Umbrüche und Transformationen an, die sich je nach betroffenem Planet, Achse oder Haus gestalten.

Pluto-Transit in Konjunktion, Quadrat oder Opposition zur Geburts-Sonne

„Alles oder nichts" – das gefährliche Spiel mit der Macht

Pluto-Transit in Konjunktion, Quadrat oder Opposition zu unserer Geburts-Sonne zählt zu den sehr schwerwiegenden Transiten, die unser Leben komplett auf den Kopf stellen können. Da brauchen wir uns nichts vormachen. Es ist eine Zeit, in der wir hin- und hergerissen werden zwischen Macht und Ohnmacht, Durchsetzung und Blockade, Erfolg und Misserfolg, Gewinn und Verlust. Es ist ein harter Existenzkampf, der vor einem steht.

Neben dem Aszendenten und dem Mond gehört die Sonne zu wichtigsten Eckpfeilern unserer Persönlichkeit. Die Sonne strahlt, ist schöpferisch, spendet und erzeugt. In unserem Horoskop symbolisiert sie unseren göttlichen Lebenskern und steht in ganz enger Verbindung mit unserer persönlichen Entfaltungskraft.

Mit der Sonnenkraft wollen wir hinausziehen, um die Welt zu erobern, uns selbst zu verwirklichen, um selbst aufzublühen und zu strahlen und um auf dem Pfad unserer ureigensten Bestimmung zu wandeln. Und jetzt will es das Schicksal, dass ausgerechnet Pluto auftaucht, der Gegenspieler der Sonne, in einem unversöhnlichen Spannungswinkel. Unversöhnlich deshalb, da es sich bei Sonne und Pluto, Löwe (Herrscher Sonne) und Skorpion (Herrscher Pluto) um den größten kosmischen Gegensatz überhaupt handelt: Um das Leben (Sonne) und den Tod (Pluto), um Gott (Sonne) und den Teufel (Pluto). Sonne gegen Pluto. Gut gegen Böse.

Die alte Frage, die seit Menschengedenken gestellt wird: Wer wird wohl am Ende siegen? Bereits in der antiken Schneidekunst tauchte dieses Thema auf gnostischen Gemmen auf. Am Portal der Kirche St. Zeno in Bad Reichenhall können die Besucher einen Marmorlöwen entdecken, an dessen aufgerissenem Rachen sich eine Schlange, Symbol des Skorpions, festgebissen hat.

In diesen ewig währenden „Lebenskampf“ werden wir nun direkt und ganz persönlich eingebunden, sobald Pluto in einem Spannungswinkel unsere Geburts-Sonne berührt. Diese Transite sind daher mit heftigen Überlebens- und Machtkämpfen verknüpft, die mit schweren Verlusten und manchmal sogar Todesgefahren einhergehen können.

Aber bitte an dieser Stelle nicht in Panik verfallen! Wir haben es selbst in der Hand, welchen Weg wir einschlagen, ob wir unseren destruktiven Kräften freien Lauf lassen oder ihnen bewusst Einhalt gebieten und uns so auch von äußeren Gefahren bewusst wegbewegen und schützen.

Pluto zur Sonne kann uns in allerlei Machtkämpfe hineinziehen, die ihren Ursprung in inneren Zwiespälten und tiefsitzenden Konflikten haben. Pluto spricht seiner Natur nach Verdrängungen an, die eben mit persönlicher Geltung und Macht zu tun haben, und zerrt diese nun ans Licht. Gleichzeitig beschenkt uns der Gott der Unterwelt jetzt mit ungeheuren Durchsetzungskräften, die jede Barriere niederreißen können. Unsere Schattenseiten kommen zum Vorschein und können, je nach Anlage und Temperament, unangenehm in Erscheinung treten. Wir wollen andere um jeden Preis besiegen oder befinden uns umgekehrt in einer Situation, in der wir Opfer sind und nicht mehr ein noch aus wissen.

Was ist zu tun? Es gilt, unbedingt das eigene Handeln zu überprüfen und zu entscheiden: Wollen wir Opfer sein und die Macht (Pluto) aus der Hand geben, oder wollen wir selbst in den Angriff übergehen, die oftmals die beste Verteidigung ist? Beides kann fatal sein. Und oft will es das Schicksal, dass wir während dieser Transite in einen Kampf um „alles oder nichts“ verwickelt werden. Wir müssen reagieren und handeln, weil wir sonst gedemütigt, übergangen, ja vernichtet werden.

Und wenn wir uns wehren, auf unsere Rechte pochen, uns gegen Autoritätspersonen und mächtige Feinde auflehnen, dann ist letztlich die Gefahr einer Niederlage sehr groß. Pluto schenkt uns zwar sehr viel Kraft, aber das Risiko, den Krafteinsatz zu überziehen und Zerstörung anzurichten, ist doch sehr groß. Wo halten wir also an, wann wird es kritisch?

Es ist ein Dilemma, aus dem es scheinbar keinen Ausweg gibt. So jedenfalls empfinden das die meisten Menschen, deren Sonne mit der Macht Pluto konfrontiert wird. Wir können den Konflikt letztlich dort lösen, wo er herkommt: in unserem eigenen Inneren. Die negativen Seiten Plutos können nur dann die Oberhand gewinnen, wenn wir uns wehren, unsere dunklen Seiten anzuschauen. Ja, wir müssen genau hinschauen. Wir müssen jetzt unsere Wünsche, Triebe, Ängste, Komplexe und Wut erkennen, sie als existent anerkennen, ja sie akzeptieren, da sie ein Teil unseres Wesens sind.

In der Tiefenpsychologie würde man an dieser Stelle von der Integration unserer Schattenseiten sprechen. Erst dann sind wir innerlich wieder komplett und haben Seelenanteile, die zu uns gehören und die nicht sein durften, da sie eben mit Schwäche, Destruktion, Trieben und nicht erfüllbaren Wünschen verknüpft sind, zu uns zurückgeholt. Erst jetzt können wir sie beherrschen und bewusst mit ihnen umgehen lernen, so dass sie keinen Schaden bei anderen anrichten oder uns selbst in der Opferrolle quälen.

Wird der „Schatten", der verdrängte Trieb und Wunsch, dagegen weiter verdrängt, entstehen die berüchtigten plutonischen Zwänge. Man bekommt sozusagen das Gefühl, nicht mehr Herr über sich selbst und sein Verhalten zu sein, weil triebbetonte Kräfte eben die Oberhand gewonnen haben. Pluto ist ein „heißes Eisen".

Die Kräfte, die Pluto freisetzt, können und werden uns letztlich völlig neu entstehen lassen, ja unsere Persönlichkeit radikal wandeln und umgestalten in einem sehr positiven Sinne. Ganzwerdung und Heilung sind der Lohn dieses Lebensprozesses, der alles transformiert. Wir sollten loslassen von unnötigen Machtkämpfen, die alles unnötig erschweren. Möglicherweise können wir unseren Feinden verzeihen, die uns Steine in den Weg zu legen versuchen. Auch das hilft uns weiter. Wir sollten das innere Band zu ihnen kappen, das die Feindschaft aufrechthält. Und klar: Loslassen von jeder Kontrolle ist das oberste Gebot der Stunde. Loslassen gilt es insbesondere von der Angst vor Verlusten, der Angst, zu verlieren, der Angst vor der Tiefe der Sexualität und dem Tod. Unter diesen Transiten werden wir sterben, um wiedergeboren zu werden. Und: Wir können stärker werden als je zuvor.

Pluto-Transite (Konjunktion, Quadrat oder Opposition) **zur Geburts-Sonne in Bezug auf die Häuser**

Pluto tr. Sonne in Haus 1

Große Persönlichkeitswandlung und Lebensumbrüche, verlockende Macht, versucht, sich mit Brachialgewalt durchzusetzen und wird in heftige, oft schicksalhafte Machtkämpfe verwickelt.

Pluto tr. Sonne in Haus 2

Risiko von hohen Verlusten durch große Investitionen und Spekulation, missbraucht Geld als Machtmittel, was karmische Rückschläge zur Folge hat, will um jeden Preis reich werden, entwickelt ungeahnte Geld- und Lebensgier.

Pluto tr. Sonne in Haus 3

Versucht, anderen seine Ideen und Gedanken aufzuzwingen, Machtkämpfe führen zu heftigen verbalen Auseinandersetzungen, wird Opfer höherer Gewalt, tiefer Wandel der Selbstdarstellung, fühlt sich durch den wachsenden Alltagsdruck überfordert, Unfallgefahr.

Pluto tr. Sonne in Haus 4

Große und tiefgreifende familiäre Wandlungen, erzwungener Umzug, Sorge um den Vater, tiefe Auseinandersetzung mit eigenen Seelenbildern, entwickelt tyrannische Neigung in der Familie.

Pluto tr. Sonne in Haus 5

Höhere Gewalt verhindert oder beendet eine Liebesbeziehung, großer sexueller Druck, der zu Fremdgehen und gefährlichen Affären führt, will um jeden Preis ins Rampenlicht, wird heftig geliebt, aber auch sehr gefürchtet und abgelehnt.

Pluto tr. Sonne in Haus 6
Verlust der Arbeitsstelle oder auch großer Wandel der Verhältnisse am Arbeitsplatz, Machtprobe mit Mitarbeitern und Vorgesetzten, körperlicher Zusammenbruch durch Kräftemissbrauch, sollte vor allem auf sein Herz achten.

Pluto tr. Sonne in Haus 7
Machtkämpfe in engen privaten Beziehungen und auch beruflichen Partnerschaften, erhöhtes Trennungsrisiko, im weiblichen Horoskop: Krise des Gatten, Prozessgefahr.

Pluto tr. Sonne in Haus 8
Verlustgefahr von Vater oder Gatte, Vermögensverlust, Lebensgefahren durch Gewalt, riskante Abenteuer oder Vergeudung von Kräften, Auftauchen dunkler Seiten, unstillbare Profit- und Lebensgier.

Pluto tr. Sonne in Haus 9
Extreme und gefährliche Situationen auf großen Reisen, Loslassen und tiefe Wandlung von bisherigen Überzeugungen, versucht Macht durch Gewissensdruck oder (und) Religion auszuüben, zwingt anderen eigene moralische Maßstäbe auf, verwickelt sich in weltanschauliche Machtkämpfe.

Pluto tr. Sonne in Haus 10
Tiefe und radikale Wandlung der Lebens- und Berufsziele, Problem und Machtkämpfe mit Autoritäten, Missbrauch von Macht und Einfluss, im Beruf wie in der Elternrolle, mutiert zum Diktator.

Pluto tr. Sonne in Haus 11
Verlust einer guten Freundschaft, Auflösung einer Gemeinschaft durch höhere Gewalt, Machtkämpfe im Freundeskreis, überzogene Erwartungen an Freunde, die zu Trennungen führen.

Pluto tr. Sonne in Haus 12
Fühlt sich vom Leben ausgeschlossen und alleingelassen, im Extremfall Freiheitsentzug oder Krankenhaus, persönliche Geheimnisse geraten an die Öffentlichkeit, wird Opfer von Betrug, Gewalt oder (und) Intrigen.

Pluto im Transit durch Haus 5
(irdischer Spiegel des Löwen, Zeichenherrscher Sonne)
Das Leben wird immer noch intensiver

Pluto im Transit durch das 5. Haus, das, um es kurz zu sagen, mit Spiel, Spaß und Sex, aber auch mit Kindern zu tun hat, wird in diesen Jahren auf jeden Fall intensiver und erlebnisreicher. Denn in allen Häusern bzw. Lebensbereichen, in denen Pluto auftaucht, findet eine Art Potenzierung und Steigerung statt.

Intensiv werden vor allem Liebesbeziehungen und Affären, die einen jetzt vollständig in ihren Bann ziehen und im Extremfall sogar zu einer Art sexuellen Hörigkeit führen können. Pluto belebt die Sexualität, indem er ihr eine bislang nicht gekannte Tiefe und Emotion verleiht.

Pluto im 5. Haus ist nun einmal das Zeichen der sexuellen Magie und der magischen Liebe. Aber, Liebesbeziehungen bleiben unter diesem Transit oft schwierig und können manchmal auch zerstörerische Seiten annehmen, da die Emotionen oft genauso gewaltig sind wie die Macht- und Verlustkämpfe, die nun in der Liebe Eingang finden.

Bereits bestehende Beziehungen können durch Pluto zerstört werden, sofern es nicht gelingt, den Sex wieder zu beleben. In diesem Falle ist Gefahr einfach sehr groß, dass es etwa zu einer Trennung wegen Fremdgehen kommt oder weil man sich heftig in einen anderen Menschen verliebt.

Sehr gut kann in geschäftlicher Hinsicht dieser Transit für Unternehmer sein, die nun vielleicht noch etwas konsequenter ihre speziellen Fähigkeiten und Talente einsetzen, um Erfolg zu haben. Auch Künstler können von diesem Transit profitieren, sofern sie bereit sind, noch mehr in die Tiefe zu gehen und mit den verborgenen Kräften zu arbeiten, die hinter allen äußeren Erscheinungen stehen.

Pluto im Transit durch das 5. Haus kann nicht zuletzt einen enorm großen Kinderwunsch erzeugen, der bei Frauen nahezu zwanghafte Züge annehmen kann. Männer werden nun gerne im Sinne Plutos mit aller Macht bearbeitet und manipuliert, damit dieser Wunsch in Erfüllung gehen kann.

Bereits vorhandene Kinder können in diesen Jahren zu einer großen und anspruchsvollen Aufgabe für uns werden, da Pluto Machtkämpfe und innere Entwicklungen anzeigt, die es zu besänftigen und zu entwirren gilt. Jüngere, aber auch ältere Menschen können in dieser Zeit nicht zuletzt eine große Leidenschaft für sportliche Aktivitäten entwickeln, die ja auch ein Ausdruck dieses Sonnen-Hauses sind, das für das Leben steht.

Wer Pluto im Transit durch das 5. Haus erlebt, was ja aufgrund der langen Umlaufzeit von Pluto nicht selbstverständlich ist, hat die Chance, in diesen Jahren viel Erfahrung und Wissen über die Liebe, die Sexualität, über Kinder und überhaupt über das Leben zu ziehen.

Pluto-Transit in Konjunktion, Quadrat oder Opposition zum Geburts-Mond

Die Seele ist in Aufruhr

Pluto in Konjunktion, Quadrat oder Opposition zu unserem Geburts-Mond ist in aller Regel stark spürbar, da diese Transite mit gewaltigen Emotionen einhergehen, die jedes bisher gekanntes Maß weit überschreiten. Unsere Seele ist sozusagen in Aufruhr, da Pluto jetzt alles aktiviert und an die Oberfläche holt, was wir an seelischen Erschütterungen und Verletzungen in der Kindheit und später erfahren und verdrängt haben.

Man sollte aus seinem Herzen keine Mördergrube machen. Diesen Spruch kennen Sie sicher auch. Er passt wie keine andere Aussage zu den schwierigen Transiten des Pluto zu unserem Mond, der ja das Synonym für unsere Seele, unsere innere Gefühlswelt, ist. Und man muss es ganz deutlich sagen: Pluto quält in diesen Jahren unsere Seele. Aber es ist keine Bösartigkeit von Pluto, sondern letztlich eine große Hilfe des Planeten, der das Unterste nach oben kehrt und für tiefgreifende Wandlungen und Transformationen zuständig ist.

Die Konjunktion, das Quadrat und die Opposition zeigen lediglich an, dass unsere Seele so viel Ärger, Frust, Verletzung angestaut hat, dass sie schon fast zum Hilfeschrei ansetzt, der immer in Form einer schweren physischen oder psychischen Krankheit erscheint. Solch drastische Maßnahmen sind oft der letzte verzweifelte Versuch der Seele, auf sich und ihre Not aufmerksam zu machen. So gesehen ist das Auftauchen von Pluto ein Segen. Der mächtige Planet der Transformation kann uns jetzt retten.

Plutos Einfluss passt zu unserem Mond so gut wie kein anderer Planet. Schaut man sich das Symbol Plutos näher an, wird schnell klar, warum. In seinem am häufigsten verwendeten Symbol ist der Mond in einem Kreis eingeschlossen. Es kennzeichnet das Reich Plutos, der in der griechischen Mythologie auch Hades, Gott der Unterwelt, genannt wird. Der Mond, auch Synonym für das Zuhause, liegt im Kreis verborgen, unter Verschluss, gefangen, an einem geheimen Ort.

Auf die Seele bezogen kennzeichnet das Symbol Plutos alles, was tiefer liegt, was tabuisiert wird, was nicht sein darf. Die Berührung Plutos des Geburts-Mondes kehrt nun alles Verdrängte zutage, das wir eben weggeschoben haben, weil es wehtut oder weil es nicht sein durfte. Die Kindheit, die Herkunftsfamilie, die Mutter sind allesamt unserem Mond zugeordnet, weshalb im Laufe dieser Transite alles hochkommt, was da nicht gepasst hat und was unter Umständen immer noch als Belastung in der Gegenwart existiert. Pluto kramt sozusagen in den tiefsten Tiefen unserer Seele, und ja, das kann unendlich wehtun und so extrem starke Emotionen in uns hervorrufen.

Wer schon einmal einen solchen Transit zu seinem Mond erlebt hat, der weiß sehr genau, wovon hier die Rede ist. Manche Menschen scheinen für ihre Umgebung völlig verändert in dieser Zeit, sodass oft der Ausspruch fällt: „So habe ich ihn/sie gar nicht gekannt“. Ja, es ist eine Zeit der großen und radikalen inneren Veränderung. Und es ist eine schwere wie gleichsam extrem wichtige Zeit, um es noch einmal deutlich zu sagen. Alles, was wir jetzt aufarbeiten, schützt uns vor Krankheit und einem Leben mit Altlasten, die uns immer noch schwerer machen.

Im realen Leben deutet der angespannte Pluto manchmal auf den Verlust der Mutter hin, möglicherweise durch Tod, da ja Pluto der Herrscher über den Skorpion, das 8. Haus und den Tod ist. Aber bitte: Das muss nicht sein! Das ist nur eine von vielen möglichen Auslösungen und so etwas jemandem in der Beratung anzukündigen, wäre völlig unpassend und unverantwortlich.

Im Weiteren kann Pluto zum Mond einen seelischen Zusammenbruch aufgrund einer Trennung von einem geliebten Menschen, der Gattin oder eines Familienmitgliedes anzeigen. Diese Trennungen führen dazu, dass wir nun Vergangenes aufarbeiten müssen.

Kommt ein Mensch zu uns, um sich astrologisch beraten zu lassen und hat einen dieser Transite, dann empfehlen wir, unabhängig von der Beratung, die sehr wichtig sein kann, um seine Probleme auf einer tieferen Ebene zu erkennen, immer auch eine Therapie, z.B. eine Familienaufstellung oder eine Astrologische (Symbol-) Aufstellung.

Es ist jetzt ein unbedingtes Muss, sich mit seiner Seele zu beschäftigen. Wer das tut, wird diese Zeit, die von inneren Zentnerlasten befreien kann, letztlich wie eine Neugeburt empfinden.

Aber, es hängt von der Reife der betroffenen Person ab, ob sie überhaupt bereit ist, sich mit ihrem eigenen Inneren zu beschäftigen oder ob sie das Problem nur im Äußeren zu lösen versuchen will. Wer ausschließlich Letzteres versucht, hat einen extrem schwierigen Weg vor sich, da er dann immer wieder in emotionale Machtkämpfe verwickelt und von Eifersuchts- und Schuldgefühlen geplagt wird, die das Maß dessen, was man bisher an Emotionen und Gefühlsdruck erlebt hat, bei Weitem überschreiten.

Werden die verdrängten Seelenanteile, die unbedingt geheilt werden und wieder ein Teil von uns sein wollen, nicht erhört, können sie sich auch in massivem zwanghaften Verhalten äußern. Möglicherweise will man jetzt mit aller Macht die Ketten der Familie sprengen. Oder man verlässt seinen Partner, um sich mit einem anderen Menschen einzulassen, obwohl man weiß, dass diese Beziehung von Vorneherein zu Scheitern verurteilt ist. Der Affekt, der Liebesdrang, die Gefühlsmagie können jedoch so stark sein, dass man es eben einfach tun muss.

Allgemein nehmen in dieser Zeit die Spannungen mit den Menschen der nahen Umgebung zu, sodass es sehr viel öfter als sonst zu massiven Auseinandersetzungen kommt. Aber, auch das ist gut, solange die guten Verbindungen nicht mutwillig zerstört werden. Denn diese Auseinandersetzungen haben oft etwas von einem reinigenden Gewitter, das letztlich die Chance auf einen gemeinsamen Neuanfang schafft.

Pluto macht jetzt unsere Seele neu, holt unsere Nöte hervor, damit wir sie lösen können. Ein Transit, der uns innerlich erneuert und wie ein Jungbrunnen ist.

Pluto-Transite (Konjunktion, Quadrat oder Opposition) **zum Geburts-Mond in Bezug auf die Häuser**

Pluto tr. Mond in Haus 1
Sehr emotionale Zeit, in der ein starker innerer und in der Folge äußerer Wandel stattfindet, sieht sich großem Gewissensdruck von anderen ausgesetzt, hat Angst, sich zu zeigen und durchzusetzen.

Pluto tr. Mond in Haus 2
Große Existenzängste, die den Schlaf rauben und nicht immer begründet sind, Selbstwertgefühl kommt gewaltig ins Wanken, insgesamt sehr emotionaler Umgang mit Geld, der zu Verlusten führen kann.

Pluto tr. Mond in Haus 3
Emotionale Gespräche und heftige Auseinandersetzungen, Alltag, der überfordert, weil keine innere wie äußere Ruhe mehr gefunden werden kann, vieles wird aufgebauscht und zerredet.

Pluto tr. Mond in Haus 4
Keine gute Zeit für Immobilien, massive familiäre Probleme, die unbedingt geklärt werden müssen, Verdrängtes kommt hoch und erfordert eine Therapie, Abschied von der Mutter.

Pluto tr. Mond in Haus 5
Probleme mit Kindern, die sich ablösen und freimachen wollen, leidenschaftliche und sehr emotional geführte Beziehung, die keine Zukunft hat, gerät in sexuelle Abhängigkeit.

Pluto tr. Mond in Haus 6
Starke seelische Belastungen, die unter anderem auf den Magen schlagen können, erdrückende Arbeiten und Pflichten, massiver Ärger am Arbeitsplatz, vor allem mit Frauen.

Pluto tr. Mond in Haus 7
Extreme Leidenschaften und heftige Auseinandersetzungen, die die Grenzen des Erträglichen überschreiten, fühlt sich vom Partner abhängig, hat große Angst, verlassen zu werden, Gefahr einer Trennung.

Pluto tr. Mond in Haus 8
Starke sexuelle Erlebnisse und Empfindungen, Gefahr eines größeren Vermögensverlustes, enorme Wandlungen und Umbrüche, sich um jeden Preis aus Abhängigkeiten und inneren Verstrickungen lösen wollen.

Pluto tr. Mond in Haus 9
Seelische erschütternde Erlebnisse auf Reisen, sieht sich gezwungen auszuwandern, tiefe seelische Erlebnisse führen zu einem Wandel der Weltanschauungen.

Pluto tr. Mond in Haus 10
Innerer Wandel führt zu einem beruflichen Kurswechsel und Überdenken der bisherigen Lebensziele, muss aufpassen, dass er seine Beliebtheit und seinen großen Einfluss nicht missbraucht.

Pluto tr. Mond in Haus 11
Negativer Einfluss und große seelische Belastungen durch eine Freundschaft, Ende einer Freundesclique, die ganz auseinanderfällt, Machtkämpfe in einem Verein, Freundschaft mit einer Frau verkehrt sich in Feindschaft.

Pluto tr. Mond in Haus 12
Großer seelischer Druck und Probleme, wird von inneren Zwängen geplagt, erhöhtes Risiko einer Depression oder Psychose, innere seelische Verletzungen, die erneut aufbrechen und einer Aufarbeitung bedürfen.

Pluto im Transit durch Haus 4
(irdischer Spiegel des Krebses, Zeichenherrscher Mond)
Wenn der Gott der Unterwelt in der Vergangenheit gräbt

Eine herausragende Bedeutung auf unser Schicksal und unseren Werdegang hat Pluto insbesondere dann, wenn er eines der Eckhäuser durchquert, also das 1., 4., 7. oder 10. Haus. Wandert Pluto durch das 4. Haus, hat er psychologisch gesehen vor allem mit der Suche nach Identität zu tun, die normalerweise in der Kindheit und in der Familie gebildet wird. Wir fragen uns: „Wer bin ich und wo will ich hin? Welche Fähigkeiten, das heißt, welche ererbten Anlagen stehen mir auf meinem Weg ins Ungewisse zur Verfügung? Und welche schlimmen Erlebnisse in der Vergangenheit hindern mich immer noch daran, meinen eigentlichen Weg zu finden, sprich, bei mir selbst zu sein?“

All diese Punkte will Pluto im Transit jetzt klären. Und er wird davon bestimmt nichts auslassen. Am Ende dieses Transits steht, um es vorwegzunehmen, eine völlig neue Einstellung zum Thema Familie, Vergangenheit und Kindheit. Außerdem werden die Lebensziele und der Beruf in einem anderen Licht auftauchen. Es wird von Pluto letztlich eine rundherum neue Lebensordnung geschaffen.

Bereits in den Jahren zuvor, als Pluto durch das 3. Haus gewandert ist, hat er sehr starke geistige Veränderungen bewirkt. Insbesondere die Selbstdarstellung ist eine ganz andere geworden. Menschen, die diesen Transit durchgemacht haben, treten nun bewusster auf und verstehen es besser als zuvor, sich selbst und das, was sie auszeichnet, ins rechte Licht zu rücken. Bei manchen Menschen wird Pluto im Transit durch Haus 3 sogar angeborene Schüchternheit oder gar Kommunikationshemmung beseitigt haben.

Im 4. Haus angelangt, verlagert sich das Stirb-und-Werde-Prinzip Plutos nun in die tiefen Schichten der Seele. Man darf durchaus behaupten, dass es jetzt ans Eingemachte geht. Die Vergangenheit vieler Menschen wird dermaßen stark aufgewühlt, dass die Notwendigkeit auftaucht, sich verstärkt mit der Kindheit, den Eltern und der Erziehung auseinanderzusetzen, die Verhaltensmuster aufgedrückt und geprägt hat, die in das gegenwärtige Leben nicht mehr hineinzupassen scheinen. Erlebnisse, die längst vergessen wurden, können urplötzlich ins Bewusstsein vordringen und zu enormen Verunsicherungen führen.

Pluto konfrontiert uns vielfach mit Geschehnissen, die seelisch tief erschüttert haben und die wir, weil wir sie als Kinder nicht verarbeiten konnten, schlichtweg verdrängt haben. Pluto hat die Aufgabe, in der Seele aufzuräumen. Dafür muss er aber das Unterste der Seele nach oben holen, was sehr wehtun, letztlich aber zur Heilung führen kann. Schließlich kann nur das behandelt werden, was wir auch bewusst wahrnehmen.

Fest steht, dass man nun nicht mehr so leben kann wie bisher. Es gibt Menschen, die diesen Transit in jungen Jahren bekommen, andere im fortgeschrittenen Alter. Und immer wird es zu einer Art Abnabelungsprozess von der Herkunftsfamilie kommen. Vielen wird schmerzlich bewusst, dass sie bisher möglicherweise nur im Sinne ihrer Eltern lebten, das heißt, dass sie unbewusst ihr Leben nach den Vorstellungen ihrer Eltern ausgerichtet haben, die natürlich immer nur das Beste wollten.

Um sich selbst zu finden, muss aber jeder Mensch früher oder später den Mut aufbringen, seinen eigenen Einsichten und Impulsen zu folgen, auch wenn er dadurch Ablehnung durch seine Umgebung und Herkunftsfamilie in Kauf nehmen muss. Dieser Prozess, der zum Erwachsensein gehört, wird von diesem Pluto-Transit gewaltig angestoßen. Pluto deutet an, dass es Zeit wird, sich aus unguten und hemmenden Verwicklungen mit der Herkunftsfamilie zu befreien.

Veränderungen werden notwendig, wobei es sicher eine Menge Menschen gibt, die mit Veränderungen grundsätzlich große Probleme haben und sich mit aller Macht dagegen sträuben. Gerade sie werden in der Folge oftmals vom Schicksal eingeholt. Es können z. B. Todes- oder Krankheitsfälle in der Familie eintreten, die neue Anforderungen stellen und eine neue Lebensform bedingen. Möglich wären aber auch Trennungen oder etwa ein Arbeitsplatzwechsel, der zum Ortswechsel oder zum Pendeln zwingt. Durch Pluto in Haus 4 können auch Schäden am Haus auftauchen, oder es kann zu Störungen mit der unmittelbaren Nachbarschaft kommen.

Ein weit verbreiteter Irrtum, der sich unter diesem Transit ergibt, ist, zu glauben, dass etwa ein Umzug alles ändern könnte. Die meisten Menschen sind sich nicht der Tatsache bewusst, dass es sich dabei ganz einfach um eine versteckte Identitätssuche handelt. Wir wollen jetzt wissen, zu wem wir gehören und wohin wir gehören.

Eine andere Wohnung, ein anderes Haus, eine andere Umgebung, eine andere Arbeitsstelle können diesen Konflikt normalerweise zumindest nicht allein lösen. Es gilt, die Befreiung in erster Linie im eigenen Inneren zu suchen. Es wird, wie gesagt, in aller Regel wichtig, sich aus unguten familiären Abhängigkeiten zu lösen. Im gleichen Zuge können sich sehr enge Verbindungen mit Wahlverwandtschaften ergeben, die möglicherweise mehr zum eigenen Leben gehören als die Herkunftsfamilie.

Schwierig wird das Verhältnis zu den Eltern unter diesem Transit, vor allem dann, wenn diese einen nach wie vor wie ein Kind behandeln und nicht als eigenständigen Menschen akzeptieren. Dann werden Machtkämpfe im Sinne Plutos und die zumindest vorübergehende Beendung der nahen Beziehung fast unvermeidlich.

Pluto im Transit durch Haus 4 kann umgekehrt aber auch zu einem sehr viel besseren, geklärten Verhältnis mit den Eltern führen. Voraussetzung ist, dass sich die Betroffenen mit ihrer Vergangenheit versöhnen und ihre Eltern so akzeptieren, wie diese sind – mit ihren persönlichen Vorzügen wie ihren Grenzen.

In jedem Falle werden die Veränderungen größerer Natur sein, und bei vielen Menschen beziehen sich diese auch auf den Beruf, da dem 4. Haus das 10. Haus gegenübersteht. Wer jetzt erkennt, wer er ist und wohin er gehört, wird unter Umständen seinen alten Beruf aufgeben, sofern dieser nicht mehr zu ihm passt.

Pluto-Transit in Konjunktion, Quadrat oder Opposition zum Geburts-Merkur

Gedankenspiralen und zwanghafte Ideen

Wenn Pluto im Transit in Konjunktion, Quadrat oder Opposition zu unserem Geburts-Merkur steht, haben wir eine sehr anstrengende Zeit vor uns, in der es zu heftigen Auseinandersetzungen mit anderen kommt. Wir müssen aufpassen, dass wir fair bleiben. Mitunter fühlen wir uns jetzt völlig überfordert. Die Gedanken rasen zeitweise wie auf einer Autobahn durch den Kopf. Unser Denken vertieft sich und ändert sich völlig.

Steht der Transit-Pluto rund drei Jahre in Konjunktion, Quadrat oder Opposition zum Geburts-Merkur, darf davon ausgegangen werden, dass sich unser gesamtes Denken einem radikalen Wandel unterzieht. Merkur hat mit unserem Denken und der Art unserer Kommunikation zu tun, und Pluto im Transit will immer wandeln. Unsere Meinung und unsere Sichtweise von bestimmten Dingen werden nach diesen Jahren eine völlig andere sein als zuvor. Pluto zieht zunächst die Gedankenwelt in die Tiefe, mit aller Macht. Wir können lästige Gedanken nicht mehr einfach so auf die Seite schieben.

Selbst in Menschen, die sonst eher oberflächlicher Natur und darauf bedacht sind, ja nicht zu widersprechen und sich anzupassen, um die Harmonie zu wahren, regt sich Widerspruch. Alles, was im Untergrund schwelt, was uns an uns und anderen stört, rückt gnadenlos ins Bewusstsein. Wir können nichts mehr rosa malen, wir müssen hinschauen, in schwierigen Fragen Farbe bekennen und eigene Standpunkte finden.

Wir müssen auch über unseren Ärger sprechen. Nein, Verdrängen macht einfach keinen Sinn mehr, Pluto würde uns nachts wachhalten und die Gedanken gnadenlos auf die Probleme richten, die es zu bewältigen gilt.

Dieses Ringen um klare Positionen sowie die Klärung von Konflikten, die in einem selbst auftauchen, aber auch von außen auf einen zukommen, erfordern viel Kraft und Einsatz. Und da Merkur in direkter Verbindung mit unserem vegetativen Nervensystem steht, sind die Nervenanspannungen nun besonders groß. Damit sinkt bei vielen Menschen automatisch die Reizschwelle. Viele rasten leichter als sonst aus, neigen plötzlich verstärkt zu angriffslustigen Äußerungen und lassen sich leichter als sonst von unpassenden Bemerkungen provozieren, denen sie sonst allenfalls ein Lächeln hinterhergeschickt hätten.

So manche Person, die vor diesem Pluto-Transit als ausgeglichen und friedlich bekannt war, wird sich jetzt selbst nicht mehr kennen. Es kann zu massiven Streitereien kommen, zu Hause, am Arbeitsplatz, in Vereinen, einfach überall. Es drohen Zerwürfnisse und Trennungen. Die Ungeduld und die zeitweise starke Gereiztheit können sich auch im Straßenverkehr sehr negativ auswirken. Es besteht höchste Unfallgefahr, vor allem, wenn man sich jetzt unter großer innerer Anspannung ans Steuer setzt.

Trotz dieser wirklich massiven Anspannungen, die diese Transite bescheren, können sie aber auch geistig enorm weiterbringen. Die Vertiefung in Wissensgebiete, das Lernen überhaupt sowie der geistige Austausch mit anderen Menschen können in dieser Zeit überaus fruchtbar sein. Die Suche nach Wahrheit spielt dabei eine zentrale Rolle. Man will den Dingen auf den Grund gehen und sie auch beim Namen nennen. Ein Mensch, der aus diplomatischen Gründen immer nur „um den heißen Brei herumgeredet“ hat, wird nun unter Umständen direkt ansprechen, was ihm gefällt bzw. missfällt, was er für richtig oder falsch hält. Das kann guttun.

Nicht unkritisch können diese Transite dagegen für Menschen werden, die immer schon den Ton angeben wollten. Bei ihnen könnte die Neigung, andere zur eigenen Meinung zu „bekehren“ und in ihrem Sinne zu manipulieren, übermächtig, ja zwanghaft werden. Sie riskieren damit, in ihrer Umgebung auf erheblichen Widerstand zu stoßen.

Man ist so stark auf die eigene Wahrheit gerichtet, dass nichts anderes mehr zählt. Im besten Falle können diese Transite aber, wie gesagt, eine Vertiefung des Lebens und der eigenen Gedankenwelt bringen. Dafür ist es aber wichtig, sich nicht in bestimmte Vorstellungen und fixe Gedanken hineinzusteigern. Gedanklich offenbleiben, von zwanghaften Vorstellungen und Gedanken immer wieder versuchen loszulassen, ist ganz wichtig. Nicht selten wird man auch selbst Opfer dieser Transite, das heißt, man wird von anderen manipuliert, indem man gedanklich und von der Überzeugung her in eine Richtung gedrängt wird, die nichts mehr mit dem eigenen innersten Wollen zu tun hat.

Ein böses Erwachen kann dann folgen, wenn daraufhin so viel aus dem alten Leben zerstört wurde, dass es kein Zurück mehr gibt. Das heißt, wir müssen jetzt noch stärker als sonst versuchen, bei uns zu bleiben. Wir dürfen uns nicht von fanatischen und zerstörerischen Gedanken leiten lassen. Wir müssen uns gegenüber Menschen abgrenzen, die uns massiv beeinflussen wollen. Pluto zu Merkur kann tatsächlich zu regelrechten Besessenheitszuständen führen. Letztlich sind das Transite der Schwarzen Magie, die eine große Prüfung unserer Charakterstärke sind.

Durch diesen Transit wird vielen erst bewusst, dass Wissen tatsächlich Macht bedeutet und dass es sich hierbei nicht um eine hohle Phrase handelt. Wer sein Wissen bewusst und kontrolliert einsetzt und sich nicht von Emotionen zu schädlichen und nachteiligen Handlungen verleiten lässt, kann viel erreichen und bewegen. Aber wie gesagt: Die Absichten sollten immer ehrlich und mit dem eigenen Gewissen vereinbar sein. Wir sollten uns selbst von niemandem etwas einreden lassen, sollten aber auch andere nicht zu etwas überreden, was denen nicht guttut. Ehrlich sein ist ganz wichtig. Wer beruflich viel schreibt und kommuniziert, kann in diesen Jahren zur Höchstform auflaufen. Was wir von diesen Transiten für immer mitnehmen können, ist die Tiefe der Gedanken.

Pluto-Transit (Konjunktion, Quadrat oder Opposition) **zum Geburts-Merkur in Bezug auf die Häuser**

Pluto tr. Merkur in Haus 1

Große innere Spannungen, Zerwürfnisse, will anderen die eigene Meinung aufzwängen, steigert sich in heftige Auseinandersetzungen hinein.

Pluto tr. Merkur in Haus 2
Streit um Geld, große finanzielle Verluste durch Fehlplanungen, sich unrechtmäßige finanzielle Vorteile verschaffen wollen, wird betrogen oder neigt selbst zu kriminellen Geschäften.

Pluto tr. Merkur in Haus 3
Heftiger Streit mit Nachbarn und Geschwistern, Gefahr von Unfällen, fanatische Gedanken und Äußerungen, ist permanent unterwegs, kommt nicht zur Ruhe, spricht und telefoniert viel, Gefahr einer Nervenkrise.

Pluto tr. Merkur in Haus 4
Familiäre Zwistigkeiten, Verlust durch eine Immobilie, Umzug mit Hindernissen.

Pluto tr. Merkur in Haus 5
Ärger und Streit mit Kindern, gefährliche Spielereien und Spekulationen, verhängnisvolle Affäre.

Pluto tr. Merkur in Haus 6
Nervliche und auch psychische Krise, Probleme mit Darm und Verdauung, Streit am Arbeitsplatz, Kündigung und Arbeitsplatzwechsel.

Pluto tr. Merkur in Haus 7
Gefahr von privaten wie geschäftlichen Zerwürfnissen, Trennungen und Prozessen, Vertrauensbruch und Nichteinhalten von Versprechen in der Partnerschaft.

Pluto tr. Merkur in Haus 8
Nachricht von einem Todesfall, Unterschlagung von Geld, Probleme mit Banken, Versicherungen und Finanzamt, Drang in die geistige Tiefe, magische Worte, aber auch böse und destruktive Gedanken.

Pluto tr. Merkur in Haus 9
Weltanschauliche und religiöse Konflikte und Auseinandersetzungen, aber auch Wandel der tiefsten Überzeugungen, Unfallgefahr vor allem auf Reisen.

Pluto tr. Merkur in Haus 10
Beruflicher Wandel und Umorientierung, Gefahr eines öffentlichen Skandals, verschafft sich berufliche und geschäftliche Vorteile zum Schaden anderer.

Pluto tr. Merkur in Haus 11
Massive Spannungen unter Freunden, die zum Bruch führen, heftige Auseinandersetzungen in Vereinen, Freunde, die betrügen und ausnutzen.

Pluto tr. Merkur in Haus 12
Gefahr von psychischen Problemen, wird verraten und hintergangen, frisst allen Ärger in sich hinein, neigt zum Grübeln.

Pluto im Transit durch Haus 3

(irdischer Spiegel der Zwillinge, Zeichenherrscher Merkur)

Das Denken wird tiefer, der Alltag härter

Sobald Pluto das 3. Haus betritt, nehmen die „Baustellen“ und der Druck der notwendigen Alltagserledigungen drastisch zu, so dass viele Menschen nun das Gefühl einer Überforderung haben. Gleichzeitig werden die Gedanken tiefer, unsere Vorstellung klarer und auch die Kommunikation und die geistige Auseinandersetzung mit anderen Menschen gewinnen an Intensität.

Was den Alltag betrifft, müssen wir unbedingt eine neue Struktur bauen und Veränderungen einleiten, indem wir etwa Verpflichtungen abgeben, die andere genauso gut erledigen können. Ansonsten drohen im Extremfall sogar ein Burnout oder eine Nervenkrise.

Der übergroße Druck im Alltag ist meist selbstgemacht. Es ist sehr wichtig, jetzt immer wieder nötige Ruhepausen einzulegen und nicht zu denken, man müsste alles möglichst schnell, gründlich und perfekt erledigen. Auch endlose Telefonate und Diskussionen können letztlich zu einer geistigen Erschöpfung beitragen und sollten deshalb auf ein gesundes Maß reduziert werden. Immer besteht jetzt die Gefahr, alles aufzubauschen und sich in vieles Sinnlose hineinzusteigern.

Pluto im Transit durch Haus 3 beinhaltet ferner die Aufforderung an uns, zu überprüfen, wie wir auf andere wirken und was wir an unserem Auftreten und in unserer Kommunikation ändern können, um noch besser rüberzukommen und von anderen richtig verstanden zu werden. Auch dieser Prozess, die Arbeit und der Wandel an unserer Selbstdarstellung, ist ein wichtiger Inhalt dieser Jahre. Wir müssen jetzt wohl oder übel lernen, dass wir nichts erzwingen und nicht alle Probleme verbal und über den Kopf lösen können. Es gilt, in dieser Zeit von quälenden Gedanken und Ärgernissen loszulassen, die uns vergiften und blockieren. Wer das nicht schafft, wird immer wieder in heftige Auseinandersetzungen oder gar Unfälle verwickelt.

Menschen, die einen hohen Anspruch an geistiges Wachstum haben, werden unter diesem Pluto-Transit wertvolles Wissen vertieft aufnehmen und verinnerlichen können. Schreiber, Redner und überhaupt Menschen, für die beruflich eine starke Überzeugungskraft und eine gute Kommunikation wichtig sind, werden unter diesem Transit eine sehr erfolgreiche Zeit erleben, in der sie ihre Stärken voll ausspielen können.

Pluto im Transit durch Haus 6
(irdischer Spiegel der Jungfrau, Zeichenherrscher Merkur)
Wir müssen für unsere Gesundheit handeln

Unter dem Pluto-Transit durch Haus 6 geht es zunächst um die Arbeit und um die Anforderungen, die am Arbeitsplatz in diesen Jahren zeitweise ins Unermessliche anzuwachsen drohen. Im Extremfall kann das zu einem kräftemäßigen Zusammenbruch führen, sodass nichts mehr geht.

Auf der anderen Seite ist es aber auch so, dass man sich unter diesem Pluto-Transit gerne selbst zu viel zumutet und nicht mehr die Grenzen der eigenen Belastbarkeit einhält. Es muss also letztlich eine völlig neue Einstellung zu Arbeit und Gesundheit gefunden werden, die unter ungesundem Stress leidet.

Es gilt zu erkennen, dass nur wir diesen nötigen Wandel vollbringen müssen, denn die Arbeit und die Anforderungen an uns werden von selbst nicht weniger. Wer angestellt ist, muss die Notbremse ziehen und sagen: „Halt stopp, so geht es nicht mehr weiter. Ich muss Arbeit abgeben, damit ich nicht untergehe.“ Wird diese vom Arbeitgeber nicht akzeptiert, bleibt oft nur ein Arbeitsplatzwechsel als letzte Wahl. Im Extremfall werden in diesen Jahren sogar mehrere Stellenwechsel nötig. Der ganze Spuk und die vielen Arbeitsumbrüche finden erst dann ein Ende, wenn Pluto diesen Bereich wieder verlässt. Für manche Menschen sind diese Umstände ein Fingerzeig dafür, den Sprung in die Selbstständigkeit zu wagen.

Pluto kann im Bereich der beruflichen Anstellung aber auch noch eine ganz andere Bedeutung haben. Konkret kann er hier zu mehr Macht und Einfluss und einer höheren Position verhelfen. Voraussetzung dafür ist allerdings, dass man sich auch wirklich im richtigen Beruf und am passenden Arbeitsplatz befindet.

Dennoch bleibt die Gefahr bestehen, sich zu viel Arbeit aufzuhalsen. Der Einfluss Plutos kann daneben auch zu weniger schönen Machtkämpfen mit Kollegen führen, die ebenfalls viel Kraft kosten und zermürben können. Wichtig ist in dieser Hinsicht, klar zu bleiben, sich von Verschwörungen, Klatsch, Tratsch und Intrigen am Arbeitsplatz fernzuhalten und sich auch nicht in die Opferrolle hineinzubegeben, wenn es von Seiten der Kollegen Mobbingversuche geben sollte.

Man kann schon sagen, Pluto im Transit durch Haus 6 ist eine sehr unruhige Zeit, was die Arbeit betrifft. Das gilt auch für Selbstständige, die allerdings unter Pluto in Haus 6 wahre Herkulesleistungen vollbringen können. Auch sie müssen, wie alle anderen Betroffenen auch, auf ihre Gesundheit achten, die ja mit der Arbeit verbunden ist. Nur wer gesund ist, kann arbeiten, und nur wer sich mit seiner Arbeit wohlfühlt, kann auf Dauer gesund bleiben.

Selbstständige dürfen also auch nicht übertreiben. Zu einem Problem könnten bei ihnen jetzt vor allem Angestellte werden, die wegbrechen oder neue Angestellte, die meist plutonische Charakterzüge besitzen und aufgrund ihrer Machtspielchen schwierig für jedes Team sind.

Zurück zum Thema Gesundheit. Pluto zeigt im Transit durch Haus 6 die große Notwendigkeit an, seine gesamten Lebensgewohnheiten radikal und nicht nur ein bisschen umzustellen. Nur so gelingt es, gesund zu bleiben. Der eine muss seine Ernährung verändern, ein anderer regelmäßig Sport treiben usw. Wer diese nötigen großen Umstellungen konsequent vollzieht, dem hilft dieser Pluto-Transit in Form großer Regenerationskräfte, die im Krankheitsfall sogar zu Wunderheilung führen können.

Pluto-Transit in Konjunktion, Quadrat oder Opposition zur Geburts-Venus

Das Drama der Liebe

Der Transit-Pluto in Konjunktion, Quadrat oder Opposition zur Geburts-Venus kennzeichnet nahezu immer eine Krise, die Liebe, Ehe, Partnerschaft betrifft. Pluto will, dass man in seiner Beziehung nun grundlegend etwas verändert. Gelingt dies nicht, ist die Liebe (Venus) tot, dem Untergang geweiht (Pluto). Transite, die oft sehr schmerzhaft sind und letztlich doch das gesamte Liebesleben völlig erneuern.

Pluto kritisch zur Geburts-Venus ist ein Drama, das im Extremfall das komplette Leben durcheinanderrüttelt. Es tut weh, es schmerzt gewaltig, wenn einem Pluto die Liebe entreißen will.

Mehrere Szenarien sind dabei möglich: Befindet man sich in einer festen Beziehung und hat einen dieser Transite, dann kann man seine Beziehung nur dadurch retten, dass man sie völlig transformiert, sozusagen auf ganz neue Beine stellt. Glückt dies nicht, ist alles aus, vorbei. Denn Pluto lässt uns in dieser Zeit sehr stark und direkt spüren, was in unserer Liebe falsch gelaufen ist und was wir bzw. unser Partner möglicherweise an Liebe und Nähe entbehren mussten, da die Beziehung vielleicht eingeschlafen war und nicht mehr gelebt wurde.

Im Grunde genommen zeigt Pluto jetzt schon an, dass sie tot ist. Er gibt uns aber, wie gesagt, eine zweite Chance, sie noch einmal wiederzubeleben. Manchmal gelingt dies auch, sofern beide Partner bereit und in der Lage sind, sich selbst zu reflektieren, eigene Versäumnisse zu erkennen und sie nicht nur beim anderen zu suchen. Das ist wohl eine unerlässliche Voraussetzung, damit die Beziehung noch einmal aufstehen und erblühen kann. Wenn dies glückt, wird sie stärker, reifer, sehr viel intensiver und gefestigter als je zuvor sein.

Unter Pluto in Spannung zur Venus kann es aber auch passieren, dass man sich ganz einfach in einen anderen Menschen verliebt oder dass sich der Partner in einen anderen verliebt. Verliebt man sich unter diesen Transiten selbst, ist die Wahrscheinlichkeit groß, dass es eine unglückliche Liebe ohne Erfüllung wird. Auch in diesem Falle wird man ziemlich leiden, das bleibt einem kaum erspart.

Auf jeden Fall führen diese Transite zu einer Transformation des eigenen Gefühlslebens, das heißt, dass man in Zukunft die Liebe bewusster als bisher angehen wird.

Wer diese Transite nicht verdaut, wird dagegen einen Schutz aufbauen und sich künftig auf niemanden mehr so tief einlassen. Letzteres wäre nicht der Sinn, die Aufgabe dieser Transite, die uns durch ihre tiefen Erfahrungen offener, ja, auch verletzlicher, einfach liebesfähiger machen sollen.

Der Weg zur großen Liebe, von der jeder Mensch mehr oder weniger stark träumt, führt nun einmal auch durch die tiefen Täler der Tränen hindurch. Pluto im spannungsgeladenen Transit zu unserer Venus kann uns wirklich heftig erschüttern. Aber, wir lernen in diesen zwei bis drei Jahren so viel über die Liebe wie sonst ein ganzes Leben nicht.

In manchen Fällen ist es aber auch einfach nur vorbei, wenn einer dieser Transite erscheint. Man empfindet keine Liebe mehr, und tief im Inneren besteht die Gewissheit, dass es jetzt besser ist, zu gehen. Kompliziert und tragisch wird es immer nur, wenn dieser Zeitpunkt verpasst wird, weil etwa finanzielle Erwägungen, feste Gewohnheiten, Konfliktscheu oder mangelnde Alternativen daran hindern, die Beziehung folgerichtig zu beenden. Damit würden wir uns selbst einen Teil unserer Zukunft versperren, in der sonst vermutlich eine andere beglückende Beziehung möglich wäre.

Eine sehr große Rolle spielt bei Pluto kritisch zur Venus meist die Sexualität. Das Verliebtsein, die sexuelle Vereinigung, die so intensiv ist wie noch nie sowie die zeitweise große Nähe zu dem Menschen, den wir begehren, all das kann beim einen oder anderen in eine Art Hörigkeit münden. Manche Paare werden jetzt einen zweiten oder gar dritten Frühling erleben und plötzlich sexuell gemeinsam Dinge ausprobieren, die sie bisher noch nicht einmal wagten anzusprechen. Pluto will eben alles erfahren und auskosten. Eine Offenheit, die unter Umständen die Beziehung retten kann.

Die gewaltigen Liebessehnsüchte können sich aber eben auch auf einen neuen Partner konzentrieren. Ehen, von denen niemand geglaubt hat, dass sie je auseinandergehen, können an diesem Liebeszauber zerbrechen. Eine zufällige Begegnung, ein einziger Blick stellen das gesamte bisherige Leben infrage. Diesen neuen Beziehungen haftet häufig etwas Karmisches, Schicksalhaftes an.

Die Glut der Liebe, die so schön und doch so schmerzhaft ist, lässt keinen Raum mehr für klares Denken. Die Gefühle sind einfach übermächtig und keiner Vernunft mehr zugänglich. Die Intensität der neuen Liebeserfahrungen bedingt, dass nie gekannte Eifersuchtsgefühle und die Angst, verlassen zu werden, hochkommen. Letzteres kann dazu führen, den neuen Partner immer noch näher an sich binden zu wollen. Die Seele schreit: „Bitte verlass‘ mich nicht!“ Alte Verletzungen werden spürbar: „Ich bin schon einmal verlassen worden. Wird sich jetzt alles wiederholen?“

Manche drehen den Spieß um und drohen ihrerseits, den Partner zu verlassen, um ihrer eigenen Abhängigkeit zu entkommen. Das gefährliche (Macht-)Spiel der Liebe. Die Liebe wird zu einer Gratwanderung, in der der Wunsch zu besitzen, dominiert, ein Wunsch, der nicht sein darf und das Drama weiter anheizt.

Doch genau diese Dramen können so wichtig für unser Leben und unsere Persönlichkeitsentwicklung sein. Ob eine Trennung unter Venus-Pluto richtig oder falsch ist, kann nicht beantwortet werden. Auch die vermeintliche falsche Entscheidung kann richtig sein, sofern wir diese Erfahrung und dieses Drama brauchen, um uns und die Liebe wieder zu spüren, um einfach wieder zu leben.

Pluto-Transite (Konjunktion, Quadrat oder Opposition) **zur Geburts-Venus in Bezug auf die Häuser**

Pluto tr. Venus in Haus 1
Große Verlustängste, Trennungstendenzen, neue Liebe, die einen in ihren Bann zieht, erkennt, dass die Liebe ein gefährliches Spiel sein kann.

Pluto tr. Venus in Haus 2
Gefahr von Geldverlusten aufgrund unbedachter Investitionen oder Spekulationen, große Existenzängste und auch Angst, den sicher geglaubten Partner zu verlieren.

Pluto tr. Venus in Haus 3
Leidenschaftlich und gewandt geführte Reden, enorme Überzeugungskraft, verliebt sich in eine(n) Nachbarn(in), fühlt sich von einem geliebten Geschwister verlassen.

Pluto tr. Venus in Haus 4
Radikale Um- und Neugestaltung des Zuhauses, Störung des häuslichen Friedens, leidet unter großen Verlustängsten, hat große Probleme, sich aus dem Elternhaus zu lösen.

Pluto tr. Venus in Haus 5
Leidenschaftliche Liebesaffäre mit tragischem Ausgang, erotische Sensationen, starke sexuelle Empfindungen, verführt andere oder wird selbst verführt, findet Gefallen an Hässlichem.

Pluto tr. Venus in Haus 6
Krank durch Liebeskummer, verliebt sich unsterblich in einen Kollegen, Unfrieden am Arbeitsplatz, Nierenprobleme, Gefahr von Diabetes.

Pluto tr. Venus in Haus 7
Trennungsgefahr, enorme Verlustangst, eheliche Machtkämpfe, Auflösung einer geschäftlichen Beziehung.

Pluto tr. Venus in Haus 8
Wird um Erbschaft betrogen, Versicherung zahlt nicht, sexuelles Suchtverhalten, das zwanghaften Charakter besitzt, überschreitet

Tabus, gibt verbotenen Verlockungen nach, leidet unter extremer Eifersucht und Trennung.

Pluto tr. Venus in Haus 9
Leidenschaftliche Liebe auf Reisen, die aber wenig Zukunft hat, verliebt sich unsterblich in eine(n) Ausländer(in), große Gewissenskonflikte, da sich Trieb und religiöse Überzeugungen im Konflikt befinden.

Pluto tr. Venus in Haus 10
Neue Tätigkeiten und Ziele, die mit Lust und Leidenschaft vorangetrieben werden, eine verhängnisvolle Liebesaffäre stört die beruflichen Ziele, Fehltritt dringt an die Öffentlichkeit.

Pluto tr. Venus in Haus 11
Schmerzliche Trennungen und Verluste von Freunden, Freund bzw. Freundin wird zum Liebespartner, wird von zweifelhaften Freunden abhängig.

Pluto tr. Venus in Haus 12
Heimliche Liebesaffäre sprengt das bisherige Leben, Liebesbeziehung ohne Zukunft, totale Hingabe und Aufopferung, sexuelle Abhängigkeit.

Pluto im Transit durch Haus 2
(irdischer Spiegel des Stiers, Zeichenherrscher Venus)

Reich oder arm über Nacht

Wir kennen das 2. Haus als das Haus des Geldes und des Besitzes. Mit Geld sichern wir unsere Existenz, und Geld schafft nicht zuletzt die Basis, dass wir unabhängig leben und uns selbst verwirklichen können. Taucht nun ausgerechnet Pluto, das kosmische Schwergewicht, hier auf, und das auch noch für viele Jahre, bekommen viele Menschen Angst, jetzt vielleicht sogar zu verarmen. Um es gleich vorweg zu sagen: Das kann passieren, muss aber nicht.

Riskant ist dieser Transit in Bezug auf finanzielle Angelegenheiten vor allem dann, wenn wir unkontrolliert Schulden machen, indem wir etwa über unsere Verhältnisse leben. Pluto kann konkret dazu verführen, unentwegt zu kaufen und immer mehr Geld auszugeben. Er ist es, der die latenten Süchte erst zum gefährlichen Zwang macht.

Wichtig ist es jetzt deshalb, sich zu vergegenwärtigen, dass unser persönlicher Umgang mit Geld immer auch ein Spiegel unseres Selbstwertes ist, der ja auch dem 2. Haus zugeordnet ist. Wer zwanghaft kauft und Materie anhäuft, sollte sich deshalb fragen, was er damit kompensieren will, was ihm in seinem tiefsten Inneren abgeht. Oft sind es mangelnde Liebe, fehlende Beachtung und Anerkennung und der Hunger nach Leben.

Bei materiell sehr vorsichtigen und ängstlichen Menschen kann Pluto hier jedoch auch genau das Gegenteil bewirken. Indem er die Existenzängste weiter steigert, kann er einen regelrechten Kontrollzwang entwickeln lassen, was das Geldausgeben betrifft. Diese Menschen leiden vor allem unter einem fehlenden Vertrauen in das Leben und in die eigenen Fähigkeiten.

Bei nicht wenigen Menschen wird Pluto hier aber auch eine Wende der finanziellen Verhältnisse im positiven Sinne bringen. Vor allem bei Selbstständigen können auf Phasen der Entbehrung und des Verlusts plötzlich immens gesteigerte Einnahmen folgen, die unter Umständen sogar reich machen. Denn Pluto stellt als höhere Oktave des Mars ja eine immense Energie dar, die in den unterschiedlichsten Richtungen zu einer Eskalation, hier in Bezug auf die Finanzen, führen kann.

Voraussetzung für den Gewinn ist jedoch, dass wir, sofern nötig, unsere Einnahmequellen wandeln. Unter Umständen müssen wir etwas aufgeben, das sich nicht gerechnet hat, um eine neue Idee zu verwirklichen. Es kann unter diesem Pluto-Einfluss aber auch sein, dass ein bislang schleppendes Geschäft nun einfach nur an Fahrt aufnimmt, weil diese Einnahmequelle uns und unserem Horoskop entspricht und weil wir nun vor allem die Erfahrungen, die wir beruflich und geschäftlich in der Vergangenheit gemacht haben, gewinnbringend umsetzen können.

Ziel des Pluto-Transits durch Haus 2 ist der tiefgreifende Wandel von unserem Verhältnis zu Geld, unserem Selbstwert und unseren

Vermögensverhältnissen. Für jeden Menschen ist hier aufgrund seines Lebens und Schicksals ein spezieller Weg vorgesehen. Wir erkennen unter diesem Transit, dass Geld in unserer Welt nichts Geringeres als Macht bedeutet. Geld regiert nun einmal diese Welt. Dazu müssen wir nun Stellung nehmen.

Geld ist, wie gesagt, sehr eng mit unserem Selbstwert gekoppelt. Wer ein Armutsbewusstsein besitzt und wenig Selbstvertrauen hat, den kann dieser Transit in eine große Krise stürzen, die den Selbstwert und die Angst zu verarmen betrifft. Eine Krise, die unbedingt nötig ist, um sich das Geld, das zwar die Welt regiert, aber keineswegs das Wichtigste in unserem Leben sein darf, in die richtige Position zu weisen. Denn über allem stehen die geistige Welt, unsere Ideale und Werte und persönliche Entwicklung, die durch unnötige Existenzängste und fehlenden Glauben stark gebremst sein kann.

Manche Menschen werden unter diesem Pluto-Einfluss noch geldgieriger und erleben, dass Materie sie nicht wirklich befriedigen kann. Auch sie können in ein tiefes emotionales Loch fallen, in dem ihnen ihre Gefühle so weit abhandenkommen, bis sie nichts mehr zu spüren glauben.

Anderen nimmt Pluto allen Besitz, macht sie über Nacht arm, weil ihr Lebensüberfluss zu einem Lebensverdruss geführt hat und weil sie einfach nicht genug bekommen konnten.

Auf jeden Fall wird Pluto in diesem Bereich den Selbstwert bei den meisten Menschen zum Einsturz bringen, da es darum geht, den Wert, den wir uns selbst beimessen, nicht nur auf Äußerlichkeiten zu bauen. Pluto zwingt, den Eigenwert nackt zu betrachten, was sehr wehtun kann, aber auch vor Augen führt, wo man wirklich steht.

Wer diese Pluto-Krise meistert, wird als Geschenk des Himmels nicht nur einen stabileren Selbstwert erhalten, sondern auch eine neue Verwirklichungskraft.

Pluto im Transit durch Haus 7
(irdischer Spiegel der Waage, Zeichenherrscher Venus)
Das Ich wird durch das Du gewandelt

Läuft Pluto im Transit durch den Bereich der Partnerschaften, das 7. Haus, steht ein sehr intensiver und oft jahrelang anhaltender Wandlungsprozess in Ehe, eheähnlichen Beziehungen und Geschäftspartnerschaften an.

Verändern wird sich überhaupt die Einstellung zum Du, zu anderen Menschen. Auch Feinde und Gegnerschaften können in dieser Zeit das gesamte Leben prägen und verändern. Da Pluto, der Herrscher des Skorpions und der Planet des Stirb-und-Werde, erst einmal die Zerstörung dessen ankündigt, das vorherrscht, könnte man davon ausgehen, dass unter diesem Transit die Ehe oder eben sonstige Partnerschaften in die Brüche gehen. In vielen Fällen mag das richtig sein, in einigen Fällen wird Pluto aber speziell Liebesbeziehungen noch weiter zusammenschweißen und intensivieren.

Wichtig ist zunächst zu verstehen, welches Ziel hinter diesem Pluto-Transit steht: Was erwarte ich von einer Beziehung? Wie stelle ich mir eine Beziehung in Zukunft vor? Fest steht, dass das alte Bild, die Art, wie Beziehungen in der Vergangenheit geführt wurden, nicht mehr den eigenen Sehnsüchten und Grundbedürfnissen entspricht.

Damit kann, muss aber nicht das Schicksal der aktuellen Partnerschaft besiegelt sein. Es geht, wie immer bei Pluto, um Wandlung. Paare, die ihre Liebe trotz heftiger Krise lebendighalten können und eine tiefe innere Verbindung mit ihrem Partner besitzen, können aus dieser Phase unter Umständen erstarkt hervorgehen.

Voraussetzung ist allerdings, dass beide bereit sind, an ihrer Beziehungsfähigkeit zu arbeiten und sich dabei persönlich zu wandeln. Die Beziehung muss insgesamt auf völlig neue Beine gestellt, die Rollen müssen unbedingt neu definiert werden. Ein durchaus schwieriger Prozess, den manche Paare aber bewältigen.

Für andere Paare ist jetzt dagegen, wie angedeutet, das Ende gekommen. Schwierigkeiten, die lange Zeit unter den Teppich gekehrt wurden, brechen nun mit aller Macht hervor, münden in heftige Auseinandersetzungen, die letztlich zum Zerwürfnis und der Trennung führen.

Manchmal werden Betroffene von diesem Transit auch von starken Verlustängsten geplagt, die wiederum heftige Eifersuchtsattacken und Machtkämpfe nach sich ziehen können. Letztere finden nun auch Eingang in geschäftliche Beziehungen und Teilhaberschaften, die unter diesem Pluto-Transit durch das 7. Haus nicht selten vor dem Richter enden.

Da unser 7. Haus sehr konkrete Hinweise auf unseren Partner gibt, ist der transitierende Pluto in diesem Bereich tendenziell ein Hinweis darauf, dass speziell vom Partner Druck, Macht, Kontrolle und Zerstörung ausgehen.

Doch Vorsicht! Auch wenn der Anschein eindeutig ist, bleibt der Betroffene unbewusst oft selbst der „Auftraggeber" dieses Geschehens. Denn das 7. Haus ist immer auch unser Spiegel. Das heißt, dass der Partner unter Umständen für uns ausüben oder ausführen kann, was eigentlich unser Thema ist.

Pluto im 7. Haus zeigt daneben an, welche Menschen nun von außen auf einen zukommen. Oftmals trennen sich Menschen unter diesem Pluto-Transit, weil sie sich unsterblich in einen plutonischen Menschen verliebt haben, also in jemanden, der eine starke Skorpion-Betonung im Horoskop besitzt oder Pluto an prägnanter Stellung hat. Dieser Mensch kann die gesamte bisherige Vorstellung und Erwartung von einer Beziehung total revolutionieren.

Plutonische Partner sind Menschen, die einen in einen Strudel der Leidenschaften hineinziehen und große persönliche Wandlungen anstoßen. Das Leben wird in einer solchen Beziehung zum Abenteuer, die Liebe wird magisch. Wer unter Pluto in Haus 7 eine neue Partnerschaft eingeht, der wird durch viele tiefe dunkle Täler schreiten, aber auch hohe Berge erklimmen. Eine traditionelle Beziehung wird es kaum sein. Das ist jetzt aber auch überhaupt nicht das Thema.

In einer guten bestehenden Partnerschaft wird dieser Pluto-Transit, wie gesagt, dazu beitragen, dass die körperliche und geistige Anziehungskraft erhalten bleiben, ja sogar noch intensiviert werden. Für beide Partner ist es während dieser Zeit aber ungemein wichtig, offen für Wandlungsprozesse zu bleiben. Das ist die Aufgabe, die Pluto an die Betroffenen stellt. Die Liebe muss im Fluss des Lebens bleiben, sie muss wachsen und sich fortwährend wandeln dürfen. Ansonsten droht die gewaltige Energie Plutos destruktiv zu werden.

Manchmal kann es passieren, dass wir in diesen Jahren die dunklen Seiten Plutos in Form böser, mächtiger, fieser, unmoralischer und leidenschaftlich-destruktiver Feinde anziehen, die vielfach auch noch verdeckt und mehr oder weniger heimtückisch, verborgen handeln. Wir werden dann oft zu Prozessen gezwungen und in Machtkämpfe hineingezogen, die wir eigentlich gar nicht wollen. Auch in diesem Fall gilt es, den Feind als Spiegel eigener unerlöster Schatten zu sehen, mit denen wir uns auseinandersetzen müssen, damit wir sie abwehren können.

Eines ist klar: Pluto öffnet in diesen Jahren die Augen, was Menschen, die Liebe und Beziehungen betrifft. Wir werden Menschen besser sehen und erkennen, wir werden viel mehr als bisher von der Liebe erwarten, weil wir jetzt wissen, wie tief und leidenschaftlich, aber auch wie destruktiv sie sein kann. Wir werden persönlich unglaublich wachsen und reifen, sofern wir zu Einsichten bereit sind.

Pluto-Transit in Konjunktion, Quadrat oder Opposition zum Geburts-Mars

Mächtige Leidenschaften, die beherrscht werden wollen

Pluto im Transit in Konjunktion, Quadrat oder Opposition zu unserem Geburts-Mars sind überaus heftige Transite, die zwar unseren Willen enorm aufbauen und stärken, die aber gleichsam den Keim der Zerstörung in sich tragen. Wir müssen zusehen, dass wir diese enormen Kräfte, die jetzt in uns lebendig werden, in gezielte Bahnen lenken. Dann sind sogar größere Erfolge möglich. Diese Aufgabe aber ist bestimmt nicht einfach.

Viele Menschen empfinden die schwierigen Pluto-Transite als wahre Albträume, aus denen es kein Erwachen gibt, da sie Realität geworden sind. Warum gerade diese Transite so krass auftauchen und empfunden werden können, ist leicht zu erklären. Der angespannte Pluto ist nun einmal immer auf Tod, Gewalt, Umbruch, Trennung, Abschied und Zerstörung ausgerichtet.

Und da Pluto der potenzierte Mars, seine ultimative Steigerung ist, kann man sich gut vorstellen, welche enorme Zerstörungskraft in diesen Transiten schlummert, wobei gerade die Konjunktion des Transit-Pluto zum Geburts-Mars durchaus auch wertvolle Seiten besitzt und den Betroffenen viel Mut und Selbstvertrauen verleihen kann. Aber auch dieser Transit kann ein Zuviel an Mars bedeuten.

Um diese Transite richtig zu verstehen und einordnen zu können, müssen wir den davon betroffenen Menschen gut kennen. Handelt es sich um eine sonst sehr durchsetzungsschwache Person, dann wird sie diese Pluto-Spannung zu ihrem Mars regelrecht beflügeln. Viele zögerliche und antriebsschwache Menschen entdecken jetzt erst, unter diesen Transiten, wozu ihr Mars, ihr Wille, fähig ist. Es taucht das Gefühl auf, Berge versetzen zu können. Und tatsächlich hat man jetzt die Kraft, hohe Ziele zu erreichen und große Vorhaben zu verwirklichen, seien sie noch so anstrengend.

Pluto in Spannung zu Mars ist eine unerschöpfliche und gewaltige Energiequelle, die nicht zu versiegen scheint. Der Trieb ist zudem stärker als sonst, und auch das körperliche Leistungsvermögen, das zu sportlichen Höchstleistungen befähigt. Die Kraft Plutos zu Mars ist einfach unermesslich groß.

Hat ein Mensch, der bereits von Natur aus einen mächtig starken Willen besitzt, einen dieser Transite, kann sein Mars jetzt regelrecht überhitzen. Und ein heiß gelaufener Mars ist, wie gesagt, gefährlich. Er sendet unentwegt Spannungen aus, er kann, was die Gewalt betrifft, zum Täter oder Opfer machen und verwickelt in Streitereien, die so extreme Ausmaße annehmen und jede Grenze überschreiten, dass es am Ende zu Zerwürfnissen, Trennungen und Prozessen kommt.

Der angestachelte Mars kann ferner zu Unfällen, schlimmen Verletzungen (vor allem Schnittwunden), Ausrastern und zwanghaften

Veränderungen führen. Wir wollen, wollen und wollen. Und alles, was diesem Wollen entgegensteht, wird einfach übergangen, plattgemacht, niedergetrampelt. Pluto zwingt, und Mars will. Extreme Leidenschaften werden zeitweise entfacht. Und so kann es sein, dass wir am Ende dieser Transite ein Feld der Verwüstung hinterlassen. Vieles von dem ist dann kaputt, was uns einst gut, wertvoll und wichtig war.

Pluto zu Mars kann speziell auch in der Liebe Unruhe stiften. Im Horoskop einer Frau symbolisiert Mars unter anderem den Mann, den sie begehrt. Wird ihr Mars nun von Pluto berührt, ist es gut möglich, dass die betroffene Frau sich unsterblich verliebt, und zwar genau in den Typ, den sie sich schon immer gewünscht hat, der aber bisher möglicherweise nicht in ihr Leben hineingepasst hat. Natürlich gehen damit auch umwerfend neue sexuelle Erfahrungen einher. Pluto kann im Spannungswinkel das Begehren dermaßen zwanghaft machen, dass unter Umständen eine bislang gute Beziehung für die neue, aufregende und besonders leidenschaftliche Liebe geopfert wird. Wenn man den Mut hat, sein bisheriges Leben dafür über den Haufen zu werfen, dann jetzt.

Auf der anderen Seite hilft Pluto zu Mars jetzt vielen Frauen, aus ihrer Opferrolle und Unterdrückung durch den Mann herauszugehen und sich aufzulehnen, da der eigene Wille regelrecht revolutioniert und unter Umständen neu entdeckt wird.

Männer setzen sich unter diesem Transit erst recht heftig und noch entschiedener zur Wehr, als man das bisher von ihnen kannte. Da Mars im Horoskop von Männern eng mit ihrer Männlichkeit und Sexualität verknüpft ist, können diese Transite mächtige Triebspannungen in ihnen auslösen. Diese verführen wiederum zu Liebesabenteuern und Affären, die die bestehende Beziehung gefährden können.

Es ist einfacher gesagt als getan, mit diesen gewaltigen Kräften richtig umzugehen. Auf jeden Fall brauchen wir in diesen Zeiten ein Ventil, einen Spannungsabbau, der vor allem über körperliche und sportliche Betätigungen stattfinden kann. Wir können uns unter diesen Transiten richtig fit machen, in Topform bringen.

Wenn dadurch die innere Wut, die Anspannung und vor allem die

Aggressionen etwas abgebaut werden, können wir in jeder Hinsicht viel erreichen. Die Kunst ist, die Angriffslust zu beherrschen und in Arbeitswut umzuwandeln. Allerdings wäre es bestimmt auch ein Fehler, Wut und Aggressionen zu unterdrücken, sie würden dann im Außen, unter Umständen durch andere Personen, auf uns zukommen, die uns provozieren und attackieren.

Pluto in Spannung zu Mars ist eine Gratwanderung zwischen dem Erreichen großer Willensziele und dem Zerstören guter Voraussetzungen. Die Selbstbeherrschung und die Geduld werden zur großen Herausforderung dieser Zeit. Es ist, als hätten wir wie Obelix einen Zaubertrank geschluckt, der Bärenkräfte in uns freisetzt. Kräfte, Triebe und Wünsche, die zu uns gehören, die im bisherigen Leben vielleicht unterdrückt wurden bzw. nur ansatzweise zum Vorschein kamen und die nun handeln wollen.

Es ist wichtig, dass wir endlich dieses große Potenzial in uns erkennen, dass wir endlich mehr Mut entwickeln und die Angst vor Ablehnung und Niederlagen ablegen. Ebenso wichtig ist es aber auch, weiterhin klug und weise vorzugehen und nicht jede Emotion ungehemmt herauszulassen. Eine wichtige Zeit, in der wir erkennen, wozu wir imstande sind, in der wir aber auch aufpassen müssen, dass wir nicht wie die Axt im Walde vieles zerstören.

Pluto-Transite (Konjunktion, Quadrat oder Opposition) **zum Geburts-Mars in Bezug auf die Häuser**

Pluto tr. Mars in Haus 1

Liegt mit der gesamten Umwelt im Clinch, viele Trennungen und Zerwürfnisse, hat Probleme, seine Aggressionen zu kontrollieren, versucht, sich in Konflikten brachial, um jeden Preis durchzusetzen, erledigt ein gigantisches Arbeitspensum, geht über die Grenzen seiner Belastbarkeit.

Pluto tr. Mars in Haus 2

Kampf um Geld, herbe Verluste durch Diebstahl, Prozess und unnötige finanzielle Risiken, unstillbare Geldgier, die für jede Art von Betrug und Korruption anfällig macht.

Pluto tr. Mars in Haus 3
Enormer Alltagsdruck, der oft rastlos und aggressiv macht, Gefahr von Gewalt, Unfall und heftigen Streitereien, zeitweise überaus scharfe und kritische Kommunikation, vernichtende Kritik, die keine Grenzen kennt.

Pluto tr. Mars in Haus 4
Schäden an Haus und Wohnung sowie erhöhtes Brandrisiko, familiäre Zwistigkeiten und Zerwürfnisse, enorm starke innere Spannungen, die mit aller Kraft verborgen werden.

Pluto tr. Mars in Haus 5
Von Lust und Liebe getrieben, riskante Liebesabenteuer, Ärger und Streit mit Kindern, sportliche Höchstleistungen, aber auch erhöhtes Verletzungsrisiko.

Pluto tr. Mars in Haus 6
Ärger am Arbeitsplatz, Angestellte, die sich auflehnen, unermüdlicher extremer Arbeitseinsatz, steigender Blutdruck, Gefahr von entzündlichen Krankheiten und schweren Verletzungen.

Pluto tr. Mars in Haus 7
Trennung unter bösen Umständen, Prozess mit schlechtem Ausgang, unfaire und heimtückische Angriffe von außen, wird vom Partner unter Druck gesetzt, findet keinen Frieden.

Pluto tr. Mars in Haus 8
Lebensgefahren durch Abenteuer oder gefährliche Sportarten, enorme Triebspannungen, die zu allen möglichen Exzessen führen können, wird Opfer von Gewalt oder wendet selbst Gewalt an, enorme Energien, kann alles schaffen und bewegen.

Pluto tr. Mars in Haus 9
Massive weltanschauliche Kämpfe und Auseinandersetzungen, Unfallgefahren und erhöhtes Risiko, auf weiten Reisen in gewalttätige Auseinandersetzungen verwickelt zu werden, Abbruch eines Studiums oder einer Fortbildung.

Pluto tr. Mars in Haus 10
Beruflich harte Existenzkämpfe, konkurriert um eine Führungspo-

sition, muss sich beruflich vieler Feinde erwehren, wird öffentlich angegriffen, erreicht große Ziele durch beinahe übermenschlichen Einsatz.

Pluto tr. Mars in Haus 11
Trennungen und heftige Zerwürfnisse mit Freunden, viele Anfeindungen, muss sein soziales Verhalten ändern, um nicht überall anzuecken, Gefahr von Konkurrenzkämpfen, die ausarten.

Pluto tr. Mars in Haus 12
Labile, angegriffene Psyche, Gewaltfantasien, heimtückische, besonders bösartige Feinde, heimliche Affären.

Pluto im Transit durch Haus 1
(irdischer Spiegel des Widders, Zeichenherrscher Mars)

Zu einem völlig neuen Menschen werden

Seit Pluto 1930 entdeckt worden ist, hat sich die moderne Astrologie geradezu sprunghaft entwickelt. Mit seinem Erscheinen haben wir unter anderem die Macht der unbewussten Kräfte entdeckt, die unser Leben mehr bestimmen, als wir es manchmal wahrhaben möchten.

Pluto ist seiner Natur nach schwer zu ergründen und eigentlich nicht wirklich zu fassen. Durchquert er unser 1. Haus, geht er eine sehr enge Verbindung mit unserer Persönlichkeit ein und spricht besonders intensiv Seelenanteile von uns an, die wir verdrängt oder gar verloren haben. Und genau dadurch erhält er seine unglaubliche Macht. Was zu uns gehört, wird sich nämlich so schnell nicht mehr abschütteln lassen, haben wir damit erst einmal Kontakt aufgenommen. Unsere vergessenen Seelenteile drängen dann mit Macht zu uns zurück, damit wir endlich ganz werden und letztlich zu uns selbst finden. Auf diesem Weg müssen wir aber auch die Ungeheuer besiegen oder uns mit ihnen anfreunden, die in uns schlummern. In der Psychologie wird in diesem Zusammenhang von den Schattenseiten gesprochen, die gefährlich sind und uns eben als Schatten verfolgen, so lange wir sie verleugnen und sie nicht wahrhaben wollen.

Jeder, der diesen Transit, der sich ja über viele Jahre, je nach Größe des 1. Hauses, hinziehen kann, bewusst erlebt hat, weiß, wie schwer, aber auch wie wertvoll diese Zeiten sein können, was die Persönlichkeitsentwicklung betrifft.

Manchmal möchte man fast annehmen, dass Pluto im 1. Haus eine Art „Karmabeschleuniger" ist, da wir uns unter seinem Einfluss permanent wandeln und erneuern und viele persönliche Umbrüche erleben. Wir werden selbst zum „Phönix aus der Asche", diesem mythologischen Vogel, der verbrennt, um aus seiner Asche neu geboren zu werden.

Aus Angst vor diesen in uns verborgenen Kräften, die Pluto allmählich hervorholt, kann es sein, dass wir zunächst als eine Gegenreaktion noch viel stärker als bisher anfangen, uns selbst und unsere Leidenschaften zu kontrollieren. In diesem Spannungsfeld, zwischen aufflammenden Begierden, Wünschen und Trieben auf der einen und der Vernunft auf der anderen Seite, kann eine sehr interessante Persönlichkeitsentwicklung stattfinden. Wichtig ist es nur, sich jetzt mit sich selbst und insbesondere auch mit den eigenen dunklen Seiten bewusst auseinanderzusetzen. Ansonsten können unter diesem Transit auch die mehr destruktiven Kräfte die Oberhand gewinnen und zahlreiche Machtkämpfe und Auseinandersetzungen mit anderen Menschen führen.

Zweifellos erhalten alle Menschen, die von Pluto besucht werden, mehr Energie und Durchsetzungskraft in diesen Jahren. Bei von Natur aus dominanten Menschen kann dieser Transit allerdings einen Anflug von Größenwahn und Selbstübersteigerung bringen. Pluto bringt im 1. Haus zweifellos mit Macht in Berührung, mit der verantwortungsvoll umgegangen werden will. Es kann konkret sein, dass manche Menschen mehr oder weniger von einem abhängig werden. Wie wir darauf reagieren, ob wir diese Macht ausnutzen oder nicht, wird in jedem Falle tiefe karmische Spuren hinterlassen.

Vielen Menschen, die sich mit dem Pluto-Transit in Haus 1 allmählich wandeln und verändern, werden erleben, dass ihr Partner nicht mehr Schritt halten kann, so dass nicht selten eine Entfremdung mit der Folge einer unausweichlichen Trennung folgt. Der

Partner wird dann vielleicht sogar sagen: „Du bist ein völlig anderer Mensch geworden, du bist nicht mehr der von früher, den ich geliebt habe."

Es kann aber auch sein, dass der Pluto-Betroffenen seinen Partner auch gleich mitwandelt, je nachdem, wie eng die Beziehung ist und vor allem, wie offen beide für Veränderungen sind und damit umgehen.

Wichtige Inhalte sind in diesen „Pluto-Jahren" die häufig vertiefte Beschäftigung mit Psychologie, Astrologie oder auch Yoga, die den Transformationsprozess zusätzlich positiv anregen, ja sogar beschleunigt. Ziele dieses Pluto-Transits sind das Finden von sich selbst, das Leben im Jetzt, die Versöhnung mit der Vergangenheit.

Und natürlich hat Pluto im Transit durch Haus 1, wie bereits angedeutet, eine große karmische Bedeutung. Indem er Seelenanteile zurückholt, die wir einmal vielleicht aufgrund furchtbarer Schicksalsschläge verloren oder wegeschoben haben, weil sie nicht sein dürfen, kann er uns in Kontakt mit vorigen Leben bringen.

Mit der starken inneren Wandlung gehen in diesen Jahren natürlich auch oft größere Veränderungen einher, die uns noch näher an uns selbst und unsere Bestimmung heranführen können. Pluto im Transit durch Haus 1 bedeutet, dass wir uns auf ein großes Abenteuer begeben.

Pluto-Transit in Konjunktion, Quadrat oder Opposition zum Geburts-Jupiter

Jetzt wollen wir mehr vom Leben

Die Pluto-Transite in Konjunktion, Quadrat oder Opposition zum Geburts-Jupiter sind starke Aspekte des Erfolgsstrebens. Wir wollen nun mit aller Macht etwas Großes im Leben erreichen und verwirklichen und streben vor allem auch größere materielle Gewinne an. Wir erkennen in diesen Zeiten die enorm positive Kraft unseres Jupiters, sollten uns aber vor jeder Übersteigerung hüten. Pluto berührt unseren Jupiter in einem herausfordernden Winkel, was dazu führt, dass viele von uns jetzt erst die eigentliche Qualität und die großen Möglichkeiten ihres Jupiters entdecken. Und gerade Jupiter hat ja eine Menge zu bieten. Er ist der Planet der Expansion, der große Wohltäter der Menschheit, die Fülle des Lebens. Er kann Wohlstand und Reichtum bringen, was nun, unter dem Pluto-Einfluss, zu einem großen Thema wird.

Pluto, der Planet der Macht und des Machens, will uns in Spannung zu Jupiter sagen, dass wir an uns und unsere Visionen glauben sollten und dass es keine Begrenzung nach oben gibt, wenn wir die Dinge nur richtig anstellen.

Wir fragen uns, was wir riskieren dürfen und wo Gefahren lauern. Der Erfolg winkt unter Umständen aber so sehr, dass die Gefahr besteht, unvernünftig zu werden, abzuheben und sinnlose Risiken einzugehen. Das Glück soll immer noch größer werden, die Gefahr der Niederlage und des Verlusts werden schlichtweg verdrängt. Das Leben wird so immer mehr zu einer Gratwanderung, in deren Folge es zu enormen Verlusten kommen kann.

Erfahrene Astrologen raten deshalb meist vor größeren finanziellen Spekulationen unter diesen Transiten ab, wobei gerade bei der Konjunktion zunächst auch enorme Gewinne möglich sind. Aber auch hier kann die Erwartungshaltung dermaßen übersteigert sein, dass Betroffene zu viel wollen und damit geradewegs auf den Abgrund zusteuern.

Im Weiteren neigen wir jetzt dazu, uns zu viel Arbeit aufzuhalsen und stürzen uns unter Umständen in größere Unternehmungen hinein, die uns schon bald über den Kopf wachsen können.

Grundsätzlich ist zu sagen, dass dieser gewaltige Expansionsdrang, den diese drei Transite wecken, erst einmal sehr gut zu bewerten ist. Und positiv ist auch zu sehen, dass wir unseren Jupiter würdigen und beachten, mehr vom Leben wollen und auch fordern.

Die Schattenseiten des Jupiters, die von diesem dunklen Pluto geweckt werden, sind jedoch, um es noch einmal deutlich zu sagen, die Anmaßung, die Arroganz, die Selbsterhöhung und die Maßlosigkeit. Diese schwierigen Seiten Jupiters können zum Sturz führen. Wer zu viel Jupiter in seinem Geburtshoroskop als Anlage hat oder wer ein Übermaß von Jupiter durch einen dieser Transite bekommt, den kann nur eines schützen: die Dankbarkeit für das, was er im Leben bereits hat. Ohne Demut verführt Jupiter-Pluto zum Machtmissbrauch, ohne Glauben und höhere Wertvorstellungen lassen einen diese Transite bis zur Selbstverleugnung hinter dem Geld herlaufen.

Pluto-Jupiter kann allgemein zu einer regelrechten Lebensgier entarten, die nicht zuletzt zu rücksichtslosem, unmoralischem Vorgehen und alleinigem Wahren der eigenen Interessen führt, was beruflich und privat in Machtproben, Trennungen und Prozesse münden kann. Der Kampf um Recht, Moral und Meinung ist ein weiteres Thema dieser Transite, die uns zwingen, uns mit unseren Überzeugungen und Glaubenssätzen auf einer tieferen Ebene auseinanderzusetzen und diese zu wandeln, sofern sie nicht mehr stimmig mit unserem Leben und unserer Entwicklung sind.

Die größte Chance, die diese Transite besitzen, ist, um es zusammenfassend zu sagen, das Erkennen unseres Jupiter-Potenzials, das allerdings nur dann vollständig genutzt werden und sich zur Blüte entfalten kann, wenn wir trotz aller Expansion und Aufbruchsstimmung bescheiden bleiben und wenn zusammen mit dem äußerlichen Wachstum auch unsere innere Einstellung und weltanschauliche Seite reift und an Stärke gewinnt. Dann machen wir alles richtig.

Pluto-Transite (Konjunktion, Quadrat oder Opposition) **zum Geburts-Jupiter in Bezug auf die Häuser**

Pluto tr. Jupiter in Haus 1

Enorme Aufbruchsstimmung, gewinnt an Ausstrahlung und Durchsetzungsvermögen, aber auch Neigung zu Arroganz und Selbstüberschätzung, die zu großen Niederlagen führen kann.

Pluto tr. Jupiter in Haus 2

Großes Überlegenheitsgefühl, verliert Erspartes durch finanzielle Spekulationen, setzt Geld ein, um seine Macht zu demonstrieren, kann den Hals nicht voll bekommen, entwickelt eine unangenehme Geldgier.

Pluto tr. Jupiter in Haus 3
Große Versprechen, die nicht eingehalten werden können, tritt anmaßend, respektlos und überheblich auf, zieht Neider auf sich, weiß alles besser.

Pluto tr. Jupiter in Haus 4
Übernimmt sich finanziell bei der Anschaffung einer Immobilie, muss schönes Zuhause verlassen oder aufgeben, Machtkämpfe innerhalb der Familie.

Pluto tr. Jupiter in Haus 5
Riskante Liebesabenteuer und Affären, die ungut enden und unter Umständen zu Trennungen führen, verspielt Haus und Hof, Lebensgier führt zu unmäßigen Ausgaben und finanziellem Engpass.

Pluto tr. Jupiter in Haus 6
Machtproben und tendenziell nachteilige Umwälzungen am Arbeitsplatz, zieht aufgrund seines überheblichen Auftretens Gegner und Neider am Arbeitsplatz auf sich, verliert als Chef eines Unternehmens wertvolle Mitarbeiter, übertriebene Genüsse, die der Gesundheit schaden.

Pluto tr. Jupiter in Haus 7
Höhere Gewalt führt zu Trennungen, muss sich wandeln, damit seine Beziehung bestehen bleibt, permanente Machtkämpfe, die die Ehe belasten, Gefahr von gerichtlichen Auseinandersetzungen.

Pluto tr. Jupiter in Haus 8
Wertvolle Einsichten über das Leben und den Tod, Kampf um Erbe, Wandlung der Vermögensverhältnisse, enorme Gewinne, aber auch Verlustgefahren, Machtmissbrauch durch Manipulation.

Pluto tr. Jupiter in Haus 9
Glaubenskämpfe, Konflikte mit dem Gesetz, Abbruch eines Studiums, will anderen um jeden Preis seine Wahrheit aufdrücken, missionarischer Eifer, Wandlung der bisherigen Weltanschauungen.

Pluto tr. Jupiter in Haus 10
Gewinnt beruflich an Einfluss, läuft aber auch Gefahr, aufgrund von Skandalen und Machtproben zu stürzen, versucht selbstbezo-

gen und egoistisch seine Ziele zu erreichen, gibt große berufliche Ziele auf.

Pluto tr. Jupiter in Haus 11
Weltanschauliche Konflikte, Differenzen und Machtkämpfe mit Freunden, sucht einflussreiche Freunde und Begegnungen, nutzt Freundschaften aus, um beruflich weiterzukommen.

Pluto tr. Jupiter in Haus 12
Geheimnisse, die an das Tageslicht kommen, heimliche Neider und Feinde, die das Glück bedrohen, arbeitet im Hintergrund und im Verborgenen an einem großen Ziel.

Pluto im Transit durch Haus 9
(irdischer Spiegel des Schützen, Zeichenherrscher Jupiter)

Lernen und reifen wie nie zuvor

Pluto im Transit durch das 9. Haus führt am Ende, wenn er nach diesen Jahren in das 10. Haus eintritt, zu einem Wandel unserer Lebensziele. Im 9. Haus werden nun zuerst unsere bisher fixen Überzeugungen und Weltanschauungen transformiert, was mehrere Gründe haben kann: Meistens sind es einschneidende Erlebnisse und Erfahrungen, die das Weltbild in diese oder jene Richtung verändern.

Pluto hat die Eigenschaft, dass er gerade die Meinungen, Werte und Überzeugungen, die wir bisher nicht hinterfragt haben, weil sie vielleicht anerzogen sind bzw. als feste Glaubenssätze tief in uns verankert sind, nicht nur erschüttert, sondern regelrecht sprengt. Für viele Menschen ist das eine wahre Befreiung, die zu einem völlig neuen Lebensgefühl und auch veränderten Werten führt.

Gerade spirituell orientierten Menschen verhilft diese Blockadenbeseitigung zu einer beschleunigten geistigen Entwicklung. Das neue Weltbild, das jetzt entsteht, wird zudem durch die vielen Erfahrungen der Vergangenheit geprägt, die durch den Pluto-Transit in diesen Jahren bewusst verarbeitet werden.

Letztlich ist es aber sehr stark vom Charakter abhängig, in welche Richtung sich die persönlichen Anschauungen künftig entwickeln. Manche Menschen werden ihre Meinungen und Überzeugungen noch härter und fanatischer als bisher vertreten und versuchen, sie anderen aufzudrücken.

Pluto ist dann wie ein Schatten, der die fortschreitende Verdunkelung des Geistes anzeigt. Er kann hier im negativen Sinne auch für die Meinung der Masse stehen, die immer schon eine starke Wirkung besaß und schwache Naturen herunterziehen kann.

Etwas fanatischer werden letztlich aber alle Menschen unter diesem Transit. Denn der Einfluss Plutos in unserem 9. Haus führt auch dazu, dass wir noch stärker als sonst das Bedürfnis haben, unsere Meinung laut und deutlich zu vertreten, was in der Folge natürlich zu weltanschaulichen Auseinandersetzungen und Differenzen führt, die sogar der Anstoß für Trennungen und Zerwürfnisse sein können.

Pluto bringt, wie gesagt, alle Erfahrungen der Vergangenheit auf den Punkt. Was wir erlebt haben, wird in diesen Jahren zu einer neuen Weltanschauung verarbeitet. Die entscheidende Rolle, in welche Richtung es geht, spielt dabei unsere Grundeinstellung, ob lebensbejahend oder – verneinend. Sie ist entscheidend für diese „plutonische Verarbeitung“ und letztlich für unseren weiteren Lebensweg, denn unsere ehrlichen und tiefen Überzeugungen sind der Motor unserer Handlungen.

Pluto-Transit in Konjunktion, Quadrat oder Opposition zum Geburts-Saturn

Nichts wird mehr so sein, wie es einmal war

Pluto-Transit in Konjunktion, Quadrat oder Opposition zu unserem Geburts-Saturn kennzeichnet eine wichtige wie gleichermaßen schwierige Zeit im Leben. Wir müssen jetzt vom alten Leben loslassen und uns verändern, sind aber noch so stark in der Gegenwart und der Vergangenheit verwurzelt, dass es uns innerlich fast zerreißt. Eine Krisenzeit mit vielen glücklichen Momenten, an deren Ende oft ein völlig neues Leben steht.

Gewiss gehören diese Transite ohne Übertreibung zu den schwierigsten überhaupt, mit denen man im Leben konfrontiert werden kann. Sie gehören aber auch zu den wertvollsten, da sie uns helfen, altes Karma abzubauen und in ein neues Leben aufzubrechen.

Massive Veränderungen und Umwälzungen sind zu erwarten. Fast immer steckt man jetzt in heftigen Krisen, in einer Art Sackgasse, aus der es scheinbar kein Entrinnen gibt. Es muss sich etwas verändern, und gleichzeitig scheint es unmöglich, Altes loszulassen.

Der Reihe nach: Was passiert bei Pluto-Saturn? Saturn hat im Geburtshoroskop mit den festen Strukturen zu tun. In ihm stecken die Mühen unseres Lebens, der ganzen vergangenen Jahre, ja des kompletten bisherigen Lebens, das uns reifen ließ und zu dem gemacht hat, was wir sind. Saturn hilft uns, unser Leben aufzubauen, Sicherheiten zu schaffen, beruflich, privat und finanziell.

Und natürlich lässt uns Saturn auch in Form unserer Erfahrungen reifen und festigt so unsere Persönlichkeit. Aber, Saturn steht auch für unsere Ängste und Verhinderungen, die zumindest in bestimmten Bereichen keine Entfaltung im Leben zuließen, ja uns sogar blockierten. Und genau darum geht es nun.

Es scheint, als ob wir keine Entwicklung mehr vor uns haben, da die wichtigen Strukturen Saturns zu starr und seine nötigen Mauern, die uns schützen sollen, zu hoch geworden sind. Unser Leben ist, um es deutlich zu sagen, völlig eingefahren. Das spüren wir schon seit langem, und unbewusst sehnten wir uns möglicherweise nach einer Kraft, die alles Bisherige auflöst. Gleichzeitig macht uns die Ahnung, dass große Veränderungen auf uns zukommen könnten, Angst.

Mit dem Pluto-Transit in Konjunktion, Quadrat oder Opposition zu unserem Geburts-Saturn haben wir nun die Bescherung, die wir uns irgendwie immer wünschten, vor der wir uns alle aber auch mächtig gefürchtet haben. Das Schicksal nimmt nun seinen Lauf, wir können unseren Problemen und nötigen Entscheidungen nicht mehr ausweichen. Diese Transite bauen sich oft langsam auf, werden dann immer stärker und können noch Jahre nach ihrer Gradgenauigkeit nachwirken bzw. ihre Auswirkungen spüren lassen. Pluto, der Stirb-und-Werde-Planet, reißt die Mauern Saturns gnadenlos ein, seine Sprengkraft gleicht einer Bombe, die keinen Stein mehr auf dem anderen stehen lässt.

Unser Schutz ist weg. Was kann passieren? Der „Einbruch“ kann auf allen Lebensgebieten stattfinden, je nachdem, wo Pluto im persönlichen Horoskop auftaucht und angreift.

Privat kann es zu einer Trennung kommen, weil die Ehe zerbricht, beruflich zur Arbeitslosigkeit, einem Wechsel, einer totalen Umstrukturierung der Firma usw. Finanziell kann es zu herben Verlusten kommen und gesundheitlich zu größeren Einbrüchen. Ganz ehrlich: Man darf froh sein, wenn man diese Jahre einigermaßen gut übersteht.

Um die Bedeutung dieser Transite zu veranschaulichen: Saturn-Pluto-Spannungen bauen sich immer in den großen Krisenzeiten der Menschheit am Himmel auf. Und nun beschränkt sich das Ganze auf unser Leben. Klingt alles sehr negativ? Mag so erscheinen, ist es aber letztlich nicht. Denn diese Transite sind die ganz große Chance auf ein freieres und noch glücklicheres Leben als bisher.

Pluto zerstört das alte nur deshalb, damit wir endlich wieder durchstarten, uns weiterentwickeln und verwirklichen können. Jede Krise beinhaltet die Chance eines Wachstumsprozesses, und bei Pluto-Saturn-Spannungen ist diese besonders groß. Also sollten wir diese Transite doch positiv sehen. Das ist die richtige Lebenshaltung.

Man kann letztlich von sehr tiefgehenden Reinigungsprozessen sprechen, die unsere Seele und Persönlichkeit regelrecht erneuern. Saturn hat ja nicht nur mit dem angestauten Leid, den Erfahrungen und den Strukturen zu tun, die wir in diesem Leben aufgebaut haben.

Er ist auch der Träger der Erfahrungen, Weisheiten, Ziele, Entbehrungen und Schmerzen unserer Ahnen. Er hat all dies gesammelt, was sie erlebt haben und was in ihnen vorgegangen ist. Er verbindet uns im guten Sinne mit unserer Vergangenheit, er bindet uns aber auch an das Leid der Vergangenheit, das unsere gegenwärtige Entfaltung hemmt. Pluto rückt ins Bewusstsein, was verdrängt war, weil es nicht sein durfte. Er zerstört die alten saturnischen Formen und stellt uns vor das Nichts.

Ein schwieriger Zustand, der uns aber auch offen und kreativ macht. Große Widerstände wollen einen dabei oft zum Aufgeben zwingen. Doch Aufgeben ist keine Lösung. Loslassen wäre die bessere. Doch was loslassen? Im Zweifelsfall die gesamten alten Lebensformen, die jetzt einfach nicht mehr passen. Wir dürfen uns nicht länger unseren eigenen Einsichten widersetzen, müssen ins kalte Wasser springen, wenn wir der Sackgasse entkommen wollen. Es tut weh, Altes und Gewohntes aufzugeben, aber es ist gut und auch dringend nötig.

Der tiefere Sinn dieser Transite liegt in der Schaffung neuer Lebensstrukturen. Längere Phasen der Desorientierung sind normal, ja sogar wichtig, damit wir uns selbst neu spüren und entdecken. Also keine Panik!

Alles, was nicht zu einem gehört, fällt ab. Dinge, auf die wir zu großen Wert gelegt haben, beginnen sich zu relativieren oder werden gar bedeutungslos. Wer z. B. bis zu diesem Transit seinen Lebenssinn darin sah, so viel Geld wie möglich zu scheffeln, der wird jetzt erkennen müssen, dass Geld und Besitz nichts mit wirklichem Glück zu tun haben. Wer sich bisher nicht trennen konnte, muss es jetzt tun. Wer sich nicht getraut hat, seine Berufung zu leben, muss nun von seinem alten Job loslassen und ins kalte Wasser springen usw.

Wir haben durch diese Transite die große Chance, Vertrauen zu lernen, da wir zwangsläufig bewusst erkennen, dass wir das Leben weder manipulieren noch aufhalten und kontrollieren können. Es gibt eine göttliche Kraft, die es gut mit uns meint. Ihr sollten wir folgen. Genauso wichtig wird es nun aber sein, auf die eigenen Kräfte und Fähigkeiten zu vertrauen und Verantwortung für das eigene Leben und für die, die einem anvertraut sind, zu übernehmen. Wir werden in dieser Zeit sterben, um neu geboren zu werden.

Pluto-Transite (Konjunktion, Quadrat oder Opposition) **zum Geburts-Saturn in Bezug auf die Häuser**

Pluto tr. Saturn in Haus 1
Radikaler Wandel der Persönlichkeit, oft durch eine Trennung, Blockaden beginnen sich zu lösen, erkennt sich selbst, seine persönlichen Grenzen und schwierigen Seiten, will Hemmungen mit aller Macht abstreifen.

Pluto tr. Saturn in Haus 2
Gerät in eine große Krise, da er Geld und Menschen nicht loslassen kann, tiefer Wandel des Selbstwerts, Angst vor dem Leben und vor Verlusten zwingt zur Auseinandersetzung mit dem Tod und dem Vergänglichen.

Pluto tr. Saturn in Haus 3
Dunkle Vorstellungen können eine Depression auslösen, muss sein gesamtes Denken und seine Selbstdarstellung überprüfen und wandeln, belastender Alltag, der völlig neu organisiert und strukturiert werden muss, die angespannten Nerven erhöhen beträchtlich die Unfallgefahr.

Pluto tr. Saturn in Haus 4
Auflösung der Familie, sieht sich gezwungen, Haus oder Wohnung zu verlassen, Bauschäden und Renovierungsbedarf im Zuhause, die finanziell stark belasten, tiefe seelische Konflikte und dunkle Familiengeheimnisse dringen an die Oberfläche und müssen verarbeitet werden.

Pluto tr. Saturn in Haus 5
Schwierige Kinder, die Probleme bereiten, unguter Ausgang einer Liebesaffäre, kann sich über nichts mehr freuen, Gefahr von Schwermut und Depression, schöpferische und kreative Krise, Ziel ist, sich gegenüber dem Leben zu öffnen.

Pluto tr. Saturn in Haus 6
Muss seine gesamte Lebensführung überdenken und gesundheitliche Maßnahmen ergreifen, um gesund zu bleiben, totale Über-

forderung, muss Pflichten abgeben, verliert einen wichtigen Angestellten, erzwungener Stellungswechsel.

Pluto tr. Saturn in Haus 7
Leidet massiv unter einer Trennung, muss von einer aussichtslosen Beziehung loslassen, Niederlage bei einem Prozess, bekommt eine völlig neue und gereifte Einstellung zu Liebe und Partnerschaft.

Pluto tr. Saturn in Haus 8
Muss von Besitz loslassen, der der persönlichen Entwicklung entgegensteht, Todesfälle im näheren Umkreis, Gefahr von Angststörungen, die Tod, Krankheit und Geld betreffen, muss lernen, Vertrauen in das Leben zu finden.

Pluto tr. Saturn in Haus 9
Transformation der persönlichen Einstellungen und Werte, muss von festen Überzeugungen loslassen, die in eine Sackgasse geführt haben, Selbstvorwürfe und moralische Konflikte, die im Extremfall zu Depressionen führen, große Gefahren im Ausland.

Pluto tr. Saturn in Haus 10
Hat Probleme, die Vergangenheit loszulassen, letztlich aber radikaler und tiefer Umbruch der Lebensziele, ist ganz auf sich allein gestellt, privater wie beruflicher Neuanfang.

Pluto tr. Saturn in Haus 11
Schmerzhafter Verlust langjähriger Freunde, Aussieben von Freundschaften, die keine waren oder keine mehr sind, trennt sich von einengenden Gemeinschaften, muss seine soziale Haltung wandeln.

Pluto tr. Saturn in Haus 12
Hat Angst, den Boden unter den Füßen zu verlieren, fühlt sich verfolgt, bekommt psychische Probleme, da er sein Inneres nicht mehr ordnen kann, Gefahr von Krankenhaus- oder Gefängnisaufenthalt.

Pluto im Transit durch Haus 10
(irdischer Spiegel des Steinbocks, Zeichenherrscher Saturn)
Pluto und die Begegnung mit der Macht

Nicht viele Menschen erleben es, dass Pluto durch ihr 10. Haus läuft, den Bereich der Lebensziele, der beruflichen Ausrichtung und des öffentlichen Ansehens. Ohne Übertreibung darf hier von einer sehr bedeutungsvollen Zeit gesprochen werden, die das Leben in beinahe jeder Hinsicht transformieren und verändern kann.

Schließlich ist das 10. Haus, ein Eckhaus, so bedeutend für uns, da es eben mit unseren ganz großen Zielen zu tun hat und uns auffordert, Verantwortung in unserem Leben zu übernehmen. Und genau dieser Bereich muss nun unter dem Transformator Pluto völlig neu entwickelt und durchdacht werden. Verantwortungen, die früher unser Leben bestimmten und es zusammengehalten haben, weichen neuen Verpflichtungen und Zielen. Alles gerät ins Wanken, ja aus den Fugen, als würde die Erde durch einen kosmischen Sturm aus ihrer Bahn geworfen.

Natürlich ist in diesen plutonischen Transformationsprozess auch das gegenüberliegende 4. Haus, der Bereich von Herkunft, Familie und Wohnort, miteinbezogen. Am stärksten involviert ist es dann, wenn der laufende Pluto am MC steht und sich gerade anschickt, ins 10. Haus einzutreten. In dieser Phase steht Pluto direkt in Opposition zum IC, der Spitze des 4. Hauses. Bisweilen kann dies der Zusammensturz bisheriger Familienstrukturen bedeuten, etwa durch Krankheit, Tod, Trennung oder Umzüge, die auch beruflich bedingt sein können. Überhaupt greifen bei diesem Pluto-Transit berufliche und private Dinge oft ineinander, was z. B. dann der Fall sein kann, wenn ein Paar gemeinsam ein Geschäft führt und sich dann trennt. Pluto greift im Laufe seines Transits durch Haus 10 häufig auch die Achse AC-DC an, die mit dem „Ich“ und dem „Du“ verknüpft ist, und stellt damit massiv bestehende Partnerschaften, berufliche wie private, infrage.

Die Hauptwirkung von Pluto im Transit durch Haus 10 ist jedoch eine andere. Sie bezieht sich in erster Linie auf den Beruf.

Pluto entfesselt den Ehrgeiz der Betroffenen und erzeugt in ihnen ein teilweise riesiges Verlangen nach größtmöglichem Erfolg. Jetzt will man Großes erreichen, man will seinem Partner, seinen Freunden und Verwandten, überhaupt der ganzen Welt, zeigen, wozu man fähig ist.

Menschen, die jetzt genau wissen, was sie in ihrem Leben wollen und welche beruflichen Ziele sie haben, können unter diesem Pluto-Einfluss tatsächlich enormen Erfolg haben und oftmals in machtvolle und einflussreiche Positionen aufrücken. Voraussetzung ist allerdings, dass diese Menschen authentisch sind und genau das machen, was zu ihrem Leben, ihrer Persönlichkeit und ihrer Entwicklung passt. Ist dies der Fall, kann dieser Pluto durch nichts und niemanden aufgehalten werden. Geradezu traumhafte Karrieren sind jetzt im Bereich des Wahrscheinlichen.

Bestehen dagegen größere Unklarheiten, was den Beruf und die künftige Lebensausrichtung angeht, steht man möglicherweise gar in einem falschen Beruf bzw. hat eine verkehrte Lebens- und Berufsausrichtung, dann wirkt dieser Pluto-Transit wie eine Bombe, die alles Bestehende zerstört.

Aber auch dies ist keineswegs negativ zu begreifen. Sicher stehen Menschen, die lange Zeit etwas studiert und möglicherweise ihren Eltern zuliebe einen Beruf gewählt haben, der ihnen keine Erfüllung und keinen Erfolg brachte, zunächst vor einem Scherbenhaufen ihres Lebens. Dennoch dürfte das Positive überwiegen, da wir jetzt endlich bereit sind, einen anderen Weg einzuschlagen, einen Weg, der zu uns passt.

Pluto ist im 10. Haus ungemein herausfordernd, da er uns an unsere besonderen Möglichkeiten heranführen will, die oftmals weit hinter den Grenzen dessen liegen, was wir uns bislang zutrauten. Trauen und Zu-Trauen sind wichtigen Bausteine dieses Transits. Pluto will, dass wir Farbe bekennen, Mut zeigen und Verantwortung für unsere Entscheidungen übernehmen.

Manche Menschen schaffen es jetzt, sich aus ihrer Herkunftsfamilie zu lösen und, sollten sie bereits älteren Jahrgangs sein, endlich erwachsen und selbstständig zu werden. Pluto, der Magier, beschleunigt in diesen Jahren unsere Persönlichkeitsentwicklung. Am Ende wird uns dieser Transit große berufliche Erfahrung schenken, ganz besonders in einer freiberuflichen Tätigkeit, in der Menschenführung, Unternehmergeist und Kreativität gefordert sind, dass alle angestrebten Ziele erreichbar sind, sofern die Gesundheit mitspielt. Letzteres ist stets ein wenig risikobehaftet bei Pluto im Durchgang durch Haus 10, denn man neigt unter diesem Transit durchaus dazu, zu viel zu arbeiten und all seine Energie in den Beruf zu stecken.

Ein zweites hohes Risiko, das mit diesen gewaltigen Pluto-Energien verbunden ist, ist das Thema Macht. Denn: Unterordnung war einmal. Der übergroße Ehrgeiz und das Bedürfnis, ganz oben zu stehen und andere zu führen, kann jetzt durchaus jedes gesunde Maß überschreiten.

Brutale Durchsetzung und Machtmissbrauch führen letztlich zu heftigen beruflichen Kämpfen und Auseinandersetzungen, in deren Verlauf sich viele Menschen zusammenrotten könnten, um den nach Macht Strebenden zu stürzen. Auch diese Auslösung ist möglich.

Das Ganze hängt jedoch sehr stark von der gesamten charakterlichen Anlage eines Menschen ab. Bekommt ein eher roher, von Geburt an dominanter Typ diesen Transit, wird er keine Rücksicht auf andere nehmen und damit Machtkämpfe und Gegenwind herausfordern. Letztlich sind unter diesem Transit aber alle von der Gefahr eines Machtmissbrauchs bedroht, denn nichts kann Menschen so verführen und verändern wie die Macht. Also bitte aufgepasst!

Wer diesen Transit hat oder bekommt, der sollte sich auf berufliches Fortkommen und Erfolg konzentrieren. Er sollte aber auch behutsam mit anderen Menschen umgehen und niemals aus den Augen verlieren, was das Leben überhaupt lebenswert macht. Macht ist ein heißes Eisen, an dem wir uns ganz böse die Finger verbrennen können.

Pluto-Transit in Konjunktion, Quadrat oder Opposition zum Geburts-Uranus

Die Vergangenheit wird abgeschüttelt, um jeden Preis!

Eines ist gewiss: Große Veränderungen und Umbrüche im Leben sind jetzt nicht mehr aufzuhalten. Wenn der Pluto-Transit in Konjunktion, Quadrat oder Opposition unseren Geburts-Uranus berührt, haben wir das ganz starke Bedürfnis, alles abzustoßen und uns von allem freizumachen, was uns begrenzt, hemmt, einschränkt. Möglicherweise ist so ein Transit die größtmögliche persönliche Revolution, die wir in diesem Leben anzetteln können.

Unser Uranus ist in mächtigem Aufruhr, schließlich wird er von einer der stärksten Kräfte überhaupt, von Pluto attackiert. Pluto sendet unermesslichen Druck, provoziert und fragt, wie es um unsere persönliche Freiheit bestellt ist. Kann sein, dass wir in einem Beruf gefangen sind, der für das Geldverdienen nötig ist, der uns aber keinerlei Perspektiven mehr geben kann. Vielleicht sitzen wir auch in einer Partnerschaft fest wie der Vogel im goldenen Käfig.

Es gibt unzählige Möglichkeiten von Blockaden, die uns am Leben hindern und unsere Selbstverwirklichung hemmen. Worum es sich genau handelt, können nur das persönliche Horoskop und die aktuelle Lebenssituation klären. Fest steht: Man will nun raus aus allem, was einen einengt und einem als Lebenslast auferlegt wurde. Es kann jetzt keinen Kompromiss mehr geben, was diesen Moment, diese Monate und Jahre so sehr dramatisiert. Endlich ein freieres Leben, endlich raus aus der Maloche, den Umständen, die zwangsläufig in eine schlimmere Krankheit hineinführen würden.

In aller Regel haben sich diese Blockaden und Behinderungen, die zuletzt in diese Sackgasse geführt haben, über viele Jahre hinweg aufgebaut. Jetzt sind sie zu solch hohen Mauern geworden, dass sie nur noch mit Gewalt gesprengt werden können. Wir waren viel zu lange geduldig, haben fast alles hingenommen, vielleicht gelegentlich unserem Unmut Luft gemacht, um uns dann schnell wieder in unser Schicksal zu fügen.

Jetzt ist der Endpunkt erreicht. Schwerwiegende Entscheidungen, wie sie nun einmal zwangsläufig größere Umbrüche erfordern, stehen an. Und solche schweren Entscheidungen, die nötig sind, um das Alte und Belastende endgültig loszuwerden, bedeuten zudem größere Trennungsprozesse.

Die Entscheidung für den freieren Weg erfordert, dass wir uns gegen die Einengung entscheiden, die möglicherweise mit einer Beziehung, einer familiären oder auch beruflichen Situation verknüpft ist. Sich trennen kann wehtun, ja unglaubliche Schmerzen bereiten, und doch scheint unter diesen Transiten kein Weg daran vorbeizuführen.

Die Trennungen, die Umbrüche, die radikalen Veränderungen erscheinen ganz plötzlich, sozusagen aus dem Nichts heraus. Es wurde, wie gesagt, sehr lange etwas angestaut, das jetzt ohne jede Vorankündigung explodieren muss. Ein Schock für alle Beteiligten. Für die, die direkt von einem dieser Transite betroffen sind und natürlich auch für die Menschen, die eine enge Beziehung zu diesen unterhalten.

Und eines ist auch klar: Am Ende dieser Transite, am Ende dieses Prozesses, ist nichts mehr so, wie es einmal war.

Manchmal sehnen wir uns nach einem solch radikalen Umbruch, im Grunde genommen haben wir aber auch alle Angst davor, da der neue Weg immer ungewiss und mit vielen Gefahren verbunden ist. Was ist, wenn eine schwerwiegende und schicksalhafte Entscheidung falsch ist? Hätten wir die nötige Freiheit vielleicht auch anders erlangen können? Mussten diese radikalen Schritte sein, die nicht selten ein Feld der Verwüstung hinterlassen?

Fakt ist, dass diese Veränderungen, deren Charakter plutonisch und daher zwanghaft ist, große Risiken der späteren Enttäuschung in sich bergen. Und trotzdem sind sie nötig, werden uns vom Schicksal auferlegt, weil wir vorher niemals gegen die Einschränkungen aufbegehrt haben, weil wir zu schwach waren, uns die Freiheit zu nehmen, die uns zusteht. Wir haben den Konflikt vermieden, wollten nirgendwo anecken und haben damit letztlich das Gegenteil erreicht: Pluto über unserem Uranus ist nun die Bombe, die alles Alte zerstört, aber auch das wegnimmt, was uns nahe ist.

Natürlich schwebt über diesen Transiten eine gewisse Tragik, die unser von Pluto angestachelter Uranus zunächst nicht wahrnehmen will, die uns aber irgendwann einholen wird.

Es ist schwierig, bei diesen Transiten die richtigen Ratschläge zu geben. Man möchte hier am liebsten zurufen: „Vorsicht, jetzt bitte nichts überstürzen und gleich alles zerstören!“ Auf der anderen Seite gibt es vielfach kein zurück, da Pluto, der Zerstörer, die Geschicke lenkt und absolut keinen Kompromiss mehr kennt. Es ist, wie immer bei den ganz besonders schwierigen Pluto-Transiten, eine Gratwanderung.

Speziell bei Pluto kritisch zu Uranus müssen wir Neues anstreben, aber auch gleichzeitig aufpassen, dass wir durch allzu radikales Vorgehen keine verbrannte Erde hinterlassen. Wir sollten bei allem Druck, den Pluto auf unseren Uranus ausübt, noch menschlich bleiben und nicht zu hart gegenüber anderen auftreten, die unserer Befreiung in irgendeiner Form im Wege stehen.

Was können wir lernen, was ist die Botschaft dieser Transite? Auf jeden Fall geht es hier um die Erweckung des Geburts-Uranus, es geht um die Entdeckung der persönlichen Freiheit, mit der das Leben völlig neue Dimensionen für uns erhält. Menschen, deren höchster Lebenssinn die Persönlichkeitsentwicklung ist, wird jetzt erst richtig bewusst, dass das ganze Leben letztlich ein Kampf um Befreiung ist. Die Befreiung von äußeren und inneren Blockaden, der Weg hin zur Persönlichkeit, die selbstständig, aus freien Stücken handelt und entscheidet und ihr Leben selbst in die Hand nimmt und bestimmt. Das ist die Botschaft dieser Transite, die eine überfällige Befreiung anzeigen. Es kann so wie bisher nicht mehr weitergehen. Das steht fest.

Wir lernen aus diesen Zeiten, dass wir unsere Freiheit in Zukunft nicht mehr abgeben und damit unseren Uranus ausgrenzen dürfen, der uns sonst in Nervenkrisen hineinführt, unberechenbare Rebellionen anstiftet und zu plötzlicher Flucht bewegt. Sein Leben selbstbestimmt zu leben, ist angesagt. Uranus ist die Kraft der Selbstverwirklichung, die unter diesen Transiten freigesetzt wird.

Pluto-Transite (Konjunktion, Quadrat oder Opposition) **zum Geburts-Uranus in Bezug auf die Häuser**

Pluto tr. Uranus in Haus 1
Kann keine Enge ertragen, verlässt sein Umgebung, um neu anfangen zu können, muss lernen, die Freiheit zunächst in sich und nicht in äußeren Befreiungsschlägen zu finden.

Pluto tr. Uranus in Haus 2
Plötzliche Geldverluste, viele unerwartete Zahlungen, die ein Loch in die Kasse reißen, muss nach völlig neuen Geldquellen Ausschau halten, setzt durch voreilige Handlungen Entwicklungen in Gang, die nur noch schwer gestoppt werden können.

Pluto tr. Uranus in Haus 3
Nervenkrisen, wandelt am Rande der Verrücktheit, Überforderung durch aufreibenden Alltag, Rastlosigkeit, die zu Unfällen führen kann, unglaubliche Intuition, die viele Entwicklungen im Voraus erkennen lässt.

Pluto tr. Uranus in Haus 4
Schwierige Lebensumbrüche und Umzüge, die viel Kraft und Nerven kosten, muss seine Heimat verlassen, verlässt seine Herkunftsfamilie, der er sich noch nie zugehörig gefühlt hat, fühlt sich total entwurzelt und muss versuchen, sich eine neue Heimat zu schaffen.

Pluto tr. Uranus in Haus 5
Ekstatische Liebesabenteuer und Affären, die ein Gefühl der Freiheit geben, die aber ebenso schnell wieder vorbei sind, wie sie gekommen sind, trennt sich vorschnell, Loslösung von Kindern.

Pluto tr. Uranus in Haus 6
Eine Tätigkeit, die völlig überfordert und Nervenkrisen heraufbeschwört, wechselt von einer Stelle zur nächsten, kann und will sich einfach nicht unterordnen, erhöhte Reizbarkeit, Rebellion.

Pluto tr. Uranus in Haus 7
Gewaltsame Befreiung aus einer Ehe, will sich nicht länger einsperren und unterdrücken lassen, Streben nach völliger Unab-

hängigkeit, Scheidung, Prozess, geht von einer Beziehung in die nächste.

Pluto tr. Uranus in Haus 8
Bricht ein Tabu nach dem anderen, will sich mit Gewalt von allen äußeren Beschränkungen und inneren Blockaden befreien, will sexuell alles auskosten, radikale Umstellungen und Wandlungen.

Pluto tr. Uranus in Haus 9
Skurrile Denkweisen und auf radikale Freiheit gerichtete Weltanschauungen, beginnt sich intensiv mit Astrologie und anderen esoterischen Wissenschaften auseinanderzusetzen, Unfallgefahren, sollte vor allem Flugreisen vermeiden.

Pluto tr. Uranus in Haus 10
Dramatische Lebensumbrüche, startet einen völlig neuen Beruf, größtes Ziel ist die berufliche Unabhängigkeit, schließt mit dem alten Leben endgültig ab, um in eine neue Zukunft aufbrechen zu können.

Pluto tr. Uranus in Haus 11
Aufregung, Ärger und Umbrüche in sozialen Verbindungen, Bruch mit einer Freundesclique oder sonstigen Gemeinschaften, die einengen und der eigenen Entwicklung im Wege stehen.

Pluto tr. Uranus in Haus 12
Bricht aus, flüchtet aus seiner Umgebung, wird zum Aussteiger, kann die Welt nicht mehr ertragen, Gefahr von paranoiden Persönlichkeitsstörungen und Nervenkrisen, gesteigerte Intuition.

Pluto Transit durch Haus 11

(irdischer Spiegel des Wassermanns, Zeichenherrscher Uranus)

Zukunftspläne und Freunde – sie kommen und sie gehen

Pluto Im Transit durch das 11. Haus kündigt den Tod von Freundschaften im übertragenen Sinne an. Manchmal sterben jetzt auch

Freunde, was aber keineswegs geschehen muss. Die Wahrscheinlichkeit ist sehr viel größer, dass Freundschaften zu Ende gehen, weil man sich ganz einfach nichts mehr zu sagen hat.

Verändert haben sich vor allem die eigenen Ideale, die Zukunftspläne und die Erwartungen an das Leben, was zwangsläufig zu Entfremdungen von Menschen führt, die einen einst sehr wichtig waren, da sie damals ganz einfach in das eigene Leben hineingepasst haben.

Das ist nun vorbei. Es werden nun Menschen angezogen, die einen plutonischen Charakter haben, die einen im plutonischen Sinne stark faszinieren, die Stärke und Macht ausstrahlen und einen enorm beeinflussen, wenn nicht gar völlig in ihren Bann ziehen.

Diese Freundschaften haben es in sich, da sie einen letztlich von Grund auf wandeln und verändern. Dies kann positiv sein, es kann aber auch zu einer bedenklichen persönlichen Entwicklung führen, sofern der Einfluss dieses oder dieser neuen Freunde eher negativ und destruktiv ist, was bei Pluto-Themen nicht ausgeschlossen ist. Beim Pluto-Transit durch Haus 11 können Freunde auch primitiv, gewalttätig und kriminell sein.

Kritisch scheint dieser Pluto-Transit durch das 11. Haus vor allem bei Kindern und Jugendlichen, die sich nur schwer oder gar nicht solch starker Charaktere erwehren können, die im Laufe dieser Jahre in ihr Leben treten. Hier heißt es von Seiten der Eltern unbedingt aufgepasst!

Pluto im Transit durch Haus 11 zeigt grundsätzlich an, dass wir intensiver leben und Erfahrungen sammeln wollen, die uns weiterbringen. Manchmal schließen wir uns in solchen Zeiten Gruppen und Gemeinschaften an, die eine Leidenschaft eint und die ein gemeinsames Ziel verfolgen. Aber auch hier sollte man sich wieder vor fanatischen Aktionen und Menschen hüten, die keine Moral besitzen.

Wichtig ist in dieser Zeit, um es zusammenfassend zu sagen, dass wir uns von oberflächlichen Kontakten und Freundschaften lösen, die uns möglicherweise in einer Welt gefangen halten, in die wir nicht mehr hineingehören. Wir sollten uns jetzt aber auch nicht von neuen Freunden fangen lassen, die uns erneut irgendwelche Abhängigkeiten schaffen und uns unfrei machen. Denn der gesamte Umbruch, der in diesen Jahren stattfinden soll, hat letztlich ein freieres Leben als oberstes Ziel. Es gilt, künftig den eigenen Visionen zu folgen, ohne dabei zu viele Kompromisse zu machen.

Pluto-Transit in Konjunktion, Quadrat oder Opposition zum Geburts-Neptun

Das Labyrinth, das zu uns selbst führt

Pluto-Transit in Konjunktion, Quadrat oder Opposition zum Geburts-Neptun deutet auf Turbulenzen und Erschütterungen in der Psyche und auf einen tiefgreifenden Wandel der eigenen Werte hin. Illusionen werden aufgedeckt, und es kann sein, dass wir zeitweise unsere innere Führung verlieren und vielleicht sogar orientierungslos werden. Leben und Schicksal zwingen uns zu einer intensiven Auseinandersetzung mit unserem Inneren. Was ist wahr, was darf ich noch glauben, ist die ganz große Frage dieser Zeit.

Der Pluto-Transit in Opposition zum Geburts-Neptun ist momentan kaum zu erreichen. Das Lebensalter müsste dann schon weit über 100 Jahre sein, weshalb wir hier nur die Konjunktion und das Quadrat des Pluto zum Geburts-Neptun erwähnen. Das Quadrat trifft aktuell die Menschen in den späten Sechziger-Jahren und verschiebt sich bei den jüngeren Generationen langsam in das noch höhere Alter.

Neptun hat, wie bekannt, mit unserer Psyche (griech. Hauch, Atem) zu tun, die im Altertum noch mit der Seele gleichgesetzt wurde. Tatsächlich hat Neptun, die Psyche, mit unserem Innenleben zu tun, ist aber noch mehr eine Art Ausdruck von Geist und Seele, die Summe von Fühlen und Denken. Spirituell gesehen hat Neptun auch mit höherer geistiger Führung, im Negativen mit Sucht und Besessenheit zu tun.

Pluto im spannungsvollen Transit zu Neptun schlägt nun in diese Welt wie eine Bombe ein, bringt unter Umständen Denken und Fühlen völlig durcheinander, weil er eben alles auf den Kopf stellt.

Im Extremfall kann dies bei weniger stabilen Naturen zu einer totalen geistigen Verwirrung führen.

Aber auch starke Menschen sind jetzt geistig oft an einem Tiefpunkt angelangt und benötigen unter Umständen psychotherapeutische Unterstützung. Pluto zu Neptun geht schleichend voran, besetzt das Innere oft mit unbekannten, düsteren und auch verdrängten Bildern aus der Vergangenheit, die zutiefst verunsichern können. Albträume von nie gekannter Intensität können auftauchen.

Kaum einer von außen kann in dieser Phase sehen, erkennen und nachvollziehen, was in uns vorgeht, sodass wir die Reaktionen der Menschen auf uns und unsere Wünsche, Empfindungen und Ängste oft als sehr unpassend, gefühllos, ja rücksichtslos empfinden. Es ist schwer, sich zu artikulieren und anderen mitzuteilen, was einen innerlich quält und belastet, da man das selbst oft nicht so genau weiß. Allmählich kann sich auf diese Weise der Kontakt zu nahen Menschen unmerklich verschlechtern.

Enttäuschungen machen sich breit, scheinen übermächtig zu werden, kratzen an den bisherigen Werten und der Bereitschaft, seinen Idealen zu folgen. Im schlimmsten Falle überfällt einen das Gefühl der Sinnlosigkeit, was einen wiederum von anderen entfremdet und in die Orientierungslosigkeit führt.

Das Dramatische an diesen Transiten ist, dass einem niemand wirklich helfen kann, vielleicht noch am ehesten ein guter Therapeut, der nicht immer einfach zu finden ist. Pluto zieht uns in das Unbewusste hinein, das wie ein Labyrinth ist, aus dem wir selbst herausfinden müssen.

Und wie stellen wir das an? Und überhaupt: Welche Aufgabe steckt hinter diesen Transiten? Letztlich sollen uns diese Irrwege wieder zu uns selbst führen, denn wir haben uns verloren, leben in einer Scheinwelt, weil wir unter Umständen zu sehr der äußerlichen Welt und ihren Lügen gefolgt sind. Und plötzlich stehen wir in diesem Irrgarten, haben uns verirrt. Wo sind unsere Ideale geblieben, welchen Weg wollten wir gleich wieder einschlagen, und welchen Sinn hat das Leben?

Es ist eine Zeit, die uns auffordert, nein, uns dazu zwingt, dass wir uns mit unserem Denken, Fühlen, unserem Inneren beschäftigen. Wir müssen uns auf eine Abenteuerreise begeben, indem wir in diese Parallelwelt, in die Wirklichkeit hinter der sichtbaren Welt, hineingehen, um uns selbst und unser Leben erkennen zu können. Ja, es ist ein Abenteuer, das – so ehrlich muss man sein – auch gefährlich sein kann.

Umso wichtiger ist es jetzt, dass wir uns einer höheren inneren Führung anvertrauen, dass wir dabei aber authentisch bleiben, nicht abheben und neuen Illusionen aufliegen, wie das häufig in der Esoterikszene beobachtet werden kann.

Wir dürfen nicht weiter fliehen vor uns selbst, müssen in den Spiegel schauen, auch wenn uns nicht alles, was wir da sehen, gefällt. Es geht darum, die Realität anzuerkennen und gleichzeitig Ideale und Werte neu zu entdecken, denen keine materielle Wirklichkeit etwas anhaben kann und die wir im Hier und Jetzt verwirklichen können. Dies ist zumindest ein höherer Anspruch dieser Transite.

Menschen, die sich nicht mit ihrem Inneren beschäftigen, können jetzt resignieren, sich selbst verlieren, innerlich aufgeben, chronisch krank werden oder geistig verwirren. Es ist daher ein Gebot dieser Zeit, sich mit der Seele zu beschäftigen, eine Psychotherapie zu machen, an (Systemischen oder Astrologischen) Aufstellungen teilzunehmen, sich mit Astrologie und Tiefenpsychologie zu beschäftigen. Wir brauchen jetzt inneren Halt, der uns nur durch wirkliche Erkenntnisse gegeben werden kann.

Auf diesem Weg des Erkennens müssen wir alles aus uns herausholen, auch die schlechten und komischen Eigenschaften sowie alle persönlichen Unzulänglichkeiten, die wir bislang geschickt vor unserer Umwelt verbergen konnten.

Es geht, wie gesagt, darum, authentisch zu werden und uns, wie bei allen schwierigen Transiten von langsam laufenden Planeten, von inneren Blockaden zu lösen.

Pluto-Transite (Konjunktion, Quadrat oder Opposition) **zum Geburts-Neptun in Bezug auf die Häuser**

Pluto tr. Neptun in Haus 1
Geht durch tiefe Täler der Enttäuschung, großer innerer persönlicher Wandel kann zu neuen Zielen, Umzug und Trennung führen, erkennt, dass sein gutes Gespür und seine Gefühle eine enorme persönliche Stärke sind.

Pluto tr. Neptun in Haus 2
Geld- und Besitzverluste durch Betrug, Leichtgläubigkeit und den Versuch, durch geringen Aufwand viel Geld zu verdienen, zweifelt an sich selbst wie noch nie, muss sich seiner Schwächen wie Stärken bewusstwerden.

Pluto tr. Neptun in Haus 3
Alltag läuft völlig aus dem Ruder, kann zeitweise keinen klaren Gedanken mehr finden, ist aber auch phasenweise, was das Schreiben und Reden betrifft, inspiriert wie noch nie, Schaden durch Unwahrheiten, die selbst verbreitet werden oder durch andere, die einem nicht gut gesonnen sind.

Pluto tr. Neptun in Haus 4
Fühlt sich zutiefst entwurzelt, sehnt sich nach einer neuen Heimat, Auftauchen von schmerzhaften und erschütternden Familiengeheimnissen, die unbedingt einer Aufarbeitung bedürfen.

Pluto tr. Neptun in Haus 5
Schlittert in eine verhängnisvolle Affäre hinein, weiß nicht mehr, was er fühlen und empfinden soll, verliebt sich in ein Hirngespinst, hat Probleme, zwischen Wunsch und Wirklichkeit zu unterscheiden, wird verführt und ausgenutzt.

Pluto tr. Neptun in Haus 6
Krankheiten, die psychosomatischer Natur sind, Gefahr Opfer von Mobbing und Intrigen am Arbeitsplatz zu werden, wird unmerklich aus seinem Job hinausbugsiert, totale Schwächegefühle, kann den Anforderungen seines Berufes nicht mehr standhalten.

Pluto tr. Neptun in Haus 7
Auflösung der Ehe unter mysteriösen Umständen, Enttäuschung in Liebe und Partnerschaft, große Sehnsüchte und Erwartungen in der Liebe, die nicht erfüllt werden, muss seine Auswahlkriterien in Hinblick auf die Partnerschaft überdenken.

Pluto tr. Neptun in Haus 8
Innerlich stark bewegende Fragen über den Tod, große Angst vor Verlusten, die aber auch völlig unbegründet sein können, zeitweiliges Gefühl, verfolgt zu werden, beschäftigt sich mit seiner karmischen Vergangenheit, erhöhte Suchtgefahren.

Pluto tr. Neptun in Haus 9
Bisherige Weltanschauung löst sich im Nichts auf, geht im Ausland verloren, wird von gefährlichen Gurus und religiösen Fanatikern geblendet und verführt, muss von Lebenslügen loslassen und der Realität ins Auge schauen.

Pluto tr. Neptun in Haus 10
Verliert berufliche Perspektiven, kein Ziel, Gefahr von Resignation, muss sich erst intensiv mit seinem Inneren auseinandersetzen, um zu erkennen, welchen Weg er gehen will.

Pluto tr. Neptun in Haus 11
Freundschaften, die sich unter merkwürdigen Umständen auflösen und Spuren der Enttäuschung hinterlassen, persönliche Werte, Wünsche und Hoffnungen, die einem tiefen Wandel unterworfen sind und letztlich neue Wege ebnen.

Pluto tr. Neptun in Haus 12
Hat das Gefühl, den Verstand zu verlieren, da unbewusste Kräfte zeitweise übermächtig zu werden drohen, wird Opfer von bösen Intrigen, neigt unter Umständen aber auch zu paranoidem Verhalten, muss seine Psyche völlig neu ordnen und programmieren und sich dafür Hilfe suchen, dringt in die tiefen Schichten seines Unbewussten vor, hat wegweisende und prophetische Träume.

Pluto im Transit durch Haus 12
(irdischer Spiegel der Fische, Zeichenherrscher Neptun)
Sich endlich von großen inneren Lasten befreien

Im Laufe unseres Lebens drängen wir viel Unangenehmes einfach weg, die Dinge, die uns stören und mit denen wir uns nicht auseinandersetzen wollen. Dabei kann es sich etwa um Leidenschaften handeln, die nicht gesellschaftsfähig sind und nicht sein dürfen, es kann sich um eigene Charakterzüge handeln, die vielleicht von anderen schon einmal kritisiert wurden, die wir aber auf keinen Fall wahrhaben wollen, und es kann sich um zwischenmenschliche Beziehungen handeln, die wir einfach auf die Seite geschoben haben, weil wir mit diesem oder jenem Menschen nicht zurechtkommen.

Es gibt letztlich viele Dinge, die wir verdrängt haben, und es gibt zahlreiche Gründe dafür, warum wir uns mit ihnen nicht auseinandersetzen wollen. Das Auftauchen Plutos in unserem 12. Haus ist nun ein Zeichen dafür, dass wir ganz einfach zu viel in unserem Inneren von diesen unbewältigten Konflikten angehäuft haben und dass es an der Zeit ist, diese aufzuarbeiten.

In vielen Fällen wird das nicht ohne Hilfe von außen gelingen, weshalb therapeutische Maßnahmen in diesen Jahren sehr bedeutend für die weitere persönliche Entwicklung sind. Pluto im Transit durch Haus 12 ist das Großreinemachen in unserem Inneren, was wiederum die Voraussetzung dafür ist, dass wir uns persönlich wandeln können, wenn Pluto im Anschluss den Aszendenten überquert und in das 1. Haus eintritt.

Nötig werden in der Realität diese Aufarbeitungsprozesse deshalb, weil Pluto im 12. Haus oftmals unbewusste und triebbetonte Zwangshandlungen provoziert und weiter ausbaut, also Handlungen, die einfach gemacht werden, gegen die eigene Einsicht, und die trotz aller persönlicher Bemühungen einfach geschehen.

Schwelende Süchte, wie unstillbares Verlangen nach Sex, Drogen und Alkohol, können endgültig zur krankhaften Sucht werden, auch deshalb, weil verdrängte Wünsche nach Liebe und Nähe und einer Sexualität, die nicht nur körperlich, sondern auch emotional zutiefst befriedigt, verdrängt und unterdrückt wurden.

Unsere Leidenschaften und unsere Triebe gehören zu uns und wollen von uns akzeptiert und angenommen werden, da sie sich ansonsten wie ein angeschossenes wildes Tier zur Wehr setzen und außer Kontrolle geraten. Das alles will uns dieser Pluto sagen.

Tiefe Gewissenskonflikte können einen hier in psychische Krisen stürzen, die unter Umständen in psychische Erkrankungen münden. Der Grat zwischen gesund und normal ist in vielen Fällen sehr schmal, da Pluto im 12. Haus schon eine gewaltige Wirkung auf die Psyche hat und alles von unten nach oben kehrt und umgekehrt.

Gewissensnöte und Schuldgefühle, die eben durch die außer Kontrolle geratenen Leidenschaften entstehen oder die mit nahen Menschen zu tun haben, die auf irgendeine Art und Weise vernachlässigt werden oder wurden, mit denen man im Streit liegt usw., gehören sicher zu den größten Belastungen, die während dieses Transits auftauchen.

Und genau deshalb ist es so wichtig, dass wir uns endlich mit diesen dunklen Flecken in unserem Leben bewusst auseinandersetzen und sie nicht weiter mitschleppen. Denn diese inneren Lasten können uns schwer, ja depressiv machen und uns letztlich daran hindern, aufzuleben, uns zu verwirklichen.

Pluto-Transit in Konjunktion, Quadrat oder Opposition zum Geburts-Pluto

Die schicksalhafte Wandlung mit karmischem Charakter

Pluto-Transit in Konjunktion, Quadrat oder Opposition zum Geburts-Pluto kommt allenfalls um die Geburt herum vor, sofern Pluto kurz nach der Geburt noch einmal rückläufig wird. Eine spätere Konjunktion ist aufgrund der langsamen Bewegung Plutos von der Lebenszeit her nicht mehr zu erreichen.

Das Quadrat Plutos zu Pluto findet aufgrund der stark schwankenden Laufzeit Plutos durch ein Zeichen frühestens in den späten dreißiger Lebensjahren statt, die Opposition frühestens in den späten achtziger Lebensjahren.

Es handelt sich hier um Transite, über die es noch wenig astrologische Literatur gibt, da sie eben höchstens ein- bis zweimal im Leben vorkommen. Es fehlen einfach noch ausreichende Erfahrungen mit dem Pluto-Transit im Quadrat oder in Opposition zum Geburts-Pluto, auch wenn Pluto bereits 1930 entdeckt wurde. Aber, es braucht halt doch immer einen sehr großen Zeitabstand, bis aus Beobachtungen endlich Gewissheit wird.

Einige Astrologen sprachen in der Vergangenheit davon, dass Pluto-Pluto-Transite vor allem die Wirkung des Geburts-Plutos verstärken würden, je nach Winkel, in positiver wie negativer Hinsicht.

Von einer verstärkten Wirkung des Geburts-Plutos dürfen wir auf jeden Fall ausgehen, wenn Pluto im Transit ein Quadrat oder eine Opposition zum Geburts-Pluto macht. Spannungswinkel fordern ja immer heraus. Unser Geburts-Pluto hat viel mit unserem Karma zu tun, mit Erlebnissen, die wir längst vergessen haben, und er hat auch mit verlorenen Seelenanteilen zu tun, die ein unerlöstes Schattendasein fristen und die zu uns zurückwollen, damit wir wieder in uns ruhen können, uns vollständig in unserer Kraft befinden. Denn Pluto hat als stärkster Planet überhaupt sehr viel Kraft und Macht, mit seiner Magie können wir alles schaffen und erreichen, alle Grenzen überwinden.

Spricht Pluto im Spannungswinkel unseren Pluto an, tauchen zunächst einmal Altlasten aus der Vergangenheit auf, an denen wir „auf Teufel komm raus" festgehalten haben, auch wenn sie uns quälten und belasteten und unser Leben irgendwie blockierten. Denn Pluto ist ja auch der Kontrollmeister in unserem Leben, der aus Verlustängsten heraus an Menschen, Dingen, Situationen festhalten lässt.

Oft handelt es sich hierbei um latente Probleme, die wir innerlich weggeschoben haben, weil sie nicht sein durften oder ganz einfach nur unangenehm waren. Pluto zu Pluto macht uns diese Fessel mit der Vergangenheit und unseren eigenen Unzulänglichkeiten bewusst. Pluto fordert unseren Pluto auf, sich jetzt erneut zu wandeln, seine karmische Aufgabe zu erfüllen, die durch die Häuserstellung Plutos und seine Aspekte im Horoskop angezeigt ist.

Wandel, Transformieren, sich noch einmal erneuern, ist das Gebot dieser Transite, die sehr bestimmt und konzentriert auf das hinweisen, was wir versäumt haben, wozu wir uns unter Umständen nicht in der Lage fühlten, da uns Selbstbehauptung und Durchsetzungskraft gefehlt haben. Dieses Gefühl der Ohnmacht kann auch jetzt wieder Besitz von uns ergreifen.

Dieses Ohnmachtsgefühl bleibt aber nur so lange bestehen, wie wir eben an alten Überzeugungen, Lebenssituationen und Menschen festhalten, die uns nicht guttun. Loslassen ist der Schlüssel, um diese Transite gut zu bewältigen, um frei zu werden von den schier unerträglichen Lasten und Verstrickungen der Vergangenheit, die uns möglicherweise in einem Leben festgehalten hatten, das wir so nicht wollten.

Der innerliche Wandel muss vorausgehen, bevor irgendetwas im Äußeren geschehen kann. Auch das entspricht der Natur Plutos, der unter der Oberfläche, in der Tiefe tätig ist. So kann es sein, dass wir kaum ein äußeres Geschehen bei diesen Transiten beobachten können, zumindest nicht sofort. Es kann schon zwei bis drei Jahre dauern, bis diese Pluto-Transite endgültig in das Bewusstsein rücken.

In den späten dreißiger Lebensjahren kann Pluto Quadrat Pluto zu den ganz großen privaten wie beruflichen Lebensumbrüchen führen, indem er im Inneren die Voraussetzung dafür schafft. Man will möglicherweise in diesem Leben, in dieser Ehe oder (und) diesem Beruf nicht mehr gefangen bleiben, weil sich im Inneren so viel geändert hat und weil Beschränkungen bewusstwerden und gleichzeitig verdrängte Seelenanteile endlich gelebt werden wollen. Ein Prozess, der, wie gesagt, nicht von heute auf morgen geht, der dafür aber umso einschneidender im Leben sein kann.

Lebensumbrüche, die jetzt stattfinden, finden „auf den letzten Drücker“ statt, sind unter Umständen bereits seit mehreren Leben überfällig. Irgendwann einmal gilt es, die Verstrickungen der Vergangenheit zu entwirren und zu lösen. Die Zeit ist jetzt gekommen.

Man fängt noch einmal ganz von vorne an und ist oft jetzt erst bereit, seine Vergangenheit loszulassen.

In den späten achtziger Lebensjahren ist Pluto in Opposition zu Pluto natürlicherweise mit dem Tod verbunden. Das Lebensende naht, Pluto ist der Herrscher über den Tod. Was jetzt noch kommt, ist vor allem ein innerer Wandel, was den Tod betrifft, zumindest eine starke Auseinandersetzung mit diesem Thema. Wieder geht es um das Loslassen und die Frage: „Muss ich mit aller Kraft am Leben festhalten? Wie stark ist meine Kontrolle, wie groß mein Vertrauen?"

Pluto Transit Pluto ist wie die Schlange, die sich in ihren Schwanz beißt und dabei einen geschlossenen Kreis bildet. Ein uraltes Symbol der Ouroboros, das sich bereits in der Ikonografie des Alten Ägyptens und im Tarot „Der Eingeweihten" findet. Es steht für Ganzheit, die Kraft, die in sich ruht und völlig autark ist. Die Schlange ist ein Pluto-Symbol, weshalb gerade der spannungsgeladene Winkel von Pluto zum Geburts-Pluto eine Aufforderung ist, Ganzheit anzustreben, verlorene Seelenanteile zurückzuholen und die Schatten, die bislang ein Eigenleben führten und die möglicherweise mit allerlei Zwängen und unbeherrschten Leidenschaften einhergingen, zu integrieren.

Die Botschaft dieser Transite ist eindeutig. Sie lautet: „Erneuere dich, erkenne deine wahre Kraft und Bestimmung" oder anders ausgedrückt: „Nimm endlich deinen Pluto an, sag ja zu deinen Leidenschaften, ja zu deiner Macht."

Pluto-Pluto hat mit Sterben und Erlösung, mit Geburt und Wiedergeburt zu tun. Transite, die leise kommen und sich doch so unglaublich gewaltig aufbauen, dass sie nur schwer in Worte zu fassen sind. Es sind Transite der Vollendung, die uns von karmischen Belastungen befreien und uns zu unserer wahren Stärke führen können.

Pluto-Transite (Konjunktion, Quadrat oder Opposition) **zum Geburts-Pluto in Bezug auf die Häuser**

Pluto tr. Pluto in Haus 1
Starker Wandel der Persönlichkeit, stößt mit seiner Kontrollsucht an Grenzen, muss seinen Anspruch auf Dominanz zurückstellen und wandeln, da es ansonsten zu vielen Trennungen kommt.

Pluto tr. Pluto in Haus 2
Geld- und Lebensgier, die zu Auseinandersetzungen und Machtkämpfen führen, Annehmen verdrängter Wesensanteile führt zum Aufbau eines neuen Selbstwerts.

Pluto tr. Pluto in Haus 3
Wird von fixen Gedanken, Vorstellungen und Ideen gequält, die es loszulassen gilt, tiefer Wandel des Alltags, der Selbstdarstellung, des Denkens und der Überzeugungen.

Pluto tr. Pluto in Haus 4
Machtkämpfe innerhalb der Familie, Loslassen von familiären Verstrickungen macht den Weg für eine glücklichere und erfolgreiche Zukunft, will endlich eigene Wege ohne jede Bevormundung gehen.

Pluto tr. Pluto in Haus 5
Muss von Kindern loslassen, die ihren eigenen Weg gehen wollen, Abbruch von Liebesbeziehungen, in denen man gefangen ist, starke sexuelle Energien, die übermächtig zu werden drohen.

Pluto tr. Pluto in Haus 6
Verwickelt sich in ungute Machtkämpfe am Arbeitsplatz, sieht sich gezwungen, seine gesamte Lebensführung und sein Verhältnis zum Thema Gesundheit zu wandeln, löst sich von einer Arbeit, die krank macht.

Pluto tr. Pluto in Haus 7
Abhängigkeiten, die immer noch unerträglicher werden und zu Auseinandersetzungen und Machtkämpfen führen, Ende einer Ehe, Liebesbeziehung oder (und) geschäftlichen Partnerschaft.

Pluto tr. Pluto in Haus 8
Intensive Erfahrungen und Auseinandersetzung mit dem Tod, lernt loszulassen und sich zu wandeln, setzt sich mit sexuellen Zwängen auseinander, geht aus einer Krise erstarkt hervor.

Pluto tr. Pluto in Haus 9
Appelliert an das Gewissen anderer, um sie zu manipulieren, Neigung zu Schwarzer Magie, intensives und schicksalhaftes Ringen um Wahrheiten in einem höheren Sinne, alte Glaubensmuster werden endgültig gewandelt und begraben, neue Wege werden sichtbar.

Pluto tr. Pluto in Haus 10
Neigung zu Machtmissbrauch, schwierige Charakterzüge treten hervor und führen zu beruflichen Machtkämpfen und überhaupt zu vielen Auseinandersetzungen, alte Ziele sterben völlig ab, gleichzeitig tauchen neue große Lebensperspektiven auf.

Pluto tr. Pluto in Haus 11
Freundschaftliche Verstrickungen werden unerträglich und beginnen sich aufgrund von Machtkämpfen aufzulösen, sieht sich gezwungen, sein soziales Verhalten zu verändern, um nicht alleine, ohne Freunde, dazustehen.

Pluto tr. Pluto in Haus 12
Heimliche Leidenschaften, die zunehmend belasten, Seele und Psyche müssen entrümpelt werden, tiefe innere Erfahrungen führen zu einer völligen Erneuerung.

Pluto im Transit durch Haus 8
(irdischer Spiegel des Skorpions, Zeichenherrscher Pluto)

Todesfälle, Erbschaften und Antworten auf große Lebensfragen

Wenn Pluto in das 8. Haus eintritt, kehrt er in den Bereich hinein, in dem er seine größte Kraft entfaltet. Und diese ist bei Pluto gewaltig. Da Pluto der Stirb-und-Werde-Planet ist, der dafür sorgt, dass wir uns innerlich wie äußerlich immer wieder erneuern, wird er jetzt alle dafür nötigen Wandlungen einleiten, seien sie gesundheitlich, privat oder beruflich. Durch diesen permanenten Wandlungsprozess kann es uns gelingen, sehr viel schneller als zu anderen Zeiten belastendes Karma abzubauen.

Zu den großen Hauptthemen dieser Jahre gehören neben dem persönlichen Wandel der Tod und die Wiedergeburt. Viele, die diesen Transit haben, beginnen, sich mit der Frage auseinanderzusetzen, ob es ein Leben nach dem Tod gibt und wie dieses aussehen mag.

Angestoßen wird diese Frage oftmals durch Todesfälle in der näheren Umgebung, was sein kann, aber nicht muss. Auf jeden Fall beginnen wir, uns nun die wichtigen Fragen des Lebens zu stellen und gewinnen durch diesen Transit an Tiefgang, sofern wir vorher bereits ein Mensch waren, der es gewohnt ist, sich mit inneren Dingen auseinanderzusetzen. Menschen, die geistig arbeiten, entwickeln großen Einfluss auf andere Menschen, verlieren die Angst vor dem Tod und erkennen die Macht von Pluto, der durch Wandel und Regeneration wahre Wunderheilungen vollbringen kann.

Im Krankheitsfall kann einem dieser Pluto auch selbst helfen, von schlimmsten Krankheiten zu genesen, sofern man innerlich loslassen und im übertragenen Sinne sterben kann.

Beschäftigen werden wir uns natürlich auch mit allen anderen Tabuthemen, wie etwa die Sexualität, die eine göttliche Kraft ist und zu einer wundervollen transzendentalen Erfahrung werden kann, sofern wir, wie im Augenblick des Todes, bereit sind, loszulassen.

Auf der ganz profanen Ebene sollten wir darauf achten, in diesen Jahren keine großen Schulden aufzubauen, da das 8. Haus mit Vermögen zu tun hat und Pluto immer dazu neigt, stark zu binden und zu verwickeln.

Abhängigkeiten könnte der Herr der Unterwelt auch vom Partner schaffen, sofern ein gemeinsames Vermögen besteht oder versucht wird aufzubauen.

Nicht selten erleben wir auch schicksalhafte Erbschaften unter dem Pluto-Transit durch das 8. Haus, der hier Macht und Einfluss durch Geld und Vermögen bringen kann.

Menschen, die nur im Außen leben und an nichts glauben können, wird dieser Transit unter Umständen mächtig zusetzen, da er jedes oberflächliche Leben durch den Tod und die Vergänglichkeit, die er ins Bewusstsein rückt, empfindlich stört.

Manche Menschen rücken unter diesem Einfluss noch mehr als bisher vom Licht ab in die Dunkelheit und missbrauchen Macht und Einfluss. Pluto im Transit durch Haus 8 ist letztlich aber für alle anderen, die lebensbejahend sind und geistig arbeiten, ein wahrer Segen.

Pluto-Transit in Konjunktion, Quadrat oder Opposition zum Aszendent

Am Ende ist man ein anderer Mensch

Der Pluto-Transit in Konjunktion, Quadrat oder Opposition zum Aszendenten des Geburtshoroskops zeigt immer einen fundamentalen persönlichen Wandel an, der häufig auch mit größeren äußeren Veränderungen einhergeht. Diese herausfordernden Transite setzen Kräfte und Charakterzüge frei, deren Existenz man sich bisher nicht bewusst war. In dieser Zeit spielt auch altes Karma mit hinein, das jetzt bewältigt werden soll.

Pluto in Konjunktion, Quadrat oder Opposition zum Aszendenten ist ein Sterben, das sich über mehrere Jahre hinzieht. Mit Sterben ist hier natürlich nicht der irdische Tod gemeint, sondern das Sterben der alten Persönlichkeit, die ausgedient hat, die sich nun im tiefsten Inneren wandeln muss, um die Chance zu haben, sich weiterzuentwickeln. Sehr spannende Transite, an deren Ende das Ich, die eigene Persönlichkeit neu geboren wird.

Auf diesem Weg des Wandels kann es sein, dass durch die eigene starke Entwicklung andere Menschen, die einem bisher sehr nahe waren, auf der Strecken bleiben. Man wird ihnen fremd, und umgekehrt passen sie nicht mehr in das eigene Leben hinein. Pluto spricht unter diesen Transiten verborgene und längst vergessene

Anteile der Persönlichkeit an, die unter Umständen in einem früheren Leben zum Ausdruck kamen. In diesem Leben wurden sie von Anfang an beiseitegeschoben, weil sie in das Umfeld, in die Herkunftsfamilie, aus irgendwelchen Gründen nicht hineinpassten. Vielleicht ist diese verdrängte Seite der Persönlichkeit destruktiv oder einfach nur fremd für das Milieu, in das man hineingeboren wurde, und deshalb nicht erwünscht.

Jeder dieser drei herausfordernden Transite hat unterschiedliche Schwerpunkte, die es zu beachten gilt. Bei der Konjunktion ist der Persönlichkeitswandel sicherlich am krassesten spürbar. Es tauchen plötzlich Eigenschaften und Persönlichkeitszüge auf, die man nicht immer wahrhaben will, weil man sie für unmoralisch hält oder weil sie ganz einfach nicht in das eigene Bild von sich selbst passen. In diesen Zeiten ist eine Krise wahrscheinlich, da die verdrängten Wesensanteile unbedingt zu einem zurückwollen und letztlich zu Zwangshandlungen führen, wenn sie weiter verdrängt werden. Die Auseinandersetzung mit sich selbst und der eigenen Seele ist dringend nötig. Eine Reinkarnationstherapie oder eine Astrologische (Symbol-)Aufstellung würden jetzt viel Sinn machen.

Pluto auf dem Aszendenten kann extrem viel Energie verleihen und die Durchsetzungskraft stärken. Menschen, die diesen Transit haben, können plötzlich Leistungen vollbringen, die sie selbst nicht und schon gar nicht ihre Umwelt für möglich gehalten hätten.

Nachdem Pluto den Aszendenten überquert hat, läuft er noch viele Jahre durch das 1. Haus, den Persönlichkeitsbereich, sodass der persönliche Wandel immer weiter und tiefer voranschreitet. In diesem Zuge kann eine Entfremdung vom Partner drohen, sofern dieser nicht bereit ist, mitzuwachsen und sich auch selbst zu verändern.

Dass das Leben überhaupt Dynamik und permanente Veränderung ist, wird vor allem bei diesem Transit spürbar. Die Konjunktion des Pluto über den Aszendenten und sein Transit durch das anschließende 1. Haus sind wie eine Art beschleunigtes Karma, da jetzt nicht nur die jüngste Vergangenheit, sondern auch frühere Leben aufgearbeitet werden. Manch einer wird von den düsteren Kräften Plutos, das heißt, von seinen eigenen Schatten, übermannt und fällt in dunkle Vergangenheiten zurück, sofern noch nicht die Bereitschaft besteht, an sich selbst zu arbeiten. Die Auseinandersetzung mit sich selbst ist, wie gesagt, das Allerwichtigste an diesem sehr bedeutenden Transit. Am Ende wird man ein freierer und vielleicht auch besserer Mensch sein.

Zu einer sehr großen Probe im zwischenmenschlichen Bereich wird das Quadrat des Pluto zum Aszendenten. Aus persönlichen Verstrickungen werden Kämpfe, die zu heftigen Auseinandersetzungen und Trennungen führen können. Die Partnerschaft ist jetzt oft nur noch schwer zu retten, da die Emotionen so stark werden können, dass Liebe schnell in Hass umschlägt.

Man sollte in diesen Jahren versuchen, möglichst wenig Druck auf seinen Partner auszuüben und versuchen, ihn zu nichts zu zwingen. Die Partnerschaft kann nur dann gutgehen, wenn beide darum bemüht sind, eingefahrene Verhaltensweisen zueinander zu lösen und aufzugeben.

Das Quadrat des Pluto zum Aszendenten kann unter Umständen auch mit beruflichen und familiären Problemen einhergehen. Auch diese Bereiche sind jetzt einem Stirb-und-Werde-Prozess unterworfen. Familiengeheimnisse können zutage treten und wiederum eine persönliche Aufarbeitung nötig machen. Ferner ist die Beschäftigung mit den eigenen Ahnen wichtig, um seine Herkunft und Abstammung besser begreifen zu können. Steht der Pluto-Transit am Zenit, dem höchsten Himmelspunkt, können nun aber auch die Weichen für eine wirklich erfolgreiche berufliche Karriere gelegt werden, in der der bzw. die Betroffene großen Einfluss und Bedeutung erhalten.

Spannend ist auch der Übergang des Pluto über den Deszendenten, das Du, die Spitze des 7. Hauses (Partnerschaft). Der Pluto-Transit steht jetzt in Opposition zum Aszendenten, sodass der Persönlichkeitswandel durch die Partnerschaft angestoßen wird.

Es gibt zwei Möglichkeiten der Auslösung: Befindet man sich in einer festen Beziehung, zeigt Pluto an, dass die Beziehung tot, zumindest aber doch in einer argen Krise, ist und dass es nun früher oder später zu einer Trennung kommen wird. Machtkämpfe toben, da nun alles rauskommt, was verdrängt und beiseitegeschoben wurde. Die Beziehung ließe sich dennoch wiederbeleben, wenn, ja wenn sie im Tiefsten transformiert, auf völlig neue Beine gestellt werden kann. Pluto kann hier also auch eine große Chance für die Beziehung sein, und dieser Transit muss nicht zwangsläufig ihr Ende bedeuten.

Ist man Single, wird man jetzt höchstwahrscheinlich einem plutonischen Menschen begegnen, der einen in seinen Bann zieht, in den Strudel der Leidenschaften herabzieht und der das gesamte bisherige Beziehungsbild wandelt. Plutos Transite zum Aszendenten sind letztlich eine Neugeburt in jeder Beziehung.

Zusammenfassung:
Herausfordernde Pluto-Transite zum Aszendenten werden als eine Neugeburt der Persönlichkeit erlebt. Die Gründe dafür können vielfältig sein. Einmal wird die Wandlung durch ein Beziehungsdrama angestoßen, ein anderes Mal durch den Beruf, oder es taucht einfach nur das Bedürfnis auf, eine andere Person, ein neuer Mensch zu werden.

Pluto-Transit Konjunktion Aszendent

Die Konjunktion des Pluto zum Aszendenten beschreibt den größtmöglichen Persönlichkeitswandel. Viele Menschen, die diesen Transit haben, entdecken völlig neue Kräfte und Fähigkeiten bei sich und lernen nicht zuletzt, sich besser als bisher abzugrenzen. Der persönliche, große Wandel kann zu mehr innerer wie äußerer Freiheit und vor allem Authentizität führen.

Pluto-Transit Quadrat Aszendent

Pluto im Quadrat zum Aszendenten geht nicht nur mit einem starken Persönlichkeitswandel einher, sondern verändert auch das persönliche Verhältnis zu anderen Menschen. Beruflich wird man alles aufgeben, was nicht authentisch ist und zu einem gehört. Neue Lebensziele werden geboren. Wer bereits auf dem richtigen Weg ist, erhält großen Machtzuwachs.

Pluto-Transit Opposition Aszendent

Dieser Transit bezieht sich vor allem auf die Partnerschaft. Eine bestehende Beziehung muss auf neue Beine gestellt werden, da sie sonst unweigerlich zu Ende geht. Es müssen sich also der Partner und man selbst grundlegend verändern. Wer Single ist, wird mit einem Skorpion oder anderweitig plutonischen Menschen konfrontiert, der das bisherige Beziehungsbild auf den Kopf stellt und der auch sonst am persönlichen tiefen Wandel entscheidend beteiligt ist.

Pluto-Transit in Konjunktion, Quadrat oder Opposition zum MC

Bewusstseinswandel, Machtzuwachs und Umbruch der Ziele

Der Pluto-Transit in Konjunktion, Quadrat oder Opposition zum MC des Geburtshoroskops, der mit unseren großen Lebens- und Berufszielen zu tun hat, deutet immer einen Bewusstseinswandel und eine Veränderung der Ziele an. Alles, was nicht zu unserem Weg gehört, endet in dieser Zeit. Insgesamt kann man sagen, dass sich unsere Ziele bereinigen, noch klarer werden, sodass sie letztlich deutlich an Kraft gewinnen.

Pluto in Konjunktion, Quadrat oder Opposition zum MC kennzeichnet ganz allgemein eine Zeit, in der sich unser gesamtes Bewusstsein wandelt und in der wir unser Leben und unsere Ziele oft völlig neu ausrichten. Pluto will den völligen Cut mit der Vergangenheit. Er weist uns darauf hin, dass die alten Ziele und Lebensausrichtungen nicht mehr zu uns gehören und dass ein tiefgreifender Wandel nötig ist, um authentisch zu leben und sich zu verwirklichen.

Der MC ist insofern wichtig für uns, da er karmisch gesehen der Lebensweg ist, den wir einschlagen sollen, da er uns zu neuem Bewusstsein führt und die Möglichkeit schenkt, uns aus der Welt heraus zu entwickeln, aus der wir stammen. Er ist der Aufbruch zum Himmel, er ist unsere Bestimmung, die Aufforderung unseres Lebens und Schicksals, unsere ererbten Fähigkeiten und Talente zu Zielen zu machen. Deshalb geht es unter diesen herausfordernden Pluto-Transiten, die uns zwingen, etwas zu tun und einen Kurswechsel einzuschlagen, immer um das Thema Berufung.

Menschen, die höhere Ziele der Selbstverwirklichung haben, fragen sich nun, wo diese liegt. Wer bereit ist, bisherige Sicherheiten aufzugeben, wird radikal mit der Vergangenheit abschließen, um den neuen Weg zu finden.

Menschen, die zu sehr im Äußeren verhaftet sind und Angst vor materiellen Einbußen haben, werden mit aller Macht an der alten Situation festhalten, was dann letztlich zu herben Lebenssinnkrisen führt, für die es keine Lösung gibt. Wer nicht handeln kann, bleibt in der Spirale, die nach unten führt, verhaftet. Pluto, der Herrscher des Skorpions, kennt nur das Entweder-Oder. Kompromisse existieren unter seinen Transiten nicht, weshalb sie immer mit einschneidenden Lebensphasen verknüpft sind.

Unterscheiden müssen wir dennoch zwischen der Konjunktion des Pluto zum MC, dem Quadrat und der Opposition. Die Konjunktion hat in aller Regel den stärksten Einfluss auf die gesamte Lebensausrichtung.

Ist man selbstständig und hat einen Beruf, der zu einem gehört und der bereits die eigene Berufung ist, dann kann nun ein geradezu unglaublicher Macht- und Bedeutungszuwachs erfolgen. Ja, dieser Pluto ist dann der endgültige Durchbruch zu einer ganz großen Karriere. Alles wächst im Zeitraffer, Erfolge beginnen sich zu vervielfachen, zu potenzieren, was der Natur des Pluto, dieses Kraftplaneten, der auch als höhere Oktave des Mars bezeichnet wird, entspricht. Ganz besonders gilt dies auch für Menschen, die beruflich viel mit der Öffentlichkeit zu tun haben.

Wer angestellt ist oder (und) seine Berufung noch nicht gefunden hat, dem wird nun klar, dass er sich auf einem falschen Weg befindet. Berufliche Krisen, eine große Unzufriedenheit am Arbeitsplatz und das Bewusstsein, dass andere diesen Job mehr schätzen und besser können als man selbst, zwingen zum Umdenken.

Von den starken Kräften der Transformation ist nun vielfach aber auch das Zuhause, die Herkunfts- wie Gegenwartsfamilie, betroffen, da Pluto am MC eine Opposition zum IC, der Spitze des 4. Hauses bildet. Manche Menschen müssen jetzt das warme, schützende Nest, ihre Komfortzone, verlassen, um neue Ziele zu verwirklichen.

Andere wollen sich nun endgültig aus privaten und familiären Verstrickungen befreien, um den Weg, der für sie vorgesehen ist, gehen zu können. Pluto zerstört, aber baut auch Neues auf. Er schlägt jetzt ein völlig neues Lebenskapitel auf.

Steht der Pluto-Transit in Opposition zum MC, befindet er sich am IC, mit dem er eine Konjunktion bildet. Die großen Umbrüche finden hier zunächst im privaten und familiären Bereich statt. Es kann zu Umstellungen aufgrund einer Trennung, eines Todesfalls in der Familie, einer größeren Renovierungsmaßnahme des Wohngebäudes oder zu einem erzwungenen Umzug kommen. Vor allem ein Ortswechsel könnte in der Folge einen größeren Einfluss auf den Beruf und die persönlichen Ziele haben. Die eigenen Wurzeln und die großen Lebensziele sind irgendwie infrage gestellt.

Viele Menschen erkennen jetzt, dass unverarbeitete und vielleicht auch erschütternde Erlebnisse in der Kindheit und Jugend dafür verantwortlich sind, dass der persönliche Weg und die berufliche Verwirklichung bisher verhindert waren. Es ist daher sehr wichtig, sich in diesen Jahren intensiv mit der eigenen Seele und Vergangenheit auseinanderzusetzen. In den meisten Fällen bedingt dieser Pluto-Transit eine therapeutische Aufarbeitung der Kindheit.

Grundsätzlich hat Pluto am IC eine enorme Sprengkraft, da er eben die Tiefen der Seele anspricht. Verdrängungen, die hochkommen, können zu Zwangshandlungen und Trennungen führen. Man ist jetzt sozusagen geneigt, das gesamte Leben umzukrempeln und alles Bisherige über den Haufen zu schmeißen, nur um aus Abhängigkeiten und Verwicklungen herauszukommen und ein neues, vor allem unbelastetes Leben führen zu können.

Letztlich geht es darum, innerlich freier zu werden, um sich selbst verwirklichen zu können und seine großen Lebens- und Berufsziele zu finden. Ein bedeutender Transit!

Zu einer regelrechten Gratwanderung kann das Quadrat des Pluto zum MC werden, der damit gleichzeitig im Quadrat zum IC steht. Auch hier sind Ziele und Privates gleichermaßen von größeren Umwälzungen betroffen.

Der Unterschied ist jedoch, dass Pluto hier besonders unversöhnlich auftritt. Es scheint keine Einigung zwischen Zielen und Privatem zu geben. Bleibt man oder geht man? Welche Richtung schlage ich ein? Es drohen Trennungen sowie Orts- und Berufswechsel. Einfach alles ist unsicher. Eine gewaltige Zeit der Umstellungen und Wandlung, aus der man wie neu geboren hervorgehen wird.

Zusammenfassung:
Die schwierigen Pluto-Transite zum MC führen zu einer intensiven Auseinandersetzung mit den Lebens- und Berufszielen sowie den eigenen Wurzeln. Bestehen Blockaden und Verhinderungen, die mit der Vergangenheit und dem Privatleben verknüpft sind, können diese Transite zum großen Rundumschlag im Leben führen.

Pluto-Transit Konjunktion MC
Dieser Transit bringt fundamentale Umwälzung, was die Lebens- und Berufsziele betrifft. Befindet man sich bereits auf dem richtigen Weg und hat den passenden Beruf im Sinne der Berufung, dann kann Pluto jetzt auch so etwas wie der Türöffner zur ganz großen Karriere sein. Pluto am MC warnt allerdings auch vor Machtmissbrauch.

Pluto-Transit Quadrat MC
Pluto im Quadrat zum MC warnt vor erzwungenen Umbrüchen und privaten wie beruflichen Machtkämpfen. Man will jetzt raus aus alten Mustern, will sich verändern und strebt neue Ziele an. Es sollte jedoch darauf geachtet werden, dass durch allzu fanatisches und emotionales Vorgehen nichts Gutes erreicht werden kann.

Pluto-Transit Opposition MC
Es werden große Umbrüche im privaten, familiären oder (und) wohnlichen Bereich nötig. Oftmals tauchen tiefliegende seelische

Verletzungen aus Kindheit und Jugend auf und müssen therapeutisch bearbeitet werden. Überhaupt gilt es nun, innere Blockaden zu beseitigen, damit der Weg frei für die großen Ziele im Leben ist.

Pluto-Transit in Konjunktion, Quadrat oder Opposition zum aufsteigenden Mondknoten

Wie uns die Schatten der Vergangenheit zwingen, unsere Lebensaufgabe anzunehmen

Der Pluto-Transit in Konjunktion, Quadrat oder Opposition zum aufsteigenden Mondknoten des Geburtshoroskops spricht eine unserer größten Lebensaufgaben im Leben überhaupt an, die wir jetzt nur finden können, wenn wir Grundlegendes verändern. Wir erkennen, dass wir zu lange in vergangenen Mustern aus der Vergangenheit gelebt haben und haben jetzt den Drang, uns zu befreien. Doch mit Gewalt und Zwang würde vieles schiefgehen und zu Trennungen führen.

Auch diesen Transiten, die nur selten bis gar nicht in Lehrbüchern beschrieben werden, da es einfach an seriöser Forschung fehlt, haftet etwas sehr Schicksalhaftes an. Klassisch orientierte Astrologen umschrieben sie mit Trennung, Entfremdung und Opfer von Massenschicksalen, da Pluto als die höhere Oktave des Mars mit gewaltvollen Massenereignissen zu tun hat. Und der aufsteigende Mondknoten ist immer der Punkt, der Verbindungen schafft bzw. herstellt.

Pluto ist aber nicht das Synonym für die Masse. Er kann letztlich auch in Form von einzelnen Personen in unser Leben hineintreten, die eben einen starken plutonischen Charakter haben und vor allem in der Zeit dieser Transite einen sehr unguten Einfluss auf uns ausüben.

Es ist daher besser, sich jetzt von Menschen zu entfernen, von denen man das Gefühl hat, dass sie versuchen, einen für sich zu gewinnen und in eine bestimmte Richtung zu drängen, die einem innerlich widerstrebt oder nicht mit dem eigenen Gewissen zu vereinbaren ist. Plutonische Menschen können gefährlich sein und andere durch ihre starke Anziehungs- und Suggestionskraft enorm beeinflussen.

Pluto im schwierigen Transit zum aufsteigenden Mondknoten kann letztlich immer auch die Begegnung mit dem Dunklen, Triebhaften, Zerstörerischen, der Unterwelt anzeigen. Vor diesen Gefahren müssen wir uns jetzt vor allem innerlich wappnen.

Trennungen können notwendig werden und sind vermutlich auch in vielen Fällen nicht zu vermeiden. Denn Pluto ist ja auch der Planet der Transformation, der Wandlung, und das gewünschte Neue kann nur dann entstehen, wenn dafür etwas losgelassen, geopfert wird. Und im Sinne des Mondknotens können das eben wichtige geschäftliche wie private Beziehungen sein. Das Problem ist nur, dass diese gewaltige Pluto-Energie in Konjunktion, Quadrat oder Opposition doch eher disharmonisch, zwanghaft, gewaltvoll auftaucht.

Fest steht aber auch, dass wir uns unter diesen Transiten aus Abhängigkeiten, inneren wie äußeren Verwicklungen, befreien müssen, da sie uns sonst blockieren, ja möglicherweise zerstören. Da wir es mit herausfordernden Winkeln von Pluto zu tun haben, kann das Geschehen und so mancher Trennungsvorgang dramatische Züge annehmen, auch, weil die nötigen Lösungen aus Verstrickungen bereits überfällig sind. Wir müssen uns trotzdem bemühen, jetzt sehr klug und umsichtig vorzugehen, trotz aller Konsequenz, die diese Transite erfordern und um die wir nicht herumkommen.

Letztlich haben diese Transite große karmische Hintergründe, weshalb sie nicht so leicht zu verstehen sind. Der aufsteigende Mondknoten ist das Symbol unserer Erlösung von altem und belastendem Karma. Ihm müssen wir immer versuchen zu folgen, gerade auch unter diesen Pluto-Transiten. Er ist das unbedingte Ziel!

Steht der aufsteigende Mondknoten im **1. Haus**, geht es um die persönliche Verwirklichung im Leben, besonders um die Lösung aus partnerschaftlichen Abhängigkeiten.

Im **2. Haus** sind wir aufgefordert, Ja zum Leben zu sagen, uns selbst anzunehmen und wertzuschätzen. Im **3. Haus** heißt es, sich aufzuklären, Toleranz zu entwickeln.

Im **4. Haus** geht es darum, sich zu verwurzeln und eine Identität zu finden. Im **5. Haus** geht es um Lebensfreude und das Einbringen seiner ganz persönlichen Talente und Fähigkeiten in das Leben, im **6. Haus** müssen wir lernen, uns anzupassen und unsere Fähigkeiten sinnvoll einzubringen.

Im **7. Haus** geht es darum, Beziehungsfähigkeit zu entwickeln, im **8. Haus** gilt es, Tabuthemen und Hintergründiges im Leben zu erforschen und sich selbst für permanente Wandlungen bereit zu erklären, und im **9. Haus** ist der wahre Glaube, sind die hohen Ideale und die Bildung das Thema.

Im **10. Haus** fordert der Mondknoten dazu auf, nach außen zu gehen, Verantwortung zu übernehmen, im **11. Haus** muss soziales Verhalten erlernt werden, und im **12. Haus** müssen wir raus aus der Verpflichtung, um durch geistige und psychologische Hintergründe die wahren Zusammenhänge der Welt und unseres Lebens zu erkennen.

Alle diese Stellungen des aufsteigenden Mondknotens haben karmische Beweggründe, deren Notwendigkeit wir an dem direkt gegenüberliegenden absteigenden Mondknoten erkennen können, an dem das alte und belastende Karma wie schwarzes Pech klebt. Er ist, auch wenn er in der Regel in der Grafik des Geburtshoroskops nicht eingezeichnet ist, bei diesen Transiten automatisch immer miteingeschlossen.

Pluto bringt Bewegung in unser Leben, führt Vergangenheit und Gegenwart zusammen, indem er Verdrängtes, längst Vergessenes aus vorigen Leben hervorholt und es in den Vordergrund rückt.

Schickhafte Ereignisse, wie etwa Trennungen, können jetzt aus heiterem Himmel auf uns einstürzen und die Vergangenheit lebendig werden lassen. Da war doch irgendetwas, das wir noch zu lösen hatten.

Unsere persönliche Entwicklung über viele Leben hinweg betrachtet, ist und bleibt ein harter Kampf um Befreiung. Schicksalhafte Trennungen sind jetzt karmische Rückschläge bzw. Rückwirkungen, die uns an unsere wesentlichen Aufgaben in diesem Leben erinnern sollen. Wir werden vor ähnliche Probleme und Situationen wie in einer früheren, längst vergessenen Zeit gestellt, nur um zu erkennen, wie wichtig es ist, im Jetzt seinem aufsteigenden Mondknoten zu folgen, der eben aus diesem alten Karma befreien kann.

Der aufsteigende Mondknoten zeigt uns den Weg, die Lebensaufgabe an. Und Pluto versucht, ihn durch die Befreiung aus Abhängigkeiten in diesen Jahren für uns sichtbar zu machen. Er zeigt uns die Schatten der Vergangenheit, die uns mächtig erschrecken können. Doch ohne diesen Schrecken, ohne diesen Druck, ohne diese Unerträglichkeiten würden wir nichts ändern. Am Ende dieser Transite kann es uns richtig gut gehen!

Zusammenfassung:
Pluto im schwierigen Transit zum aufsteigenden Mondknoten deutet Verwicklungen und Abhängigkeiten an, die eine lange Vergangenheit sogar über mehrere Leben haben können und die nun ein Ende finden. Da sich so viel Ungutes angestaut hat, können sich nun dramatische Loslösungsprozesse abspielen.

Pluto-Transit Konjunktion aufsteigender Mondknoten
Pluto erinnert in der Konjunktion mit dem aufsteigenden Mondknoten besonders stark an die Lebensaufgabe. Gleichzeitig steht er jetzt in Opposition zum absteigenden Mondknoten. Die Wahrscheinlichkeit von Trennungen und Loslösungen, die aus altem Karma befreien, ist groß.

Pluto-Transit Quadrat aufsteigender Mondknoten
Steht Pluto im Quadrat zum aufsteigenden, bildet er damit automatisch auch ein Quadrat zum absteigenden Mondknoten.
Bei diesem Transit prallen Vergangenheit und Gegenwart besonders hart aufeinander. Hier werden Verbindungen oft regelrecht gesprengt, da sie jedes Maß der Erträglichkeit überschritten haben.

Pluto-Transit Opposition aufsteigender Mondknoten
Steht Pluto in Opposition zum aufsteigenden Mondknoten, bildet er eine Konjunktion mit dem absteigenden. Das heißt, dass das

Karma der Vergangenheit besonders stark angesprochen wird und in das gegenwärtige Leben hineinspielt. Verdrängtes taucht auf, und es wird einem schmerzlich bewusst, wie innere und äußere Verwicklungen bisher das Leben blockierten.